KB052807

보이지 않는 물

가상수

보이지 않는 물 가상수

우리가 매일 마시는 물과 환경에 관한 새로운 생각

초판 1쇄 펴낸날 2012년 12월 20일

지은이 토니 앨런
옮긴이 류지원
펴낸이 이건복
펴낸곳 동녘사이언스

전무 정락윤
주간 곽종구
책임편집 박상준
편집 이상희 구형민 이미종 윤현아 봉선미
미술 조하늘 고영선
영업 김진규 조현수
관리 서숙희 장하나

인쇄·제본 상지사피앤비 **라미네이팅** 북웨어 **종이** 한서지업사

등록 제406-2004-000024호 2004년 10월 21일
주소 (413-756) 경기도 파주시 문발동 파주출판도시 532-5
전화 영업 031-955-3000 편집 031-955-3005 **전송** 031-955-3009
블로그 www.dongnyok.com **전자우편** science@dongnyok.com

ISBN 978-89-90247-60-5 93300

• 잘못 만들어진 책은 바꿔 드립니다.
• 책값은 뒤표지에 쓰여 있습니다.
• 이 도서의 국립중앙도서관 출판시도서목록(CIP)은 e-CIP홈페이지(http://www.nl.go.kr/ecip)와 국가자료공동목록시스템(http://www.nl.go.kr/kolisnet)에서 이용하실 수 있습니다.
(CIP제어번호: CIP2012005824)

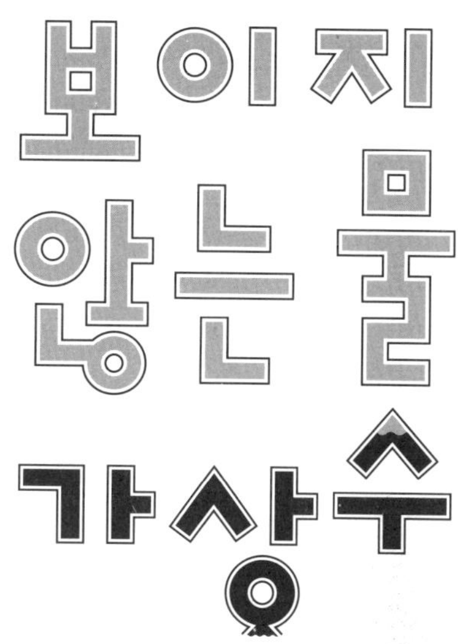

Virtual Water

Tackling the Threat to Our Planet's
Most Precious Resource

우리가 매일 마시는 물과 환경에 관한 새로운 생각

토니 앨런 지음 ● 류지원 옮김

머 리 말

20세기 중반 현명한 이들은 더 이상 물 환경을 망가뜨려서는 안 된다는 사실을 깨달았다. 우리는 이제라도 바로 잡아야 한다. 그 방식이 약간 부적절하더라도 말이다. 세계 인구의 급속한 증가와 산업화, 도시화, 민영화로 인해 수자원에 큰 문제가 발생했다.
농부들이 많은 물을 사용하는 바람에 물 환경이 위험해졌다는 것이 분명하게 드러났다. 에어컨으로 온도를 조절해야 성장하는 농작물을 생산하는 바람에 많은 땅이 파괴되었다. 우리 때문에 중앙아시아의 가장 큰 내륙해가 말랐다. 최소한 미국과 중국의 주요 강 하나씩은 말랐다고 볼 수 있다. 자본주의와 공산주의는 똑같이 자기 파괴적인 경향이 있다.
환경운동가들은 사회가 많은 잘못을 저지르고 있다는 사실을 가장 먼저 알아챘다. 지구 대기가 오염되고 온도가 올라가서 기후변화가 일어났다. 지표수와 지하수는 남용되고 오염되었다. 수자원이 훼손된 지역이 밝혀졌다. 각 지역에 나타난 위기는 대부분 물 부족 지역이 물을 '수출하고' 있다는 역설적인 상황을 부각시켰다. 물 집약적 농작물에 물이 포함된 형태로 물이 풍부한 지역으로 수출되었다.
1800~1970년 사이에 정치인들은 엔지니어들이 이룬 업적에 만족했다. 엔지니어들은 불편한 점과 건강에 해로운 요소들을 없애고 사회적 갈등을 줄였다. 하지만 1970년대에 물 전문 엔지니어들은 물의 가치에 대한 새로운 개념을 정립해야 한다고 생각했다. 사회기반시설로는 환경적 불확실성과 시급한 문제를 해결하지 못했다. 환경에 대한 각성의 목소리가 높아지면서 그와 관련된 담론이 바뀌었다.
이 책에서는 수력 사업의 공로가 크다는 점을 인정한다. 하지만 주목적은 미래의 세계 인구가 물을 확보할 수 있을지 없을지를 결정하는 두 부류 사람들에게 관심을 갖자는 것이다. 첫 번째는 농부이고, 두 번째는 식량을 소비하는 우리들이다. 농부들이 자원을 얼마나 현명하게 활용하느냐에 따라 물을 사용하는 농작물의 수확량이 결정된다. 식품을 선택하는 소비자인 우리는 공급의 반대편에서 얼마나 많은 물을 농작물과 축산물 생산에 투입할 것인지를 결정한다. 식품선호도, 음식 낭비, 수명 연장, 인구 증가가 물 수요를 결정한다.

이 책의 목적은 식량 소비자와 농부가 미래 세계의 물 안보를 확보하기 위한 역할을 이해하도록 돕는 것이다. 식품공급 라인에서 식품을 거래하고 가공하고 소매하는 기업 같은 중개인들도 이 책의 핵심 독자들이다. 국제 무역을 관리하는 관련 공무원도 주요 독자다. 현재는 물론 미래의 국제금융시장에서 국부 펀드가 세계의 물과 식량 안보를 결정하고, 지속 가능한 방법으로 목적을 달성할 방법을 찾을 것이다.

이 책에서는 가상수 거래와 물발자국 개념으로 식품공급 라인과 무역관계를 분석할 것이다. 물 안보는 제품 생산·무역과 깊게 연관된다는 점을 보여준다. 많은 사람들은 1990년대 초에 제안된 가상수 개념 때문에 분노했다. 정부는 가상수 거래 덕분에 물 안보를 확보할 수 있었지만 그 개념에는 반대했다. 가상수가 시민들을 불편하게 해도 정부는 모른 체 했다. 하지만 이제 가상수는 물 안보를 분석할 때 핵심적인 개념이다. 가상수가 물 안보에 중요한 역할을 한다는 사실을 안다면, 소비자·정부·기업은 일상생활과 지구의 미래를 지키기 위한 선택을 할 것이다.

이 책에 있는 물발자국은 아르옌 훅스트라Argen Hoekstra 연구팀이 만든 대략적인 통계자료다. 그 연구팀은 통계자료에 새롭게 접근해 과감하게 추정했다. 현재 국가와 지역 차원에서 정밀한 방법에 근거한 정확한 통계자료들이 확보되고 있다.

차례

1장

물에 대해 알아야 할 모든 것

이 책을 읽고 나면 새로운 관점에서 물을 바라보게 될 것이다. 그만큼 충격이 클 것이다. 우리는 물의 진정한 가치를 모르고 있다. 엄청나게 많은 것 같지만 실은 극히 제한되어 있으며, 우리가 끼친 영향을 더 이상 무시할 수 없다. 우리는 오랫동안 물을 함부로 낭비하고 관리하지 않아 물 환경을 심각하게 뒤흔들어 놓았다.

우리는 모르는 게 너무나 많다. 일상생활에서 상당한 양의 물을 소비하고 있다는 사실을 아는 사람이 거의 없다. 세계 인구가 10억이던 20세기 초에는 그 사실을 몰라도 상관없었다. 사람 대 물의 비율이 높아서 사용할 수 있는 물이 거의 무한했다. 이제는 그렇지 않다. 지구상에 70억 인구가 살아가는 지금 물 부족 현상은 단순한 가능성이 아니다. 많은 사건들이 실제로 일어나고 있다.

사람들은 물 부족 현상을 먼 나라 이야기라고 생각한다. 우리는 건조한 사막, 가뭄으로 갈라진 땅, 오염된 식수가 나오는 뉴스와 자선단체 캠페인을 떠올린다. 기근과 콜레라가 창궐하고, 식수를 구하기 위해 가장 가까운 우물까지 5시간 동안 걸어야 하는 그런 지역에나 있는 일이라고 생각한다. 수도꼭지를 돌리거나 병마개만 따면 깨끗한 물을 얼마든지 사용할 수 있는 선진국에서 물을 구하지 못한다는 것은 상상하기 어렵다. 우리가 간편하게 물을 사용하는 것은 수문학水文學(물의 상태, 순환, 분포, 물리적·화학적 성질을 연구하는 학문-옮긴이)과 경제 덕분이다. 이는 보이지 않는 손으로 우리가 모르는 사이에 일상의 관심사 밖에서 작용하고 있다. 그런데 지금 이 손이 불안하게 흔들리고 있다.

아침식사에 소비되는 물의 양

우리는 물을 과소비하지만 그 사실을 모른다

간단한 질문을 생각해보자. 당신은 아침식사를 하면서 물을 얼마나 소비하는가? 물 같은 건 전혀 사용하지 않는다고 생각할 수 있다. 차나 커피에 들어가는 물이나 우유를 떠올릴지도 모른다. 엄밀히 따지면 우유에는 물이 포함되어 있다고 할 수 없다. 아침식사를 하면서 당신이 소비하는 물은 약 300~400ml다. 정말 그럴까?

더 자세히 들여다보자. 미국이나 영국에서 먹는 일반적인 아침식사는 커피나 차 한 잔, 토스트 한두 조각, 베이컨과 달걀, 우유 한 컵, 건강과 날씬한 몸매를 위한 과일 정도일 것이다. 그렇다면 여기에는 물이 얼마나 포함되어 있을까? 커피부터 살펴보자. 진한 커피가 당신 취향이라면 거기에는 물이 거의 들어가지 않는다. 그 말이 맞을 수도 있겠다. 혹시 한 모금에 지나지 않는 에스프레소에 140L나 되는 물이 들어갔다고 하면 믿겠는가? 정말로 140L다. 당신은 내가 미쳤다고 생각할 수 있다. 하지만 이것이 에스프레소에 숨겨진 가상수virtual water다. 가상수란 커피콩을 재배하고 생산하고 포장하고 운송하는 데 소비된 물의 양이다. 이는 비용을 통해 가상수로 환산한 간단한 사례다. 분명 당신은 이렇게 많은 물을 썼다고 생각하지 못했을 것이다. 하지만 이는 아침식사에 들어가는 전체 가상수에 비하면 일부분에 지나지 않는다.

토스트로 넘어가보자. 토스트 한 조각이 식탁에 오르려면 물 40L가 필요하다. 오직 생산하고 운송하고 빵을 굽는 데만 쓰인 물이다. 사과는 70L, 달걀은 120L, 우유 한 잔에 240L가 들어간다. 베이컨은 1인분에 480L가 필요하다. 영국식 아침식사를 먹으면 모두 다 합쳐 약 1,100L의 물이 소비된다. 이것은

$1m^3$ 조금 넘는 양이다. 물 $1m^3$가 얼마나 되는지 감이 안 잡힌다면 물로 가득 찬 욕조를 떠올려보라. 그런 욕조 3개가 있다고 보면 된다. 당신이 아침식사를 하면서 소비하는 물의 양이 그만큼이다.

그림 1.1 미국식 아침식사에 들어가는 물의 양

욕조 3개 분량의 물 중에서 2/3 이상이 동물성 식품인 우유, 달걀, 베이컨을 만드는 데 들어간다. 육류는 물을 가장 많이 소비하는 식재료다. 미국이나 유럽의 평범한 비非채식주의자는 식사하면서 매일 약 $5m^3$의 물을 소비한다. 한 사람이 단순히 먹고 마시는 데만도 매일 무려 욕조 15개 분량의 물이 필요하다. 채식주의자는 물을 조금 더 절약한다고 볼 수 있다. 하루에 욕조 8개만 필요하기 때문이다. 영미권 인구와 물로 가득 찬 욕조를 대충 계산해 보면 실로 엄청난 수치다.

그림 1.2 비非채식주의자의
1일 물 소비량
하루 사용량 5,000L = 물이
가득 찬 욕조 15개

그림 1.3 채식주의자의
1일 물 소비량
하루 사용량 2,700L =
물이 가득 찬 욕조 8개

브릭스와 물

브릭스BRICS는 경제학과 정치학을 포함한 학계에서는 이미 많이 쓰이지만, 아직까지 많은 이들에게 생소한 용어다. 브릭스는 브라질Brazil, 러시아Russia, 인도India, 중국China을 나타내는 말로 남아프리카공화국South Africa까지 포함한다. 인도네시아Indonesia를 포함해 BRIICS로 표기할 때도 있다. 이 국가들은 호주와 뉴질랜드 같은 북반구에 위치한 선진국이나 남반구에 있는 개발도상국의 모형에 적합하지 않다. 이 책에서는 브릭스 국가들도 다룰 것이다. 브릭스가 가상수와 세계에 미치는 영향력은 엄청나다. 앞으로 브릭스가 지구촌을 지탱할 것이라는 주장은 과장이 아니다.

선진국이 그렇다면 최근 급부상하고 있는 브릭스 국가들은 어떨까? 브릭스에서 급속도로 성장하고 있는 인도의 아침식단을 들여다보자. 채식주의자라면 곡물과 야채, 식물성 기름을 먹을 것이다. 남인도에서는 아침으로 이들리(인도식 떡-옮긴이), 바다(도넛처럼 생긴 인도식 간식), 도사(쌀로 만든 인도 남부지역의 팬케이크), 짭짤한 퐁갈(우유, 설탕, 콩을 넣고 끓인 달콤한 밥)과 차파티(철판에 굽는 동글납작한 밀가루 빵)를 먹고, 뜨거운 삼바(콩으로 만든 남인도식 소스)와 다양한 처트니(과일, 채소, 식초, 향신료 등을 넣고 섞어 버무린 달콤하고 새콤한 양념) 중 한 가지를 곁들일 것이다. 이때 소비되는 물은 총 300L 정도다. 중국에서는 아침식사를 조금 더 풍성하게 먹는다. 중국인들은 빵, 국수, 포리지(오트밀을 물이나 우유로 끓여 만든 음식)를 먹고 고기도 먹는다. 이때 약 600L의 물이 소비된다. 브라질에서는 아침에 고기를 즐겨 먹어 물 소비량이 미국식 아침식사에 드는 양과 비슷하다.

세계에는 부유한 아랍 산유국을 비롯해 사하라 사막 이남 아프리카의 극빈국까지 160여개 나라가 있다. 석유 자원이 풍부하다고 알려진 중동의 기본 식단에는 선진국과 달리 고기가 거의 들어가지 않는다. 그곳 사람들은 미국인과 유럽인이 소비하는 물의 1/2~2/3 가량만 소비한다. 앞으로 알게 되겠지만 돈과 물은 함께 움직인다.

이제 1년 동안 소비하는 물의 양을 짐작할 수 있을 것이다. 당신이 미국인이나 유럽인이고 고기를 먹는다고 치자. 매일 소비하는 물의 양을 알고 싶다면 멋지고 큰 3층짜리 집을 상상해보라. 층마다 넓은 방이 세 개 있고, 높이와 폭이 10m인 커다란 주택이다. 이 집의 방과 복도가 모두 다 찰 때까지 물을 채워라. 물의 압력 때문에 창문들이 덜거덕거리고 벽이 터져버리기 직전까지 말이다. 매년 당신이 소비하는 물의 양이 바로 그만큼이다. 물론 마시는 물은 그 중에 극히 일부분이다. 물을 열심히 마시는 사람들을 위해서는 커다란 옷장 하나 정도의 물이면 충분하다. 목욕, 샤워, 요리, 설거지, 세탁, 변기 사용처럼 우리가 직접 사용하는 물은 방 하나 분량이면 해결된다. 식품 외에 우리가 구입하는 모든 상품에 들어가는 물도 방 하나면 충분하다. 놀랍게도 그 나머지는 식품 때문에 소비되는 물이다. 우리가 소비하는 물의 대부분은 식품에 사용된다. 그래서 채식주의자가 되면 변기 물탱크에 벽돌을 넣어 절약하는 물보다 몇 배 더 절약할 수 있다. 다행히 미국과 유럽의 회사들은 물 친화적이다. 서비스 부문 임금을 기준으로 볼 때 옷장 두 개 분량의 물을 쓰고도 3만~15만 달러의 수익을 올리기 때문이다. 선진국 사람들이 가장 적은 양의 물로 가장 많은 소득을 창출하는 것은 우연이 아니다. 부유한 선진국이란 리터당 고수익을 올리는 나라라고 정의할 수 있다.

물은 생존을 위해 필요하다

물은 생존에 꼭 필요하다. 물이 없으면 사람은 금방 죽을 것이다. 모든 생명체에는 물이 필요하다. 물은 살아있는 세포의 주요 구성 요소이자 체액을 구성하는 기본 성분이다. 물은 신체의 70% 이상을 차지하며 혈관을 따라 흐른다. 물이 없으면 신체 곳곳에 영양소를 전달할 수 없다. 바짝 마른 강바닥에서 물고기, 배, 버려진 장화가 진흙에 묻힌 채 꼼짝하지 못하듯 우리 내부도 빠르게 망가질 것이다. 물은 식량생산에도 꼭 필요하다. 식품이란 본질적으로 자연이 오랜 세월 물·공기·에너지를 더 나은 방식으로 통합하여 먹을 수 있도록 만들어낸 것이다. 먹이사슬 꼭대기에 사람이 있다면 물은 가장 밑에서 먹고 마시는 것을 가능하게 해준다. 바닥이 흔들리면 꼭대기는 무너진다.

대자연은 좋은 어머니들이 자식에게 그러하듯 우리에게 과할 정도로 베푼다. 그러다 보니 물은 넘쳐날 정도로 많다. 지구

표면의 70%가 물로 덮여 있다. 하지만 그 물의 97.5%는 바닷물이라서 사용하는 데 한계가 있다. 나머지 2.5% 중에서도 극히 일부분만 동물·식물이 실제로 사용할 수 있다. 어머니의 사랑이 고작 이것밖에 안 되는가 하는 생각이 들 정도다.

그림 1.4 물은 많지만 생각만큼 많지는 않다

매년 지구에는 약 110,000km³의 비가 내린다. 이는 해마다 지구 전체를 물로 만든 1m 두께의 담요로 감싸는 것과 같다. 지구 담수 중 절반 이상이 증발하거나 초목과 농작물로 인해 사용된다. 나머지 36%는 개울, 강, 호수, 바다로 흘러간다. 인간은 빗물의 6.5%만 이용한다.

우리는 농작물을 재배하기 위해 나무와 잡초를 제거하고 땅을 개간한 것처럼, 자연에서 물을 전환해 경제에 사용하고 있다. 그럼에도 경제학자들은 생산 요소에 토지·원자재를 포함시켰지만 물은 제외했다. 그 계산을 바꿔야 하는 이유를 이 책에서 제시할 것이다. 국지적으로 물이 완전히 사라지는 현상은 거의 없지만, 물은 세계 경제에 보이지 않게 막강한 힘을 행사하고 있다. 토지 중심의 사고방식 때문에 대부분 물로 덮여 있는 행성을 지구라고 부르듯 우리는 물이 세계 경제에 중추적인 역할을 한다는 사실을 무시하고 있다. 이런 집단적 자기기만을 어떻게 설명하고 해결할 수 있을까? 그 해답은 물과 인간의 관계를 보여주는 역사에서 찾을 수 있다.

물 사용에 대한 간략한 역사

물 부족은 심각한 문제가 아니었다. 최근까지도 인간은 번식 능력이 떨어지고 빨리 죽는 편이어서 세계 인구는 10억 이하로 유지되었다. 인구가 적었던 산업화 이전에는 지금보다 훨씬 더 적은 1년에 약 1,000km^3의 물을 소비했다. 이 양은 사용 가능한 담수의 1%도 되지 않는다.

물 남용을 알기 위해 우리는 인간의 진화 과정을 살펴보아야 한다. 인간이 나무에서 내려온 것은 약 700만 년 전이었다. 500만 년 뒤에야 현재 인간의 모습과 비슷해졌다. 기원전 11,000년 경 신석기시대부터 농업을 시작했고 이때 가상수가 등장했다. 이전까지는 마시거나 씻는 데 드는 물의 양이 적었기 때문에 소비된 물을 눈으로 직접 볼 수 있었다. 그러나 10,000년 전 경작을 시작하면서 물의 소비 형태가 바뀌어 식품에 포함되었다.

근본적이고 커다란 변화들이 그렇듯 당시에는 이런 변화를 중요하게 여기지 않았다. 변화의 중요성을 실감하게 된 것은 시간이 오래 지난 뒤의 일이었다. 그 후 2천 년 뒤에 우리는 동물을 길들였다. 그전까지 우리가 의존한 에너지원은 인간과 불뿐이었다. 하지만 동물을 사육한 이후 말과 소가 주요 에너지원이 되었다. 가축은 사람과 물품을 이동시키는 수단이 되었고 땅도 경작했다. 아무 도움이 되지 않던 동물들은 우리의 식품이 되기도 했다. 이같은 에너지 공급에 경제, 사회, 정치, 기술 전 분야에 걸쳐 혁신적 변화가 일어난 것은 불과 200년 전이었다. 북아메리카와 유럽 대부분의 지역에서 동물에 의존하지 않은 채 농사를 짓고 식품을 생산하며, 상품과 서비스를 생산한 것도 최근 몇 십 년 사이에 일어난 일이었다.

인류 역사에서 최근에 해당하는 산업화가 일어나기 전까지 700만 년 동안 우리는 환경을 오염시키는 방법조차 몰랐다. 아주 적은 숫자의 사람이 흩어져 살았으며, 일부 동식물을 수렵·채집한 것 외에는 지구에 어떤 흔적도 남기지 않았다. 물의 입장에서 우리는 없는 존재나 마찬가지였다. 그 정도의 오염은 물 시스템이 감당할 수 있었고 변하지 않은 채 지속될 수 있었다. 선진국 국민들이 물 환경 관리자가 필요하다는 요구를 들은 것은 놀랍게도 지난 20년 사이에 일어난 일이다. 물 환경을 착취하는 산업화 때문에 우리는 물이 포함된 상품과 서비스에 대해 가격에 포함되어 있지 않은 심각한 비용을 치러야 했다.

이름이 중요한 이유
엘튼 존, 밥 딜런, 마릴린 먼로, 가상수 사이에는 어떤 공통점이 있을까? 이들은 모두 주목받기 위해 이름을 바꿔야 했다. 나는 1988년에 처음으로 감춰진embedded 물을 주장했지만 아무런 반응도 없었다. 1992년 런던에서 열린 워크숍에서 우연히 '가상수'라는 용어가 탄생했다. 장미는 그 이름이 장미가 아니라면 분명히 향기롭지 않았을 것이다. 가상virtual이라는 단어는 디지털에 사로잡힌 1990년대의 유행에 딱 맞아떨어져 급속도로 퍼져나갔다. 의미 전달이 모호한 '가상'이란 말보다는 '감춰진'이 더 정확하게 정보를 전달하는 게 분명했기 때문에 이런 현상은 신기했다. 가상수가 널리 통용되면서 이제는 세계 물 담당 관료들은 이 용어를 잘 알고 있다. 노마 진Norma Jean(마릴린 먼로의 본명)이여 안녕.

아이폰, 비행기, 물

인간은 도구를 사용하는 존재다. 경멸적인 의미가 아니다. 이 능력 덕분에 우리는 지구와 다른 생물들을 지배할 수 있었다. 작동원리를 모르는 상태에서도 우리는 복잡한 기술을 쉽고 편안하게 사용한다. 이는 뇌와 생리 기능에 대해서도 마찬가지다. 우리는 이해하지 못해도 사용할 수 있다. 우리는 타고난 이용자이자 착취자이기 때문이다. 나는 높은 고도에서 엄청난 속도로 대서양 위를 지나는 동안, 등받이를 전자식으로 조정하는 좌석에 앉아 인체공학적으로 설계된 아이폰으로 즐겁게 음악을 듣는다. 이런 일은 어렵지 않다. 접속장치만 있으면 된다. 내게 필요한 건 간편하고 반짝거리는 아이폰의 터치스크린과 면세점 잡지뿐이다. 이진부호, 플래시 메모리, 에어브레이크, 입사각 같은 것을 생각하면 머리만 아프고 불안할 뿐이다.

물도 마찬가지다. 우리는 비가 내리고, 강이 흐르고, 파도가 치는 것을 안다. 수도꼭지에서 물이 나오는 것은 특별한 일이 아니다. 유리잔에 있는 물이 구름이 되는 것을 대수롭지 않게 생각한다. 수업시간에 물 순환에 대해 배웠던 기억이 날 것이다. 흙에서 시작해 물의 진행과정을 따라 파랗고 큰 화살표를 그린 기억이 나는가? 증발산 개념이 생각이 날 것이다. 정의는 명확히 떠오르지 않아도 식물이 물을 대기로 내보낸다는 내용이다. 우리는 이런 지식을 중요하게 여기지 않는다. 이 지식을 효과적으로 활용하는 경우는 친구나 가족에게 TV 다큐멘터리를 설명할 때나, 트리비얼 퍼수트Trivial Pursuits(일반상식과 대중문화 질문을 푸는 능력에 따라 과정이 결정되는 보드게임-옮긴이) 게임을 하면서 까다로운 지리 문제를 해결할 때다. 매일 물을 쓸 때마다 이런 지식들을 활용해 따지지 않는다. 이것이 바로 우리가 정말 잘못한 점이다.

산업화 시대 초기에 우리는 물에 관한 중요한 사실 네 가지만 알고 있었다. 비가 내리고, 개울과 강이 흐르고, 계절에 따라 촉촉한 흙에서 농작물이 자라고, 바닷물은 염분 때문에 마시기에 적절하지 않다는 것이다. 부족한 자원 때문에 지적 호기심이 늘어나면서 우리는 물을 더 많이 연구했다. 얕은 우물이 최신 드릴과 펌프로 개발되길 기다리던 지하수의 맛보기에 지나지 않았다는 사실을 알게 되었다.

증발과 증발산
두 가지 모두 물이 대기로 돌아가는 과정을 가리킨다. 증발evaporation은 수면에서 일어나고, 증발산evapotranspiration은 식물과 농작물에서 일어난다.

지하수면
지하수면은 물이 있는 흙이나 바위의 지하층을 말한다. 지하수면 아래에 있는 거의 모든 틈이나 공간이 물로 가득 차 있다. 그 아래쪽에는 공기도 약간 존재한다.

내려온 것은 반드시 올라간다

혼자 힘으로 올라가기

물 시스템은 세계적, 지역적, 수직적으로 육지와 바다에서 모두 작용한다. 수증기는 응결상태로 공기 중에 머무르다가 중력이 손길을 뻗치면 지상으로 떨어진다. 중력은 거기서 멈추지 않는다. 토양에 수분이 충분하면 하층토의 수분까지 끌어당겨 땅 속 깊은 곳에 맑은 지하수를 확보해놓는다.

물은 올라가기도 한다. 물이 올라가지 않는다면 심각한 문제가 일어날 것이다. 여기에서 우리는 중요하고 복잡하며, 때로는 이해하기 어려운 물의 진행 과정을 확인할 수 있다. 물은 올라가는 것을 좋아한다. 물이 든 유리잔을 돋보기로 자세하게 관찰해보라. 물잔 옆면을 보면 물방울이 잔 밖으로 나가려는 것처럼 조금씩 위로 올라가는 게 보인다. 모세관 현상이라고 부르는 이런 상승 경향은 단단히 다져진 흙속에서 중요한 역할을 한다. 물은 흙속에서 수직으로 1m 이상 올라갈 수 있다. 하지만 세상에서 가장 강력한 펌프와 비교하면 하찮은 수준이다.

세상에서 가장 강력한 펌프

세상에서 가장 강력한 펌프라면 무엇이 떠오르는가? 대영제국과 브루넬(프랑스 태생의 영국 기술자로 배의 블록 건조법과 템스강의 강저江底 터널의 발굴로 유명하다-옮긴이)이 세운 위대한 공학 업적이 생각날 수 있다. 또는 한 유역에서 다른 유역으로 물길을 바꾸는 미국의 대규모 토목공사나 작지만 기발한 일본의 기술력을 떠올릴지도 모르겠다. 하지만 잘못 짚었다. 진짜 강력한 펌프는 우리와 가까운 곳에 있다. 자연이 곳곳에 남겨두었기 때문이다. 그 강력한 펌프를 우리는 나무라 부른다.

어떤 나무들은 물을 200m 이상 끌어올릴 수 있다. 인간이 설계한 장비는 숲이 물을 끌어올리는 능력을 절대 따라잡을 수 없다. 나무는 자연이 만들어낸 경이롭고 중요한 기술을 활용한다. 우리는 그것을 당연하게 여긴다. 자연 식생 시스템은 엔지니어가 감탄할 정도로 거리와 양에 맞춰 물을 조정할 수 있다. 가상수 개념을 살펴보면서 알게 되겠지만 경제 시스템도 이와 비슷한 역할을 한다. 자연과 경제의 수문학적 능력은 보이지 않게 작용한다는 점이 핵심이다. 우리가 직접 설계하거나 통제하지 않지만 그런 존재가 있다는 사실을 모두가 알고 있다. 이제는 그것을 이해해야 할 차례다.

운전자에게 간섭하는 승객

수력은 과학으로 증명되었다. 지구를 운전하는 것은 우리가 아니다. 우리는 그저 승객일 뿐이다. 운전자에게 잔소리를 하거나, 좌석을 발로 차고, 팔을 쿡쿡 찔러서는 안 된다. 물을 아래로 흐르게 하는 것은 물리적 시스템인 중력이고, 위로 끌어올리는 것은 생물학적 시스템인 식물이다. 물이 수평으로 움직이는 것은 자연 시스템인 기압과 바람 때문이다. 그런데 우리는 방대한 양의 물이 공기 중에서 수천 킬로미터 이동하는 것을 단순하고 영원히 지속되는 과정으로 여긴다. 하지만 그렇지 않다. 밤사이 그 시스템이 잘못 된다면 인간의 기술로는 그 시스템을 대체하거나 복원할 방법이 없다.

우리는 물을 모른다

여러 문명들의 흥망성쇠 속에서 문명은 물을 잃으면 그걸로 멸망했다. 물을 지킨다는 것은 문명사회의 필수 요건이다. 고대 문명이 나일강, 인더스강, 황하강 유역에서 탄생하고, 메소포타미아에서 문자가 발달했던 것은 우연이 아니다. 물 공급이 확실하면 식량을 얻고 무역 이익도 누렸다. 부, 권력, 풍부한 식량, 문화 발전에 필요한 시간과 돈까지 차례로 얻을 수 있었다. 가뭄과 홍수는 전쟁보다 빠르고 냉혹하게 우리를 해친다. 국가까지 산산조각 내버릴 수도 있다. 물을 어떻게 이용하느냐에 따라 문명이 멸망하느냐 번성하느냐가 정해진다.

하지만 바보같이 당하지만은 않았다. 우리는 본능적으로 신뢰할 수 있는 수자원에 끌린다. 물을 지키려는 움직임을 기준으로 인류 역사를 분석할 수 있다. 선사시대의 이주부터 현재 중동의 무력 외교까지 인류는 물 환경을 실험하고 물의 한계와 생산성을 이해하려고 노력했다.

실험이 충분한 것처럼 느껴질 때가 많았다. 하지만 우리가 내린 결론이 잘못됐다는 사실이 밝혀지고 있다. 수문학과 식물 시스템을 잘못 이해한 것은 크게 문제되지 않았다. 우리가 방해하지 않았다면 그 시스템들은 제대로 돌아갔을 것이다. 당연히 우리는 아무것도 모르는 채 즐겁게 살아갔을 것이다. 비가 어떻게 내리는지, 우물물이 어디에서 오는지 이해하지 못하는 게 무슨 상관이 있을까? 물은 자기 역할을 다했다. 자존심 때문에 자기기만에 빠진 우리가 자연을 현명하게 이용한다고 믿었던 점이 문제였다. 우리는 현명하지 않았다. 우리의 영향력이 미미하다는 이유로 얼마나 잘못 판단하고 있는지조차 신경 쓰지 않았다. 우리는 과거보다 물에 큰 영향을 주지만 더 현명해지지는 않았다. 과거에는 우리가 시스템을 제대로 이해하지 못했어도, 환경을 파괴하지 않는 범위 내에서 해결할 수 있는 수요였기에 무지가 자연에 해가 되지 않았다. 하지만 이제는 우리의 무지가 자연을 위협하고 있다.

물이 암흑시대를 초래한 사건의 교훈

메소포타미아의 고대 왕국과 도시국가들을 좌우한 것은 물과 물 안보였다. 유라시아 문명의 요람인 메소포타미아는 물 공급과 애증의 관계였다. 문명의 생성과 파괴 모두 물과 관련이 있었기 때문이다.

물은 모든 것의 근원이었다. 메소포타미아라는 지명은 '두 강들 사이'라는 뜻의 그리스어에서 온 것으로 유프라테스강과 티그리스강을 가리킨다. 메소포타미아인들은 경쟁관계에 있던 다른 문명에 비해 물의 중요성은 물론이고 물을 사용하는 방법도 잘 알고 있었다. 그들은 관개·물 저장·수상 운송에 뛰어난 능력을 보였고, 서유럽에는 몇 천 년 후까지도 등장하지 않은 기술까지 사용했다.

하지만 그들은 관개를 완벽하게 이해한 게 아니었다. 자신들이 알고 있는 지식을 동원해 천정천(天井川, 하천의 바닥이 주위의 평지보다 높은 하천-옮긴이)에서 저지대 논밭으로 물을 대는 데 집중했다. 그들은 자신들의 지식과 성과에 감탄하면서 중력과 물의 관계를 활용한 것 외에는 실질적으로 한 일이 없다는 것을 받아들이지 않았다. 메소포타미아인들이 인정한 사실은 물이 흐른다는 것뿐이었다. 그들은 농작물이 토양에서 수분을 흡수한다는 사실을 알고 있었다. 그들은 그것을 목표로 삼았고, 농작물에 영양분을 공급하기만 하면 물은 신경 쓰지 않아도 된다고 생각했다. 관개수는 저절로 강으로 유입될 수 없음에도 불구하고 그들의 논밭은 물에 잠기지 않았다. 그들처럼 단순한 사고방식으로 생각하면 관개시설을 이용해 물을 끌어오면 농작물이 물을 없앴던 것이다.

그러나 토양 표면에서 일어난 증발작용은 보이지 않는 영향을 서서히 끼쳤다. 결국 토양은 오염되었고, 경제가 붕괴되었으며, 위대했던 제국은 멸망하고 말았다. 메소포타미아인들이 보지 못했던 것은 물이 증발하면서 토양에 무기염류의 침전물을 남긴다는 사실이었다. 물은 무기염류를 토양의 하층부에서 상층부로 이동시킨다. 세월이 흐르는 동안 무기염류는 표층토에 천천히 쌓여갔다. 끓

는 물에 빠진 개구리는 안전한 곳으로 뛰어오르지만 처음에는 차가웠으나 서서히 열을 가하는 물 속의 개구리는 산 채로 익어버리는 것처럼, 메소포타미아인들도 비옥한 토양을 꾸준히, 천천히, 자신들도 모르게 오염시켜서 결국 독성을 띤 사용할 수 없는 땅으로 만들었다. 강력한 문명의 기반이었던 물과 식량 안보는 서서히 약해지고 무너졌다. 평화와 번영은 기아와 가난으로 변했고, 무역은 전쟁으로까지 번졌다. 무역을 통해 식량과 물을 수입하지 못한다면, 결국 칼로 빼앗는 수밖에 없었다. 메소포타미아는 기원전 2천년 말경에 멸망했다. 몇 세기 후 그 문명은 재건되었다. 결국 물이 문명을 무너뜨렸다.

점심식사에 필요한 물

우리는 단순해 보이지만 중요한 개념을 이해해야 한다. 우리는 가상수를 먹는다. 인류는 태초부터 재생 가능한 물을 처리하는 생물학적·물리적 과정을 착각하고 있다. 식량과 물 사이의 중요한 연관성도 잘못 이해하고 있다.

선사시대의 셀프 서비스 식당

인류 초기에는 음식을 초목에 의존했다. 초목은 달아나지 않고 우리를 물지도 않았기 때문이다. 지금도 그렇지만 아프리카 초원에 사는 다른 포유동물들은 우리보다 상당히 빨랐다. 이는 두 가지 결과로 나타났다. 동물들은 우리에게서 잘 달아났고, 포식자를 피해 달아나는 일에서조차 우리보다 뛰어났다. 선사시대에 고기를 먹는다는 말은 사람이 식탁에 앉아 고기를 먹는 게 아니라 사람이 음식 메뉴에 등장하는 것을 뜻했다.

우리는 200만 년 전쯤에야 비로소 인간이 되었다. 그 즈음 우리의 뇌 용량이 상당히 늘어났다. 자기 인식, 사회 조직, 의사소통 능력도 향상됐다. 적대적인 세계에 사는 발톱 없는 느린 생명체인 우리는 지적 능력을 활용해 중요한 생존 과제를 해결하기 시작했다. 생물학적으로는 사냥하기에 적합하지 않지만 머리를 써서 스캐빈저(생물의 사체를 먹이로 먹는 동물-옮긴이)가 되는 데 성공했다. 인류 식습관에 대한 역사는 기술의 역사이며, 무기 기술의 역사로 이해할 수 있다. 원시 인류는 돌을 던지는 능력으로 경쟁 상대를 쫓았고, 처음으로 고기를 먹을 수 있었다. 몽둥이와 창을 개발해 다른 포유동물보다 훨씬 유리한 고지를 차지했다. 사냥감을 죽여서 안전한 장소에 옮길 수 있었고, 불로 고기를 부드럽게 요리해 전보다 더 많이 먹을 수 있었다. 기술과 고기는 협력 관계다. 기술이 발전하자 더 쉽게 고기를 먹을 수 있었고, 고기를 많이 먹자 뇌 용량이 늘어났다. 지적 능력은 기술을 더욱 발전시켰다. 그렇게 선순환 고리가 형성되었다. 그렇다면 물은 그 고리의 어디쯤에 들어갈까?

식습관과 경제의 관계

도시화와 경제적 다각화를 최초로 보여주는 사례들이 신석기시대의 농경으로 등장했다. 모든 사람이 창을 던져야 할 필요는 없었지만, 도심지에서는 농경과 사냥으로 생산한 음식이 필요했다. 그래서 무역이 탄생했다. 처음에 마을 간의 식품 무역은 가상수 거래를 의미했다. 농부들이 곡물·채소·가축을 도시에 가져갈 때 가상수도 함께 가져갔다. 오늘날 곡물 1톤당 가상수 1,000m^3가 필요하다. 이 수치로 과거에 필요했던 물의 양을 파악할 수 있다. 옛날부터 도심 정착지에 사는 사람들은 자신들이 소비하는 물의 규모를 깨닫지 못했다. 도시화만큼이나 도시의 물 부족에 대한 착각도 오랫동안 지속되었다.

사회와 경제가 발전하면서 국제 무역도 성장했다. 지중해, 북아프리카, 아시아 문명의 초기에는 주요 식품과 식물성 기름이 거래되었다. 역사의 어느 시점부터 미처 자각하지 못한 채 부족한 물을 보충하기 위해 그 같은 무역을 했다. 그들은 식품을 자급자족하기 위해 그린워터와 블루워터를 활용하는 방법을 몰랐기 때문이었다. 가상수 거래는 새로운 일이 아니다. 다양한 직업만큼이나 오래 전부터 있었던 일이다.

가게에서 물을 찾는 목마른 사람들

갈증은 새로운 방식으로 우리 행동에 대한 정보를 제공한다. 최근 몇 년간 상품 위치, 소비자 행동, 매장 내 물건 배치를 조사하고 연구해서 과학적인 마케팅 전략이 발전했다. 예를 들어, 슈퍼마켓의 제과 코너에서 빵 냄새를 풍기거나 주력 상품의 진열 위치를 계속 바꿔 소비자들이 평소에 잘 가지 않던 곳으로 가게 만든다. 그것은 대충 둘러보려는 사람들의 성향을 겨냥한 것인데, 그런 성향을 뒷받침할만한 정확한 근거는 없다. 하지만 모든 슈퍼마켓이 꼭 알아둬야 할 점은 소비자는 가게를 둘러보면서 밝은 색 포장지에 든 사탕이나 과자 같은 단 음식에 끌린다는 사실이다. 그 이유까지 알 필요는 없다.

그래도 그 이유를 찾아보자면 바로 물 때문이다. 진화 초기에 인류는 물에 대한 욕구를 대부분 물을 직접 마셔서 해소하는 게 아니라, 지나가는 길에 있는 나무에 열린 빨강, 주황, 파란색 열매들로 충족했다. 고대 선조들은 편리하고, 시원하고, 신선하고, 보이지 않는 방식으로 물을 공급하는 과일을 먹어 수분을 섭취했다. 경제적·영양학적으로 쉽지는 않지만 현대 상점에 진열된 제품들은 어떻게든 옛날 열매들의 색을 흉내 내고 있다. 인기 있는 음료 캔의 색깔이 밝은 빨강, 주황, 파란색이라는 점만 봐도 알 수 있다.

음식에 내제된 보이지 않는 물에 속은 것은 우리의 실수다. 우리는 이런 실수를 수백 만 년 동안 계속 해왔다. 가상수를 생각해보면 무역과 경제 요인에 의존해 용수량을 확보하는 것을 이해할 수 있다. 선진국 도시에 사는 사람들은 물 부족 문제를 해결하기 위해 가상수 흐름의 복잡한 관계망에 의존한다. 물은 어디에나 있으니까.

이 책을 읽어야 하는 이유

선사시대부터 식품에는 보이지 않는 물이 포함되어 있었다. 그때는 물이 넘쳐났고 상대적으로 인구는 적었기에 보이지 않는다는 사실이 해롭지 않았다. 그러나 21세기에 들어와 물 부족 상태에 빠진 우리에게는 큰 문제가 된다.

가상수는 지금까지 그래왔고 앞으로도 지역별 물 부족 현상을 해결해줄 것이다. 가상수 개념을 이해하면 우리가 세계 수자원에 미치는 집단적 영향력을 파악할 수 있다. 정보는 힘이다. 사람들이 물에 대해 더 많이 알면 좋겠다. 물론 힘을 발휘하는 것은 단순한 사실이 아닌 정보다. 가상수는 사람들이 쉽게 이해할 수 있는 개념이다. 일단 그 개념을 이해하고 나서 힘을 행사해야 한다.

새로운 개념이 등장하면 언제나 반대에 부딪치기 마련이다. 가상수도 예외는 아니었다. 하지만 가상수가 통용되고 20년이 흐른 뒤 국내 물 안보는 물론 개념화하기 어려운 세계 물 안보 개념을 소비자가 이해할 수 있도록 도와주었다. 그 개념을 잘 모르더라도 이해하려고 노력한다면, 우리는 물을 더 합리적으로 소비할 수 있다. 21세기 사회에는 지켜야 할 몇 가지 계율이 있다. 합리적으로 식품을 소비하라. 더 많이 걸어라. 가능하면 재활용하라. 광고에서 본 물건은 절대로 사지마라. 누가 쉽게 돈을 벌게 해준다고 제안하면 그것은 당신을 가해자나 피해자로 만드는 사기일 가능성이 크다. 사람과 문화 사이의 차이는 표면적인 것에 불과하다는 점을 이해하라. 현명하게 먹어라.

우리가 가상수 개념을 인식한다고 해서 세계 물 문제를 해결할 뾰족한 수를 찾을 수 있는 것은 아니지만, 유익한 방향으로 사회를 이끌 수는 있다. 가상수를 통해 물의 특징과 본질, 스캐빈저로 살아가던 시대부터 모른 척 해왔던 물의 남용에 대해 알 수 있다. 이런 특징들과 취약점들을 인식하고 나면 개인적으로든 집단적으로든 수자원에 대한 경제와 수문학적 기본 원칙들에 부합하는 결정을 내릴 수 있다. 우리가 물을 제대로 이해하고 나면 현명하게 사용할 수 있다.

그래서 나는 가상수 개념을 제시하고 이 책을 출간했다. 그러면 왜 지금일까? 긴급하게 이런 조치를 취해야하는 이유는 여러 가지다. 무려 68억 개의 이유가 있다. 목마른 68억 인구가 매일 2~5m^{3}의 물을 소비하고 있기 때문이다.

물은 돈과 권력을 향해 위로 흐른다

이 날카로운 논평은 21세기 초에 암으로 사망한 미국의 환경운동가이자 기자였던 마크 레이즈너Marc Reisner의 것이다. 그는 미국이 처한 물 문제를 정확하게 분석했다. 나는 그의 작업과 통찰력 덕분에 3장에서 캘리포니아를 제대로 평가할 수 있었다. 내 말을 믿지 않아도 된다. 직접 그의 작품들을 확인해보라. 마크 레이즈너가 쓴 《캐딜락 사막Cadillac Desert》을 일단 읽기 시작하면 손에서 내려놓을 수 없을 것이다. 지인들에게 그 책을 꼭 읽어보라고 메일을 보내기 위해서라면 모를까.

역사적으로 물은 언제나 가난한 사람에게서 부자에게 흘러갔다. 선진국의 부유한 도시에서는 물 기근 현상이 심각하다. 이를 해결하는 방법은 식품을 비롯한 여러 상품들을 수입해 가상수를 부자들에게 흐르게 하는 세계 무역에서 찾을 수 있다.

말 그대로 오르막길로 올라가는 것이다. 문제는 이런 필수 자원이 잘못 분배될 수 있다는 점이다. 그런 분배는 보이지 않게 일어나기 때문이다. 그렇지만 여기에도 해결책은 있다. 가상수의 흐름을 이해하면 무역을 통해 이런 자원을 효과적으로 관리해서 물 안보를 확보할 수 있다. 시장이 혼자 해결할 수는 없다.

앞으로 우리는 세계의 물 부족 인구가 가상수 거래로 물과 식량을 확보하는 방법을 살펴볼 것이다. 보이지 않는 가상수 경제 덕분에 자주 예견되고 금방이라도 일어날 듯한 물전쟁에서 우리가 어떻게 벗어날 수 있는지도 알 수 있다.

무지로 인한 문제는 알고 나면 해결되듯이 가상수를 통해 물 딜레마를 이해하고 개념적 실마리를 얻어 문제를 해결할 수 있다. 인간은 미래를 거의 예측할 수 없다. 종종 과거의 사례를 활용하지만 그것으로는 알 수 없는 미래의 요구를 충족하기에 부족하다. 우리는 끝없이 넓어지는 무지의 경계를 찾아내서 그것을 넘어설 때 독창적이고 강력해진다. 그리고 그 질서 안에서만 관찰하고 이해하고 적응할 수 있다. 가상수 개념을 통해 독자이자 시민이고 문명인인 우리는 물을 남용해왔다는 사실을 분명하게 인식할 수 있다. 거기에서부터 이해하고 적응해나가는 것이 우리의 임무다.

2장

물을 현명하게 사용하는 법

우물이 마른 후에야 물의 가치를 안다.

- 벤저민 프랭클린 -

독자에게 전하는 말

이 책을 읽고 있는 당신은 안전한 수돗물을 마시고 하수처리가 잘 되는 나라에 사는 대단한 특권을 누리는 사람들일 것이다. 그렇게 운이 좋은 사람은 세계 인구의 1/5밖에 되지 않는다. 당신이 부유한 선진국에 살고 있다면 당신과 당신의 조상들은 다섯 세대에 걸쳐 그런 편의 시설을 누려 왔고 앞으로 누릴 것이다. 아주 드문 일이다. 보통이 아니라 예외적인 일이다.

오래전부터 물 위생 시설을 갖추고 있었던 나라들은 안전한 수자원이 풍부한 나라가 아니다. 주민들에게 양질의 식수를 공급한 나라들도 마찬가지다. 이것은 무슨 의미일까? 안전한 현대식 물 서비스를 제공하는 데 쉽게 이용할 수 있는 수자원이 꼭 필요한 것은 아니라는 뜻이다. 한 사회의 상수도 시설의 품질은 기술, 관리, 돈에 의해 결정된다. 물은 돈을 따라 흐른다.

산업혁명이 물을 공급하고 오염시킨 과정

민간 기업의 실패

19세기 유럽과 북아메리카 국가들이 식수와 가정용수를 성공적으로 공급할 수 있었던 것은 중요하지만 무시되었던 실패 때문이다. 19세기 후반 민간 기업이 급수를 책임질 수 없다는 사실이 분명해졌다. 개인의 노력만으로 조직력과 기술력을 갖추기에는 부담이 너무 컸다.

요즘 사람들로선 질색할 일이겠지만 열성적이던 민간 기업이

제 역할을 해내지 못하자 행정 관료들은 의기양양해졌다. 산업화가 진행되던 시기에 도시 당국은 일제히 상하수도 시설을 개발하기 시작했다. 민간 자본과 이윤 추구가 사라지자 시의 자부심은 커지고 세금은 늘어났다. 짧은 기간 내에 북아메리카와 유럽 전역 도시들에서 직장, 공장, 주민들에게 양질의 물이 공급되고 값비싼 하수처리시설도 설치되었다. 그러나 한 가지 실수가 있었다. 거의 모든 도시들과 국가들은 모든 가정용수에 식수 기준을 적용하기로 결정했다. 이제는 그것이 당연하게 여겨져 다른 방법이 가능했다고 상상하기조차 어렵다.

잠시 생각해보자. 사람들은 부엌 수도꼭지에서 나오는 물만 마시지만, 욕실이나 세탁기 급수관, 화장실 물탱크의 물을 마시지 못할 이유는 없다(적어도 건강에 문제가 되지 않는다!). 모든 수돗물의 수질이 똑같기 때문이다. 배수시설을 설계한 19세기 사람들이 당시로선 당연한 선택이었겠지만 어리석었다고 이제야 비판할 수 있다. 그들의 선택 때문에 우리는 현재 많은 비용을 들여 정수 처리한 식수로 목욕을 하고, 이불을 빨고, 심지어 변기 물을 내린다. 세계보건기구의 추산에 따르면 우리가 깨끗한 물을 펑펑 쓰는 동안 세계 10억 이상의 사람들이 식수난에 시달리고 있다. 깜짝 놀랄만한 수치다. 믿고 마실 수 있는 식수를 원활히 공급받지 못하는 나라는 가난한 개발도상국들이다. 하지만 선진화된 탈공업 국가에 살고 있는 우리는 많은 돈을 들여 처리한 식수를 아무 생각 없이 정원에 뿌려대고 있다.

위험한 점은 우리가 얼마나 많은 물을 쓰고 있는지 거의 생각하지 않는다는 사실이다. 우리는 물을 낭비하고 있다는 사실을 모른다. 식수 기준에 맞추기 위해 비싼 돈을 들여 물을 정화한다는 사실을 생각하면 이런 물 낭비는 안타까운 일이다. 잠시 생각해보라. 샤워하거나 목욕하고 변기 물을 내리거나 청소하고 세차를 할 때마다 누군가는 손에 넣지 못해 죽음에 이르는 소중한 자원을 쓰고 있는 셈이다. 정원에 물을 뿌리는 사치가 갑자기 혐오스러운 일이 된다. 나를 못 믿겠는가? 수도 계량기를 보고 가정용수가 그것에 들인 돈에 걸맞는 용도로 쓰이고 있는지 직접 확인해보라.

우리는 물을 얼마나 쓰는지 모른다. 그 물의 가치도 모른다. 선진국에서는 물이 싸기 때문에, 수도요금이 가계소득의 2%도 되지 않는다. 경제학자라면 누구나 문제점을 금방 알아차릴 수 있다. 물을 절약하는 법을 배운다 하더라도 금전적으로 돌아오는 것은 보잘 것 없다. 문제는 우리가 가정에서 소비하는 물의 5% 정도도 제대로 이해하거나 신중하게 쓰고 있지 않는다는 점이다. 사람들은 변기 물을 내리고 아무렇지 않게 호스로 물을 뿌린다. 양치질을 하면서 수도꼭지를 잠그지 않거나 설거지를 하면서 싱크대 마개를 막지 않는다. 사람들은 최상급 수질의 물을 펑펑 낭비하고 있다. 그보다 더 심각한 문제는 식품을 만드는 데 쓰이는 물의 양을 모르고 있다는 사실이다. 믿기 어렵겠지만 식품을 만드는 데 들어가는 물이 우리가 소비하는 물의 90%를 차지한다. 그런데 우리는 그 존재와 비용을 모르고 있다.

하지만 세상의 많은 사람들은 물의 가치와 비용을 알고 있다. 정말 가난한 사람들은 물의 소중함을 이해하고 있다. 우물이 마르면 물이 부족해지고, 그러면 물 가격이 급격하게 오르기 때문이다. 그들은 이런 책을 읽지 않는다. 매일 집으로 길어오는 물이나 논밭에 대는 물의 가치에 관한 책을 쓸 기회도 없다. 그런 이야기를 직접 들을 방법이 있다면 지금 편안히 손에 들고 있는 책에 실린 내용보다는 그 쪽에 귀 기울이라고 하겠다.

식수
안전한 식수는 맑은 샘물에서 나오거나 대부분 정화 처리된 물이다. 두 경우 모두 수질검사를 통해 물이 오염되지 않았는지 확인해야 한다. 식수를 배달하는 데는 비용이 든다. 물 자체의 비용은 많지 않지만 처리하는 데 비용이 많이 든다. 특히 배수관, 펌프, 계량기 등 상하수도 시설을 설치하고, 유지하고, 엔지니어와 정보통신 기술자들, 관련 기관 직원들이 최상급 수질의 안전한 물을 계속 공급하도록 하는 데 비용이 상당히 많이 든다. 생활 속에서 사용하는 식수는 스몰워터small water에 해당한다. 식수는 필요 이상으로 많이 쓰이고 있다. 세차하고 변기 물을 내리는 데도 식수를 사용하기 때문이다. 그렇다 하더라도 선진국에서 한 사람이 하루에 사용하는 물은 100~200L에 불과하다. 식품으로 소비되는 물의 10%에 해당하는 양이다.

가난한 사람들이 부자들에게 보조금을 주다

선진국에는 물 빈곤 가정이 거의 없다. 하지만 부유한 나라에서도 물은 부족하다. 가난한 사람들은 어디에서든 물 빈곤의 위협을 느낀다. 영국의 물 소비자 협회Consumer Council for Water는 수입의 3% 이상을 물에 소비하면 그 가정을 물 빈곤 가정으로 규정한다. 이와 대조적으로 개발도상국의 가정들은 수입의 25%를 그것도 질이 떨어지는 물에 쓴다. 이것은 기술이나 자원이 부족해서가 아니라 공공투자와 구매력이 부족해서 생기는 현상이다. 어느 나라에 살든 부유한 사람들은 19세기 산업 국가들이 개발한 모형과 거의 동일한 급수시설을 이용한다. 개발도상국에서도 부자들은 손쉽게 값싸고 질 좋은 물을 많이 쓰고 있다.

1달러로 하루를 살아가는 아프리카와 아시아의 수많은 사람들이 선진 급수시설을 이용하기는 힘들다. 장소도 문제다. 도시 빈민가에 제대로 된 상수도 시설이 갖춰져 있기는 쉽지 않다. 외딴 시골 지역은 자체적으로 해결해야 한다. 설탕에 벌이 꼬이듯 돈이 있어야 상수도 시설도 갖출 수 있다. 이런 시설이 갖춰져 있어야 식수가 적당한 가격에 공급된다. 그러나 그것마저 제대로 된 집에 사는 사람들만 공급받을 수 있다. 이 세상은 소유 재산에 따라 움직인다. 민간 기업이나 지방 당국이 불법 주택에 수도관을 설치하지는 않을 것이다. 그래서 도시 판자촌과 시골에 사는 주민들이 물을 공급 받으려면 주로 개인 판매자에게 의존해야 한다. 이 판매자들은 비싼 가격을 받으면서 수질을 보장하지 않는다. 하지만 갈증은 반드시 해결해야 하는 욕구이므로, 오늘을 살기 위해 내일 죽음을 불러올 수도 있는 물을 마셔야만 한다.

개발도상국의 빈민들은 물의 중요성과 가치, 자신들이 사용하는 물의 양까지 알고 있다. 심지어 그 무게까지 안다. 가정용수를 직접 날라야 하는 상황에서 생긴 이점이라고 할 수 있다. 어쩔 수 없이 자신이 물을 얼마나 사용하는지 정확하게 알게 된 것이다. 갑자기 선진국에서 물에 대한 규제가 필요하다면 그런 규제가 어떻게 물 낭비를 줄여줄까? 샤워하는 횟수를 줄이고, 식기세척기에 물을 반만 채우고, 정원에 살수장치로 물을 뿌리는 일을 줄여야 한다고 생각해보자. 지금까지의 내용으로 추정해 보면 개발도상국에 사는 가난한 여성들이 우리보다 훨씬 더 완벽하게 자신들의 물 소비량을 알고 있다. 그들이 대개 집에서 사용할 물을 길어오는 일을 담당하기 때문이다. 하지만 개발도상국의 가난한 여성은 지구상에서 가장 영향력이 약한 사람이다. 물을 긷는 것은 힘없는 사람들의 과제다. 그런데 정부는 물의 필요성을 전혀 알지 못하는 사람들의 요구에만 부응하는 정책들을 내놓는다. 무지한 사람들이 현명한 사람들에게 피해를 입히다니 어리석고 위험한 일이다. 부자들도 슈퍼마켓에서 값비싼 생수를 사면서, 자신들이 소비하는 물의 무게 정도는 알 수 있다. 하지만 그들은 자가용 없이는 물을 사러 가지 않을 것이다.

미터법과 영국식 단위

독자들은 이야기를 좋아하지 숫자를 좋아하지 않는다. 복잡한 상황을 해결하고 싶어 하지도 않는다. 이 두 가지를 동시에 해야 한다면 분노를 느낄 것이다. 정치는 어디에든 영향을 미친다. 측정법과 미터법의 세계에도 마찬가지다. 단위 체계의 전파 과정을 보면 우여곡절 많은 유럽 제국주의의 역사까지 알 수 있다. 비생산적이라는 사실만 떼놓고 본다면, 서로 다른 단위들을 환산하는 데 따르는 어려움을 이겨내는 것도 재미있는 일이다.

우리는 다른 측정법에 대해서는 잘 모른다. 바로 이 점이 문제다. 미터법에 관한 한 우리는 여전히 바벨탑이 무너진 시대에 머물러 있기 때문이다. 대영제국의 지배와 이를 이어받은 미국 때문에 국제 미터법에는 메우기 어려운 틈이 생겼다. 이것을 바로 잡는 일은 내 소관이 아니다. 항공업에서 아직 피트feet가 필수 단위로 쓰이는 것을 보면 상식·논리·적합성에 따라 사회 질서의 규칙들을 정하지 않고, 사회적 관습·영향력·힘에 따라 정한다. 안전에 대한 직관적인 견해에도 영향을 미친다. 오랫동안 영국에서 미터법을 반대한 이유는 유럽통합을 반대하는 논쟁에서도 쟁점이 되었다. 이솝 우화에 '모두를 만족시키려다가는 아무도 만족하지 못한다'는 말이 있다. 하지만 여기에서는 미국과 영국에서 주로 사용하는 영국식 단위와 미터법이 어떤 관계가 있는지 보며 모두가 만족하면 좋겠다.

반올림이 있어서 조금이나마 낫다. 파인트pint는 0.5L다. 미국식 갤런gallon은 4L다. 250갤런은 1m^{3}로 보면 된다. 호주는 재미있고 특이하게 기가리터gigalitre라는 단위를 쓴다. 기가는 10억을 의미하고, 기가리터는 10억 리터, 또는 1km^{3}의 1/10에 해당한다.

물의 양이 적으면 문제는 심각하지 않다. 우리는 영국식 단위인 파인트와 미터법인 리터 이 두 가지 모두에 익숙하다. 일상에서 우유 1파인트나 1리터는 자주 볼 수 있다. 그 양을 가늠해 두 단위를 바꿔 쓰는 일은 쉽다. 자동차가 흔해진 덕분에 가스나 기름을 넣으면서 미국식 갤런이나 리터에 익숙해졌다. 역사적 배경 때문에 영국식 단위는 큰 부피를 측정할 때는 그다지 적절하지 않다. 그래서 에너지 생산자들과 무역업자들은 새로운 단위인 배럴barrel을 만들어 냈다. 이는 미터법의 톤과 거의 같은 양이다.

물의 양이 많으면 파인트, 갤런, 리터로 측정할 수 없다. 하지만 직접 경험해본 것보다 훨씬 많은 양의 물도 다뤄야 하는데 이때 미터법이 유용하다. 개인의 하루 물 소비량을 2,500~5,000L로 말하는 것은 어색하다. 과장된 것 같고 명확해 보이지 않는다. 그래서 2.5~5m^{3}라는 미터법으로 표현한다. 그러면 보기에도, 읽기에도, 머리로도 훨씬 쉽게 이해된다. 물론 더 편리하다. 물 1m^{3}는 무게가 1톤이다.

영국식 단위는 그런 편리함이 없다. 피트, 야드, 체인, 펄롱, 마일, 에이커는 모두 특징이 있지만 산술적인 품위는 부족하다. m^{3}를 대체하는 영국식 단위는 에이커풋이다. 약 1,200m³인 이 단위는 농업과 공학의 산물이다. 관련 업계 종사자들은 쉽게 이해하고 유용하게 사용하고 있다. 그러나 물의 양을 재는 데는 적합하지 않다. 나를 포함한 대부분의 물 전문가들이 거대 강 유역이나 국민경제, 가상수 거래를 언급하면서 대용량의 물을 이야기할 때마다 미터법 단위인 km³를 쓰는 것은 당연하다.

표 2.1 미터법과 영국식 단위. 정확한 수치는 이 책의 끝에 있다.

미터법		영국식 단위
1 L	→	2 파인트
1 m³	→	250 미국식 갤런
1 km³	→	800,000 에이커풋

영국식 단위		미터법
1 파인트	→	0.5 L
1 미국식 갤런	→	4 L
1 에이커풋	→	1,200 m³

물 안보의 중요성

모유 딜레마

아기는 모유에 대해 잘 모른다. 그래서 아기와 모유 사이에는 다소 건전하지 못한 관계가 형성된다. 엄마는 아기가 울 때마다 또는 울지도 않는데 아기가 더는 원하지 않을 때까지 모유를 준다. 아기는 한동안 질릴 정도로 모유를 먹는다. 그리고 다시 배가 고프면 이 과정이 반복된다. 아기의 지능은 아직 발달되지 않았고 지식이랄 것도 없다. 그렇기에 원인과 결과를 따로 떼어 생각할 수 없다. 모유는 허기를 채우기 위해 존재한다. 매번 그렇게 존재했기에 앞으로도 그럴 것이다. 욕구는 불가피하고 그에 필연적으로 공급이 따른다. 끊임없이 존재하고 늘 이용할 수 있다는 환상을 만들어낸다. 허기가 질 때면 모유는 무한대로 만들어진다고 생각한다.

자연과 고대인의 관계도 이와 비슷했다. 대지는 언제나 풍요로웠다. 초목과 동물이 늘 차고 넘쳤다. 물도 풍부했다. 우리는 계속해서 이런 환상들을 떨쳐내고자 했다. 결핍과 그 결핍을 경제로 환산한 덕에 땅과 초목, 동물의 가치를 평가하는 이론적이면서도 실용적인 체계를 지니게 되었다. 이제 땅은 소유의 대상이다. 공원과 해안지대 같은 공유지조차 정부가 소유한 채 우리를 들여보내주고 있다. 애완동물로 키우거나 저녁식사로 내놓고 싶은 동물에게도 이제는 주인이 있다. 식물도 별반 다르지 않다. 그렇다면 비는 누구의 소유일까?

비는 바람이나 햇빛과 마찬가지로 통제할 수 있는 대상이 아니다. 그러나 사회와 경제체제와 우리의 생활은 바람·햇빛·비가 가져다주는 혜택에 의존한다. 이런 바람·햇빛·비를 경제에 포함하려면 산업혁명 이전에 만들어진 다소 이상해 보이는 방식으로 이 요소들을 체계화해야 한다. 우주가 우리에게 선물한 바람과 햇빛은 공공재이자 비독점적이고 비경쟁적인 자원이다. 그것들은 사용한다고 해서 없어지지 않는다. 무한하다고 여겨도 무방하다. 그러나 물은 사정이 다르다. 물을 공공재로 착각하는 것은 젖먹이 아기가 추론할 수 있다는 말처럼 황당한 일이다. 사람들은 본능적으로 수자원에 끌렸다. 수자원은 없어지는 게 아니다. 하지만 이것이 원시 사회에서 생존에 필요한 핵심 기준이 물 안보라는 진실을 증명하지는 못한다.

우리는 물 비용 책정방법을 찾아야 한다. 그렇지 않으면 선진국이라도 식품과 물을 충분히 확보하기 어려울 것이다. 국가의 식량과 물 안보에 대한 착각은 점차 사라질 것이다. 그에 대한 노력은 이미 시작되었으며 관련된 내용을 마지막 장에서 살펴볼 것이다. 식량과 물 안보에 대한 잘못된 생각을 버리지 못하면 물의 가치를 경제적으로 표현하지 못할 것이다. 그 경우 할 수 있는 일은 거의 없다.

이런 현상은 왜 생길까?

우리가 물을 걱정하지 않기 때문이다. 물이 공짜가 아니라는 것을 우리는 모른다. 언젠가는 물에 비용을 치르게 될 것이라는 생각을 막연하게 하고 있지만, 물과 그 비용에 대한 재정적 기여 사이의 관계는 모른다. 물을 공짜라고 생각할 뿐만 아니라, 물을 옮기는 데 추가비용이 든다는 사실도 모른다. 물은 나무에서 자라지 않는다. 당연히 수도꼭지 안에 들어있지도 않다. 가상수를 포함해 물에 비용이 많이 든다는 사실을 생각해보기 전까지는 물과 관련된 경제와 환경 가격표를 이해하지 못한다. 지금 당장에는 이런 가격표들이 눈에 보이지 않는다. 하지만 우리가 물을 쓸 때마다 어딘가에서 누군가는 이 청구서를 감당하고 있다. 세계적으로 사람들은 잘 알지도 못하는 외상 장부에 기대고 있다. 물 한 방울을 쓸 때마다 부채는 늘어난다. 그 상황은 다음 그림에 잘 요약되어 있다.

현재 우리가 처한 지속 불가능한 상황에서 물 생산 비용은 가격을 넘어선다. 물 환경 비용이 경제 공식에 포함되지 않아 물 가격에서 제외되었기 때문이다. 그런데 물의 가치에 대한 인식은 비용과 가격보다도 훨씬 뒤처진다. 우리는 물에 지불하는 가격보다 물의 가치가 더 낮다고 생각한다. 우리는 현실과 정반대로 인식하고 있다. 이것은 인간이 흔히 하는 실수다. 우리는 늘 불편한 현실을 잘못 이해하는 경향이 있다.

수자원을 지속적으로 사용하고 평가하기 위해서는 비용과 가격을 똑같이 맞춰야 한다. 그렇지 않으면 우리는 수요와 공급

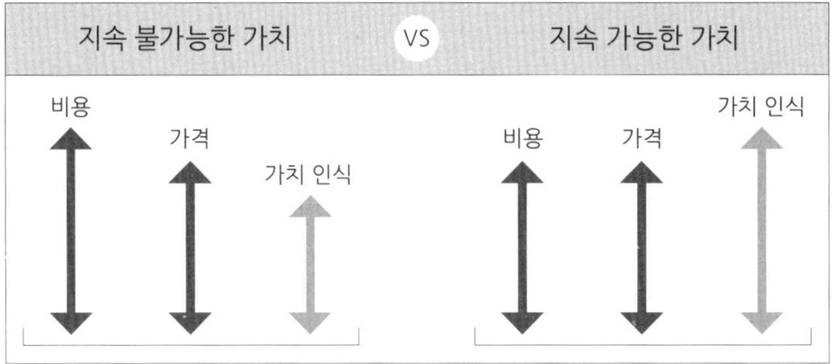

이라는 경제 요인 때문에 환경적으로나 경제적으로 물을 신중하지 않게 사용할 것이다. 무엇보다 중요한 것은 물의 가치를 더 높게 평가해야 한다는 점이다. 우리의 가치 인식이 비용이나 가격과 일치해야 하는 것은 아니다. 가치 인식은 비용이나 가격보다 높아야 한다. 물은 그만한 가치가 있다. 물이 없으면 우리는 살 수 없다. 단순히 마시는 물만을 이야기 하는 것이 아니다. 식품에 꼭 필요한 것이 물이다. 물은 단순한 물건이 아니다.

이 책에서 중요하게 지적하는 것은 식품에는 물이 필수적이라는 사실이다. 질 좋은 식수를 구하는 일은 크게 어렵지 않지만 필요도 없이 많은 물을 구할 이유는 없다. 우리에게 매일 필요한 물의 양은 그다지 많지 않다. 우리는 매일 약 3L의 물이 필요하다. 이 정도 물을 구하기는 크게 어렵지 않은 일인데도 가난한 나라의 빈곤 지역에서는 매일 식수 3L 구하기가 쉽지 않다. 물을 마시는 것은 문제가 안 된다. 먹는 일이 문제다. 물과 가까운 곳에 고대 정착지가 생겨나자 거기 살던 사람들은 단순히 물을 마실 수 있었을 뿐만 아니라 직접 농작물을 재배해서 먹고 나중에는 무역까지 할 수 있었다. 이를 위해서는 1인당 하루에 약 2~3m^{3}의 물이 필요했다. 이는 매일 마시는 데 필요한 물 3L보다 약 1,000배나 많은 양이다. 그래서 식품이 가장 큰 문제다. 인류 초기에는 식량 생산의 전제조건이 안정적인 강우량과 자연 월류관개(경사진 곳의 관개 방법으로 자연 경사를 이용하여

방류하는 관개-옮긴이)였다. 아시아와 나일강 유역들은 매년 주요 강들이 범람했기 때문에 발달된 사회를 도와주었다. 수 만년 동안 돌아다니면서 편안하게 공기를 마신 것처럼 물 또는 식품에 감춰진 물을 퍼 올렸다. 포유동물이 공기 중에서 산소를 흡입하기 위해 코와 폐가 발달한 것처럼 우리는 입과 소화기관이 발달했다. 이 기관들은 똑같은 방식으로 작용했다. 생물학적으로 공기를 편안하게 마실 수 있는 것처럼 물도 걱정 없이 소비할 수 있다고 속았다.

나는 지금 런던에 살고 있다. 2천 년 전이나 지금이나 거의 똑같이 편안하게 호흡하고 있다. 조셉 콘래드Joseph Conrad가 런던을 '지구상에서 가장 어두운 곳'이라고 표현했을 때도 런던의 공기는 같았다. 공기가 오염되면 호흡기 질환에 대한 공포감이 조성될 수는 있지만, 공기를 정화 처리하기를 바라는 사람은 강박적인 건강염려증이라고 보아야 한다. 기본적으로 공기는 어디에나 존재하고 무료로 이용할 수 있다. 공기는 우리가 통제할 수 없지만 고갈되지 않으며 구하기도 쉽다. 사람은 공기를 들이마시는 것 외에는 아무것도 할 필요가 없다. 그러나 물에는 많은 것들이 필요하다. 물이 우리의 위까지 도달하려면 길고 복잡한 과정을 거쳐야 한다. 식수는 침전·퇴적·여과 같은 과정을 거쳐 만들어진다. 식품에 감춰진 가상수는 이보다도 훨씬 복잡하다. 많은 사람들처럼 나도 세계의 다양한 나라에서 생산되어 국제 무역을 통해 식탁에 올라 온 제품들을 먹는다. 이 때문에 물과 관련된 거래 역사를 설명하고 거래 비용을 계산하기는 쉽지 않다.

자급자족 시대가 끝난 후 일어난 사건

19세기에 산업화가 일어나고 무역이 시작되기 전에는 모든 원시 국가에 식품과 물이 충분했다. 10억에 달하는 세계 인구는 현지에서 물과 식품을 충족했다. 하지만 변화가 일어났다. 지난 세기 말 수자원이 풍족하다고 여긴 것은 고작 10여 개 나라에 지나지 않았다. 인구 증가 때문에 대부분의 국가들이 물 부족 현상을 겪었다. 다행히 부유한 나라들은 무역을 할 수 있었다. 물이 부족해도 무역을 통해 식량을 확보했다. 하지만 그로 인해 한 사회와 수자원의 관계는 불분명해졌다. 관개에 의존해 농사를 짓는 농부들만이 농작물 재배에 필요한 물의 양을 알고 있다. 그러나 대부분의 농작물이 빗물을 흡수한 토양수로 성장한다는 점을 고려하면, 농사를 짓는 사람들조차 물의 양과 비용을 모르는 이유를 이해할 수 있다. 우리가 먼 지역에서 생산된 음식을 동네 식당에서 먹을 확률은 얼마나 될까?

19세기 말 비관적인 영국 목사가 물 사용의 방향을 제시했던 이유

역사는 교수이자 목사였던 토머스 맬서스Thomas Malthus에게 친절하지 않다. 그가 위대한 학자였던 칼 마르크스Karl Marx와 퍼시 셸리Percy Shelley의 노여움을 사고 그들의 비난을 받았기 때문이다. 마르크스는 '사람들의 적'이라고 부르고, 셸리는 '환관'이라고 부르면서 맬서스를 통렬하게 비판했다. 두 사람은 맬서스에게 왜 적대적이었을까?

맬서스는 좋고 나쁘고를 떠나서 자명한 진리를 세상에 발표한 것으로 명성이 높다. 그에 따르면 인구는 기하급수적으로 늘어나는 반면 최저생활에 필요한 것은 산술적으로 늘어난다. 이 말은 무슨 뜻일까? 인구 증가가 식량 생산 증가보다 항상 클 것이라는 의미다. 인간의 번식력이 엄청나서 인구 증가를 억제하지 않으면 결국 굶주림에 시달리게 될 것이라는 말이다. 맬서스는 《인구론》에서 당당하게 말한다. '인구의 힘은 사람이 최저생활을 하는 데 필요한 힘에 비해 너무나 크다.'

멜서스는 세계에 곧 닥쳐올 기근의 고통과 불안 때문에 인류가 고난을 겪을 것이라고 주장하면서 종교적인 견해도 덧붙였다. 이러

한 멜서스의 주장을 듣다보면 그 시대 사람들이 왜 이 이론들을 불쾌하게 생각했는지 쉽게 이해할 수 있다. 하지만 맬서스 이론에 반감이 있다고 해서 그가 주장한 내용의 신빙성까지 의심해서는 안 된다. 그는 이상주의 시대에 살았다. 기술과 산업이 빠르게 발전하면서 사회적·철학적·정치적 이해력도 높아졌다. 아무도 그 분위기를 깨고 싶어 하지 않았고 이 고집스럽고 까다로운 비관론자를 주목하지도 않았다. 멋진 신세계가 눈앞에 있었다. 산업·경제·계몽주의는 가난을 없애고 생활수준을 향상시켰다. 당시 사람들은 진정한 황금시대가 곧 도래하리라 기대했다. 이 모든 결실은 자국과 외국의 새로운 땅에서 크게 개선된 농경 덕분이었다. 다른 이의 저명함에 편승하고 싶은 생각은 아니지만, 정치인·공무원·CEO의 눈과 귀와 마음이 잘못된 물 관리의 위험을 외면하고 있음을 보면서 나도 모르게 맬서스에게 친밀감을 느꼈다. 카산드라의 저주가 항상 옳은 것은 아니지만 늘 무시되었으니까. 우리는 다른 측정법에 대해서는 잘 모른다. 바로 이점이 문제다.

무지와 지속 가능성

무지의 두 가지 유형

지속 가능한 환경에 대한 무지는 두 가지 유형으로 나타난다. 첫 번째는 용납이 되지만 두 번째는 용납할 수 없다.

첫 번째 무지는 미래가 어떤 식으로 발전할지 전혀 모른다는 것이다. 미래의 상황에 대해 확신할 수 있는 것은 거의 없다. 그런데 인간에게는 발명의 재능이 있다. 우리는 신석기시대에 도구와 무기를 만든 것을 시작으로 현재까지, 키홀 수술(환자의 몸을 아주 조금만 절개한 뒤 레이저 광선을 이용해 하는 수술-옮긴이), 전기자동차, 스마트폰을 계속해서 발명하고 있다. 기술은 병을 고치는 것만 아니라면 지속 가능성이 지닌 문제를 쉽게 조정할 수 있다. 나는 태양에너지와 담수화 기술이 긍정적인 영향을 줄 것이라고 생각한다. 하지만 미래에 중요한 기술들이 현재로선 입증되지 않았거나 아직 발상조차 되지 못했을 가능성이 크다. 우리의 무지를 비난할 수는 없지만 임종을 앞두고서야 미래의 위대한 발전을 몰랐다는 사실을 후회할 수도 있다. 미국의 전 국방부장관인 도널드 럼스펠드의 말에 따르면, 미래기술이란 알려지거나 알려지지 않은 미지의 것들이 담긴 불가사의한 주머니와도 같다. 인구증가, 늘어난 수명, 식습관과 식량무역의 변화, 기술발전이라는 면에서 20세기 후반은 예외적이고 예측불가능한 시간이었다. 이 시기를 생각해보면 우리가 미래에 대해 장담할 수 있는 것은 즐거움뿐이다. 나는 가능한 한 즐겁게 지낼 생각이고 당신들도 기쁨을 누리길 바란다.

두 번째 유형은 WAVSE에 대한 아무런 의식이 없는 것이다. 이는 도저히 용서하기 힘든 무지다. 사람의 뇌는 약어를 보면 자동으로 반응해 그냥 받아들인다. 눈에 잘 띄는 작업복을 입은 노동자와 비슷해서 우리는 약어를 보는 순간 의문 따위는 내팽개치고 유용하다고 생각하면서 걱정하지 않는다. 약어는 자기가 알아서 역할을 다하도록 두는 게 최선이다. 기다려보면 약어는 우리에게 이득을 줄 수 있다. 이런 게으른 생각은 그만두고 물의 지속 가능성에 집중하자.

WAVSE는 무엇의 약어일까? 그것은 물water, 공기air, 초목vegetation, 태양에너지solar energy를 뜻하며 환경을 가리키는 말이다. 이 약어에 감춰진 중요한 개념은 이질적인 요소들이 통합된 복합체로 함께 작용한다는 사실이다. 미래에 어떤 기술이 개발될지는 알 수 없지만 WAVSE의 환경체계는 분명히 알 수 있다. 이 영역들을 도표로 만든다는 말이 아니다. WAVSE를 종합적으로 철저하게 이해하기 전에 과학이 먼저 해야 할 일이 많다. 현재까지는 공기·수증기·물·탄소의 양을 과학적으로 정밀하게 계산할 수 없다. 누군가 확실히 입증된 방법을 알고 있다면 그 소식을 듣고 기뻐할 과학자들이 많을 것이다. 제품에 감춰진 가상수 양을 계산하는 일도 어렵다.

우리 지식이 입증되지 않은 가정을 근거로 한 불완전한 것이라고 해서 대중의 무지가 용납되는 것은 아니다. 이제는 관심을 가지고 이해해야 할 시점이다. 처음부터 확실하게 예상해야 한다는 것이 중요하다. 눈에 보이지 않는 WAVSE에서 점진적인 이점을 확인하기는 어렵다. 우리 유전자 구성상 WAVSE를 의식하지 못하는 것은 당연하다. 포효하는 사자에게서 도망치거나, 음악에 맞춰 춤을 주거나, 호감 가는 사람에게 추파를 던지는 것처럼 그것은 타고나는 부분이다.

WAVSE나 식품과 물의 관계는 중요한 개념이다. 인류는 그런 중요한 개념들을 공론화하지 못한 전례가 많다. 다윈의 진화론을 생각해보자. 진화론은 처음에는 무시당하다가 조롱당했고 법정·학교·종교계에 여러 분란을 일으킨 후에야 널리 수용되었다. 미국과 영국에서는 아직까지도 과학 수업 강의계획서에 창조론이나 지적설계론을 넣으려는 시도로 갈등이 있다. 사회가 지식을 정립한다고 치자. 타성과 편견에 젖어 오래전에 정립된 지식을 위협하는 것이 나타나면 무엇이 되었든 사회는 반대할 것이다.

기본적인 물 소비량

우리는 욕구를 편하게 여기지 않는다. 어린 아이들이 막대사탕을 먹어야 한다거나, 그네를 타야 한다거나, 새로운 장난감이 필요한 이유를 듣고 있으면 웃음이 난다. 하지만 어른들이 바람과 욕구를 잘 구분하지 못하는 모습은 귀엽지 않다. 하물며 정부가 그런 식이라면 구제불능의 위협이라고 보아야 한다.

우리에게 물은 얼마나 필요할까? 기본적인 필요량은 지난 200만 년 동안 거의 변하지 않았다. 왜 그럴까? 인간이 생리적으로 크게 변하지 않았기 때문이다. 한 가지를 제외하면 인간에게 급격한 진화는 없었다. 그 예외는 영양과는 상관없이 뇌의 크기와 용량이 눈에 띄게 커졌다는 점이다. 이전보다 장미나무에 물을 더 많이 줄 필요는 없다. 우리도 마찬가지다. 이것은 소비량을 반영한 것이다. 세계 평균으로 보면 1인당 연간 약 1,200m^{3}의 물이 필요하다(소비 대신에 필요라고 표현했으며, 필요 개념은 논란의 여지가 있다).

19세기 산업혁명이 일어나기 전까지 이 수치는 1인당 연간 약 1,000m^{3}였고 선사시대에도 그 정도였을 것이다. 현재 세계 평균량은 다소 왜곡되어 있다. 미국인의 소비량이 줄어들고 있지만 매년 2,400m^{3}를 쓰고, 중국인의 소비량은 늘어나고 있지만 매년 700m^{3}를 쓴다. 단순해 보이는 이런 통계에도 흥미로운 부분들이 많다. 선진국의 물 소비량이 최근 줄어들고 있다는 점(지속 불가능하고 도덕적으로 변명의 여지가 없다)은 늦은 감은 있지만 그래도 고무적인 변화다. 반면 중국인의 물 소비량이 늘어나고 있다는 점은 물이 부자에게 흘러간다는 가설을 입증하기에는 뭔가 부족하다. 국내총생산GDP과 물 소비량은 동시에 성장한다. 나중에 이 두 가지 통계 수치에 대해 다시 살펴볼 예정이다. 중국이 선진국의 물 소비량을 효과적으로 보조하는 예시는 개별적인 사건이 아니라는 점도 확인할 것이다.

선사시대에 살았던 선조들보다 지금 우리가 물을 더 많이 쓴다는 것은 분명하다. 우리가 먹는 음식 때문이다. 우리는 소고기와 축산물을 먹으면서 물을 추가로 소비하고 있다. 이처럼 식습관의 변화로 물 소비량은 20~30% 증가했다. 사회가 발전하면서 건강을 지키고 생활수준을 높이기 위해 가정에서 추가로 사용한 물은 전체 소비량의 극히 일부분이다. 선사시대에는 0.5% 이하이던 것이 약 3% 증가했다. 국가와 개인의 물 수지를 좌우하는 것은 식품의 물발자국이다. 가정에서 물을 아끼는 것도 경제적으로 중요하지만 그런다고 사회의 물 안보가 보장되거나 물 환경이 나아지지 않는다. 게다가 가정용수와 공업용수는 약 70% 정도를 정화해서 재사용할 수 있다.

개인의 연간 평균 소비량 1,200m^3 중에서 가정이나 비농업 분야에서 소비하는 물은 담수다. 그런데 총 수요량 중에 극히 적은 부분을 차지하는 소량의 담수 수요가 산업화 이후 기하급수적으로 증가했다. 19세기 초 만해도 하루 소비량이 10~20L였지만 지금은 하루에 약 200L를 소비한다. 그러나 이것이 문제가 아니다. 세계 거의 모든 나라가 가정용수를 여전히 자급자족하고 있기 때문이다. 이것은 농업을 제외한 모든 분야에 쓸 물이 충분하다는 뜻이다. 문제는 대량으로 들어가는 물이며, 이 물은 식품에 들어간다. 1960년에 세계 인구는 30억이었다. 지금은 인구가 두 배 이상으로 늘어났고 식생활은 물 집약적으로 변했다. 현재 사용하는 물의 양은 정해져 있고 그 수치는 변하지 않겠지만, 머지않아 수치적 문제에 부딪힐 게 분명하다. 식생활에 드는 물 수요는 지금 모습대로 지속될 수 없다.

인구가 급격하게 줄어든다는 것은 바람직한 일이 아니다. 그렇다고 물의 양을 늘릴 수도 없다. 지리학적으로 불가능한 일이기 때문이다. 이런 상황에서 바꿀 수 있는 것은 식습관 밖에 없다. 개인의 건강을 고려해 현명하게 먹는 합리적인 경향이 있다. 그러나 시장원리라 부르는 강력한 힘이 우리를 나쁜 방식으로 소비하도록 이끌 때가 많다. 이로 인해 물 환경이 나빠졌다.

물이 든 커다란 유리컵 대 엄청난 물이 든 유리컵

스몰워터small water와 빅워터big water에 대해 살펴보자. 직관적으로 뜻을 이해하기가 쉽지 않아 설명이 필요하다. 스몰워터는 정의하기 쉽다. 우리가 있는 그대로의 형태로 직접 쓰는 물이 스몰워터다. 마시거나 변기를 내리거나 씻거나 세차하거나 꽃에 물을 준다면 그것은 스몰워터다. 빅워터는 식품에 들어가는 물이다. 식품을 재배하고, 식품을 직접 먹기까지 필요한 메커니즘과 생활에 필요한 물을 말한다. 식탁에 올라온 토마토가 그만큼 성장하려면 물이 필요하다는 것은 금방 알 수 있다. 정원에서 작은 토마토를 키우면 거기에 물을 주어야 한다. 하지만 옷, 자동차, 스테이크에 들어가는 엄청난 양의 물을 즉시 알아차릴 가능성은 적다. 이 점이 빅워터의 문제다. 우리가 소비하는 물의 90% 가량이 빅워터지만 이는 눈에 보이지 않는다. 스몰워터만을 고려해 물 부족과 해결책을 논의하는 것은 건전지 사용을 제한해 에너지를 절약하겠다는 정책과 같다. 안타깝게도 대부분의 정치인과 사람들이 그런 식으로 생각한다.

500ml 정도 크기의 컵에 든 물을 마신다면 그것은 스몰워터다. 하지만 잠자리에 들기 전 작은 머그컵에 든 뜨거운 우유 한 잔을 마신다면 그것은 빅워터다. 왜 하나는 빅워터이고 하나는 스몰워터일까? 물 소비량의 측면에서 보면 스몰워터는 눈에 보이는 양이 마시는 양과 같다(따르고 마시는 과정에서 약간 흘리거나 몇 방울 사라질 수는 있지만). 그렇다면 빅워터는 어떤가? 홍차에 들어가는 우유 몇 방울의 물 소비량이 스몰워터의 하루 수요량보다 훨씬 더 많다. 실제로 소비되는 물의 양이 더 많기 때문에 빅워터라고 부른다.

담수의 반대말

학교 수업에서 배운 대로 하자면 담수의 반대말은 바닷물이다. 하지만 이제 그것은 잊어라. 영국의 시인이자 평론가인 콜리지Coleridge의 시에 나오는 늙은 잠수부처럼 우리는 '물, 물이 사방에 있되/마실 물은 한 방울도 없으니'와 비슷한 상황에 처해있다. 세계의 대양과 바다에는 물이 엄청나게 많지만 우리에게는 거의 소용없는 물이다. 내가 '거의'라고 말한 이유는 대양이 물 순환 체계에서 핵심적인 역할을 하기 때문이다. 인간 중심이 아닌 지구 관점에서 보면 지구의 역사는 물 이동의 역사나 마찬가지다. 물방울은 바다로 흘러간다. 인간의 물 소비량에 대한 논의에서 이 엄청난 바닷물은 거의 아무 연관성이 없다.

반드시 구분해서 기억해야 할 것은 담수와 토양수다. 이 구분법은 적어도 이 책의 목표를 알리는 데 필요한 블루워터blue water와 그린워터green water를 보여준다. 담수인 블루워터는 강·개울·호수·지하 웅덩이에 있는 물을 말한다. 토양수인 그린워터는 비가 내린 뒤 토양 속에 함유되어 있는 물이다. 토양에 스며든 빗물은 물이 부족한 식물이 빨아들인다. 식물은 그 물을 저장해 놓지만 대부분 증산한다. 우리는 담수 비용을 산출할 수 있었다. 천연자원이 그렇듯 담수 역시 원래 있던 곳에서 옮기기 시작하면 그 즉시 쉽게 계산할 수 있는 경제적 가치가 생긴다. 우리는 가공 처리한 담수를 가정에 공급하거나 병에 담아 판다. 농장에 물을 대기도 한다. 이런 일이 일어날 때마다 누군가는 다른 사람에게 수송비용을 청구한다(하지만 이 가격이 물의 가치나 수송비용을 정확하게 반영한다고 볼 수는 없다).

우리는 모든 물이 빗물처럼 무료라고 믿는 경향이 있어서 물 시장에 뛰어들 준비를 제대로 갖추지 못한 상태다. 팔고 사고 이윤을 남기는 것은 병에 든 물만 가능하다고 여긴다. 가정용수 같은 물은 안전하고 최소 몇 천 배는 더 싸지만, 경제적 가격 책정이라는 장애물과 싸워야 한다. 엄청나게 저렴한 가정용수에 지불하는 돈은 억울해 하면서, 환경에 해로운 플라스틱 병에 담긴 값비싼 물을 사느라 슈퍼마켓에 가는 이상한 현상이 벌어진다. 상수도로 들어오는 스몰워터의 가격에 대한 저항을 광포하다고 표현하면, 관개 농업에 쓰이는 빅워터의 가격에 대한 세계적인 저항을 표현하기 위해서는 더 강경한 표현이 필요하다. 존재를 건 저항이라는 표현이 적절하다. 우리는 가난한 나라에서 일어난 도시 폭동 소식을 뉴스로 전해 듣는다. 그곳 사람들은 스몰워터인 가정용수에 비용을 지불할 형편이 안 된다. 이런 작은 충돌에 비하면 빅워터 요금 때문에 일어나는 충돌은 냉전과 같다.
토양수에는 아무 비용도 들지 않는다. 토양수는 수문학과 생물학적 과정을 거쳐 계속 이동한다. 사람이 할 일은 아무것도 없다. 사실상 할 수 있는 일이 없다. 가뭄으로 고생하는 가운데 기우제를 지내는 사람에게 물어보라. 우리가 손 쓸 방법은 없다. 개인이나 집단의 욕구에 대한 편견과 바꿀 수 있는 상황이 아니다. 아직까지 토양수는 경제 모형에 들어맞지 않았다. 공장 노동자들의 폐를 채우는 공기를 당연하게 여기는 것처럼 사람들은 토양수를 잘 모르며 당연히 누릴 수 있는 것으로 여긴다. 양으로 따지면 토양수는 식량 생산에 가장 중요한 요소다. 또한 토양수는 지구에 가장 필요한 자원이다. 우리는 토양수 덕분에 굶지 않는다. 토양수는 꼭 필요하다. 하지만 아직 정치적으로나 경제적으로 필요성이 드러나지 않고 있다. 경시 풍조가 만연하다. 자동차 뒷좌석에서 잠자고 있는 꿈 많은 어린 아이들처럼 미래의 발전을 이끌 토양수의 가치를 제대로 알아보지 못하고 있다.

블루워터, 그린워터

물을 색으로 구분하다

블루워터는 우리가 마실 수 있고 퍼 올릴 수 있으며 늘 어디에서나 이용할 수 있는 물을 말한다. 반면 그린워터는 나무와 관목 같은 식물과 다른 생물군에 숨어있다. 그린워터가 블루워터보다 훨씬 더 많다. 비율로 따지면 61.2% : 38.8%다. 두 가지 유형 모두 비 형태로 지구에 내린다. 이때 블루워터는 한 쪽

방향으로만 흐른다. 블루워터의 일부는 강, 호수, 개울의 수면에 남아 있다. 이는 바닷물과 대조적으로 실제로 보이는 지구의 유일한 물이다. 나머지는 대부분 흙에 스며들어 지하수 웅덩이를 만들며 그린워터처럼 눈에 보이지 않는다.

그림 2.2는 단순하지만 유익한 삽화다. 이 그림은 '비는 전부 어디로 가요?'라는 어린아이의 질문에 대한 답이다. 우리가 사용하는 물은 강우량의 1.5%에 지나지 않는다. 빗물은 대부분 식물이 흡수하고 증산한다. 그렇지 않은 물은 거의 다 바다로 흘러간다.

그린워터는 사막 같이 아주 건조한 지역을 제외하면 기본적으로 어디에나 존재한다. 잔디밭의 풀잎처럼 아무리 사소하더라도 녹색 빛이 보이면 그곳에 그린워터가 있다. 블루워터는 지하 웅덩이에 고여 있을 경우에는 확인할 방법이 없지만 비가 내리는 모든 곳에서 구할 수 있다. 우리는 그린워터와 블루워터를 다르게 간주한다. 자연이 하는 일을 지켜보며 감탄하는 것 외에는 그린워터로 우리가 할 수 있는 일은 아무것도 없다. 그린워터는 식물을 통해 토양에 흡수되었다가 다시 대기로 방출된다. 그러나 블루워터는 저장될 수 있다. 관개수로 활용하거나 댐을 만들어 가둘 수 있고, 펌프로 퍼 올리고 계량기로 측정도 할 수 있다.

인류가 완전히 통제하거나 장악할 수 없는 자연의 선물에 전적으로 의존하고 있다는 사실은 섬뜩하다. 그린워터가 갑자기 사라진다면 인류도 사라질 것이다. 이 세상의 숲과 초원은 공짜로 이용할 수 있는 물을 먹고 살아간다. 대자연이 비용을 지불한다. 농부들이 기르는 모든 농작물과 가축들을 위한 목초지도 마찬가지다. 대자연이 우리를 돕지 않는다면 우리는 더 이상 살 수 없다. 그린워터는 인류에게 가장 필요하고 중요한 존재다. 사느냐 죽느냐를 결정하는 핵심 요소다. 식량 생산에 이용할 그린워터가 충분한 지역에서 문명이 발전했다는 증거도 있다. 그럼

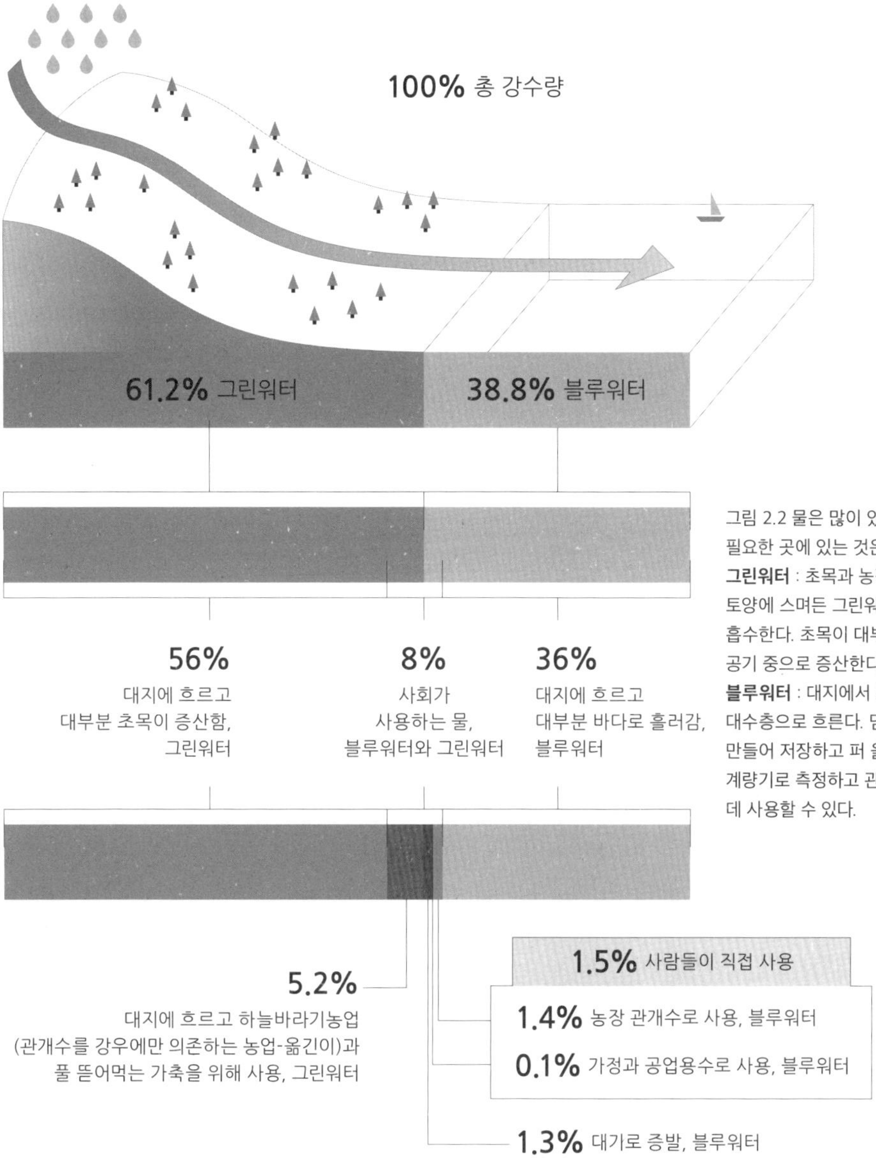

100% 총 강수량

61.2% 그린워터

38.8% 블루워터

56%
대지에 흐르고
대부분 초목이 증산함,
그린워터

8%
사회가
사용하는 물,
블루워터와 그린워터

36%
대지에 흐르고
대부분 바다로 흘러감,
블루워터

5.2%
대지에 흐르고 하늘바라기농업
(관개수를 강우에만 의존하는 농업-옮긴이)과
풀 뜯어먹는 가축을 위해 사용, 그린워터

1.5% 사람들이 직접 사용

1.4% 농장 관개수로 사용, 블루워터

0.1% 가정과 공업용수로 사용, 블루워터

1.3% 대기로 증발, 블루워터

그림 2.2 물은 많이 있지만 늘 필요한 곳에 있는 것은 아니다.
그린워터 : 초목과 농작물이 토양에 스며든 그린워터를 흡수한다. 초목이 대부분을 공기 중으로 증산한다.
블루워터 : 대지에서 강, 호수, 대수층으로 흐른다. 댐을 만들어 저장하고 퍼 올리고 계량기로 측정하고 관개하는 데 사용할 수 있다.

출처 : Peter Rogers, 'Running Out of Water', *Scientific American*, August 2008.

그린워터
스웨덴의 저명한 수문학자 말린 팔켄마크가 블루워터와 그린워터의 개념을 정립했다. 농작물 생산에 필요한 그린워터의 양과 중요성을 강조해서 물 안보에 대한 우리의 사고방식을 바꾸는 데 기여했다.

에도 불구하고 우리는 이제야 그린워터를 개념화하고 논의하기 시작했다.

최근까지 우리는 블루워터를 식수로, 그린워터를 농업용수로 사용하는 데 별 문제가 없었다. 직관에 따랐을 뿐이다. 그러다 200년 전 선진 관개 기술을 활용해 농작물을 재배하면서부터 상당량의 블루워터를 소비하기 시작했다. 지난 세기 말쯤에는 농부들이 사용하는 블루워터 양이 상당히 늘어났다. 블루워터로 농지에 물을 대면 수자원은 바닥날 것이다. 농작물을 키우는 데 드는 물은 상상하기 어려울 정도로 많기 때문이다.

그림 2.3 그린워터와 블루워터의 흐름. 이미 소비된 물은 재사용할 수 없다. 식량생산에 들어가는 물의 소비량은 크다. 그 물은 대기로 흘러가서 지역에서 재사용할 수 없다. 높은 비율로 재사용되는 것은 스몰워터다. 가정용수 1m³ 중에 0.7m³가 재사용되기 때문에 그 가치는 1.7m³의 물에 해당된다.

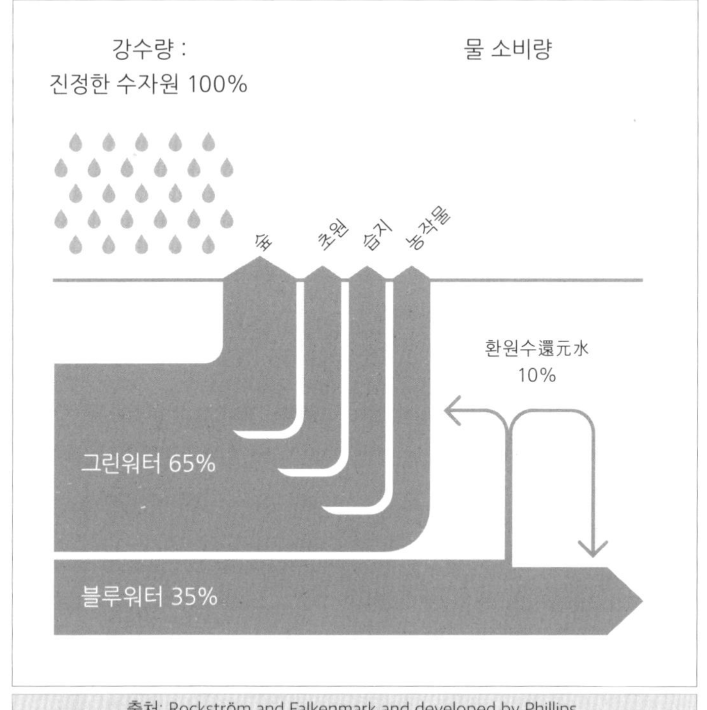

출처: Rockström and Falkenmark and developed by Phillips.

수도꼭지를 열다

20세기 후반 인류는 수도꼭지를 열었다. 지금까지 계속 열어 놓고 있는 상태다. 우리는 블루워터와 조화롭게 살거나 속도를 맞추지 않고 있다. 자연과 보조를 맞추지 않으면 고통 받게 되는 것은 자연이 아니라 우리라는 사실을 깨닫지 못하고 있다.

60년 전 우리는 인류가 이 행성의 주인이고 자연을 우리의 종속물로 삼는다는 성서 속의 신념을 실현할 위치에 있다고 여겼다. 오만에 사로잡혀 물을 펑펑 썼다. 약탈행위를 부적절한 방식으로 정당화했으므로 미래에는 환경 재앙이 닥칠 것이다. 지구는 풍부하고 신비한 자원을 우리에게 양보했다. 매장된 석유를 비롯해 원자에 숨겨진 힘까지 우리가 모두 장악해버렸다. 그렇게 착취한 뒤에도 그간 품어온 수보다도 훨씬 더 많아진 인구는 지구를 향해 먹고 살게 도와달라고 요구했다. 이는 지구에 대한 요구 중 하나에 지나지 않았다. 우리는 계속해서 도와달라고 지구를 못살게 굴었다. 자신의 의지대로 인구를 늘릴 생각이었다면 늘어난 인구를 먹일 자원을 대지에서 만들어내는 능력도 함께 개발해야 했다. 하지만 우리는 맬서스의 가르침을 까맣게 잊고 있었다.

결국 우리는 착취의 달인이 되었다. 토지와 물 사용 대비 생산성이 수직 상승했다. 일부 지역에서는 인구가 곡물 수확량을 초과하지 않았다. 오히려 그 반대 상황이 발생했다. 1800년 이후부터 영국의 인구는 다섯 배 가까이 증가했고, 밀 생산량은 열 배 가량 증가했다. 생산성의 개선이 수요 증가와 어떤 관계가 있는지 완전히 파악하기는 어렵다. 우리는 물을 손으로 움켜쥘 수 없다. 이 문제를 상세하게 다루기에는 재정적·과학적으로 능력이 부족하며, 주요 이슈로 삼으려면 사회적·정치적 힘이 있어야 한다.

가장 큰 문제는 물을 어떻게 사용할지 계획할 수 있는 특권을 지니고도 제대로 아는 게 없는 정치인들에게 있다. 사람들은 믿음과 추정에 기댄 채 계속해서 갈팡질팡하고 있다. 늘 그래왔으므로 쉽고 편한 방식이다. 단기적으로 보면 무비판적인 접근법이 정치적으로 편리한 방편이지만, 장기적으로는 잠재되어 있는 문제를 악화시킬 뿐이다. 정치적으로나 사회적으로 형성된 지식은 단순하지만 결함 있는 추정을 바탕으로 한다. 과거의 경험이 미래의 정책을 만들기 때문이다. 인구가 급속히 기하급수적으로 증가하는 상황에서 우리가 무심한 태도를 취하면서 행복하게 살아간다는 사실이 놀라울 뿐이다. 우리가 마주할 무엇인가를 두려워한 나머지 암흑 속에서도 불을 끈 채 절벽 길을 달리고 있다. 그래서 물 안보는 환상이다. 위험이 점점 다가오고 있는데도 그 상황을 인정하지 않는다. 상황이 아무리 끔찍해도 최소한 전조등은 켜놓아야 한다. 충격은 받겠지만 불을 켜지 않고서는 돌아갈 길을 찾을 수 없다.

전조등은 어떻게 켤까? 많은 사람들이 방향을 바로잡으려고 노력 중이지만 여전히 연구가 많이 부족한 상황이다. 우리는 정책을 반대만 할 게 아니라 실제 자원, 자원 사용의 경향, 자원 사용의 효율성, 효율성의 경향을 관찰하고 조사해서 제대된 정책을 만들어야 한다. 물 환경이 환경오염으로 악화된 것은 제대로 된 정책의 부재 때문이었다. 정치인이 아닌 과학자인 내가 당연히 입증해야 하는 일이다. 우리에게는 이상이 아닌 실제 자료를 근거로 한 접근법이 필요하다. 이상은 깊이 간직해 둔 환상일 뿐이며 정치인과 이 사회가 위안을 주려고 만든 것이다. 진실은 안락과 거리가 멀다. 우리는 이제 환상을 버리고 불편한 진실을 보아야 한다.

현재 나는 20년 전과 아주 다른 길로 접어들었다. 20년 전에는 중동의 수자원 안보를 이해하려고 노력했다. 1990년대에 들어서 정치와 사회는 과학이 아닌 통합적 지식을 수용했다. 통합적 지식은 혼란을 야기하는 경험·역사·문화를 기반으로 한 것이라 위험했지만 언제나 실험실 과학보다 우위를 차지했다. 이 책을 읽은 독자들은 사회와 정치인들이 수자원, 특히 물 안보에 대해 만들어놓은 위험한 통합적 지식을 맹신하지 말고 의문을 품었으면 좋겠다.

물전쟁이 정말 일어날까?

물전쟁이 일어날 것이라는 예측은 많았지만 다행히 실제로 일어나지는 않았다. 안타깝게도 이러한 행운이 시장자유주의의 위험한 접근법을 더 부추긴다. 그런데 사회적 불안과 국제 분쟁, 더 심각한 기아를 피할 수 있었던 요인은 무엇일까? 우리는 운이 좋았다. 그 운은 가상수 거래에서 유발되었다고 볼 수 있다. 가상수 거래는 보이지 않고 자발적이며 준 경제적으로 생겨난 해결책이다. 상명하달식 정책으로 수문학적 해결책을 내놓지도 못하고 우리가 갈팡질팡하는 동안, 시장이라는 도덕성도 없고 종잡을 수 없이 변덕스러운 힘이 내놓은 답이 가상수 거래였다.

현재와 미래의 물 수요는 세계 여러 나라들과 도시에서 사용할 수 있는 수자원의 범위를 넘어섰다. MENA는 중동Middle East과 북아프리카North Africa를 뜻하는 군사 용어다. MENA의 20여 개 나라들이 모두 물 부족으로 고통 받고 있다. 아프리카, 아시아, 호주, 북아메리카의 얼마간 건조하고 습윤한 나라들도 물이 부족하긴 마찬가지다. 에티오피아와 케냐, 사헬 지역의 수자원은 심각하게 부족하다. 전략적으로 중요한 나일강과 황하강, 파키스탄의 인더스강, 남부 인도에서 신성시되는 커버리강이 말라가고 있다. 요르단과 오론테스 같은 작은 강들은 상황이 더 심각하다. 물이 부족하다는 것은 단순히 호스로 물을 사용하는 것을 금지하는 상황을 뜻하는 게 아니다. 물 부족은 굶주림이고 죽음이다.

가상수 개념 때문에 임박한 물전쟁에 대한 논쟁이 있었다. 물전쟁이 일어날 것이라고 예상하는 사람들은 MENA 지역이 주요 충돌 지역이 될 것이라 믿었다. 분명하고 정당한 이유들이 있었다. 그곳은 부의 불평등이 심각하고 국가 간의 관계가 좋지 않은데다 국내도 불안하다는 이야기가 최근에 자주 나왔기 때문이다. 더 심각한 문제는 그 지역 대부분의 국가들이 수자원을 습한 지대에서 그곳으로 흘러오는 나일강, 티그리스강, 유프라테스강처럼 전략적으로 중요한 몇몇 강에만 의존하고 있다는 점이다. 몇몇 나라들은 요르단과 야르무크강 지류의 부족한 물을 두고서도 경쟁한다. 1970년대부터 지금까지 MENA의 지도자들과 공무원들은 물전쟁이 임박했다고 심각하게 경고했다. 이들은 바보, 괴짜, 히스테리 환자가 아니었다. 요르단의 후세인 왕도 그 중 한 사람이었다. 존경받던 유엔 사무총장이었던 부트로스 부트로스갈리Boutros Boutros-Gali도 그런 주장을 했다. 그는 지금도 물전쟁이 일어날 거라고 말한다.

그러나 부트로스갈리가 틀렸다. 최근 물전쟁은 1962년과 1964년에 시리아와 이스라엘이 소규모로 충돌했던 사건이 전부였다. 그 이후에는 물로 인한 폭력적인 충돌은 일어나지 않았다. 공공용수 부족으로 형성된 대립 관계는 늘 있었지만 무력 충돌은 없었다. 지구의 수자원 위기는 악화되고 있지만 전쟁이 일어나지는 않았다. 경제적으로 보이지 않고 정치적으로 조용한 가상수 거래 덕분에 실질적인 충돌을 피할 수 있었다. 세계에 충돌이 일어날 것 같은 기운은 감돌아도 전쟁은 일어나지 않는다. 그래서 대재앙은 계속 늦춰지고 있다. 물이 부족한 이 모든 분쟁 지역에서도 식량은 넉넉하게 생산되고 있다. 정치 지도자들이 의도적으로 무엇인가를 시행하지도 않고 현재 무슨 일이 벌어지는지조차 제대로 이해하지 못해도 식량 생산에는 문제가 없다. 물 집약적 제품들을 정치적으로 조용히 보이지 않게 거래

사헬 지역
생태학적으로 대서양부터 홍해까지 이르는 지역으로 북쪽으로 사하라, 남쪽으로 수단의 사바나 사이에 있다. 사헬 지역에는 세네갈, 모리셔스, 말리, 부르키나파소, 니제르, 나이지리아, 차드, 수단, 에리트레아가 있다(일부 지역만 포함된 경우도 있다).

반건조 기후
이 단어는 앞으로 자주 나올 것이다. 초원의 기후를 가리켜 초원기후라고도 쓴다. 반건조 기후에서는 강우량이 적어 비가 1년에 250~500mm 정도만 내린다. 호주의 오지나 서부 영화에 나오는 지역들을 떠올리면 된다.

해 지역별 물 부족 현상을 개선하고 있다. 우리가 모르는 사이에 가상수는 세계에서 조용히 활동하고 있었다. 많은 문제들을 해결하고 일시적으로 갈등을 해소하고 있었다. 요정과 구두장이 동화처럼 우리가 잠자고, 재난을 피하고, 세상이 돌아가고, 굶을 수밖에 없는 사람들을 돕는 동안 가상수는 부지런히 일하고 있었다.

물을 수입하다

1950년대에는 MENA의 몇몇 나라들만 물이 부족했다. 인구 증가는 물과 식량이 부족해질 것이라는 의미였다. 1970년대에 들어서는 그 지역 전체가 극심한 물 부족 현상을 겪어야 했다. 당시 그 지역 사람에게 일이 이렇게 될 것이라고 알려주었다면, 그들은 나를 미쳤다고 했을 것이다. 화를 내며 소리치는 모습이 상상된다. 식량이 부족했던 곳이 어디 있었느냐? 수도 공급이 중단된 적이 있느냐? 물 부족이 경제 발전에 영향을 끼쳤다는 사실을 어디서 볼 수 있느냐? 상상 같은 것은 필요 없다. 이미 현실에서 자주 그런 외침을 들었기 때문이다. 이런 외침에 나는 어떻게 대답했을까? '여러분! 여러분은 지금까지 물을 수입했던 것입니다'라고 나는 말했다. 그러면 사람들은 더 격렬한 반응을 보인다. 물을 수입하다니 말도 안 되는 소리를 하고 있네! 어디에서 어떻게 수입하고 있는지 증거를 대라고!

MENA에서 인구가 가장 많은 이집트를 살펴보자. 이집트는 1970년대 초반부터 극심한 물 부족 현상을 겪었지만 아무도 그 사실을 몰랐다. 이집트는 거대한 나라였지만 농작물을 생산할 수 있는 지역은 전체 토지의 4%에 불과했다. 1970년대까지 나일강과 삼각주 지대의 비옥한 땅이 관개지가 되었다. 나일강 저지대 건너편에 모래가 많은 지역은 물과 다른 자원 덕분에 식량 생산이 가능했다. 1970년대 초 이집트는 관개 지역을 20% 정도 더 확장하려고 애썼고, 밀부터 옥수수와 콩 같은 주식을 수입하기 시작했다. 확장 계획은 실패했지만 무역은 조용하고 효과적으로 물 부족 현상을 해결했다. 이러한 식량 수입은 눈으로 쉽게 확인할 수 있다. 수입품들은 눈에 확 띄는 커다란 선박에 실려 도착하기 때문이다. 그렇게 잘 보이는 것도 사실은 숨기고 있는 게 있다. 이집트인들은 단순히 식품을 수입한다고 생각했지만 그 속에 든 가상수는 보지 못했다. 결론적으로 이집트가 수입한 것은 물이었다.

이는 의도하거나 계획한 일이 아니었고 중동의 물 정책 담당관들이 제시한 것도 아니었다. 이는 북아메리카와 유럽의 선진국들이 식품에 지급하는 보조금 덕택이었다. 유럽공동농업정책 European Common Agricultural Policy은 사람들에게 잘 알려져 있는 정책이다. 악명 높은 정책으로 생각하는 사람도 있겠지만 역사상 시장 왜곡을 가장 잘 보여주는 사례다. 얼핏 보아도 현재 상태로는 자유무역을 통해 공정 거래의 꿈을 이룰 수는 없어 보인다. 유럽연합과 미국은 수출과 생산 보조금을 많이 지원하고 있어서 기업식 농업으로 생산한 저렴한 상품들을 다른 나라 시장에 무더기로 팔 수 있다. 이 정책은 부정적인 결과들을 초래했지만, 물 부족 국가들이 식량을 수입하도록 장려하는 역할도 했다. 물 부족 국가들이 수입한 식품은 물 집약적인 품목들이었다. 하지만 이집트의 정치인이나 국민들은 자신들이 물 확보 과정에 관여했다는 사실을 인식하지 못한 채 그저 저렴한 식품을 수입하는 줄로만 알았다. 식품에 포함된 물이 보이지 않았기 때문이다.

해결책이 문제에 숨어 있듯이, 해결책이 향후 일어날 문제의 씨앗을 품고 있는 경우도 많다. 국제 무역을 통해 식량과 물은 확보할 수 있지만 이것을 자급자족이라고 볼 수는 없다. 그 문제가 빠르고 쉽게 해결되면 그 해결책에 숨은 단점을 그냥 지나치기 쉽다. 편하지만 위험한 방법이다. 물 부족이 심각한 국가의 국민들이 화를 내고 방어적인 반응을 보이는 이유는 스스로 수입한 물을 볼 수 없기 때문이다. 내가 그들을 물 수입업자라고 부르면 그들은 나를 과대망상자라고 부른다. 하지만 망상에 사로잡힌 사람은 오히려 그들이다. 정치인들도 그렇다. 나라가 물 부족에 처해있고, 식량과 물 안보는 다른 나라들의 급격한 변화에 의존하고, 자급자족한다는 것은 그야말로 환상일 뿐이라는 사실을 유권자에게 발표한 후 일어날 정치적 파장을 상상해보라. 발표하는 순간과 그 이후에 일어날 엄청난 논란을 말이다.

나는 정치인들을 탓하려는 게 아니다. 우리는 각자의 직업에 따라 시각에 차이가 있을 뿐이다. 정치인은 어떤 역할을 하는가? 정치인은 아무도 함께 춤추기를 원하지 않는 불확실성과 함께 춤을 추는 파트너다. 불확실성의 요구를 들어주려면 정치인이 자원 배분을 재편성하거나 행동을 규제해야 하는 경우도 생긴다. 이 불청객은 자신과 춤추기를 요구할 것이다. 자기만 따로 시중 들어줄 사람을 구해달라고 요구할 수도 있다. 술을 잔뜩 마시고서 취한 채 뻗어 버릴지도 모른다. 그래도 정치인은 이 변덕스런 파트너를 환영하고 편안하게 대해야 한다. 그렇지 않으면 이 파트너가 홧김에 그 파티 전체를 망칠 수 있다. 불확실성을 다루는 동안 정치인은 해결하기 어려운 정치적 비용을 치러야 한다. 갑자기 볼로방vol-au-vents(크림소스에 고기·생선 등을 넣어 조그맣게 만든 파이-옮긴이)의 수를 제한하거나 샴페인을 터트리지 않는 정치인을 반기는 사람은 없다. 이 반갑지 않은 불청객의 비위를 맞추기 위해 우리의 방식을 바꿔야 한다고 말하는 정치인을 좋아할 리 없다. 그래서 권력을 계속 유지하고 싶은 정치인이라면 그 같은 정치적 비용을 치르지 않도록 조심해야 한다.

그러나 과학자는 개연성 있는 확실한 영역에서 꾸준히 일하

기 때문에 정치인을 해칠 수 있는 불확실하고 적대적인 정치 세계에 대해 잘 모른다. 과학자는 화려한 무도회에 초대받는 일에는 관심이 없다. 그저 현미경, 시험관, 워드프로세서에 애착을 가질 뿐이다.

MENA의 정치인들은 자신들의 행동에 있어서만 합리적인 전문가다. 그들은 수자원 관리가 10년 전과 똑같다는 사실을 확인했다. 정치는 이럴 때 힘을 발휘해야 한다. 어리석은 사람은 오늘 시끄러운 문제를 내일부터 관리하겠다고 미룬다. 정치인에게 문제가 없어진다는 것은 축복이다. 변덕스런 불확실성 때문에 불가피하게 발생하는 비용을 상쇄하면 이것은 정치 자본이 된다. 예방적이고 확률을 따지며 정치와 무관한 과학의 메시지를 수렴한 정치인의 정책은 어디에 있는가? 아무데도 없다. 정치인과 과학자는 날카롭게 맞서지만 사회가 가상수를 수입할 수 있는 다각적이고 강력한 경제를 만들 때는 예외다. 경제적 다각화도 보이지 않는다. 하지만 나는 실험실에서 연구하는 과학자가 아니다. 현실의 핵심적인 문제를 찔러보고 싶다. 세상에는 정치가 아닌 것도 하는 정치인도 있다. 예지력을 지니는 것을 좋아하는 정치인 말이다. 그들은 작은 불에 맞서기보다 세상을 구하고 싶어 한다. 변화가 가능한 것은 이들 덕분이다.

아마 제3세계 일 거예요. 그것은 그에게 처음일 거예요

'아마 제3세계 일 거예요. 그것은 그에게 처음일 거예요'

폴 사이먼Paul Simon은 그레이스랜드Graceland 앨범에 수록된 '알이라고 불러줘요Call me Al'를 부르면서, 순진해 보이는 정신적 경이로움과 감성적 유대감을 표현했다. 길을 잃은 한 인물이 낯설고 혼란스러운 풍경에서 자신의 소외된 내적 감성의 풍경을 발견한다.

그는 제1세계, 제2세계, 제3세계로 나라를 분류하거나 서열을 나눈 것을 정당하게 비판한 것인지도 모른다. 1980년대 말 공산주의의 몰락으로 이런 오만한 표현도 사라졌다. 그러나 가난한 나라들에 미개발, 후진국, 저개발이라는 표현을 붙여서 그들의 경제 상황이 상대적으로 약하다는 것을 교묘하게 표현하려고 했다. 최근 몇십 년 사이에는 조금 더 희망적이고 받아들이기 편한 개발도상국이라는 이름이 두루 사용되고 있다.

우리는 이 책에서 세 가지 범주로 나눌 것이다. 종종 북부 선진국으로 애매하게 언급하면 (한국과 호주 같은 나라가 포함된 것을 보면) 표가 필요할지도 모른다. 여기에서는 그 나라들을 선진국이나 OECD 가입국이라는 용어로 분류한다. 이런 나라들은 경제가 발전하고 다각화되어 있다. 대체로 부유해서 잘 먹고 잘 산다. 기업들은 대부분 소비하는 물에 비해 높은 수익을 올리는 편이다.

브릭스 국가는 쉽게 범주를 나눈 것이다. 단순하게 브라질, 러시아, 인도, 중국과 남아프리카공화국의 앞글자를 따서 정한 이름이다.

더 공정한 공식에서도 계급이 3개로 나뉜다. 그림 2.4와 2.5에서 나오듯이 위에서부터 선진국, 브릭스, 개발도상국으로 정리된다. 역사적으로 뿌리 깊은 편견과 사고방식을 없애는 것은 힘든 일이다. 그림 2.4가 보여주는 수치상으로 그 순서는 정당하고 본다.

돈을 따라가는 물

부자들은 인생의 거의 모든 부분에서 운이 좋다. 물도 예외가 아니다. 싱가포르의 물 관련 사연은 놀랍다. 첫 문장에서 말한 내용은 믿기 어렵겠지만 사실이다. 싱가포르의 수자원은 물 수요의 5% 밖에 충족하지 못한다. 그러나 많은 사람들이 물이 극도로 부족한 섬 경제에서 불가피할 수밖에 없다고 여기는 물 부족 현상이나 경제 발전의 제약을 느끼지 않는다. 물의 총 수요량 중 90%를 식품 무역으로 충당하고 있기 때문이다. 나머지 5%는 최근까지 말레이시아 해협을 건너 수입하고 있다. 현재는 갈수록 저렴해지는 기술로 담수화 시설에 투자해 그 같은 수입 의존도를 줄이고 있다. 싱가포르는 경제가 발전한 부유한 나라이기에 쉽게 이런 선택들을 할 수 있었다.

싱가포르는 물 부족 문제를 해결하기 위해 인적자원에 투자했다. 교육에 투자해 물 부족 위기를 해결하는 방식은 얼핏 봐서는 잘 이해되지 않는다. 하지만 효과는 분명히 있었다. 창의적인 투자나 사업과 마찬가지로 교육에 대한 투자는 무역이라는 강력한 무기와 함께 경제의 다각화를 이끌었다. 수문학 밖에서 물 부족 문제를 해결할 수 있다는 실례를 싱가포르가 잘 보여주고 있다. 사회적·경제적 과정의 보이지 않는 상호작용으로 인해 그 효과가 드러난다. 싱가포르의 물 수요를 충족시키기 위해 지역에서 물을 동원하려다 생긴 수문학적 공포를 생각해보고, 상대적으로 고상하고 쉬운 해결책인 무역을 그것과 비교해보자.

이 이야기는 부유한 나라에만 해당된다. 가난한 나라에서는 일어나지 않는 일이다. 그들은 수요의 10%를 충족하기 위해 많은 물을 가까스로 수입한다. 굉장히 드물고 불규칙하게 물이 수입되어 농촌 경제에 피해를 주는 일도 많다. 필요한 물을 가져오려다 자연 재해를 입기도 한다. 죽음과 기아는 인종갈등과 내전, 다른 형태의 무력 충돌을 수반한다. 충돌이 일어나면 무역에 지장이 생긴다. 무역을 못하게 되면 자연적으로 식량과 물을 확보하는 데도 혼란이 생기게 된다.

누가 물을 소유하고, 누가 그 물을 사용하는가? 과학자는 그래프와 도표에 익숙하다. 그러나 일반 독자들은 그래프와 도표를 싫어해 편집자와 출판사 입장에서는 골칫거리다. 그래프에 지나치게 의존하는 것은 독자를 잃는 지름길이다. 내가 이 책에서 얼마나 이 두 가지를 쓰지 않으려 노력했는지에 대해 칭찬해주면 고맙겠다. 그래도 이 장에서만큼은 그래프를 넣었다. 겁먹지 마라. 어렵지 않다. 그림 2.4는 연간 km^3 단위로 국가별 물 거래량을 보여준다. 그림 2.5는 그림 2.4와 거의 같지만 물 거래량을 1인당 m^3 단위로 측정한 것이다.

OECD 국가들
경제협력개발기구Organization for Economic Cooperation and Development의 회원국은 30여개다. 발트 해 연안과 발칸반도 국가들과 구소련 지역 국가들을 제외하고, 기본적으로 유럽 국가들과 일본, 한국, 호주, 뉴질랜드, 미국, 캐나다, 멕시코가 속해 있다.

선진국에 속하는 30여개 OECD 가입국들은 세계 인구의 약 17%를 차지한다. 브릭스 다섯 국가는 훨씬 많은 숫자인 세계 인구의 38%를 차지하고, 개발도상국으로 분류한 걸프 지역의 산유국이나 가난한 나라들은 세계 인구의 나머지 45%를 차지하고 있다.

프랑스, 미국, 호주는 세계 3대 식품 수출국이다. 그림 2.5에서 급격한 증가추세를 보인 호주의 수출량은 국토 면적은 넓지만 인구가 적어서 생긴 결과다. 그림 2.4는 다른 문제를 보여준다. 개발도상국들은 가상수를 거의 거래하지 않는다. 더 자세히 살펴보면 또 다른 주요 동향을 알 수 있다. 브라질, 인도, 호주 같은 땅이 넓고 비가 많이 내리는 농업 국가들은 식품에 숨겨진 물을 스위스와 한국 같이 국토 크기가 작지만 인구가 많은 나라에 수출한다. 이 나라들의 토지와 물은 자국 국민의 식량 수요를 충족시키지 못하기 때문이다.

그림들을 보면 다른 정보와 사실도 알 수 있다. 러시아와 남아프리카공화국은 다른 브릭스 국가들보다 1인당 가상수 수입량이 많다. 그림에는 나타나지 않는 완전히 다른 이유 때문이다. 러시아는 개발이 덜된 농업 경제 국가지만, 남아프리카공화국은 그저 물이 부족한 것이다.

그림 2.4 1997~2001년 연간 가상수 수출량과 수입량

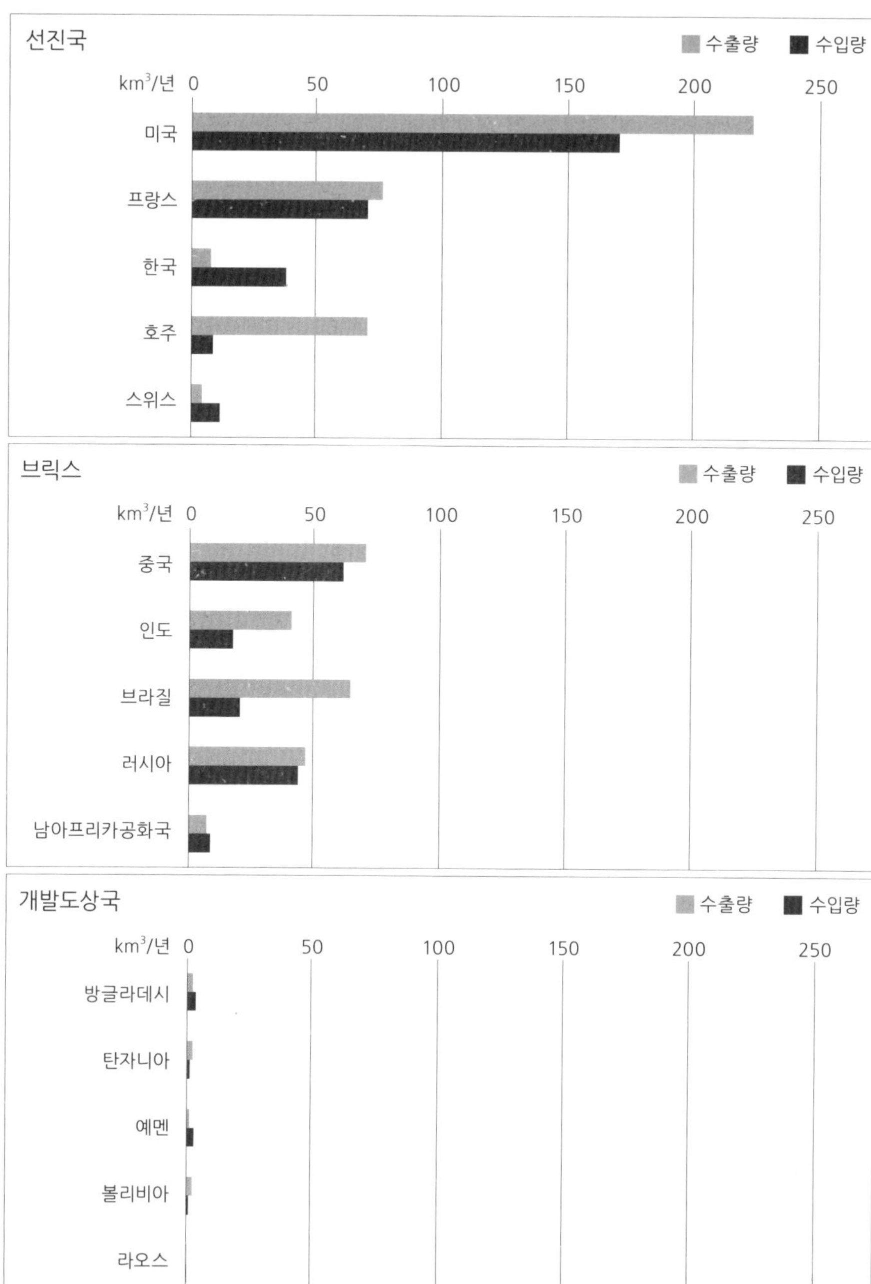

출처 : A.K. Chapagain and A.Y. Hoekstra(2003), *Water Footprints of Nations*, Delft: IHE

그림 2.5 1997~2001년 1인당 가상수 수출량과 수입량

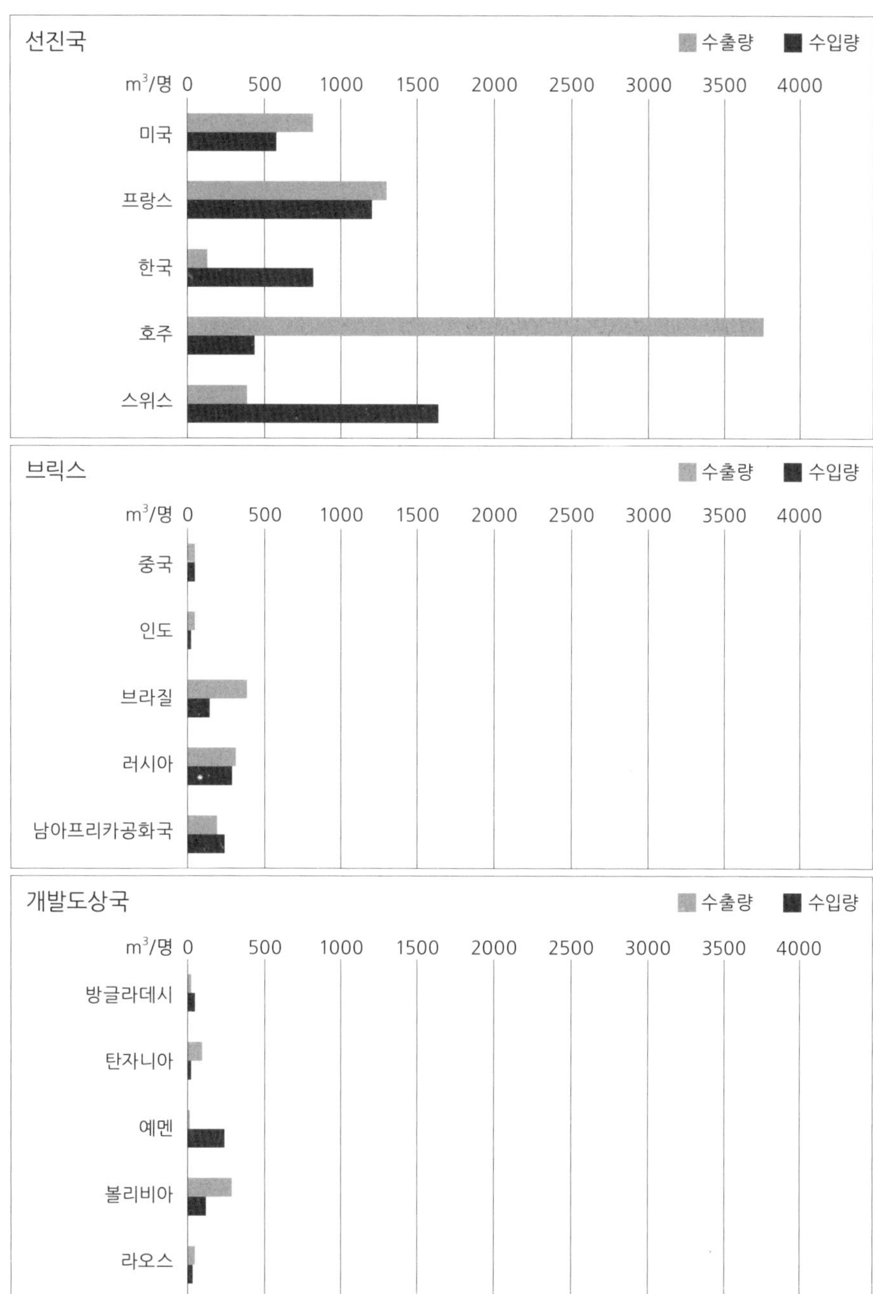

출처 : A.K. Chapagain and A.Y. Hoekstra(2003), *Water Footprints of Nations*, Delft: IHE

중국이 조용히 세상을 구하다

중국에 대해서는 할 이야기가 많다. 중국은 조용하고 거대한 사회다. 내가 칭찬하는 내용으로 언론과 인권 같이 민감한 사안들에 대한 정당한 비판을 부정하려는 것은 아니다. 이 부분에서 중국이 다른 선진국들보다 뒤쳐지는 것은 분명하다. 하지만 이들 선진국의 지도자들과 국민들은 최근 만들어낸 기준이 원래부터 존재했던 것처럼 20세기 초중반의 특징이었던 급격한 산업화의 학살을 까맣게 잊고 있는 모양이다. 중국은 세계를 구하고 있다. 적어도 물에 관해서는 확실하다. 세계의 다른 나라들은 물 부족 위기를 무시하지만, 중국은 자국의 물 수요를 관리하면서 세계의 불안정한 물 수요를 조용히 해결하고 있다.

중국이 이를 해결한 것은 표면적으로는 아무 관련이 없어 보이는 세 가지 방법을 통해서였다. 첫째, 수문학 정책에 있어 중국은 세계 최고 수준이다. 60년 동안 엄격한 공산주의의 상명하달 통치 방식으로 지배했기에 가능했던 집중력과 단호함으로 가정·산업·농업 부문에 물 생산성을 향상시켰다. 둘째, 중국은 낮은 가치의 물 집약적 식품 수입을 통해 가상수를 들여오고 있다.

그러나 세상을 구한 것은 이 방법들이 아니다. 중국이 세상을 구한 것은 1979년 비인간적이고 전체주의적이며 비정상적이라고 비판받던 정책을 채택했기에 가능했다. 그 이후로도 그 정책은 빈번하게 비판받았다. 정책의 공식 명칭은 가족계획정책이지만 세상에는 한 자녀 정책이라는 비공식적 명칭으로 알려져 있다. 잘 모르는 사람을 위해 설명하자면 그 정책은 그 이름 그대로의 정책이다. 중국 당국은 한 가정에서 한 명의 자녀만 낳도록 제한했다. 이를 지키지 않을 시에는 법으로 정한 벌금과 구속 등의 처벌을 받았다. 이 정책은 인구증가를 규제하는 가혹한 수단이자 국회의원들이 투표로 국민들에게 책임져야 하는 민주주의 국가에서는 결코 용납될 수 없는 정책이었다.

한 자녀 정책이 실시된 이후 어떤 효과가 나타났을까? 출산율이 줄어들어 다음 세대의 출산율까지 줄어들었다. 추산해보면 이 정책으로 전체 인구가 3억 정도 억제되었다. 이는 미국 인구와 맞먹는 숫자다(캐나다를 추가해도 될 정도다). 그런데 이것이 물과 무슨 관련이 있을까? 정책 시행 이전과 비교해보면 물 사용량이 약 20% 감소했다. 매년 300km^{3}의 물이 남게 되었다. 그 정도 양이면 MENA·유럽·아프리카 절반의 물 수요를 충족시키기에 충분하다. 세계적으로 중요한 수치다. 세계 물 안보에 이렇게 공헌한 국가는 지금까지 없었다. 물 안보에 긍정적 영향을 미친 중국의 사회 실험 결과와 비견할 만한 정책이라고는 경제적 다각화뿐이다. 인구 억제 정책과 함께 중국에서는 엄청난 인력 증대와 산업화의 결과들이 동시에 일어났다. 결과적으로 세계 물 관리에 긍정적인 효과를 이끌어 낸 것은 중국의 한 자녀 정책이라는 주장은 여전히 논란이 되고 있다.

물 문제 관점에서 바라본 미래

계속 증가하는 인구

인구는 계속 증가하지만 사망자는 줄어들고 있다. 1950년 이후 인구가 기하급수적으로 늘어났다. 60년 만에 세계 인구는 40억이나 증가했다. 이는 좋지 않은 소식이다. 선진국의 인구가 평균을 유지하거나 줄어드는 추세라도 세계 인구 증가를 막을 수는 없다. 세계 100여 개의 빈민국들은 급속도로 성장하고 있고, 몇 십 년 안에 인구는 20억 가량 더 증가할 것으로 보인다. 그래도 이것은 1950년을 기점으로 세계 인구가 40억 증가한 것에 비하면 그리 심각한 문제는 아니다.

인구 증가에는 한계가 없지만 물은 분명 한정되어 있다. 지구에서 순환하고 있는 물의 양은 한정적이다. 앞으로 더 늘어나지 않을 것이다. 인구가 증가할수록 개인이 쓸 수 있는 물의 양은 더 줄어든다. 우리는 한 가지 단순한 사실을 깨달아야 한다. 고기를 많이 먹는 사람들이 물을 많이 쓰고 있다. 이는 개인 건강과 환경에 모두 해로운 영향을 미친다. 우리는 식습관을 바꿔야 한다. 과거에는 몰라서 과소비했다면 이제는 미래를 생각해서 소비량을 적절하게 조절해야 한다. 지하수가 고갈되고 있으므로 모든 나라가 물 소비량을 줄이고 강의 유량을 늘려야 한다. 물 소비량의 감소는 식량 생산의 감소를 뜻한다. 우리는 좋든 싫든 식습관을 조절해야 한다.

증가한 물 소비량에 대한 강력한 경제적 요인도 있다. 선진국 국민들은 많은 물을 쓰고 있다. 아무 생각 없이 물을 쓴다. 그들은 고기를 많이 먹고, 광범위한 상하수도 시설을 갖추고 있으며, 다양한 물 집약 제품들을 사용한다. 다행히 브릭스와 개발도상국들은 물을 낭비하는 수준까지는 아니지만 곧 그들도 낭비하게 될 것이다. 생활수준이 향상되면서 물 소비량이 증가하고 있기 때문이다. 이것은 시장이 만들어 낸 어쩔 수 없는 측면이다. 시장 경제 속에서 소비는 선한 것이다.

그렇지만 모든 면이 암울한 것은 아니다. 농업의 물 효율성은 희망적으로 개선되었다. 러시아와 몇몇 아프리카 국가들에는 아직 개발되지 않은 식량 생산 잠재력이 상당하다. 비관적으로 보더라도 세계 식량 생산량이 30% 증가할 것으로 추정된다. 세계 인구가 21세기 중반까지 30% 가량 증가한다고 보면 나쁜 전망은 아니다. 문제는 90억 인구를 감당해야 하는 지구에 더 이상 효율성을 기대할 수 없을 때 생긴다. 일부는 굶주리고 일부는 과식하게 될 것이다.

지구를 구하는 식습관

우리는 이런 문제를 일으키지 않으면서 먹고 살 수 있다. 더 정확히 말하면 먹는 것을 자제할 수 있다. 복잡한 수치 처리를 거친 연구 결과에 따르면, 식습관을 바꾸면 선진국의 1인당 물 소비량을 40%까지 줄일 수 있다고 한다. 지금 이야기하고 있는 것은 이 책을 읽는 당신의 식습관이다. 당신이 먹는 고기와 버리는 음식쓰레기, 소비하는 물에 관한 이야기다. 기분을 상하게 하려고 하는 말이 아니다. 우리의 식습관이라고 말해야 더 타당하겠다. 나는 물이 집약적으로 들어가는 고기를 먹지 않고 음식 낭비를 줄이려고 노력한다. 이것은 쉬운 일이 아니다. 개인의 생활 습관과 문화적 상황이 모두 얽힌 일이다. 하지만 모두가 힘을 합치면 문화를 바꿀 수도 있다. 지난 10년간 재활용과 에너지 사용에 대한 대중의 사고방식은 비약적으로 발전했다. 물이라고 왜 안 되겠는가? 시급한 이 문제를 해결하기 위해 개인이 뭔가를 하는 건 어렵지 않다. 고기 섭취를 줄이고 물을 더 아끼자. 자동차에 붙이는 스티커에 이 문구를 넣고 다녀야겠다.

브릭스 국가에서는 문제가 더 까다롭다. 국민 대다수가 채식주의자인 인도는 식습관이 물에 끼치는 영향을 줄이기 위해 할 수 있는 일이 거의 없다. 중국의 경우 부유한 중산층의 출현으로 고기 소비량은 늘어난 반면, 정부에서 집단적 이익을 위해 개인의 자유를 강하게 제한하고 있다. 중국은 물 부족량을 식품 수입으로 충당할 것이다. 브라질은 물을 많이 보유하고 있다. 세계 어느 나라보다 물이 많다. 그래서 브라질 사람들은 어떤 처벌이나 규제 없이 고기를 먹을 수 있다. 중동과 아프리카의 물 부족 국가들과 가난한 사람들의 미래가 가장 불확실하다. 그 지역의 강들은 자주 마른다. 그래서 경제 침체가 잦다. 사람들의 고통은 극심해질 것이다. 석유자원이 풍부하지도 않고 경제가 다각화되지 않은 나라들은 타격이 클 것이다.

하지만 고기가 좋아

고기섭취를 줄이는 게 유일한 정답은 아니다. 다른 해결책도 있다. 하지만 그 방법들은 지금 바로 시행할 수 없다. 다른 해결책은 식습관 변화만큼의 편의성과 영향력도 없다.

재생에너지는 경제적·생태적·정치적으로 성배나 다름없다. 태양에너지는 저비용으로 알맞은 가격의 물을 생산할 수 있다. 대기 오염도 일으키지 않는다. 담수처리 공장은 석유와 가스로 연료를 공급해 대기를 오염시켰다. 하지만 대기 오염 없이 깔끔한 태양에너지로 생산된 물은 생태적으로 건강하고 식량 가격의 급등을 확실하게 막을 것이다. 그러나 깨끗한 태양에너지를 사용한 담수화 과정이 현실에 적용되기까지는 몇 십 년이 걸린다. 세계적으로 담수처리 공장들이 높은 수질의 가정용수와 산업용수를 생산하고 있다. 하지만 $1m^3$ 당 0.5~1달러가량 하는 물을 관개용수로 쓰기에는 너무 비싸다. 그러나 수십 년 후에는 다른 에너지 중에서 태양에너지가 대기 오염 없이 담수를 생산할 것이다.

점심식사를 함께 먹자

우리는 1장에서 아침식사에 들어가는 물을 살펴보았다. 이제 점심식사를 살펴볼 차례다. 점심이야말로 세상을 변화시키고 구하는 방법이다.

욕조와 항아리 : 변화가 일어나는 과정(혹은 일어나지 않은 과정)에 대한 관찰

나는 몇 십 년 동안 과학·정치·산업에서 어떻게 변화가 일어나는지 또는 일어나지 않는지 지켜보았다. 그 과정에서 실망하면 자신을 냉소적이라 생각했고, 긍정적인 생각이 들면 스스로 현명해졌다고 생각했다. 내가 깨우친 교훈은 이렇다. 변화는 규칙적이고 점진적인 단계를 거쳐 행복한 결말에 이르는 직선으로 일어나지 않는다. 벽을 쌓는 것과는 다르다. 벽을 쌓을 때는 벽돌을 놓고 시멘트로 고정시켜야 한다. 각 단계가 정해져 있고, 한 단을 제대로 쌓고 고정시키면, 그것이 곧 다음 단을 위한 토대가 된다. 하지만 정치적·사회적 변화는 그런 식으로 일어나지 않는다. 세상에 일어나는 변화들은 밑 빠진 항아리에 물을 붓는 것과 같다. 노력이 수포로 돌아갈 가능성이 크다. 속도를 늦추면 불리하다. 벽을 쌓는 것처럼 노력과 결과는 비례하지 않는다. 열심히 노력해도 결과가 좋지 않을 수 있다.

변화의 과정은 세 단계로 요약할 수 있다. 첫 단계는 지식을 쌓는 것이다. 사람들은 문제·기회·새로운 사고방식에 대해 알아야 한다. 다음 단계는 희망이다. 변화의 필요성을 아는 것만으로는 부족하며 그 변화에 뛰어들어야 한다(중국은 예외적으로 전체주의 원칙만 필요할 뿐이다). 마지막으로는 정치가 자원을 배분해서 변화를 장려해야 한다.

흡연에 대한 사회적 태도와 행동의 변화가 대표적인 예다. 50년 전에 과학이 흡연과 폐암의 인과관계를 처음 밝혀냈다. 지난 반세기 동안 방대한 연구와 캠페인 활동, 자원 배분이 얼마나 필요했는지 생각해보라. 과학적 연구가 진행되고, 이익단체는 캠페인을 벌이고, 흡연 반대 광고들이 만들어졌다. 많은 장소에서 다양한 방식으로 충돌을 일으키며 변화가 진행되었다. 벽을 쌓는 게 아니라 밑 빠진 독에 물을 부었던 것이다. 그 과정은 아직도 서투르다. 사람들 사이에서 담배를 법으로 금하자, 세금을 올리자, 세금을 내리자 등의 논쟁이 일어났다. 형세가 역전되어 흡연자의 숫자가 계속 줄어들었다. 담배 회사들은 간접흡연 뒤에 숨겨진 과학적 진실을 쓸모없는 사실로 치부하려 했지만, 담배 상표에 의사의 경고를 붙이는 시대는 오래전에 끝이 났다. '의사들 10명 중 9명은 카멜을 더 순한 담배로 추천합니다!' 이런 문구는 이제 통하지 않는다. 변화가 일어났다. 우연하고 엉성하게. 참을성 없는 사람에게는 천천히, 보수적인 사람에게는 신속하게 변했다. 아직도 변화는 진행 중이다. 샘 쿡Sam Cooke(2차 세계대전 후 미국에서 활동한 흑인가수-옮긴이)이 제대로 짚었듯이 변화의 본성은 시간이 오래 걸린다는 것이다.

왜 점심식사가 중요한가?

내가 여기에서 시작하려는 것은 하나의 담론이다. 간단하게 말해 독자들과 대화를 나누려는 것이다. 우리는 지금 변화를 일으키는 첫 단계에 있다. 지식을 전파하는 것이다. 옥상에서 내 이야기를 들어보라고 소리치는 것과 같다.

물을 형식에 맞추다

수상자는 누구?

아카데미상 수상자가 수상 소감을 말하면서 감정적으로 너무 많은 말을 쏟아내면 지루할 때가 많다. 하지만 이 사람이 없었으면 불가능했을 것이라고 표현하는 보이지 않는 스텝들에 대한 이야기는 흥미롭다. 어떤 책의 감사의 글에 나오는 긴 이름 목록이나 미국 대통령의 배경 뒤에서 열심히 일하는 행정관 같이 보이지 않게 뒤에서 일하는 인물들에게는 불가사의한 면이 있다. 혼자서 한 것처럼 보이는 일이 실제로는 공동 작업이라는 사실은 면밀히 살펴봐야 알 수 있다. 배우가 그렇고 가상수도 마찬가지다.

이 기회에 가상수 개념을 정립하는 데 중요한 역할을 한 아르옌 훅스트라를 소개하고 싶다. 아르옌은 저명한 물 전문가로 모델링 팀을 이끌고 있다. 그의 모델들은 핵심적인 기여를 했다. 특히 물 전문가들의 관심을 이끌어내는 데 큰 역할을 했다. 많은 과학자들에게 모델이란 과학적 언어다. 그러면 누가 모델링할까? 모델링 전문가들은 다른 과학자들이 흥미를 가질만한 결과들을 내놓는다. '앨런 교수는 여기에서 뭔가 발견할 것이다' 같은 결과 말이다. 네덜란드에서 만난 아르옌 연구팀이 가상수와 개인과 국가의 물발자국까지 연구해보기로 결정한 일은 내게 큰 행운이었다. 감사하게 생각하지 않은 날이 손에 꼽을 정도다. 아르옌은 조사해야 한다고 생각하는 분야가 있으면 쉽게 자신의 전문기술을 활용할 수 있었다.

주의사항

지금부터 아르옌의 모델과 그의 작업이 미친 영향을 분석할 예정이다. 많은 사람들이 이 내용에 흥미를 느낄 것이다. 과학에 종사하는 사람들에게는 필수적인 내용이다. 그러나 명백한 증거 같은 건 필요하지 않다고 생각하는 사람들도 있을 것이다. 그런 독자들은 가상수 거래에 대한 내 주장을 있는 그대로 신뢰할 것이다. 그들에게는 가상수가 획기적인 개념이다. 숫자까지 확인할 필요가 없다. 그냥 믿고 싶을 것이다. 그 같은 숫자 혐오감을 잘 이해한다. 그러니 읽기 싫은 사람은 다음 부분을 읽지 않아도 된다. 그냥 넘어간다 해도 중요한 내용을 놓치지 않을 것이다.

모델 연구자

아르옌 연구팀은 세계 200여 국가 중에서 140개 국가의 물 소비량과 무역 수준을 면밀히 검토했다. 여기에는 선진국, 브릭스, 개발도상국의 2/3 정도가 포함되었다. 새로운 세기에 들어서자마자 조사한 수치들은 세계 인구가 약 60억이었던 지난 세기 말 상황과 연관이 있다.

그들의 연구에서 가장 혁신적인 부분은 다양한 경제 분야의 물 사용량을 추산하지 않고, 생산량과 무역 자료들을 활용해 블루워터뿐만 아니라 그린워터까지지도 계산에 넣었다는 점이다. 기억하는가? 그린워터는 토양수이고 무시당했던 물이다. 세상

파스타를 먹을까, 스테이크를 먹을까?
식품에 포함된 물의 비용은 눈에 보이지 않는다. 곡물 1톤을 생산하려면 물이 적어도 1,000톤이 필요하다. 이것은 아주 많아 보이지만, 소고기 1톤을 만드는 데 들어가는 물은 16배가 더 필요하다. 음식의 환경 비용을 공정하게 판단해서 그 차이를 시장 가격에 그대로 반영한다면 당신은 스테이크를 얼마나 자주 먹을 수 있을까?

을 움직이고 식량을 생산하는 데 필수적이지만, 보이지 않는다는 이유로 많은 경제 연구에서 배제되었다. 퍼 올리거나 상품화하지 않고, 이동시키지 않는다는 이유로 우리는 그린워터를 부당하게 공공재라는 이름으로 부르거나 무시했다. 경제학자들은 그린워터에 가격표를 붙이는 방법을 알지 못해서 생명과 국가안보에 중요한 요인을 무시했다. 이것은 우리가 경제학자들의 주장에 너그럽지 못한 편견이 있는 이유이기도 하다. 다른 과학자들과 지질학자들도 똑같이 했다. 그러나 아르옌이 2000년에 제작한 모델은 최초로 그린워터를 포함하고 세계의 물 사용량을 정확한 이미지로 제시했다. 아르옌 연구팀이 계산한 연간 물 사용량은 7,500km^3였다.

그 정도 양의 물로 무엇을 할 수 있을까? 한 번에 떠올리기는 쉽지 않다. 우리는 대부분 1km나 100km의 거리나 헥타르 규모 정도는 추측할 수 있다. 그러나 1,700만km^2를 언급하면 그것은 그랜드 캐니언·러시아·달 정도 될까? 크기가 특정 범주를 넘어서면 잘 와 닿지 않는다. 우리에겐 숲을 보는 것은 중요하지 않다. 흰긴수염고래, 아프리카 코끼리, 높이 솟은 산들에 비해 우리는 너무나 작고 느린 동물이다. 거대한 강들은 말할 것도 없다.

아마존강을 살펴보자. 아마존강이 세계에서 가장 큰 강이라는 것은 누구나 안다. 아마존강의 연간 유량은 8,000km^3로 추산된다. 그렇다면 우리는 대략 매년 아마존강에 흐르는 물만큼 물을 쓰고 있다. 아마존강은 단순히 세계에서 가장 큰 강이 아니다. 다른 강에 비해 엄청나게 큰 강이다. 아마존강의 유량은 유사한 비교 대상인 아프리카 콩고강과 남미의 오리노코강보다 다섯 배나 더 많다. 인도의 갠지스강과 중국의 양쯔강보다는 여덟 배나 많고, 남부의 노인으로 불리는 미시시피강보다 열 배나 많다. 대부분 나일강이 세계에서 가장 긴 강이라고 평가하지만, 유량으로 따지면 나일강은 1년에 100km^3 밖에 되지 않기 때문에 아마존강 옆에 있으면 그저 작은 강일뿐이다.

강의 유량을 보면 담수와 사람의 관계에 대해 중요한 점을 알 수 있다. 우리는 너무 큰 것을 좋아하지 않는다. 많은 사람들이 잘 알고 있는 사실인데, 아마존강을 가로지르는 다리는 하나도 없다. 대부분의 사람들이 생각하듯이 다리를 놓을 수 없어서가 아니다(물론 다리를 놓으려면 까다로운 부분이 분명히 많을 것이다). 그곳에 대도시가 없기 때문에 아마존강을 건너는 다리를 놓을 필요가 없다. 고대 이래로 인간은 거의 예외 없이 거대한 강 곁에는 머무르려 하지 않았다. 인간은 본능적으로 연간 유량이 100km^3 이하인 강들을 좋아했다. 사람들은 이렇게 작은 강 주변에 정착했고 역사상 위대한 도시들이 대부분 그곳에서 탄생했다.

유럽으로 떠나보자. 유럽 대륙에서 가장 큰 강은 다뉴브강이다. 이 강은 아름답고 장엄하며 역사가 깊다. 그러나 세계적으로 보면 작은 편에 속한다. 33배나 더 큰 아마존강에 비하면 아주 작은 강이다. 다뉴브강 유역에 사람이 가장 많이 사는 것도 아니다. 역사적으로 많은 인구가 작지만 연간 유량이 확실한 라인강·르와르강·론강 주변에 살았다. 이 강들은 모두 연간 유속이 약 6km^{3}이다. 또는 세느강처럼 작은 강이나 템스강처럼 더 작은 강 주변에 모여들었다. 이 강들의 연간 유속은 2km^3 밖에 되지 않는다. 재빨리 두 수치를 나란히 두고 보자. 아마존강은 1년에 8,000km^{3}의 물이 흐르고, 템스강은 고작 2km^{3}가 흐른다. 앞서 나왔던 다른 수치 하나를 떠올려보자. 우리의 연간 물 사용량은 7,500km^{3}다.

단순히 아마존강이 얼마나 큰지 강조하려고 비교한 게 아니다. 이런 수자원은 재생 가능하지만 무한하지 않다는 점을 이해하는 게 중요하다. 강은 마를 수 있다. 아시아와 중동에서 경제적으로 중요한 역할을 하는 강들도 마찬가지다. 반건조 기후 지역의 강들은 물의 남용과 물줄기 방향의 변화로 회복하기 힘든 피해를 입었다. 콜로라도강, 나일강, 인더스강, 황하강의 물이 모두 줄어들고 있다. 이 강들의 유량은 통계치를 얻기가 어렵다. 정치·경제·지리 분야의 여러 학파들이 몇몇 이유로 강의 길이와 강 유역의 크기만 중요하고 가치 있다고 생각하고, 강 유량에 대한 정보를 확보하는 데는 많은 시간이나 노력을 들이지 않았다. 경제에서 물을 얼마나 이용할 수 있는지 파악하려면 유량만큼 의미 있는 수치는 없다. 그러나 아직까지 수문학자들만 이 수치들을 알고 있다.

숫자를 활용하자

우리는 7,500km^{3}가 엄청난 양의 물이라는 명확한 진실을 받아들였다. 그 물을 용도에 따라 나누면 어떻게 될까? 아르옌 연구팀이 추산한 바로는 약 5%가 가정용수로 사용된다. 16%는 산업용수로 사용되고, 나머지 약 80%는 식품을 위한 농작물과 가축을 키우고 면 같은 섬유를 만드는 데 사용된다. 가정용수는 모두 블루워터다. 산업용수도 대부분 블루워터다. 농업용수의 약 70%는 지금까지 측정하지 않았던 그린워터다. 아르옌이 기여한 중요한 업적이 바로 이점이다. 블루워터와 그린워터의 총 사용량을 파악한 것이다.

그들이 만든 모델을 보면 가상수의 흐름과 순수출국·순수입국을 확인할 수 있다. 국가 경제가 물과 식량 안보를 위해 세계무역체계에 어떤 식으로 의존하는지 알 수 있다는 게 중요하다. 순수 양으로 따지면 선진국들이 가상수의 주요 거래자다. 이들은 자신들의 부를 활용해 무역으로 물 부족 위기에 대한 불안을 숨기고 있다. 브릭스 국가들도 이 무역에 적극적으로 참여했다. 하지만 이 무역체계가 모두에게 해당되는 것은 아니다. 개발도상국들은 거의 참여하지 않는다. 방글라데시 같이 인구가 많은 나라들은 상품 무역조차 하지 않는다. 1인당 무역 수치를 보면 세계적인 불균형을 확인할 수 있다. 부유한 나라들과 브릭스는 무역을 통해 식량과 물을 확보하고 있다. 많은 부분에서와 마찬가지로 이런 무역 부문에서도 가난한 나라들은 뒤처지고 있다.

물발자국

물발자국water footprint은 상당히 알려진 개념이다. 웨커네이걸과 리스가 개발한 생태발자국과 그 뒤에 등장한 에너지발자국 덕분에 사람들은 이런 용어에 익숙해졌다. 1990년대 말부터 활발하게 사용된 이 용어들은 개인·국가·세계에 인간이 끼치는 환경적 영향을 논의하는 방식이다. 지난 세기에 과학계 외부에서 탄소발자국은 낯선 용어였다. 하지만 지금은 흔히 접할 수 있다. 탄소발자국을 줄일 기회는 상당히 많다. 학교 교실부터 모터쇼까지 탄소발자국의 개념은 널리 퍼져있다. 슈퍼마켓 계산대와 공항의 탑승 수속 카운터에도 탄소발자국에 대해 붙여놓았다. 일상 대화에서 그렇게 중요한 개념이 등장하다니 놀랄만한 성과다.

물발자국도 그 뒤를 따르면 된다. 물발자국은 이전에 나온 개념들보다 이해하기 쉽다. 우리는 물이 어떻게 생겼는지를 알고 있다. 애매하고 다양하더라도 우리는 물을 수량화하는 방법을 알고 있다. 생태발자국과 에너지발자국은 복잡하고 다양하게 활용된다. 과학자가 이해하기에는 단순하지만, 전문가가 아닌 일반 사람들에겐 상상하기 쉽지 않다. 물에 관해서는 모든 생산물·상품·서비스가 물발자국을 통해 우리가 알고 있는 언어로 바뀐다. 아르옌 연구팀이 발견한 커피 한 잔의 물발자국이 140L라는 사실을 알게 되면, 커피가 환경적으로 무해한 일상의 즐거움이라 여겼던 사람들은 큰 충격을 받을 것이다.

국가와 개인의 물발자국을 최초로 검토하고 분석한 사람은 아르옌과 아쇼크 샤파게인Ashok Chapagain이다. 샤파게인은 당시 델프트에 있는 유네스코-IHE의 물 교육 연구소UNESCO-IHE의 연구원이었다. 그들의 연구가 여러 출판물과 공적 토론에 끼친 영향을 과대평가할 생각은 없다. 그때까지 나는 가상수 개념에 반대하는 경제학자들과 엔지니어들을 많이 만났다. 가상수 개념 자체를 부정하는 사람은 없었다. 그러나 그들은 가상수의 유용성에 이의를 제기했고 격렬하게 반대했다. 경제학자들은 거래하는 상품들을 분석하는 것 외에는 중요한 게 없다고 여겼다. 엔지니어들은 냉정하게 토양수와 무역을 회의적으로 생각했다. 그들의 세계는 수력 사업에 속했다. 실용적이고 물리적이며 기본적으로 눈에 잘 보이는 문제들이어야 했다. 그들에게 물 부족 현상은 현실의 문제이지 가상의 문제가 아니었다. 그래서 그들은 가상의 해결책에 관심을 갖지 않았다.

아르옌과 아쇼크는 그런 인식을 바꿔놓았다. 그들이 만든 모델 덕분에 가상수는 더 이상 정신 나간 추상적인 환상이 아니었다. 가상수는 그 뒤에 숨겨놓은 경이로운 영향력과 숫자의 중요성을 드러냈다. 아르옌과 아쇼크 덕분에 나는 앞 장에서 아침식사의 물발자국으로 독자의 관심을 끌 수 있었다. 그들에게 정말 고맙다. 그들의 작업 덕분에 우리는 세계 국가별 식습관에 포함된 물발자국을 효율적으로 비교할 수 있다. 이것은 필수적인 지식이다. 여기에서 변화가 시작된다. 그래도 여전히 갈 길은 멀다.

컴퓨터 칩 한 개를 만드는 데 물이 얼마나 필요할까?

여러 가지 면에서 내 직업에는 흥미로운 점들이 많다. 제일 좋은 면을 꼽으라면 시간·에너지·지식을 정말로 중요하다고 생각하는 주제에 쏟을 수 있다는 점이다. 출장으로 다니는 여행도 즐겁다. 또 다른 좋은 점은 다양하고 독특한 사람들을 만나는 일이다. 물이 정치적 사안과 연관되면서 동료 교수들과 함께 있는 시간은 줄어든 대신, 관련된 일을 직접 하고 있는 사람들과 함께 하는 시간이 늘어났다.

최근에는 전문가들과 함께 하는 자리가 많아졌다. 대부분 비정부기구, 그 중에서도 영국의 워터와이즈Waterwise와 세계야생생물기금에서 활동하는 열정적인 환경운동가들이다. 그리고 인텔, 네슬레, 유니레버, 킴벌리 클라크의 고위 간부들도 있다. 아르옌이 물발자국 네트워크Water Footprint Network, WFN라고 이름 지은 진취적이고 정보를 전파하는 단체에서 만났다.

환경 담론에서 민간 기업들은 악당으로 등장한다. 그들은 정말 악당 역할을 한다. 민간 기업은 기껏 잘해봐야 형법상 부주의하게 일을 처리하고, 최악은 캠페인을 벌이거나 어떤 법률이 정해지기 전까지는 의도적으로 사회적인 공헌을 하지 않는다. 어떤 사람들은 국제 기업이 위험하게 물을 낭비하고 있다는 사실을 혈기 왕성한 환경운동가들과 손잡은 경륜 있는 교수들이 폭로하고 치명타를 입히는 그림을 떠올릴지도 모른다. 그렇게 생각했다면 실망할 각오를 하라.

이런 기업의 고위 간부들과 연구 팀장들은 정보를 숨기는 게 아니라 공유하기 위해 모였다. 그들은 여러 면에서 학계와 행동파에 속하는 우리보다 상당히 앞서있다. 끝없이 수익을 올리는 데만 관심을 갖는 거대 기업들이 정말로 잘하는 게 있다면 그것은 회계감사다. 이를 통해 기업들은 자신들의 물발자국에 대한 방대한 자료를 모을 수 있다. 그리고 몇 년간 회사 내부의 물 관리 체계와 유통의 효율성을 평가했다. 이들이 WFN에서 공유한 것은 그 결과물들이었다.

나는 늙은 개에게 새로운 재주를 가르치기 어렵다는 진부한 속담을 좋아하지 않는다. 하물며 나는 늙은 개가 아니다. 나에게는 새로운 기술이나 적어도 새로운 정보밖에 남지 않았다. 일찍부터 컴퓨터를 애플로 바꾸고 여전히 맥북에어를 쓰고 있는 내가 컴퓨터 칩 제조과정에 물이 엄청 많이 들어간다는 사실을 인텔 대표들에게 듣고서 크게 놀랐다. 인텔이 많은 제조공장과 연구개발 시설을 세운 장소는 이스라엘이었다. 이곳은 물을 대량으로 필요로 하는 산업이 있을만한 곳이 못 된다. 그래서 기업 평판과 관련된 스캔들이 나오는 것이다. 물이 부족한 중동에서 물을 남용하고 환경을 오염시키는 기업은 불쾌한 가십을 제공한다. 하지만 인텔의 사연은 다른 기업들에게 영감을 주었다. 그들은 제조과정에 필요한 물의 총량을 알고 난 이후 곧바로 자신들의 잘못을 바로잡았다. 현재 인텔은 공장폐수를 정화처리해서 재사용하고 있다. 인텔은 한때 물에 취약한 이스라엘의 적이었지만, 이제는 이스라엘의 경제와 물 환경에 긍정적인 기여를 하는 기업으로 성장했다.

물론 나는 쓸데없이 기업들의 선행을 지켜볼 의도는 없었다. 민간 기업과 공기업들이 몇몇 요인에 자극받아 생태학적으로 선행을 베푸는 것은 그들이 직접 하는 일이 아니다. 물론 재계의 철칙은 이윤추구이고, 때로는 물 관리 효율성이 비용을 줄이고 이윤을 극대화하는 새로운 수단이 된다. 기본적으로 이와 관련되어 이점이 없다면 문제도 없다. 그러나 갈수록 시민사회의 환경운동에 대한 인식이 높아지기 때문에 기업들은 평판위험에 대해서도 잘 알고 있다. 많은 시간·에너지·기술을 활용해 핵심가치들을 바탕으로 기업 정체성을 만들고 명성을 쌓고 있다. 기업이 하나의 브랜드인 이 시대에 쌓아놓은 명성을 무너뜨리고 싶어 하는 기업은 없다. 우리는 본능적으로 물 부족 현상을 심각하게 받아들인다. 분명히 우리의 유전자 속에 깊이 박힌 성향일 것이다. 갈증이 심하면 공황상태에 빠질 수 있다. 우리 모두 가뭄을 조금씩 경험해봤다.

인텔의 일화가 흥미롭기는 하지만 이것이 유일한 사례였다면 안심하지 않았을 것이다. 그러나 비슷한 일화가 또 있었다. 네슬레와 펩시가 원자재 생산과정에서 물이 가장 많이 소비된다는 사실을 발견했다. 세계적으로 수출하는 중독성 강한 제품들의 핵심 성분인 카카오·커피콩·찻잎을 재배할 때 물이 많이 소비되고 있었다. 유니레버는 제품 생산과정에서 절수 정책을 실시할 수 있다는 사실을 깨닫고, 물 부족 국가인 인도에서 새로운 세제를 개발하는 데 힘쓰고 있다. 광고하는 것처럼 들릴 수 있지만 유니레버의 새 가루 세제는 적은 양의 물에도 거품이 잘 생기고 많이 헹굴 필요가 없다. 한 방울 대비 청결도가 더 향상되었기 때문이다. 그렇게 보면 산업으로 수자원을 더 좋게 관리하는 운동을 일으킬 수도 있다. 이 협회에서 모든 기업들이 물발자국 개념을 진지하게 받아들이고 있다는 사실을 알게 된 점은 보람이 있었다. 기업들은 물발자국 개념을 받아들여 적극적이고 실용적으로 적용했다. 물을 어떻게 얼마나 사용하는지 알려고 노력했으며 두 부문 모두에서 개선 방안을 찾았다. 그러나 이들 민간 기업도 과학계와 똑같은 문제로 고생하고 있다. 기업도 유용한 자료를 구하기가 어려웠다.

물보다 더 까다로운 게 자료다. 기업의 물발자국과 관련된 자료를 수집하는 일은 매우 어렵다. 그것은 우리가 정적 모델이 아닌 동적인 과정을 다루고 있기 때문이다. 투입과 산출은 질·양·본성까지 끊임없이 변화시킨다. 기업들은 사업과 산업계를 구성하는 경제 법칙을 효율적으로 이해하고 있다. 그래서 대부분 자신들이 보유한 자금과 사용처를 설명할 수 있다. 다국적 기업의 크기와 범위를 생각한다면 이는 믿기 힘든 일이다. 그러나 수자원 사용에 대한 원칙과 엄격함은 아직 존재하지 않는다. 대부분의 역사에서 물은 풍부하고 공짜로 구할 수 있다. 재정과 상관없는 풍부한 자원을 소중한 시간과 돈을 들여 힘들게 검토하는 것은 납득하기 어려운 일이다. 그러나 산업분야에서도 변화가 찾아오고 있다. 모든 사람들의 행동방식을 변화시키기 위해서는 기업들의 도움이 필요하다.

실제보다 더 좋은 것

결정적 사건이 발생하기 전까지는 중요한 가치 변화가 주류에 편입되기는 어렵다. 2003년 부실한 물 관리가 기업의 명성에 어떤 손해를 입힐 수 있는지 보여주는 상징적 사건이 일어났다. 세계에서 가장 잘나가던 브랜드가 잘 알려지지 않은 인도의 한 구석에서 위기에 빠졌던 것이다. 문제의 브랜드는 코카콜라였다. 다윗과 골리앗의 싸움은 케랄라 주에 위치한 플라치마다Plachimada라는 작은 마을의 판차야트(지방 평의회)에서 일어났다. 4월 7일에 판차야트는 코카콜라의 인도 주재 제조공장의 운영 허가를 갱신해주지 않았다. 1999년에 코카콜라가 그 마을에 들어오기 전까지 그 마을과 이웃 마을들까지 그 지역 우물물로 충분히 살아갈 수 있었다. 그러나 거대 음료 회사인 코카콜라가 들어오고 나서 몇 년 이내로 우물들의 물은 대폭 줄어들었고, 남은 물마저 산업용수 때문에 심하게 오염되었다. 가장 우려스러운 부분은 그 공장이 지하수까지 지나치게 많이 썼다는 점이다.

2004년 결국 코카콜라 제조공장은 폐쇄되었다. 그 이후 인도는 법적 제도를 마련해 이런 일이 다시 일어나지 않도록 하고 있다. 그 사건을 직접 자세하게 알아보지는 않았지만 가뭄 역시 플라치마다의 물 문제를 도왔던 것으로 보인다. 가뭄이 자주 드는 지역에 물을 많이 쓰는 음료 공장을 세우다니 도대체 무슨 생각이었을까? 이 이야기에서 코카콜라가 정말로 악당인지 아닌지 따지는 것은 탁상공론일 뿐이다. 코카콜라의 명예는 이미 훼손되었고 이야기는 세상에 알려졌다. 코카콜라는 인도에서 폐수 처리 시설에 새로 투자하기를 원하고 있다. 이 기업은 물 관리를 경제와 관련 없는 것으로 여기지 못할 것이다. 매우 상징적인 사건이었다.

발밑을 보고 배워라

세계에는 200여 개의 나라가 있다. 모든 나라들은 식품·생활수단·물을 제공하기 위해 장기간 물을 공급하는 수문학 시스템을 시험하고 있다. 선진국들은 산업과 천수답 농업 부문에서 기술을 개발해 물 생산성을 크게 향상시켰다. 꾸준히 증가하는 식량 수요를 해결하기 위한 만병통치약은 관개농업이라는 고정관념을 깨기 위해 다양한 실험을 하고 있다. 의도적인 혁신이 아닌 무의식적인 행동방식의 변화를 통해 물 이외의 다른 분야에서도 수자원 문제의 해결책을 찾고 있다. 물이 집중적으로 필요한 농업을 벗어나 물 생산적인 산업을 다각화하고, 무역으로 식량난을 해결하고, 가상수를 수입해서 지역별 물 공급에 대한 현실적인 부담을 완화했다. 지속 불가능한 육류 의존도를 제외하면 선진국들의 이런 행동은 긍정적으로 볼 수 있다. 이 나라들은 매년 소비하는 물을 줄이면서 안정을 찾았다. 인구까지 감소해 1인당 물 소비량이 계속 줄어들고 있다.

브릭스 국가들은 물 생산성을 많이 높였고 아직 더 높일 수 있다. 브라질은 세계의 급수탑이다. 중국은 인구제한과 물 관리 정책을 실시해 물 안보에 대한 공헌도가 상당하다. 물 생산성이 향상되면서 이 나라들이 가상수 거래의 강점을 이해하게 되었다. 앞으로 수자원을 관리하는 데 브릭스 국가들이 중요한 역할을 맡게 될 것이다.

그 아래에 개발도상국들이 있다. 이들이 바로 도전과제다. 누가 이들을 도울 것이며 왜 도와야 하는가? 가상수 거래의 선순환은 가난한 사람에게까지 돌아간다. 자본과 물이 풍부한 나라들은 자기들끼리 거래할 수 있다. 개발도상국들은 보조금을 받은 곡물을 싸게 팔아 간접적으로 혜택을 볼 수 있다(농촌 경제에 입힌 손해는 가상수를 수입해서 생긴 이익으로 균형을 맞춘다). 그러나 무역이나 사회기반시설을 통해 물을 확보하는 데 필요한 자금 말고는 개발도상국들을 수자원 배분 문제에 대한 해결책을 찾는 데 포함시킬 경제적·과학적 이유가 없다. 다른 이유가 있기는 하다. 바로 연민이다. 시장경제와 국제무역의 질서와 세계 가상수 거래를 보이지 않게 지배하는 힘이 연민에 무릎을 꿇지는 않을 테지만, 개인이자 유권자이며 세계 시민인 우리는 양보할 수 있다. 그것이 우리의 생각이고 우리에게 능력이 있기 때문에 소중한 자원을 지속 가능한 방법으로 공정하게 배분할 것이다. 우리에게 그런 능력이 있기에 그것은 반드시 해야 하는 일이다.

물 부족 문제의 위험성

무엇이 위험한 문제일까? 문제는 너무 복잡해서 수량화 할 수 없거나 효율적으로 모델을 만들 수 없다는 점이다. 복잡한 문제들은 대단히 불확실하다. 그런데 해결이 시급하다. 불확실성은 정치인들과 긴밀하게 관련되어 있다. 정치인들은 불확실성을 동반하며, 사회가 문제를 키우자마자 몇 세기에 걸쳐 불확실성으로 생긴 문제들을 직시하지 않고 피하려고 한다. 그러므로 이를 해결하는 것은 우리 손에 달려있다. 우리는 정치인들에게 함께 해야 한다는 메시지를 보내야한다. 제대로 된 정책을 내놓을 때에만 그들의 손을 잡아주겠다고 말이다. 그들이 행정적으로 용기 있게 실천한다면 정치 자본을 그들에게 안겨줄 것이다.

환경학자들에게 세계의 물 관리가 위험한 문제인 이유는 문제 안에 알 수 있는 미지수와 알 수 없는 미지수가 모두 들어있기 때문이다. 기본적으로 우리가 알 수 있는 것은 현재 상황이다. 현재 기술 상태와 인구 규모, 현재의 물 소비량, 현재의 물 사용 능력이다. 알 만한 미지수는 예측하기 어려운 정치적·사회적 과정이다. 세계 인구는 언제 어떻게 변할까? 아프리카 농부들은 작물 생산량을 늘릴 수 있을까? 알 수 없는 미지수도 있다. 이것을 가장 잘 설명하는 방법은 무엇일까? 역사의 종말과 더불어 자유시장 민주주의의 승리를 예고한 1990년대의 정치철학적 담론에 관심을 가진 사람이 내가 처음은 아니다. 이 세기의 서막을 장식한 사건들은 이러한 담론이 얼마나 순진한 것이었는지를 통렬히 비웃고 있다. 위험성이 드러나는 것은 바로 이 지점이다.

충격적인 이야기가 있다. 20세기 후반 우리가 낙관적으로 자신 있게 받아들였던 중재안들이 의도치 않은 결과를 낳았다. 이는 21세기 들어 우리를 크게 위협하고 있다. 가장 인상적인 예가 기후변화다. 우리는 유동성·산업·삶의 질·평화·번영과 관련된 문제들을 해결했다. 그로 인해 지구온난화가 닥칠 것이라는 예측은 하지 못했다. 어쩌면 예상할 수도 있었을지 모른다. 실제로 많은 이들이 정확도는 다르지만 어느 정도 예상했다. 그러나 아무도 연역적 증거를 들어 이런 결과를 입증하지 못했다. 관개수로 쓰이는 빅워터의 관리를 소홀히 하자 유량이 줄어들고 환경이 오염되어 식품 생산량이 감소했다. 정확하게 예측할 수 없는 일이었지만 현실이 되어버린 이 문제들을 이제는 해결해야 한다.

현재 우리가 진행하는 일의 결과가 앞으로 어떤 식으로 드러날지 모른다는 사실도 위험하다. 이런 미지수는 과거를 살펴봐야만 알 수 있다는 것이 문제다. 인간은 문제를 해결책으로 잘 전환한다. 정말 위험한 것은 그 해결책이 나중에 완전히 새롭고 놀라운 문제로 탈바꿈하기도 한다는 사실이다. 선진국들의 문제가 그런 형태였다. 에너지, 운송, 식품, 상품, 물까지 처음에는 부족해서 문제였지만 이제는 그것들의 수요를 충족시켜준 해결책들이 차례로 문제가 되고 있다. 우리가 피하려고 했던 문제들보다 더 큰 문제가 되어 나타났다. 알 수 없는 미지수가 가장 위험하다.

인구가 급속히 증가하면서 그에 따라 늘어나는 물 수요를 충당할 물이 미래에 충분히 있을까? 이 의문은 긴급하게 해결해야 할 위험한 문제다. 개인·사회·국가가 자연체계에 대해 모르고 있어서 더 위험하다. 과학기술은 이 문제를 해결할 능력이 있다. 가상수에도 위험한 측면이 있다. 여기에 대해서는 다음 장에서 이야기할 것이다.

3장

선진국의 성공적인 물 관리 정책

인류는 너무 과한 현실을 견딜 수 없다.

- T. S. 엘리엇, 《네 개의 사중주Four Quartets》 -

'번트 노튼Burnt Norton' 중에서

악몽을 꾸다

이런 말에 마음이 움직이는 사람은 별로 없다. 여러 사람들이 같은 말을 했는데 나는 그 중에서도 미국 환경운동가 마이클 셀렌버거Michael Shellenberger의 말을 빌려왔다. 우리는 안 좋은 소식에 귀를 닫아 버린다. 링컨기념관에 마틴 루터 킹의 연설을 듣기 위해 모인 20만 명의 사람들에게 악몽을 꾼다고 연설했더라면 그토록 마음과 귀와 상상력을 빼앗기지 않았을 것이다. 꿈을 이야기하던 연설이라면 모를까.

나는 겁을 주기보다는 영감을 주려고 노력한다. 떼를 쓰지 않고 설득할 것이다. 가르치지 않고 추론하게 할 것이다. 내가 그렇게 하는 이유는 그런 방법이 도덕적으로 올바른 방법이기 때문이 아니라, 이렇게 접근하면 사람들이 귀를 기울이고 쉽게 상상할 수 있다고 믿기 때문이다. 그러나 안 좋은 소식을 전해야 하므로 어떤 방법으로 전할지 고민이다. 시장, 환경, 슬롯머신처럼 가상수에는 도덕기준이 없고 어떤 사람이나 나라도 의무감을 느끼지 않는다. 투자액은 오르는 만큼 내려갈 수 있다. 금융상품에 첨부된 법적 책임을 지지 않는다는 주의 사항이 가상수를 잘 설명해준다. 가상수에는 긍정적인 면과 부정적인 면이 있다. 가상수를 평가하면서 이 두 가지 측면을 모두 살펴봐야 한다.

선진국들은 가상수의 긍정적인 면을 잘 활용하고 있다. 긍정적인 면을 살펴보면 가상수는 부유한 선진국과 그 외의 여러 나라에서 물 안보를 보장한다. 선진국은 가난하고 부유한 사람들을 보호하며 지구의 소중한 수자원을 아낀다. 이는 아주 긍정적인 결과다. 이 장에서는 선진국에 속하는 세 나라를 예로 들어 가상수의 긍정적인 효과가 어떻게 나타나고 있는지 보여줄 것이다.

선진국은 가상수의 부정적인 면에 피해를 입기도 한다. 가상수는 감춰져 있다. 보이지 않기 때문에 우리는 그것에 관한 중요한 환경적·경제적 기본 원칙도 알 수 없다. 이 기본 원칙들을 알아야만 수자원을 지속 가능하게 관리할 수 있는데, 눈에 보이지 않는다는 이유로 물 사용자·정책 결정자·정치인이 가상수 거래에 속고 있다. 문제를 볼 수 없기에 문제가 없다고 착각한다. 그것은 사회가 물의 가치를 평가하고 적절하게 관리하는 법을 배우는 과정을 가상수 거래가 늦추고 있다는 뜻이다. 간단하게 살펴보자.

긍정적인 면 : 물 보장, 도움, 물 절약
부정적인 면 : 숨어 있음, 속임, 개선을 늦춤

물 전문가들과 운동가들이 우연히 모여 비공식적으로 단체를 만들었다. 우리는 그 문제에 대해 의견을 나눴는데 부정적인 면이 지닌 매력이 굉장히 컸다. 부정적인 면은 겉으로는 친절하고 편안해 보인다. 많은 사람이 긍정적으로 바뀔 것이라 믿고서 부정적인 면을 수용한다. 정치인들이 들은 바로는 이렇게 보이지 않는 경제 요인이 물 부족 문제를 수월하게 해결할 수 있다. 그게 그들이 들은 내용 전부다. 꿈같은 이야기에 귀를 기울이지만 악몽에는 귀를 닫아버린다. 일부러 문제를 못 본 체 한다. 선진국들은 자원 부족과 환경오염을 유발하는 원칙들을 살펴보았다. 정치인들은 자신들의 본능과 싸웠다. 물 관리의 불편한 진실을 마주하려면 부정적인 면이 제시하는 쉬운 해결책을 현명하게 판단해야 한다. 그런 해결책은 사람들을 속여 개혁을 늦출 뿐이다.

우리는 위험요소를 못 본 체 했지만 결국 그 위험은 현실로 나타났다. 2008년 경제위기가 찾아와 위기를 감수한 금융계에 공포감이 퍼졌다. 우리는 한동안 부채 지불을 미룰 수 있었다. 잘 포장해서 다른 사람에게 떠넘길 수도 있었다. 하지만 결국에는 지불해야 할 부채였다. 경제위기 이후 위험을 감지하면 모두 전문가가 된다. 모두 억울해하고 어떻게 그런 사기를 당했는지 궁금해 한다. 그러나 우리는 모르는 사이에 가담하고 있었다. 금융계의 궤변 때문에 우리는 진실을 모르지만 행복하다고 생각했다. 그런 환경에서는 개인과 사회가 위험을 과소평가하고, 의사결정에 따른 영향을 제대로 판단할 수 없다. 대출기관과 대출자가 서로 연루되어 있었다. 우리는 갚을 수 없는 빚을 졌다. 이제는 아무런 예방책 없이 환경에서 물을 빌려 쓰고 있다. 환경과 사회의 물 안보에 신경 써야 할 정치인들도 공모자다. 가상수 거래는 이런 문제를 감춰 우리를 위험한 상황에 빠뜨렸다.

불경기일 때 인간이 받는 고통과 괴로움은 명확하지만 재정 문제는 현실이 아니다. 재정 문제는 언젠가 회복할 수 있다. 궁극적으로 그것은 숫자 문제이고 숫자는 무한하다. 그러나 물은 무한하지 않다. 우리는 대기와 물 환경이 우리에게 모든 것을 줄 수 있다고 오해한다. 우리가 주는 모든 것을 그 환경이 받을 수 있다고 착각한다. 몇 곳에서는 물을 너무 많이 쓰고 다른 곳에서는 과하게 오염시킨다. 행동지침은 지속 가능하지 않다. 그러나 가상수 거래는 차분하고 조화로운 체계를 이용해 우리를 속인다. 우리는 모든 것이 잘 진행되고 있다고 믿는다. 똑같은 방법을 계속 쓸 수 있다. 천천히 끓는 물에 담긴 개구리처럼 우리는 뛰어나올 생각을 못한다. 하지만 뛰어올라야 한다.

다시는 굶지 않겠다

선진국의 두 나라가 반세기에 걸쳐 파티에 참가했다. 열정적인 춤은 의도하지 않은 결과를 낳았다. 그 결과는 세계 농산물 무역, 특히 밀을 수출하는 나라와 물 집약 상품을 수입하는 나라에 영향을 주었다. 수출국이나 수입국이 경쟁을 하든 안 하든 이렇게 지속된 파티에서 참가자들의 행동을 결정짓는 나라는 미국과 유럽연합이다.

1957년 로마조약Treaty of Rome의 서명국들은 1, 2차 세계대전에서의 엄청난 살상이 보여준 파괴적인 두 결과에 대응했다. 그들은 제국의 영광에 비하면 아무런 힘이 없다. 선진국 정부들은 제국의 몰락이 아니라 유럽인들에게 폭력 없는 안전한 삶을 보장해야 한다는 과제에 두려움을 느꼈다.

20세기 중반까지 유럽은 전쟁과 그로 인한 식품 무역의 혼란을 경험했기 때문에 국제적 기아는 실제로 일어날 수 있는 일이었다. 유럽은 무역에 의존하면서 식량 안보에 대한 불안감을 드러냈다. 유럽 대륙이 회복하면서 정치인들은 유럽인들을 다시는 굶기지 않겠다는 쪽으로 관심을 기울였다. 그러나 그들이 취한 조치는 역사상 가장 심각하게 무역을 왜곡했고, 개발도상국의 경제와 환경에 엄청난 손해를 입혔다. 유럽이 이 과정에 들어가자마자 대응해야 했던 미국은 밀의 국제 가격을 낮춰서 경쟁에 뛰어들었다.

그와 관련된 놀라운 이야기가 있다. 밀의 가격은 천 년 동안 계속 떨어지고 있었다. 어떻게 그런 일이 일어났을까? 영농 투입재, 농업 생산 체계, 시장과 유통이 개선되었기에 가능한 일이었다. 그 추세는 계속 이어졌다. 20세기 후반에는 농경법과 기술이 크게 발전했다. 특히 인간은 비료 개발 능력이 뛰어났다. 아무렇게나 퇴비를 뿌리던 전통적인 방식은 세계 최고의 지적

자원과 재원을 누리는 생명과학 분야에 굴복했다. 그러나 밀의 비용에는 오해의 소지가 있다. 경제는 정부가 환경세를 만들지 않는 한 환경비용을 고려하지 않는다. 현대의 농약·제초제·비료·에너지·물을 소비하는 농경법의 재정적·생태적 비용은 밀의 가격에 반영되지 않았지만 원래는 반영해야 옳다. 그러는 사이 우리는 보이지 않는 신용카드를 쓰고 존재도 몰랐던 계좌에 빚이 쌓여간다. 독촉장이 쌓이고 집행관이 문을 두드릴 때까지 기다린다면 우리는 큰 피해를 입을 것이다.

그러나 지난 60년 동안에는 뛰어난 화학제품이나 최신 기술 때문에 밀 가격이 더 떨어졌던 것은 아니다. 유럽에서 식량을 확보하려던 정치인들이 밀 가격을 절반으로 내려 무차별적으로 공급하던 미국의 보조금 정책에 대응했기 때문이다.

유럽연합은 공동농업정책Common Agricultural Policy, CAP을 통해 주요 식품에 보조금을 지급하고, 잉여 제품을 정가로 판매하는 방식을 약속했다. 여러 장려책에 힘입은 농부들은 상품을 과도하게 많이 생산했다. 유럽연합 국가들의 창고에는 버터와 우유가 산더미로 쌓여 있어서 큰 손실을 보면서 팔아야 했다. 외국 시장의 붕괴는 다른 모든 것을 희생하면 생산성을 성공적으로 향상시킬 수 있다는 증거가 되었다. 1950년대 유럽연합 초기에 밀 생산량은 1헥타르 당 3톤에 달했다. 1990년에 이 양은 세 배 가량 늘어나 9톤이 되었다. 미국도 마찬가지로 농부들에게 연방정부의 보조금을 지급하면 생산량이 크게 증가할 것으로 전망했다. 그런데 지난 50년 동안 보조금 제도의 악영향을 받지 않은 EEC/EU 국가들이나 미국에서는 밀이 전혀 생산되지 않았다. 얼마나 위대한 발전인가! 하지만 이를 위해서는 개발도상국 농부들의 희생과 고통이 따른다. 환경의 희생까지.

유럽연합과 유럽경제공동체
유럽연합EU은 1993년 마스트리흐트 조약Treaty of Maastricht으로 출범했다. 유럽연합이 발전하는 데는 시간이 걸렸다. 2차 세계대전이 끝난 직후 서유럽과 중부유럽 국가들은 정치연맹과 시장공동체의 확립을 지향했다. 1957년 로마조약으로 유럽경제공동체EEC가 시작되었다. 여기에 속한 나라는 이탈리아, 프랑스, 서독, 벨기에, 룩셈부르크, 네덜란드다. 이들이 유럽경제공동체의 창립국이었다. 그 조약을 체결할 당시 유럽연합 소속 27개국이 서명했고 신용경색으로 뒤늦게 아이슬란드가 가입했다.

공동농업정책의 예산
한 세기가 바뀐 이후 여러 개혁에도 불구하고 공동농업정책의 예산은 여전히 유럽연합 전체 예산의 절반에도 못 미친다. 2006년에 498억 유로였고 이는 485억이던 2005년에 비해 약간 늘어난 것이었다.

이 장에서 다룰 내용

나는 이 장에서 선진국 세 나라에 관해 물과 가상수와 그들의 관계를 살펴볼 것이다.

첫 번째는 미국이다. 미국 경제는 2세기만에 가상수 거래라는 극적인 드라마에서 주연 배우로 떠올랐다. 가상수 거래는 선사시대 이후부터 줄곧 존재했다.

두 번째는 영국이다. 이 작지만 복잡한 섬은 오랜 무역 역사를 지니고 있어 흥미롭다. 200년 전에 인구가 1,000만 명에 달한 이후부터 영국은 탄력적인 곡물 거래를 통해 가상수 수입에 의존했다. 현재 영국의 인구는 6,600만에 달한다. 그래서 무역 의존도는 아주 높다. 손해 보는 사람도 있지만 관리를 잘 하고 있는 편이다.

마지막은 스페인이다. 이베리아 반도의 온화한 기후를 좋아하는 사람이라면 누구나 스페인에 물 부족 문제가 심각하다는 사실을 추측할 수 있다. 선진국 기준으로 보면 물이 심각하게 부족한 상태다. 그러나 물은 계속 사용되고 있다. 스페인 사람들은 무역으로 식량을 확보한다. 이스라엘이나 싱가포르와 함께 스페인은 물 부족 위협에 가장 민감한 선진국이다. 스페인 정부는 이 문제를 잘 알고 있다. 스페인을 다룰 때 그들의 이야기는 혁신적인 방안 중 하나가 될 것이다. 그것은 가상수의 긍정적인 면에 기댄 경제 효과지만 스페인 남부지역에서는 부정적인 면이 드러나기도 한다.

1부

미국 : 지속 가능한 물 안보를 위한 역할

수자원이 감소해서 생긴 물 위기는 우리가 경험하는 전쟁

위기만큼 심각하다. 진주만, 아르곤, 게티즈버그, 사라토가 전투가 일어났던 때만큼이나 지금 우리는 큰 위협을 받고 있다.

- 짐 라이트Jim Wright, 미국 전 하원의장 -

미국의 크기와 중요성은 지나치게 강조된다. 미국의 적정 인구와 비교해 보면 미국의 수자원은 세계에서 중추적인 역할을 한다. 무엇이 되었든 미국의 물 소비량이 세계에서 가장 많다는 사실은 분명하다. 미국인들은 그 어떤 나라보다 많이 먹고, 많이 사고, 많은 연료를 쓴다. 물 또한 마찬가지다. 미국의 평균 물발자국은 지구 평균의 두 배에 달한다. 미국 외에도 물발자국이 높은 나라가 있지만 대부분 중동의 부유한 산유국이다. 3억에 달하는 미국 인구와 비교하면 이 나라들의 인구는 적은 편이다. 중요한 것은 현재 3억 인구가 2050년에는 4억 5천으로 증가할 전망이라는 점이다.

미국인의 연간 평균 물소비량은 2,500m^{3}이다. 소비량이 이렇게 많은 이유는 여러 가지다. 우선 미국인들은 부유한 사람들이 많다. 우유나 치즈 같은 유제품과 고기의 섭취 비율도 높다. 자동차나 비행기를 타는 비율이 다른 나라에 비해 압도적으로 높다. 다른 나라 국민들에 비해 미국인들은 많은 상품과 서비스를 소비한다. 이런 상품과 서비스에는 모두 물 비용이 들어있다.

자료에 숨겨진 내용

1인당 연간 평균 소비량이 2,500m^{3}라는 사실을 더 깊이 들여다보자. 미국 물발자국의 약 19%가 가상수 수입으로 얻은 것이다. 가상수 수입은 농산물이 11%, 산업제품이 8%를 차지했다. 미국이 세계적으로 중요한 역할을 하는 이유는 가상수 수출 때문이다. 미국은 가상수 거래에서 매년 53.3km^3 정도의 물

그림 3.1 미국의 물발자국

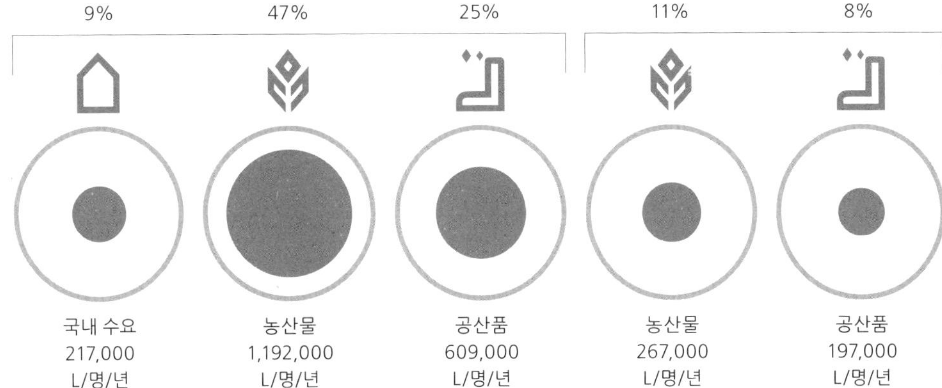

미국의 물발자국 : 81%
가상수 수입 : 19%
9%
47%
25%
11%
8%
국내 수요
217,000
L/명/년
농산물
1,192,000
L/명/년
공산품
609,000
L/명/년
농산물
267,000
L/명/년
공산품
197,000
L/명/년

출처 : A.K. Chapagain and A.Y. Hoekstra(2003), *Water Footprints of Nations*, Delft: IHE.

표 3.1 1995~1999년 지역별 가상수 거래량

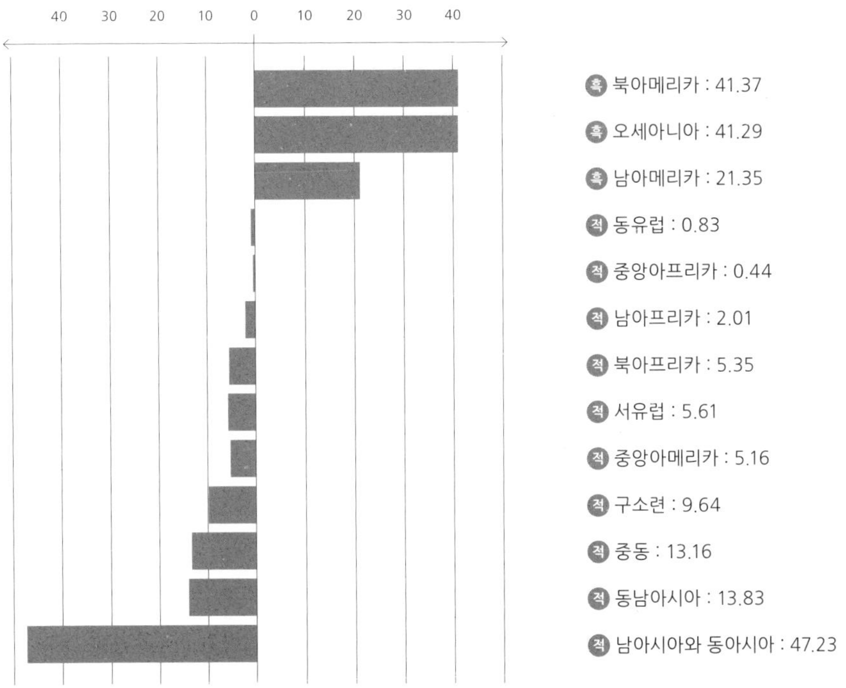

가상수 거래
총 수입량/ 총 수출량
적
적자
흑
흑자
40
30
20
10
0
10
20
30
40
흑 북아메리카 : 41.37
흑 오세아니아 : 41.29
흑 남아메리카 : 21.35
적 동유럽 : 0.83
적 중앙아프리카 : 0.44
적 남아프리카 : 2.01
적 북아프리카 : 5.35
적 서유럽 : 5.61
적 중앙아메리카 : 5.16
적 구소련 : 9.64
적 중동 : 13.16
적 동남아시아 : 13.83
적 남아시아와 동아시아 : 47.23

출처 : A.K. Chapagain and A.Y. Hoekstra(2003), *Water Footprints of Nations*, Delft: IHE.

흑자를 기록해 중요한 순수출국이다.

이것은 상당한 양의 물이다. 미국의 가상수 순수출량은 나이지리아를 제외한 사하라 사막 이남 아프리카 43개국의 물 수요를 충족할 수 있는 양이다. 호주가 미국보다 더 앞서는 부분은 1년에 64km^{3}를 수출하는 것뿐이다. 호주는 인구가 2천만 명으로 비교적 적기 때문에 1인당 가상수 수출량이 연간 1인당 336m^{3}에 달한다. 호주는 대부분 지역이 극심하게 건조한데도 불구하고, 그 광활한 영토에 블루워터와 그린워터가 충분해 자국의 물 수요를 비롯해 물 부족을 겪고 있는 다른 나라들의 수요까지 해결하고 있다.

표 3.1은 대륙별 가상수 거래의 흑자와 적자를 간략하게 보여준다. 남아메리카, 미국과 캐나다가 있는 북아메리카, 호주는 세계 나라들이 가상수 거래를 통해 물 안보를 의존하는 대륙이다. 북아메리카와 호주는 각각 잉여수 40% 가량을 제공한다. 현재 남아메리카만 유일하게 약 20%를 제공한다. 유일하다고 말한 이유는 남아메리카가 거리상 멀리 있는 대륙 중에 물이 가장 풍부하기 때문이다. 우리는 남아메리카에 잠재된 물을 아직 다 쓰지 않았다는 점이 큰 행운이다. 언젠가 그곳의 잉여수는 북아메리카와 호주를 합친 것보다 더 많아 질 게 분명하다. 물이 극심하게 필요한 날이 오면 그 물은 아주 유용할 것이다.

미국의 물 역사

최근까지의 1세기

우리는 오늘의 가치와 우선순위로 어제를 다시 생각할 수 없다. '물 공급을 망설여라'는 말은 명언이다. 우리가 물을 공급하면 그 사회는 언제나 물을 다 써버리기 때문이다.

미국 서부의 물 역사는 아주 짧다. 1812년 영국과의 전쟁으로 워싱턴은 쑥대밭이 되고 백악관이 불에 탔는데도 불구하고 이 신생 공화국은 참으로 대담했다. 야심으로 가득 찬 공화국 사람들은 태평양 연안을 향해 진격했다. 서부를 개척하려는 미국인들은 그곳의 수자원에 거의 아무런 영향도 끼치지 않던 북미 원주민과 스페인계 멕시코인들까지 짓밟았다. 1861년 남북전쟁이 일어났을 당시 미국이 지배한 북아메리카 대륙은 현재 국경의 모습과 같았다.

남서쪽으로 추가된 주요 영토는 모두 멕시코에서 빼앗은 캘리포니아, 뉴멕시코, 텍사스 주였다. 애리조나, 네바다, 콜로라도, 유타, 네브래스카, 다코타는 주가 되기 전에 그곳은 텅 비어 있는 드넓은 땅으로 남북전쟁까지는 합병된 영토에 불과했다. 애리조나 같은 경우 20세기 초가 되어서야 미국의 48번째 주가 되었다. 이렇게 짧고 간단한 역사에서도 중요한 점은 미국 서부 지역이 형성된 지 실제로 얼마 되지 않았다는 사실이다. 미국이 의식적으로 계획해서 빼앗은 땅이지만 그 지역의 미래 발전은 불규칙하고 무계획적으로 일어났다. 거창한 계획안 없이 금 채굴업자와 초원을 구하는 목장 주인, 개척이주자들의 개인주의 덕분에 그나마 발전할 수 있었다.

서부 지역의 농장과 방목장의 발전 과정은 진취적인 자본주의를 여실히 보여준다. 천연자원의 환경적 가치는 무시한 채 자원·지식·기술·가족 노동력만 갖춘 민간과 공공 부문 기업들은 철도·항구·선박·농장기술에 투자했다. 자본주의가 서부 개척에 나서자 땅이 변하고 새로운 세계가 등장했다. 사회기반시설이나 경제 발전이 전혀 없던 곳이 부를 생산하는 농지가 되었다. 전국에서 모인 이주자들은 몇 십 년 만에 미국 서부 지역을 세계에서 가장 강력한 농업지역으로 바꿔놓았다.

자본이 서쪽으로 이동하자 물의 수요도 옮겨갔다. 1920년대에 미 연방정부는 수력 분야에 많은 투자를 했다. 환경적으로나 사회적으로 1920~1930년대의 수력 사업은 분명 위험한 것이었다. 그 뒤에 숨겨진 필요조건이 환경이 아닌 경제였기 때문이다. 이런 사업의 목적은 생계수단 마련과 이윤추구를 위한 새 농지 개발이었다. 이 시기에는 환경적 지속 가능성과 환경 관리라는 개념은 어울리지 않았다. 댐 건설이 과하다고 생각한 사람은 아무도 없었다. 이 말이 어색하게 들린다면 우리가 현실을 제대로 이해하지 못했기 때문이다. 20세기 초 미국 정부가 수력 사업을 빌미로 강에 어떤 일을 했는지 나타내는 정확한 표현은 아직까지 없다. 우리는 자주 과거의 단어와 개념에 의존한다. 재앙이 일어난 후에야 그 문제를 효과적이고 분명하게 논의하기 위한 언어와 지적 도구를 새로 만든다.

1920~1970년 사이 지나치게 많이 건설된 댐 때문에 물 환경이 훼손되었고, 북미 원주민 사회와 대다수의 야생동물이 치명적인 피해를 입었다. 원주민들은 자연과 조화롭게 살고 있었다. 그들은 환경의 주인이 아닌 관리자였다. 그러나 미국 정부는 수력 사업을 진행하면서 이 원주민들과 그 땅에 형성된 섬세한 균형을 고려하지 않았다. 자연과 물을 동반자로 여기지 않고 산업과 이념으로 탄생한 현대인의 오만한 권력에 따라야 하는 존재로 생각했다. 인간의 의지대로 자연과 물을 조정했고 야심을 드러냈다.

원주민 사회는 결국 해체되었다. 그들의 생활은 파괴되고 생계수단이 사라졌다. 생활환경의 다른 영역들까지 고통을 받았다. 그들에게 있었던 건강한 들소 5,000만 마리는 모두 죽고 말았다. 서부의 농지개혁이 창출한 부는 실제보다 더 인상적으로 보인다. 1920년대에 과욕을 부리며 건설한 댐들이 사회와 환경에 끼친 손해를 비용으로 환산하는 경제학 공식이 있었다면, 미국 정부와 농부들이 무역상품 가격에 이런 환경적 영향을 반영했다면, 이 인상적인 이야기는 다른 방향으로 흘러갔을 것이다. 그러면 물 사용에 대한 권한을 제대로 활용하지 못하는 현재의 정치만은 피했을 것이다. 우리가 어디에 물을 공급하든 그 사회는 언제나 물을 다 써버릴 것이기 때문에 '물 공급을 망설여라'는 말은 명언일 수밖에 없다.

적은 물에서 많은 가치를 이끌어내는 물 생산성

사회는 인정하지 않으려고 해도 물을 사용하면 비용이 발생한다. 농부들은 비가 내린 뒤 토양에 고이는 물처럼 관개용수를 거의 공짜로 쓰고 싶어 하기 때문에, 관개용수는 대부분의 지역에서 저렴한 비용에 제공된다. 가정용수를 쓰는 사람들은 수돗물을 쓰고 요금을 지불하는 데 익숙하다. 이 요금은 농부가 지불하는 비용에 비하면 10배에서 1,000배가량 비싸다. 가정용수는 농장·산업·서비스에 모두 사용할 수 있다. 물 $1m^3$는 머그컵 1~10개를 가득 채울 수 있는 밀을 생산할 수 있다. 공장은 자동차를 생산하면서 소비되는 물을 줄일 수 있다. 자동차 제조업자들은 자사 웹사이트에 그런 이야기를 자랑스럽게 올려놓는다. 농부는 운이 좋으면 그린워터나 블루워터 $1m^3$로 0.20달러를 벌고 매년 수만m^3를 사용한다. 교사는 매년 $3\sim5m^3$를 사용하면서 블루워터 $1m^3$ 당 수천 달러 가치에 해당하는 서비스를 제공한다. 고위급 은행가들은 물을 거의 사용하지 않으면서 수십만 달러의 보상을 받는다. 경제학자는 투입이 부족하면 그 투입물의 사용을 재배분하고 가능한 더 높은 가치 활동에 고용을 늘려야 한다고 주장한다. 정치인과 농부는 사회를 신중하게 판단하고 정치적으로 실현 가능하고 편안한 것이 무엇인지 알고 있지만, 경제학자보다는 이런 기본 원칙에 대해 아는 것이 없다. 물의 가치를 적절하게 평가하는 것은 기본적인 문제지만 지금까지 시장과 공급에서 가치가 제대로 평가된 적은 없다. 이 문제에 대해서는 마지막 장에서 더 이야기할 것이다.

우리는 오늘의 가치와 우선순위로 어제를 생각할 수 없다. 20세기 말 세계 대부분의 나라들이 미국에서 수출하는 가상수에 의존하게 되었다. 1920년대의 수력 사업은 이 부분에서 큰

밀 중독
19세기 중반 이후 미국 농부들과 가족이 경영하는 뛰어난 농업 무역 기업들은 세계 어느 곳이든 밀을 공급했다. 이것은 가상수 거래를 전략적이고 지속 가능하게 보여준 사례다. 밀 1톤을 생산하는 데 드는 물은 약 1,000톤이다. 그러므로 밀을 수출하면 엄청난 양의 가상수를 수출하는 것이다. 세계 대부분의 나라들이 미국 농부들과 무역업자들에게 의존한다. 미국이 밀을 수출하기 때문에 많은 나라들이 평화적으로 식품과 물을 안심하고 확보할 수 있다.

역할을 했다. 미 연방정부는 댐과 펌프를 활용해 물길을 바꾸고 물을 퍼 올려서 처음에는 가족농장에, 나중에는 세계 시장으로 뻗어나간 기업 농장에 물을 공급했다. 이런 농장에서 생산되는 제품이 무역을 통해 세계 경제를 살렸다. 물의 산업화를 억제하지 않은 미국은 국제적으로 이윤을 남겼다. 그 덕분에 미국 경제는 급속히 성장할 수 있었고, 세계 다른 나라들은 식량과 물을 다량 확보할 수 있었다. 북미 원주민들·들소·콜로라도강은 패배하고, 물이 부족한 산유국들은 승리한 게임이었다. 가상수 개념은 전에는 보이지 않던 균형을 보여준다.

20세기 후반의 물 생산성

직장에서라면 많이 노력해야 1년에 물 0.5m^3를 아낄 수 있다. 그러나 집에서는 합리적으로 음식을 먹고 하나도 버리지 않을 경우 하루에 그만큼을 아낄 수 있다.

사람들은 1950년대에 반감을 품고 있지만 그 10년 동안 어떤 성공과 실패가 있었든 그때 이후로 물 생산성이 상당히 증가했

그림 3.2 미국의 물 생산성

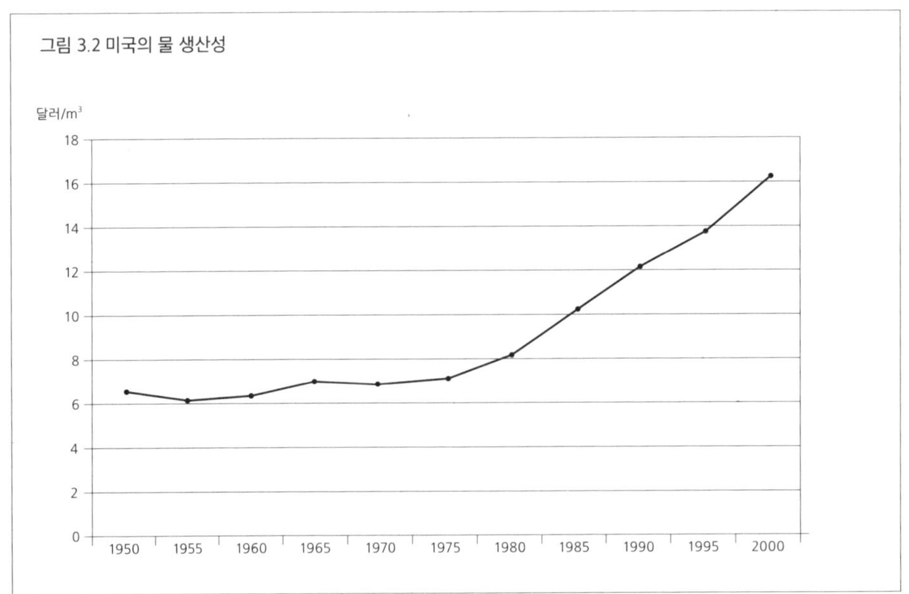

다. 물 생산성은 1달러의 가치를 생산하는 데 필요한 물의 양이다. 미국의 물 생산성은 1920년대부터 서부개척과 수력 사업을 통해 꾸준히 향상되고 있다. 1970년대 중반부터 인구가 지속적으로 증가했는데도 불구하고 생산성이 급격하게 향상되었다. 이런 생산성 혁명 뒤에는 어떤 일이 벌어졌을까?

첫째, 담수의 사용이 안정되었다. 관개용수의 사용량이 줄어들었다. 그와 동시에 관개농업을 통해 생산한 물품들의 가치가 올랐다. 둘째, 다양하고 생산적이던 미국의 산업과 서비스 부문들이 생산량을 늘리고 활동 가치를 올렸다. 여기에 우리가 미국의 물 역사에서 배워야 할 중요한 교훈이 있다. 우리는 물을 적게 쓸수록 더 많은 가치를 창출할 수 있다.

기본적으로 미국의 산업과 농업 분야는 물을 현명하게 다룬다. 기업이나 조직은 실리적인 장려책을 내놓는다. 그리고 물 투입 비용을 고민한다. 1m^{3}에 1달러를 지불해야 하는 비싼 블루워터를 사용한다. 경제학자들이 언급했듯이 기업 활동으로 발생하는 환경 비용은 아직까지 시장 가격에 포함되지 않고 있다.

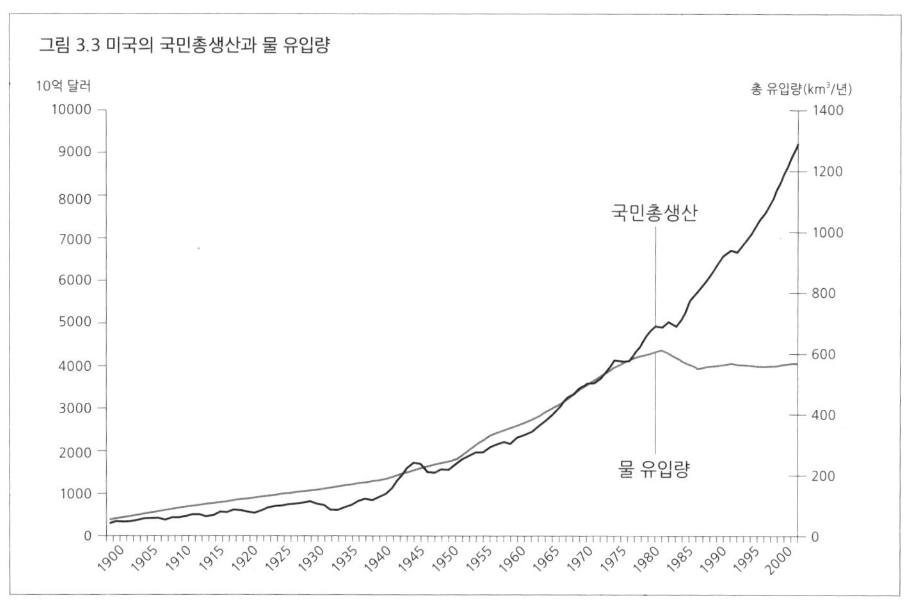

기업은 손상된 물 환경을 회복시켜야 할 책임을 회피하고 있다. 그와 관련된 법안이 제정될 기미는 보이지만, 농산품과 공산품 가격에는 아직까지 환경 비용이 포함되어 있지 않다. 기업들이 남긴 기록이 인상적이기는 하다. 20세기 마지막 25년 동안 미국 기업들은 대부분 블루워터 사용량을 절반가량 줄였다. 제지업계는 블루워터 사용량을 상당히 줄였으며 그 결과 수익성이 좋아졌다. 이것이 바로 환경과 물을 관리하면 발생하는 긍정적인 효과였다. 더 최근에는 책임감을 가진 기업들이 나타나 금전적인 이유가 아니라 윤리적인 이유 때문에 기업들의 물발자국을 줄이는 정책을 내놓고 있다. 다국적 기업들은 회의 안건에 기업의 책임, 유통의 공정성, 공동 가치창출을 넣고 집중적으로 논의하는 추세다.

그림 3.2와 3.3의 통계자료는 미국의 물 생산성 증가를 보여준다. 그림 3.3의 오른쪽에 생성된 삼각형은 산업의 영향력을

그림 3.4 미국 인구와 물 판매량

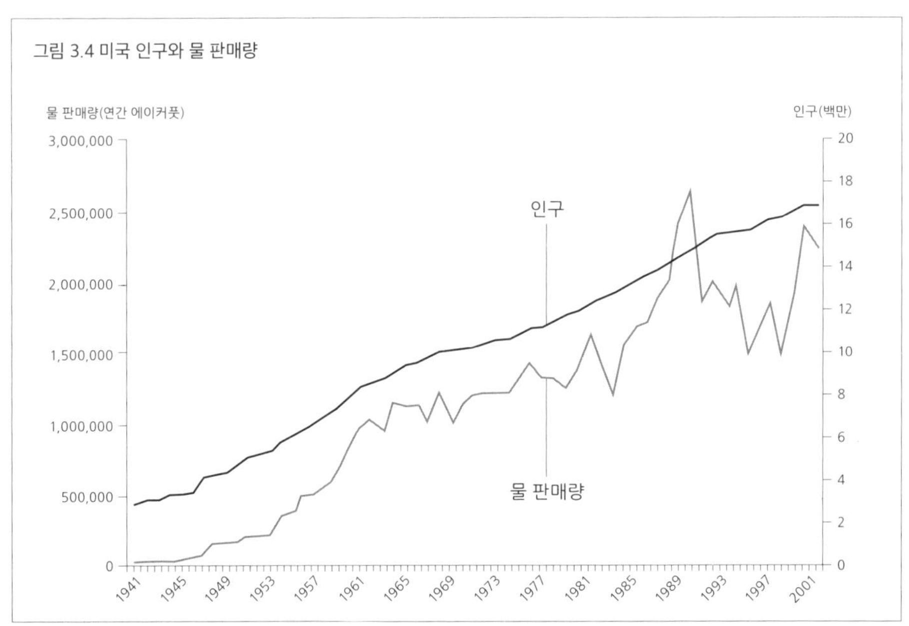

출처(그림 3.2, 3.3, 3.4) : P. Gleick(2009), 'Soft paths in the United States', in D. Brooks et al., *Making the Most of the Water We Have: The soft path approach to water management*, London: Earthscan.

입증해준다. 물에서 얻는 가치가 많으면 많을수록 세계 사람들에게 혜택이 더 돌아간다. 여기에 좋은 소식이 있다. 경제가 발전하면 물 효율성이 증가한다. 이 사실은 물 관리의 궁극적인 목표가 될 수 있다. 그러나 사회가 먼저 이 목표를 상상해야 한다. 당신의 상상이 바뀌고 있는가? 안타깝게도 특권의식에 사로잡혀 공익을 위해서는 아무것도 하지 않던 특정 부류에만 물이 과잉 공급되는 문제는 효율성이 증가해도 자동적으로 해결되지 않는다. 이는 세계적인 비극이다.

이렇게 생각해 보자. 경제가 발전할수록 민간 기업·공공기관·자원봉사 시설에는 일자리가 더 많이 생긴다. 이것은 치안 유지·교육·보건·소매업·여가산업·금융서비스·지식과 복지 경제와 관련된 일들이다. 일자리는 다양하지만 공통점이 하나 있다. 그 일자리들은 모두 물 효율적이다. 1년에 10,000~100,000 달러 사이의 수입을 올리지만 노동자나 자원봉사자는 1인당 연간 2~3m^3의 물만 소비한다. 채식주의자는 한 끼 식사에 2.5m^3의 물을 소비하고, 비非채식주의자는 한 끼에 5m^3를 소비한다는 사실을 기억하라. 이런 민간, 공공, 자원봉사 부문에서 일하는 사람이 직장에서 연간 사용하는 물은 아주 적다. 1년은 365일이다. 아무리 노력해도 직장에서는 1년에 0.5m^3 정도밖에 아낄 수 없다. 집에서 현명하게 식사하고 음식물을 버리지 않으면 하루에도 그만큼의 물을 아낄 수 있다. 이런 가상수 교환이 선진국에서 이뤄지고 있다. 경제 체제에 따르면 가상수 함유량이 적은 직업에 종사하는 사람도 가정에서 가상수 함유량이 많은 생활필수품을 사용한다.

물은 경제와 밀접한 관계가 있다. 경제 과정의 결과로 나온 것 중 하나가 물 효율성이다. 산업 부문의 일자리들은 물 수요가 높을 수 있다. 그러나 일자리 당 연간 평균 물 소비량은 100m^3다. 비채식주의자들이 한 달 식사로 소비하는 양보다 더 적은 수치다. 농업 부문은 물 소비량 대 부 창출 비율에서 유리한 점이 줄어들고 있다. 농업과 관련된 직업은 연간 100,000m^3의 물을 사용한다.

우리 모두 물을 소비한다. 그래서 우리와 물의 관계를 제대로 알아야 한다. 우리는 물을 어디에 얼마나 사용할까? 어떤 종류의 물을 사용할까? 특히 물 안보에 대해 생각해야 한다. 직업이 다양해지고 무역을 하면 물 안보를 지킬 수 있다. 모두에게 생소한 과정이다. 개인과 단체는 상상만으로 물 안보의 현실을 이해하지 못한다. 선진국 국민인 우리는 대부분 산업과 서비스 부분에서 자신도 모르게 효율적으로 물을 사용하고 있다. 그러면서도 세계 농부들은 물 생산성으로 더 많은 이익을 얻을 수 있다는 사실을 모르고 있다. 우리는 나쁜 식습관과 필요 이상으로 많이 사서 결국 버리는 습관에 대해서도 의식하지 못하고 있다. 물 생산성은 중요하다. 인간과 환경의 건강을 꾸준히 돌봐서 생산성이 만들어 내는 기적을 지켜야 한다. 한 방울로 더 많이 수확하라. 한 방울로 일자리를 더 많이 만들어라. 한 방울로 더 많이 보살펴라. 어느 나라보다 미국에 이 세 가지 격언이 필요하다. 이 장에서는 지역의 수자원과 상관없이 물 뒤에 숨어 있는 경제 덕분에 수자원 부족 문제를 해결하는 과정을 살펴볼 것이다.

미래의 수요를 관리하라

선진국의 수력 사업이 실패했다고 말하는 것은 성급한 판단이다. 현재 놀라운 변화가 일어나고 있기 때문이다. 선진국에서 증가하는 수요를 급수시설 확충으로 해결할 수 있다고 기대하는 사람은 없다. 더 큰 펌프, 댐, 저수지, 수로가 필요한 시대는 이미 끝났다. 이 시대는 물 사용자들이 물을 더 효율적으로 쓰도록 유도하는 것이 목표다. 공급 관리는 수요 관리로 대체되고 있다.

수요 관리는 어떻게 하는 것인가? 선진국들은 소프트패스

soft path(자연에너지나 재생에너지를 이용해 에너지를 생산하고 공급하는 시스템-옮긴이)로 알려진 관리법을 도입하고 있다. 이 소프트패스 접근법은 규제와 장려책을 함께 사용해 사람들의 물 소비 태도를 바꾸고 있다. 소프트패스는 물을 저장하고 운반하고 추가적으로 퍼 올리는 하드패스hard path(화석연료나 핵분열 에너지 등 고갈될 수밖에 없는 자원에 의존한 대규모 집중형 에너지 생산 공급 시스템-옮긴이)와 대조적인 접근법이다. 1970년대 이후 선진국에서는 하드패스 관리법을 정치적으로 금지하고 있다. 환경, 사회, 의료, 군사 부문에서 극단적인 재앙이 일어난다면 선진국에서 이 방법을 다시 적용할 가능성은 남아있다.

소프트패스 관리법에는 몇 가지 결점이 있다. 이 관리법은 굉장히 철저하며 신뢰할 수 있도록 급수시설에 계량기를 설치해서 요금을 계산한다. 단속기관들도 정해져 있다. 소비자들에게 알리고 설득해야 한다. 그러기 위해서는 시간과 돈이 필요하고 금융 자본 외에 정치 자본도 쏟아 부어야 한다. 미국에서는 이 소프트패스 관리법 때문에 연방정부와 세계에서 가장 강력한 로비 단체인 미국농장협회 사이에 심각한 충돌이 일어나기도 한다.

미국농장협회는 머리가 여럿 달린 히드라와 같다. 일반 농부들, 소규모 농장 건물들을 소유한 농사 유권자, 거대 영농법인까지 그에 속해있다. 미국에서 농부들은 다양한 이유에서 정치적으로 상당한 영향력을 행사한다. 경제, 사회, 정치는 농업을 번창시키고 농업인들을 행복하게 살도록 도울 의무가 있다. 농부들이 특권을 누리는 감정적이고 문화적인 이유도 있다. 그들은 자신들이 국가의 근간이라고 강력히 주장한다. 아메리칸 드림과 서부개척에 대한 사명은 토양과 그린워터에 뿌리를 두고 있다. 게다가 농부들만큼 토양과 물에 가까운 사람도 없다.

그러나 농장의 규모가 크건 작건 농부들은 혼자가 아니다. 장비제조업자, 씨앗과 비료 업체, 다국적 식품 무역업자들 속에 영향력이 큰 그들의 협력자가 있다. 미국에서는 19세기에 국제 상품 무역이 시작되었다. 최초의 무역 상품은 밀, 옥수수, 소, 돼지였다. 19세기 말 서부 진출이 끝나가고 20세기 초가 되자 주요 수력 사업이 시작되었다. 현대 세계 자본주의는 미국 서부의 자본주의로 세워진 사회기반시설과 농업을 기반으로 탄생했다고 말하면 지나친 과장이다. 하지만 대부분의 과장처럼 이 역시 진실을 포함하고 있다.

미국농장협회가 그런 영향력을 발휘한다는 것은 놀랍지 않다. 미국 정치인들은 전설적인 이익단체들을 무시할 수 없다. 미국농장협회는 그 중에서도 선구적이고 가장 특별한 단체다. 조지 W. 부시 대통령의 재임 기간 중 정부와 의회는 미국농장협회를 후원하는 정책을 시행했다. 그렇게 결정한 데는 여러 이유가 있을 것이다. 이들은 세상을 구하는 데 선도적인 역할을 한다. 역설적이지만 환경을 파괴하고 오염시키며, 개발도상국에 사는 가난한 농부들의 생활을 모르는 사이에 망가뜨리는 것도 이들이다.

갈림길에 선 미국

미국은 방대한 잠재 자원인 토지·물·태양에너지를 어떻게 활용할 것인지 결정해야 하는 갈림길에 있다. 토지는 식량 수요를 계속 충족해줄 수 있다. 물은 세계의 물 부족 국가들의 식량과 물 수요를 가상수 거래를 통해 계속 충족해줄 수 있다. 태양에너지는 화석연료를 농작물 및 각종 식물에서 얻은 수송에너지로 대체하려는 정부의 지원 계획 덕분에 바이오연료로 많이 전환될 수 있다. 그러나 농작물이 식품이 아닌 에너지 대상으로 바뀌면 고유의 매력을 잃는다는 단점도 있다. 경제적·환경적으로 지속 불가능하기 때문이다. 이 마지막 조건을 선택하면 재앙이 올 수도 있다. 환경을 기준으로 볼 때 바이오연료로 전환해 얻은 이점은 토지와 수자원의 낭비로 인해 점점 줄어들 것이다. 옥수수 같은 식용작물에서 추출한 바이오에탄올은 물발자국이 너무 커서 잠재적인 환경 이익을 오히려 해치고 있다. 물을 인정하지 않고 토지를 선택했던 미국은 앞으로 많은 걱정을 떠안게 될 것이다. 세계는 미국의 가상수 수출에 의지하고 있다. 미국이 세계에 가상수를 공급하지 않는다면 이 세상은 예측할 수 없고 안전하지도 않을 것이다. 하룻밤 사이에 일어날 일이다. 생각만 해도 소름끼치지만 이렇게 물어볼 수 있다. 미국은 무엇 때문에 이 영웅적인 임무를 자신들이 우리에게 빚을 지는 일이라고 생각할까?

결론

빠른 발걸음으로 이어져 온 미국의 물 역사에서 아무것도 얻을 게 없다고 생각하더라도 이 사실만큼은 인정해야 한다. 세계적으로 물 생산성이 향상되고 있는 상황에서 1939~1945년에 벌어졌던 세계대전이 끝난 후 미국은 놀라운 업적을 이뤘다. 미국 농장의 그린워터 생산성이 두 배 이상 증가했다. 관개지의 블루워터 생산성도 증가했다. 결과적으로 미국은 증가하는 자국민의 물 수요를 충족하면서 세계 3/4에 해당되는 국가들에 가상수를 수출했다.

물 생산성 통계에는 중요한 사실과 과정이 드러나지 않는다. 어떤 의미에서 경제가 다각화되면 물을 아낄 수 있다. 경제의 혁신적인 다각화는 높은 임금을 받는 일자리를 많이 창출해 지역의 물 환경에 대한 수요를 줄여준다. 부와 물은 함께 춤을 추며 앞으로 나아가게 해준다. 두 가지가 따로 떨어지더라도 춤은 계속된다.

가상수의 긍정적인 측면

수요를 충족하다

20세기 중반 미국에는 자랑할 만한 일이 많았다. 세계 역사를 보면 상당 기간 몇몇 나라들은 수요 관리를 제대로 하지 못했지만, 미국은 자국민의 물과 식량 필요량을 확실하게 확보했다. 미국은 물과 식량 확보가 불안한 50여 개국의 수요를 충족시켜주고 있었다. 유럽 대부분의 선진국들과 걸프 지역 국가들을 포함한 이 국가들의 식단에 생긴 불균형을 무역을 통해 막고 있었다.

1950~2000년에 식량과 물 수요를 채우기 위해 가상수를 수입해야 하는 나라는 150여 개국으로 늘어났다. 보조금 지급과 수력 공학에서 탁월한 성과를 달성한 미국은 기꺼이 다른 나라들을 도왔다. 물이 풍부하고 경제가 발전해 가상수 거래를 통해 효율적으로 도울 수 있었다. 가상수의 긍정적인 측면이 실현되었다. 자국의 식량은 물론이고 다른 나라의 식량까지도 확보할 수 있었다. 미국은 부유한 나라와 가난한 나라 모두를 도왔다. 그러는 사이 미국은 세계 수자원을 아끼는 데 기여했다. 무역 관료들은 어떤 측면에서는 미국도 책임감 있는 무역국이라고 주장할 수 있다.

비교 우위
경제 이론에는 많은 법칙이 있다. 하지만 현실에서는 그 법칙이 대부분 지켜지지 않는다. 절대 우위는 간단한 개념이다. 똑같은 제품 생산에 절대 우위를 차지한다면 투입은 똑같지만 더 많이 생산하는 능력을 뜻한다. 비교 우위는 조금 다르다. 생산자가 다른 생산자와 비교했을 때 어떤 장점을 가지고 있어서 똑같은 제품을 더 낮은 비용으로 생산하는 능력을 말한다.

부유한 나라와 가난한 나라들을 돕다

주요 곡물을 저렴한 가격으로 수입하면 부유한 나라와 가난한 나라 모두에게 도움이 된다. 중동과 북아프리카의 산유국이 그랬던 것처럼 일본 같은 선진국들은 무역으로 혜택을 많이 보았다. 하지만 사하라 사막 이남의 가난한 국가들은 운이 좋지 않았다.

이집트는 큰 혜택을 본 나라 중 하나다. 그들은 1960년대 후반부터 값싼 곡물을 수입하는 형태로 가상수를 수입했다. 20세기 말 연간 약 40km^{3}를 수입했고, 이는 전체 물 수요량의 절반에 가까운 수치였다. 대다수 이집트인들은 작은 수입에 만족하며 산다. 저렴한 식품 가격은 생활이 유지되기 위한 필수 조건으로 정부가 필사적으로 식품 가격을 보호하고 있다. 미국의 농장 보조금이 30년 동안 가난한 이집트인들에게 식량과 물을 공급한 셈이었다. 의도하지는 않았지만 이는 영웅적인 노력이었다. 최근 몇 년간 호주와 남아메리카의 생산업자들이 이집트에 밀을 공급하는 역할을 일부 담당했다. 호주와 아르헨티나의 농부들은 유럽연합과 미국이 제공하는 불공정한 밀 가격과 경쟁해야 했다.

지난 10년 동안 미국은 바이오에탄올 작물 생산에 보조금을 지급했다. 이집트에는 가상수와 관련된 재미있는 이야기가 있는데 이 장의 뒷부분에 가서 다룰 예정이다. 더 자세한 이야기는 개발도상국 세 나라를 다루는 장에서 다룰 것이다.

미국이 가난한 나라들에 값싼 식품을 제공한다는 것은 분명하다. 순수한 이타심에서 비롯된 일은 아니지만 정부 부처와 민간 무역 회사들은 미국을 책임감 있는 식량 생산국이자 수출국의 이미지로 보여주고 싶어 한다. 완벽하진 않아도 그 이미지가 진실과 크게 다르지는 않다. 미국은 세계적으로 식량 원조를 주도한다. 가난한 나라들이 가뭄이나 홍수 같이 물과 관련된 재난을 당하면 국제사회가 인도주의 차원에서 그들을 지원한다. 대부분 식량지원 형태로 진행되는데 그 중 상당량을 미국에서 원조한다는 사실은 새삼스러운 일이 아니다. 원조량과 세계 식량 무역량을 비교하면 겉껍질에 밀알 두 톨이 숨어있는 것과 같다. 그 원조는 적은 양이라 거의 아무 의미가 없다. 그러나 시의적절하게 이용하는 것이 중요하다. 미국과 유럽연합의 막대한 보조금을 받아 과잉 생산되는 식량은 큰 도움이 된다. 재난이 닥치면 값싼 식량이 생명을 살리기 때문이다. 하지만 개발도상국 농부들의 수입을 생각하면 경제적으로 부정적인 결과가 나타나기도 한다.

세계적인 물 부족 문제에 기여한 미국

미국은 가상수 거래가 물 부족 현상을 어떻게 개선하는지 보여준다. 미국이 의도하지도 않았고 눈에 보이는 방법도 아니지만 현실에서는 실제로 개선되었다.

물 집약적 식량을 무역을 통해 유통시키면 물이 이 나라에서 저 나라로 이동된다. 생태계 전문가로서 말하자면 이상적인 무역은 물 과잉 국가에서 물 부족 국가로 물을 이동하는 것이다. 풍부한 수자원을 지닌 초원이 펼쳐진 미국에서 태양 때문에 건조한 아라비아 국가들과 무역을 한다. 가뭄과 기근이 자주 발생하는 아프리카의 개발도상국들과 미국이 거래하는 것이다. 아니면 인구가 밀집된 싱가포르로. 그러면 가상수 거래를 간절히 원하는 물 부족 국가는 없어진다. 이것이 국제적 가상수 거래가 할 수 있는 일이다. 가상수는 토목공학이나 수력을 통해서는 불가능한 속도와 양으로 물이나 가상의 이익을 필요한 나라에 보낼 수 있다. 그 방법은 신속하고 융통성 있고 효과적이다.

경제학자의 우선순위는 이와 다를지도 모른다. 환경적·사회적으로 부정적인 결과를 초래하지 않는다면, 물 부족 국가들에서 소중한 물을 이동하는 것은 경제적으로 타당한 일이다. 그러나 토마토와 과일 같은 고가의 제품들을 비롯해 유제품과 축산물을 수출하면 이런 부정적인 결과들은 분명하게 나타난다. 경제 논리에는 맞을지 모르지만 환경적·사회적으로 말이 안 되는 상황이 벌어진다. 이런 무역을 하면 과잉 이용하고 다모클레스Damocles(기원전 4세기 전반의 시라쿠사 사람으로 디오니시오스 1세의 신하였으며, 절박한 위험을 뜻하는 '다모클레스의 검'이라는 속담이 유래되었다-옮긴이)적인 극심한 가뭄으로 위협받는 물 환경에 처한 가난한 농업 공동체에서 물을 빼앗게 된다. 시장은 이 비용을 포함하고 체계화할 수 없기 때문에 위험이 보이지 않는다. 이는 모래 속에 머리를 넣어 위험이 보이지 않자 안전하다고 생각하는 현실도피에 가깝다.

국제 무역이 지닌 순수한 힘을 생각하면 미국은 세계적으로 물을 아낄 수 있는 국가다. 가상수가 식품 무역을 통해 이집트 같이 물이 부족한 나라로 이동할 때, 미국은 지속가능하고 물의 효율성을 높이는 방식으로(미국 농부들은 물에 대한 수익이 높다) 지역 환경에서 물을 구해 물 부족 문제들을 해결한다. 그렇다면 이 방법이 세계적으로 물을 아끼면서 물 부족 국가들이 물 관리를 잘 할 수 있는 기반이 되어야 하지만 언제나 그런 것은 아니다.

식품 무역의 경우에 천연자원이 풍부하고 육체노동자가 많은 나라들은 농업에 비교 우위를 적용해야 한다. 그러나 농업 보조금이 존재하는 현실에서는 이런 경제 이론이 제대로 적용되지 않는다. 상품은 물을 비롯한 투입 자원 대비 가장 높은 수익을 내는 장소에서 생산하는 것이 옳다. 그런데 보조금은 이런 논리를 왜곡한다. 선진국들은 물에 대한 수익을 더 많이 내는 다른 경제 분야에 집중적으로 투자한다. 그래서 선진국이 보조금을 지급한 값싼 제품을 지역 시장에 무더기로 수출해서 개발도상국의 농업이 무너진다.

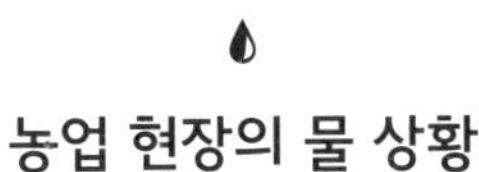

농업 현장의 물 상황

농업에 필요한 물

현대에는 신화와 영웅이 없다. 우리는 종교 지도자들에게 의문을 품는다. 정치인들을 신뢰하지 않는다. 대중 매체를 맹목적으로 받아들이지 않는다. 교사, 군인, 의사는 이전만큼 존경받는 직업이 아니다. 현재의 정치 환경에서 그들은 재정적 부담과 국가의 무능력, 은밀히 작용하는 냉담한 자본주의와 밀접하게 관련되어 있기 때문이다.

문화와 관련된 최후의 위대한 신화는 미국의 카우보이를 비롯해 개발도상국에서 기근과 맞서 싸우는 마을 사람들까지 모두 농부들에 관한 내용이다. 세상이 정치적·경제적으로 어떻게 바뀌든, 국경이 어떤 식으로 정해지든, 의회 건물과 시청에 어떤 깃발이 올라가든 사람들은 먹어야 한다. 사람들에게 음식을 제공할 수 있는 유일한 이들이 농부다.

그러나 영웅이 그러하듯 현실에서 농부들은 유명 운동선수나 팝스타, 할리우드 배우들보다 못한 대우를 받는다. 농부는 부유하지 않고, 화려하지 않으며, 명성이 있거나 존경을 받는 직업이 아니다. 농사는 세상에서 가장 힘든 일 중 하나다. 세계의 농사법과 생산물은 각양각색이지만 한 가지 사실만은 변함이 없다. 시대·관료·자연 모두 불확실해서 농사를 지어 제대로 보상받을 수 있을지 예측할 수 없으며 비참하게 좌절할 수도 있다. 문제가 있는 농장은 미국 서부에 있든 인도 대륙에 있든 차이가 없다. 농부들의 자살률은 충격적일 정도다. 지리와 상관없이 세계적으로 자살률이 높은 편이다. 가난한 나라의 농부들이 대단히 힘들지만 농부라는 직업은 직업군의 가장 아래쪽에 위치한다.

미국 같은 선진국에서 볼 수 있는 중요한 특징은 환경과 시장의 위험에서 농업을 보호할 수 있다는 점이다. 세계 대부분의 농부들에게는 그런 안전망이 없다. 대자연은 복수심이 강하고 변덕스럽다. 생산하기에 너무 적거나 파괴적일 정도로 너무 많은 양의 물을 우리에게 준다. 가난한 농부들은 변동이 심한 기후변화에 영향을 많이 받는다. 척박한 토양 때문에 이 약점이 더 불리해진다. 개발도상국의 농부들은 그저 환경이 베푸는 너그러움에 의존하고 있다. 그들의 무기는 땅·물·고된 노동이 전부다. 하지만 선진국은 많은 부분들이 다르다. 선진국의 농부가 이용할 수 있는 것은 그 세 가지가 전부가 아니다. 그들의 무기는 100가지가 넘는다.

일반적인 농부들과 미국 같은 선진국의 농부들을 집중적으로 다루는 이유는 그들이 세계 물 안보를 지키는 데 필요하기 때문이다. 그 농부들이 자국의 소비자들을 먹여 살린다. 그들 중에는 국제 시장에서 식량을 무역하는 사람들도 있다. 그 거래가 대부분의 나라들이 물 안보를 지키는 보이지 않는 수단이다. 농부들이 처해 있는 상황을 강조하는 이유는 식량 소비자인 우리가 식량과 물 안보를 그들에게 의존하고 있기 때문이다. 농부들에게 장려금을 주고 끊임없이 변하는 대자연과 시장으로부터 그들을 보호하는 정책을 만들어서 지원해야 한다는 논쟁은 계속 되고 있다. 우리는 세계 물 안보를 지킬 수 있다. 하지만 시장의 힘으로는 불가능하다. 수자원과 적절한 정책이 합쳐져서 농부가 물 생산성을 높이고 수자원의 관리자 역할을 할 수 있어야 물 안보를 지킬 수 있다.

미국 농부들은 물을 비롯한 시장의 투쟁에서 이기고 있다. 지구 반대편의 가난한 나라들의 농부들과 달리 그들은 형편없는 토양이나 자연의 상태 때문에 생산성에 대한 꿈을 접지 않는다. 선진국 농부들은 과학과 산업의 힘을 이용해 땅에서 마지막 한 방울까지 생산성을 짜내려고 노력한다. 생화학적인 측면에서 보면 그들에게는 산업 비료, 복합 살충제, 가공 처리된 씨앗 같은 축적된 무기가 있다. 그리고 냉담한 공포심을 느낀 살아 있는 신기술 반대자들Luddite(19세기 산업혁명 때 기계가 일자리를 빼앗아 갈 거라고 믿고 공장 기계 파괴에 앞장섰던 신기술 반대자들-옮긴이)이 좌절할 정도로 농업은 기계화되었다. 이 모든 일이 가능했던 것은 농산물을 거래하는 체계적이고 규제가 잘 되는 시장, 거대한 식품가공설비, 놀라운 운송 및 통신 시설이 있기 때문이다. 그러다 보니 선진국의 농업은 운에 맡길 일이 거의 없다. 농업 과정은 기계화되고 구조화되며 효율적이다. 가난한 나라는 법이 힘을 쓰지 못하고 내전이 일어나는 사회 속에서 길들여지지 않은 자연과 사회 불안이라는 이중고에 처하는 반면, 부유한 나라는 보조금·적정 가격·안정적인 시장이라는 환경 속에서 별 탈 없이 잘 돌아간다.

미국 농부들은 OECD 가입국의 농부들처럼 물 생산성을 훨씬 높여 물을 아낄 수 있다. 오늘날 농부들의 물 생산성이 예전의 총 톤수보다 다섯 배 이상 늘었다. 이 모든 일을 가능하게 한 정치·경제가 전례 없는 대규모 농장 정책을 마련하는 데는 150년이 걸렸다. 그런 오랜 시간에 걸쳐 이뤄낸 환경은 농사를 쉽게 지을 수 있다는 점 외에도 농부에게 중요한 의미가 있다. 미국 경제에서 그 결과를 파악하기는 어렵다. 세계 경제와 식량 안보를 위해 이런 환경들이 필수적이고 유리하지만, 사하라 사막 이남의 아프리카에 사는 가난한 농부들에게는 불리하다. 미국에서도 이루기 힘든 일이지만 그런 생산성 증대가 지속 가능한 것은 아니다. 세계 환경에서는 아주 중요하다. 천연 수자원이 적은 150여 개 나라들은 그 지역의 물을 과도하게 이용하지 않고 보호할 수 있기 때문이다.

물은 멈추지 않는다

가상수 거래가 지닌 힘에서 이보다 더 진실한 말은 없다. 물은 멈추지 않는다. 현재 물이 풍부한 선진국들은 물이 부족한 지역으로 물을 수출한다. 선진국들 사이에서의 무역도 광범위하게 이뤄지고 있다. 그것이 가능하기 때문이다. 20세기 중반부터 선진국들과 브릭스 국가들까지 생산성에서 놀라울 정도의 진전을 보여주었고 개발도상국들은 그 과정을 따라할 것이다. 인구가 증가하고 부유해질수록 물 수요가 증가할 것이다. 동시에 환경을 보호하려는 노력으로 농업용수를 다른 곳에 사용하기 시작할 것이다. 이는 선진국에서 이미 시행되고 있다.

숫자는 왜 삶은 달걀과 비슷할까?

숫자는 부드러운 것보다 단단한 게 훨씬 좋다. 소풍 가서 삶은 달걀을 까다 보면 덜 익어서 손에 노랗게 지저분한 것이 묻을 때가 있다. 이처럼 덜 익은 반숙형 숫자(정확하게 확인하기 어려운 숫자-옮긴이)에 의존하면 수치를 처리하는 데 문제가 있다. 삶은 달걀처럼 숫자도 반숙과 완숙이 있다. 완숙형 숫자란 입증되고 확인된 숫자를 말한다. 끊임없이 변하는 세상에서 완숙형 숫자는 실존적 진실에 가깝다. 막연한 반숙형 숫자를 사용하는 경우는 구체적인 완숙형 숫자를 쓸 수 없거나 막연한 숫자가 권력자에게 이익이 될 때다. 구성된 지식은 막연하거나 구체적인 숫자를 기반으로 형성될 수 있고, 그런 지식은 구체적인 숫자를 사용하는 측정 과학을 쉽게 압도한다.

반숙형 숫자는 과감한 추정과 상식, 믿음은 가지만 입증되지 않은 자료를 혼합해서 구성된 숫자다. 이 책을 집필하는 시점에 가상수에 대한 많은 통계자료가 반숙형 숫자를 근거로 했다. 가상수는 이제 막 자리 잡은 개념이라 변덕이 심한 10대처럼 구체적인 수치를 뽑아낼 시간과 자료가 없었다. 세계 200여 개국의 다양한 환경과 사회·경제적 상황들을 고려할 때 막연한 수치로 말할 수밖에 없는 것들이 있다. 구체적인 수치를 내놓으려면 많은 과학자와 모델 제작자들이 평생 동안 연구해야 가능하다. 그렇게 해서 구체적인 결과를 내놓는다 하더라도 분석을 마친 시점에는 그 일부가 무가치한 것으로 버려지기도 한다.

그럼에도 불구하고 반숙형 숫자는 유용하게 사용된다. 가상수 개념을 분명하게 알려주고 물발자국 개념을 쉽게 이용할 수 있도록 해주기 때문이다. 또한 가상수 흐름을 통한 운동과 절약의 규모를 수량화하는 데 도움을 준다. 지역과 세계의 물 안보라는 긴급한 문제에 관여하는 것이 목적이라면 막연한 숫자만으로도 충분하다. 그러나 많은 모델 제작자들이 문헌자료에서 가상수 거래 정도를 수량화하는 데 더 좋은 통계자료를 효율적으로 사용했다면 나는 안심할 것이다.

캘리포니아 사막에서 자라는 오렌지

1850년 캘리포니아가 미국의 31번째 주로 편입되었을 당시 그곳에 거주하는 사람은 거의 없었다. 그러나 그곳에서 금이 발견되자 극적으로 변했다. 이제 캘리포니아는 미국에서 인구가 가장 많은 주로 3,700만 명이 살고 있다. 인류 역사에서 흔히 볼 수 있듯이 캘리포니아의 성장 과정에는 합리적이거나 조직적이거나 계획된 일이 거의 없었다. 무모하고 제멋대로인 인간의 정신력 때문에 캘리포니아가 이만큼 폭발적으로 성장하고 풍족해질 수 있었다.

1900년대 말 남부 캘리포니아의 물이 거의 고갈되었다. 100년 후 이곳은 미국의 주요 농업 기반이 되었다. 이 사태를 직관에 반대된다고 말한다면 과도하게 단순한 표현이다. 미국은 전국적으로 물이 많이 남는 편이다. 이 풍요롭고 넓은 땅에 물이 많이 있다. 그러나 여러 결정들과 우연 때문에 물이 부족한 남서부 캘리포니아와 애리조나에서 미국의 농업이 발전했다. 농부들은 태양과 돈을 따라갔다. 물도 강제로 따라가야 했다. 캘리포니아 주 정부는 최신 공학기술과 엄청난 세금을 동원해 북부와 동부에서 햇빛 강한 남서부 지역으로 물을 끌어왔다. 대규모 댐과 수로를 통해 물을 끌어와 건조한 땅에 물을 저장했다. 거기에서부터 농부와 농업회사들이 지금껏 볼 수 없었던 토지와 물 생산성의 기적을 일으켰다.

환경결정론자들은 캘리포니아의 농업 발전을 신기한 사건으로 여길 것이다. 이렇게 물이 부족한 지역이 현재 약 400여 가지 농축산물을 생산하고 있다. 그 중에는 미국에서 생산되는 우유 22%와 농장에서 재배되는 과일, 견과류, 채소의 절반 정도가 포함되어 있다. 이들 대부분이 건조한 남부지역에서 생산된다. 캘리포니아 주의 상위 20개 농산물과 축산물은 매년 300억 달러 이상의 수익을 낸다. 이는 미국 농업 총생산량의 12.8%에 해당되는 수치다. 캘리포니아에 있는 7만 5천여 개의 농장·목장·식품가공공장이 독립 국가로 선언한다면 세계의 많은 나라들보다 그들의 GDP가 더 높을 것이다. 불가능할 것 같던 사막에서의 농업이 100여 개 나라들보다 더 높은 경제 가치를 창출하고 있다.

이곳에서 생산되는 농축산물 대부분이 해외로 수출된다. 2007년에는 캘리포니아 주에서 생산한 제품의 16%가 156개국에 수출되었다. 이를 통해 109억 달러의 수익을 거두었다. 유럽연합, 캐나다, 일본 시장이 캘리포니아 생산품의 약 57%를 수입했다. 그런데 유럽, 캐나다, 일본 모두 캘리포니아보다 수자원이 더 풍부한 나라다. 이 건조한 지역이 매년 대략 $10km^3$의 가상수를 수출하고 있다. 이처럼 캘리포니아 사례는 논리적인 설명이 불가능할 정도다.

확인해야 할 것들

이 이야기가 전부 믿어지지 않는다면 정말 믿기 어렵기 때문일 것이다. '지속 불가능한'이라는 말로는 캘리포니아의 물 사용량을 설명할 수 없다. 작은 천체들이 큰 천체의 궤도를 따라 돌듯이 물은 돈을 따라 흐른다. 별들이 붕괴되어 블랙홀이 되듯이 캘리포니아의 강력한 농업도 자기 무게를 감당하지 못해 붕괴될 것이다. 인간 역사에서 물과 에너지가 그렇게 강렬하고 빠르고 대량으로 이용된 적은 한 번도 없었다. 캘리포니아의 경우는 의지력과 부로 이루어낸 기술적 독창성과 관리 능력 때문에 우리의 능력이 이성을 앞서나간 경우다. 캘리포니아의 농업에 대해서는 이렇게 요약할 수 있다. 우리는 할 수 있었기에 실천했을 뿐 꼭 해야 하는지에 대한 의문은 품지 않았다.

캘리포니아 주민들의 가정용수 물발자국은 세계 평균 물발자국보다 두 배나 큰 1인당 연간 2,400m^3이다. 1인당 에너지발자국이 미국 전체 주에서 다섯 번째로 높은 캘리포니아는 당연히 에너지가 부족하다. 미국의 평균 에너지발자국이 탄소 30톤이라는 점을 기억하라. 그것은 국제 평균의 14배에 달하는 수치다. 캘리포니아 주민 3,700만 명은 에너지와 물을 엄청나게 과소비하고 있다. 그러다가는 캘리포니아가 천연자원의 블랙홀이 될 수도 있다.

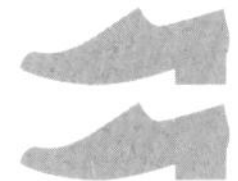

캘리포니아의 물 상황

어떻게 하늘과 대지의 온기를 사거나 팔 수 있겠는가?
이건 아주 이상한 생각이다. 신선한 공기와 반짝이는 물을
우리가 소유한 것이 아닌데 그것을 어떻게 살 수 있겠는가?
대지의 모든 것이 우리에게는 신성하다.

- 시애틀 추장의 연설 중에서 -

북아메리카 원주민의 역사는 그곳과 관련된 이야기 중에서 가장 비극적이다. 그들은 자연환경과 조화롭게 사는 사람들이었다. 그들은 지구의 관리인처럼 행동했다. 아주 옛날 선사시대에 있었던 일이 아니다. 20세기가 시작될 무렵만 해도 원주민들은 생태계와 균형을 맞추면서 살아가고 있었다.

자연을 향한 원주민의 태도를 칭찬하려는 게 아니다. 물 관점에서 본 그들의 태도는 훌륭하다는 칭찬으로 족하다. 스페인

사람들이 멕시코를 거쳐 들어오기 전까지 캘리포니아에는 아마 수천 명의 원주민이 살았을 것이다. 1850년에 93,000명이 연방에 합류한 이후 캘리포니아의 인구는 1900년에 140만 명이 되었다. 20세기 중반까지 1,000만 명으로 급증했고 증가 추세가 지속되어 현재 인구는 3,700만 명에 육박한다. 직관에 반대되게 이 인구의 2/3가 물이 굉장히 부족한 남부 캘리포니아에 살기로 결정했다.

금광, 넓은 관개 농장, 건조한 잔디밭, 일정하게 온도를 유지하는 뒷마당의 수영장까지 지나친 욕심 때문에 캘리포니아와 그 주변 주들의 수자원은 완전히 파괴되었다. 규제할 수 없는 지하수를 펑펑 써대고 있다. 캘리포니아의 물 환경은 정상 범위를 넘어선 상태다.

캘리포니아의 미래

아직 희망은 있다. 미국에서 이런 예외적인 현상과 정반대되는 성향을 보이는 예방조치들이 약탈을 일삼는 힘과 나란히 나타나고 있다. 20세기 말부터 캘리포니아는 환경운동의 세계적인 중심지가 되었다. 물을 여전히 과소비하고 있지만, 1970년대부터 물 효율성이 상당히 증가했고 1980년부터는 물 사용량도 줄어들고 있는 추세다. 희망의 햇살이 비춰오지만 아직까지는 미약하다.

캘리포니아는 정치 경제적으로 놀라운 현상을 보여주었다. 민간부문에 소속된 농부와 주정부, 연방정부의 수력 기술과 세금, 풍부한 인력(이주노동자의 꾸준한 유입), 사회 및 환경 운동가들이 결합해서 사막 같던 남부 캘리포니아를 세계의 강력한 경제 지역이자 농업 중심지로 탈바꿈시켰다. 그 결과 캘리포니아와 여러 나라의 물 수요까지 보장하게 되었다. 부유한 나라와 가난한 나라 모두에게 도움을 주어 세계적으로 물을 절약하게 되었다. 캘리포니아가 가상수의 긍정적인 면의 기준이 되었다.

그러나 근본적인 문제가 해결된 것은 아니다. 이런 기적은 지속되지 않기 때문이다. 캘리포니아가 높은 수익을 올리면서 물을 수출했던 것은 보조금을 받았기 때문이다. 그 비용은 불편한 진실을 숨기는 행복한 거짓에 가깝다. 직접 지급되는 농업 보조금을 제외하더라도 주정부와 연방정부가 많은 돈을 들이고 과장 광고까지 한 수력 사업을 추진했기 때문에 남부 캘리포니아로 물이 흘러 들어갔다. 물을 공급하고 저장하기 위한 이런 시설들이 성공했다고 볼 수도 없고 다른 곳에서 쉽게 따라할 수도 없다. 캘리포니아의 수출품 가격에는 이런 투자비용과 물 공급 시설에 대한 비용이 반영되지 않았다.

개혁은 진행되고 있지만 그 속도는 정치적으로 논쟁적인 사안이다. 농업 기업은 캘리포니아의 주도인 새크라멘토와 워싱턴 D.C에서 막강한 영향력을 행사한다. 캘리포니아에서 사용하는 물에 들어가는 실제 비용이 명확하게 드러나지 않는데다, 국제무역으로 얻는 이익이 크기 때문에 우리는 합리적이고 효율적으로 물이 관리된다고 착각하고 있다. 이 때문에 시급히 단행해야 할 개혁이 지체되고 있다. 캘리포니아는 가상수의 부정적인 기준이다.

캘리포니아가 보여준 물의 기적은 효과적이면서도 사기 같다. 피해를 입히는 만큼 치유하고 있다. 그리고 치유하는 만큼 피해를 입힌다. 가상수 거래로 작용하는 보이지 않는 힘을 더 깊이 이해하고 물 환경이 지닌 한계를 발전적이고 현실적인 방식으로 접근한다면, 캘리포니아의 부정적인 면이 긍정적인 면으로 바뀔 수 있다. 우리는 기술을 가지고 있다. 통찰력도 있다. 정직과 의지만 갖추면 된다.

2부

영국 : 자본주의 위기관리의 결정판

역사는 지긋지긋한 일의 반복이다.

- 아놀드 토인비 -

이 절의 목적은 두 가지다. 첫째는 영국 독자들의 관심을 끌어서 물을 이해하고 물 안보에 대처하는 방법을 알려주고 싶다. 둘째는 독자들에게 영국의 경험을 활용해 긴급한 물 문제를 물 산업 이외의 부문에서 어떻게 효과적으로 해결하는지 보여주고 싶다. 튼튼한 경제 기반과 효율적인 관리를 통해 물 문제를 해결할 수 있다. 하지만 경제가 다각화되지 않은 국가에서 물 문제는 인류의 비극이다. 여기에서는 영국 경제가 물 안보를 지키는 데 가상수 거래가 어떤 역할을 했는지 제시할 것이다. 영국인들은 가상수 거래의 보이지 않고 조용한 성질 때문에 물 안보의 특성을 모르고 있다. 이 장은 영국인들이 물의 가치를 모르며, 물 환경을 보호하는 배수시설을 갖추기 위한 비용 지불을 꺼린다는 점도 보여줄 것이다. 그들은 식량과 물 안보 기반에 대해 완전히 무지하다.

처음부터 시작하라

루이스 캐럴의 《이상한 나라의 앨리스Alice in Wonderland》에서 하트의 왕은 처음부터 시작하라고 충고한다. 물과 가상수에 대한 영국의 사례를 분석하기 위한 시기가 거의 지나갔다. 이제는 최대한 서둘러야 한다.

물 사용에서 영국은 무계획적이고 허술한 성공 스토리를 보여준다. 이 작고 복잡한 섬은 많은 부분이 그렇듯 뚜렷한 목표가 없었고 신중하게 조직적으로 노력하지도 않았다. 영국인들은 계획을 세우는 것이 공정하지 않다고 생각한다. 계획적으로 행동하면 상대를 속인다고 생각한다. 앵글로색슨 계 엘리트들은 실패에 가까운 심각한 사태들을 많이 경험했는데도 자신들의 실용주의, 특히 시장 실용주의를 자랑스럽게 여긴다.

그러나 영국은 가정용수와 산업용수로 쓰인 스몰워터와 농장용수로 쓰인 빅워터를 관리하는 데 성공했다. 1801년에 연합법Act of Union을 제정한 뒤에 영국 농업의 물 효율성은 10배나 증가했다. 같은 기간 인구가 600%나 증가했지만, 영국이 1,000만 명 이하의 인구를 유지했던 200년 전보다 물 안보 측면에서 더 나은 위치에 있었다. 이런 일이 직관과 반대되는 것처럼 보인다면 이 통계는 도시화를 설명할 수 없다. 도시 주민들은 식량과 물을 자급자족하지 않지만, 시골 주민들은 지역에 따라 자급자족할 수 있다.

국부론

애덤 스미스Adam Smith는 논란이 많은 인물로 지난 250년간 다양한 이념과 철학 이론들이 그의 주장을 지지하거나 거부했다. 그는 현대 경제학의 아버지이자 자유 무역의 선봉장이었으며, 영국 지폐에 얼굴이 새겨진 최초의 스코틀랜드 사람이었다. 마르크스주의자부터 통화주의자까지 모든 정치 영역에서 그를 사랑하고 혐오했다는 사실은 그의 저서와 이론들이 그만큼 중요하다는 의미다.

그의 위대한 저서《국부론The Wealth of Nations》은 경제 이론을 집대성한 가장 중요한 책이다. 분업, 보이지 않는 손, 노동가치설은 그가 쓴 다섯 권의 책을 단 한 장도 들춰보지 않은 사람들까지도 말하는 개념들이다. 영국의 물 역사에서 중요한 점은 이익추구와 경쟁심이 허락된다면 미래에 경제가 발전하고 사회복지제도를 갖출 수 있다는 스미스의 주장이다. 이런 정신은 영국인들의 성격과 비슷해서 그 주장이 나온 이후로 정치적·사회적·경제적 결정을 내리고 계획을 세울 때 필수 이론이 되었다. 이 개념은 영국의 지배적인 정치경제 이념인 신자유주의가 성장하게 된 씨앗이었다. 《국부론》은 영국 중상주의에 치명적인 작별인사를 했고, 이후 현대의 시장 자본주의가 탄생했다.

신자유주의

영국은 최초로 산업화된 국가였다. 산업화는 영국이 제국의 야망을 펼치고 세계 무역에서 주도적인 권력을 행사하던 시기에 이뤄졌다. 식량 생산에 필요한 빅워터의 수요가 급증해 이를 충족할 수 없었지만 산업화 덕분에 문제를 해결할 수 있었다. 그렇지만 증가하는 인구 수요를 충족하기 위해 물 생산성을 높이는 농업 기술은 없었다. 반면 미국은 가상수에 접근하는 능력이 있었다. 식품 무역에서 물에 대한 의존도가 점진적으로 늘고 있다는 사실은 아무도 주목하지 않았다. 19세기에 영국 경제가 급속한 다각화를 이뤄 지방정부는 상하수도 시설을 만들 수 있는 자금을 세금으로 모을 수 있었다. 스몰워터 문제점도 성공적으로 해결했다.

자본주의의 위기

영국의 정치 경제는 인구변동, 급속한 경제변화, 실패나 다름없는 사회변화의 압박을 견뎌냈다. 19세기 중반 마르크스는 자본주의의 첫 실패를 강조했다. 물에 대한 내용은 아니었다. 물은 1세기 뒤에 드러날 문제였다. 자본주의는 주요 생산 요소인 노동력을 다루는 과정에서 실패할 운명을 타고 났다. 자본주의

생산 요소들
제품과 서비스를 생산하기 위한 필수 요소들이 있다. 19세기에 이 요소들은 노동, 자본, 토지였다. 20세기에는 이 공식에 반半신화적인 네 번째 요소로 기업가 정신이 추가되었다. 중요한 점은 생산 요소로서의 토지에는 수자원이 포함된다는 것이다. 애덤 스미스의 이론이 등장한 지 한참 뒤에야 천연자원을 보호하자는 주장이 등장했다.

반달리즘이 생명을 구하다●
존 스노우John Snow는 전염병과 마취학의 선구자로 1854년 런던 소호 가에 사는 많은 도시 빈민들의 생명을 구했다. 사람들이 물을 마시는 것은 생물학적 명령이지만 그래도 먹으면 죽으니까 식수를 공급하는 펌프의 손잡이를 없애서 콜레라를 막았다. 잘 모르는 사람들은 자신의 필요와 편의만을 내세워 물에 관한 접근 문제를 무시했다. 죽음을 불러일으키던 이 우물이 있던 자리에서 멀지 않은 곳에 존 스노우의 이름을 딴 멋진 술집이 있다. 어떤 이는 술이 더 소중하고 절실하다고 여기기도 했다. 물이 얼마나 소중한지를 이해하지 못하면서 편의만 찾는 무지한 사회와 그 속의 문제를 어떻게 극복하느냐는 것이 또 하나의 숙제다.

●반달리즘vandalism : 다른 문화나 종교·예술 등에 대한 무지로 그것들을 파괴하는 행위-옮긴이

는 상황에 적응했다. 노동자를 많이 길러냈고 건강한 노동자들이 더 유용하고 생산적이며, 그런 건강함이 물의 안전한 공급과 밀접한 관계가 있다는 사실을 깨달았다.

영국에는 신자유주의를 없애기를 바라는 사람들이 많지 않았다. 열성적인 혁명가들을 제외하면 대부분 신자유주의가 그럭저럭 모두에게 이익을 준다고 생각했다. 그런 생각에는 자기기만이 깔려있는 경우가 많았다. 인간은 쉽게 착각에 빠진다. 어느 지역에서든 사람들은 대부분 자신과 물의 관계를 크게 착각하고 있다. 신자유주의는 노동력 문제라는 치명적인 첫 실패를 견뎌냈다. 우리는 두 번째 실패에 대처하는 중이다. 물을 비롯해 환경에 대한 무분별한 수요를 억제하지 못한 점이다. 우리가 산업용수와 화학성분이 많이 포함된 농업용수를 개울·토양·대수층에 아무렇게 버리는 바람에 담수와 토양수를 오염시키고 있다는 사실은 분명한 실패다.

지난 20년 간 환경운동가들은 자본주의가 환경 문제에 제대로 대처하지 못했다는 사실을 계속 지적했다. 그들은 천연자원이 무한하다는 사회의 통념을 비판했다. 물과 천연자원들은 모두 가치가 있다고 주장한다. 물은 무료가 아니며 결코 값이 싸서도 안 된다. 산업 수요에 관해서라면 지구는 계속해서 물통과 화장실의 역할을 할 수 없다. 이성의 명령과 직접 관찰한 증거에 맞서 기업과 소비자는 지구가 오염물질을 처리하는 불만 없는 개수대가 되기를 강요한다. 그러나 환경운동가들은 고집스럽게 환경 문제를 집단의식의 중심에 두었다. 19세기 후반 늘 문제가 되던 집단 노동이나 20세기 월스트리트와 증권거래소의 단점들만큼 2010년에는 환경이 정치적 관심의 중심에 있다.

아직은 아니다

일반적인 신자유주의는 국내외적으로 노동력과 환경의 근본적인 실패와 깊이 연관된다. 노동력, 국제금융과 무역, 환경은 모

두 역동적인 문제다. 바퀴는 계속 돌아가고 조명도 여전히 켜져 있다. 세상을 잠시 정지시켜 독성을 제거할 수도 없다. 문제를 이해하고 대응하는 과정은 느릴 수밖에 없다.

영국의 물 사용 역사

날마다 내리는 비

영국은 물을 최대한 활용하려고 한다. 영국에서는 어디든 가까이에 물이 있다. 문자 그대로나 은유적으로나 영국은 물로 정의할 수 있다. 그러나 영국이 어떤 나라보다 오랫동안 분수에 넘치게 물을 펑펑 썼다는 사실을 아는 사람은 거의 없다.

19세기 초반은 물 문제를 해결한 중요한 시기였다. 영국은 기술혁신을 이뤄 상수도와 위생시설을 크게 개선했다. 급속한 도시화로 장티푸스와 콜레라가 창궐하고 공포와 불결함이 확산되었지만, 도시의 상하수도 체계를 바로잡으려는 희망과 추진력으로 이런 어려움들은 결국 극복되었다. 신뢰할 수 있는 식수 공급 및 하수처리시설을 갖춰서 가정과 공장에 양질의 수돗물을 공급하는 스몰워터 전쟁은 시작되자마자 승리로 끝났다. 그러나 이 승리는 식량 안보에 필요한 빅워터의 수요는 무시한 채 이뤄낸 것이었다. 영국인들이 그린워터로 재배한 농작물을 주로 먹었기 때문에 가능한 일이었다. 영국 경제에서 그린워터는 물 공급원의 80% 정도를 차지한다. 이 그린워터는 공짜라서 비용이 들지 않는다. 그러나 영국에서 그린워터로 재배한 농작물은 해외에서 블루워터로 재배한 농작물만큼 가치가 크다.

템스강 유역이 좋은 예다. 이 지역은 수자원이 충분해서 약 200만 명이 물을 원활하게 공급받을 수 있었다. 2000년에는 1,750만 명까지 지원했다. 어떻게 이런 일이 가능했을까? 이 질문의 답은 가상수 거래다. 런던에서 부족한 빅워터는 상품 무역을 통해 충족된다. 템스강 유역을 떠나면 그 지역의 금융서비스·소매업·미디어·교육·공공서비스의 높은 물 효율성과 가정용수의 수요를 쉽게 충족할 수 있다.

영국인들이 물 문제를 모르고 지낼 수 있는 이유는 도시화, 산업용수의 낮은 수요, 잘 확립된 무역망 외에 한 가지 요인이 더 있다. 영국의 날씨다. 영국은 변덕스러운 날씨로 유명하고 비가 많이 내린다. 영국을 푸른 땅이라 말한다면 그것은 영국의 시인들과 예술가들이 상상한 것이 아니라 비 때문이다. 비가 많이 와서 19세기 영국에는 관개시설이 없었고 현재도 제한적으로만 관개시설을 사용하고 있다. 관개시설이 갖춰진 경작지는 5% 미만이다. 영국은 풍부한 토양수와 비를 당연하게 여겼다. 그래서 영국인의 마음에 토양수는 사실로 깊이 각인되어 있다. 매일 수평선 너머로 해가 뜨고 지는 것이 당연하듯 정책을 세울 필요가 없었다. 19세기 영국 정부가 그린워터의 경제적 중요성을 고려하는 것은 알렉산더 그레이엄 벨Alexander Graham Bell이 휴대전화로 문자메시지를 보내는 것처럼 시대에 맞지 않는 일이었다.

영양신호등에는 파란색이 없다

지금까지 잘 이해했기를 바란다. 당신은 평소에 물에 대해 얼마나 생각하는가? 전혀 생각하지 않을 것이다. 그만큼 물은 당연한 자원이다. 이상하게도 공기와 마찬가지로 질 좋은 유형의 한정된 자원인 물은 생명에 필수적이며 무엇으로도 대체할 수 없는데도 그렇다. 우리가 단순히 머릿속으로 물이 없을 경우의 공포를 생각하지 못해서일 것이다. 광고, 도시의 인공폭포, 사무실에 있는 잔잔한 어항 같은 환경들은 물이 풍부하다는 이미지를 심어준다. 우리는 직관적으로 물이 생존과 완벽하게 동일하다는 점을 알고 있다. 최근에는 과학적으로 증명되었다. 화성, 달, 우주 너머로 탐사 장치들을 보내는 것은 물을 찾기 위해서다. 그렇다면 머릿속에 간단한 방정식이 떠오를 것이다. 물은 생명이다. 그런데 아니라면?

세기가 바뀐 이후로 영국인들은 점점 더 정보에 많은 관심을 보인다. 슈퍼마켓에 있는 제품들에는 원산지·유통기한·설탕·지방·염분·포장재·조리방법 같은 세부 사항들이 적혀있다. 최근에 내가 대형마트에서 구입한 우유처럼 제품에 친절하게 농부의 얼굴 사진과 짧은 인터뷰까지 실린 것을 볼 수 있다. 닭을 먹는다면 그 닭의 품질은 동물권리단체에서 보장한다. 소고기를 먹는다면 어떤 품종인지에 대한 정보를 얻을 수 있다. 시내 중심가에서 원산지가 적혀있지 않은 사과는 팔리지 않을 것이다.

그러나 식품기업과 슈퍼마켓이 물의 비용을 면밀히 검토하더라도 그 비용을 제품에 기록하지 않는다. 영국의 식품관리청이 권고해서 논란이 되고 있는 영양신호등에는 빨간색·노란색·녹색 표시가 있다. 그런데 파란색은 없다. 상품이 제조되는 과정에서 물이 얼마나 들어갔는지 소비자에게 알릴 방법이 없다. 소비자 머릿속은 무게, 비용, 원산지, 식품 첨가물, 포화지방산 함유량으로 잔뜩 채워져 더 이상 정보가 들어갈 공간이 없다. 그 표시가 너무 복잡하다면 구매자의 머릿속도 마찬가지로 복잡해질까?

국제적인 식품 제조기업과 슈퍼마켓은 유통 과정의 물발자국을 자세히 조사하고 있다. 이 책을 집필할 당시 물발자국 수치는 믿을 수 없고 제품에 붙는 표가 너무 복잡하다는 것이 그들의 입장이었다. 그러나 네슬레, 유니레버, 코카콜라, 펩시, 월마트 같이 소비자에게 친숙한 기업들은 신뢰감을 쌓으면서 기업의 평판위험reputational risk(명성에 끼칠 위험부담 또는 외부의 부정적인 여론 때문에 시장에서 신뢰를 상실하여 발생하는 위험-옮긴이)을 줄이는 방법을 도입하려고 했다. 에이디엠ADM, 번지Bunge, 카길Cargill, 드레퓌스Dreyfus 같이 가상수를 처리하는 데 막강한 힘을 발휘하는 기업들은 자신들이 세계의 가상수 거래에서 중심을 차지한다는 사실을 지금도 인정하지 않는다. 그 기업들은 주주나 소비자를 책임질 의무가 없는 민간 기업이다. 이런 주주나 소비자는 그 기업뿐 아니라 그들의 전략적 시장 지배력에 대해 모른다.

게다가 어느 직업보다 물을 많이 다루는 농부들도 물 안보 개념에 익숙하지 않다. 농산물 직판장에서 어떤 농부에게 영국이 물 위기를 겪지 않으려면 그 농부의 역할이 중요하다고 설명하는 장면을 상상해보자. 당신은 그 농부가 소방관이나 의사의 역할을 하고 있다고 말할 수 있다. 그렇지만 농부는 엄청나게 개선된 수확량과 수자원 보호를 연결시켜 생각하지 못할 것이다. 왜 그럴까? 물이 공짜이기 때문이다. 농부를 제외한 모두에게는 지루할 정도로 비가 자주 내린다. 농부들은 물을 직접 다루면서 일하는 사람들이지만 그 중요성을 제대로 모른다. 그런데다 세계적인 물 부족현상과 그로 인한 위기에 대처하기 위해서는 농부들의 역할이 중요하다는 사실도 모른다. 물을 종합적으로 관리하는 데 각자의 역할이 중요하다는 점도 모른다. 수확량이 늘어난 사실은 알고 있지만, 10배로 증가한 수확량을 국

그림 3.5 1800~2050년 영국의 인구와 농장-물 생산성의 증가

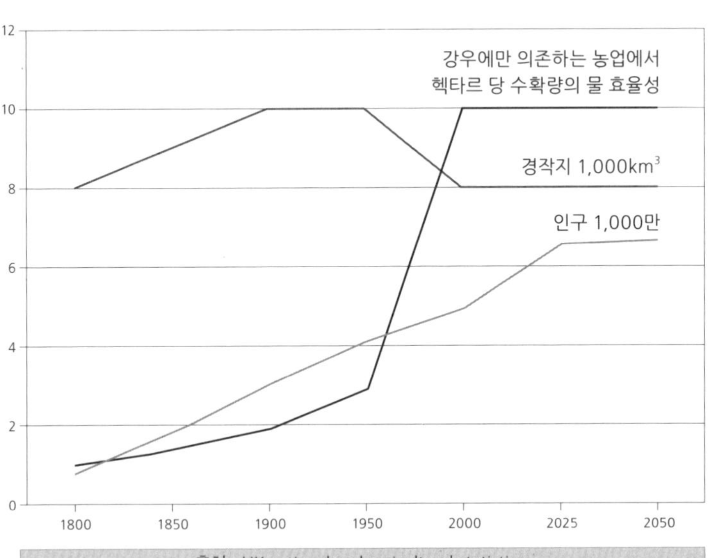

출처 : UK national and agricultural statistics.

가뿐만 아니라 세계적으로 중요한 물 안보의 기적으로 바꿔서 이해하지 못한다.

그림 3.5는 영국의 농업 생산성과 물 효율성이 급격히 향상되었음을 보여준다. 그래프 왼쪽의 위협적으로 벌어져 있는 맬서스 이론의 차이는 점점 줄어들다가 20세기 후반에 완전히 뒤집혔다. 인구는 분명 급격하게 증가했다. 1800년에 900만이었던 인구가 1900년에는 세 배 이상 증가해 3,000만 명에 달했다. 그리고 그 인구가 다시 두 배로 증가했다. 19세기에 25%로 늘어난 경작지는 20세기 후반에 비슷한 비율로 다시 줄어들었다. 하지만 중요한 경향은 영국 농업의 물 효율성이 기하급수적으로 증가했다는 점이다. 1900~1950년 사이에 강우에만 의존하는 경작지에서 물 효율성이 세 배나 증가했다. 그리고 1950~2000년 사이에 다시 세 배 증가했다.

농업 생산성의 정치

곡물법 제정

영국은 언제나 역사의 흐름에서 약간 벗어나 있었다. 때로는 역사보다 뒤처졌다. 르네상스와 종교개혁 모두 영국에서는 조금 늦게 시작되었다. 반대로 앞서 나갈 때도 있었다. 17세기에 영국은 내전에 대한 갈망에 지쳐 공화주의와 혁명에 뛰어들었다. 1789년에 바스티유 감옥이 습격당하던 당시 영국의 헌정 위기들은 이미 과거의 일이었다. 영국은 1830년과 1848년 유럽 혁명의 파장을 거의 겪지 않았다. 그리고 1917년 볼셰비키와 멘셰비키 당원들이 혁명을 일으켜 겨울 궁전Winter Palace을 점령했을 당시 영국은 다른 나라들이 수십 년이나 수백 년 전에 왜 제도에 대한 불만이 없었던 것인지를 궁금해 했다.

보호주의 역시 막을 내렸다. 프랑스는 공동농업정책의 개혁을 언급할 때마다 깜짝 놀라 눈길을 돌린다. 미국의 정치인들, 좌파와 우파, 연방정부와 주정부는 보조금을 지급하는 생산 방식과 무역을 편안하게 비난한다(정작 미국의 수출은 활발하게 촉구한다). 당신이 중국 정부에 산업에 대한 정부 지원을 중단하고 국제시장의 보이지 않는 손이 개입하는 것을 허용하라고 한다면, 중국인들은 점잖게 웃으며 당신이 제정신이 아니라고 생각할 것이다. 그러나 영국의 무역제한 정책은 오래 전에 1846 곡물법Importation Act of 1846(곡물 수입에 높은 세금을 부과한 법률-옮긴이)으로 치명적인 타격을 입었다. 물 집약적 식용 작물은 낮은 가격에 손쉽게 수입할 수 있기 때문에 이 법률의 경제적 실현 가능성은 입증되었다. 노동력은 부족하고 형편없는 직장이라도 새로운 산업에서 일할 수 있기 때문에 정치적으로도 실현 가능했다. 영국은 물 부족 현상을 무시했고 급속하게 발전하는 경제에 실제로 문제가 되지 않았다. 동시대 아프리카와 아시아 국가들처럼 경제 발전이 더딘 가난한 나라들은 물 부족현상을 심각하게 받아들였다.

19세기 초반 국제무역을 강화해야 하는 상황에 직면한 영국의 지주계층이 부와 권력을 지키기 위해 택한 마지막 시도가 곡물법The Corn Laws 제정이었다. 공식적으로는 1815 곡물법Importation Act of 1815으로 알려진 이 법률은 국내 가격을 보호하기 위해 모든 외국 수입품에 세금을 높게 부과했다. 당시 이 법률을 통해 영국의 농업은 경제적으로 안전하게 보호받았다. 그러나 곡물법은 영국의 동시대 정치 철학과 맞지 않았다. 모든 점을 감안할 때 영국이라는 제국에는 자유무역이 더 유리했다.

영국의 가상수 역할을 이해하려면 19세기 초반부터 영국 농업을 알아야 한다. 곡물법의 중요성을 모르고서는 그 시대 영국 농업을 이해하기 어렵다. 곡물법은 그 시대에 정치적으로 매우 논쟁적인 문제였다. 1846년 곡물법 폐지를 두고 로버트 필 경Sir Robert Peel의 폐지 법안에 찬성하는 보수당인 토리당과 폐지를 반대하는 자유당인 휘그당과 급진주의파가 대립했다.

나폴레옹 이후의 유럽에서 앞서 나갔던 영국은 자연스럽게 국내 개혁으로 관심을 돌렸다. 1846년에 곡물법이 폐지된 후에도 영국 자본주의는 몰락하지 않았다. 그렇지만 확장된 도심지의 공장으로 이주해야 했던 가난한 시골 사람들과 부유한 지주계급은 심각한 영향을 받았다. 애덤 스미스가 예견했듯이 그들은 돈을 따랐다. 19세기 후반 광산업과 제조업에서의 노동 위기가 곡물법에 대한 논란보다 더 두드러지게 나타나 자본주의에 폭력적으로 대항하며 개혁을 강요했다. 분산되어 있는 시골 마을보다 산업 중심지에서 노동력을 모으는 일이 더 쉬웠다. 그래서 중국과 달리 영국에서는 농민반란이 성공하기가 힘들다.

공동농업정책을 도입하다

곡물법 폐지 이후 영국이 식량 생산성과 물 효율성을 지속적으로 증가시켜야 했다는 것은 상식에서 벗어난다. 그러나 20세기 전반 군대의 간섭과 경제 위기가 있은 후, 식량 생산성과 물 효율성이 급등했다. (유럽경제공동체 시절) 유럽연합의 공동농업정책은 무역을 보호하고 생산을 장려하면서 소비자가 보증가격에 제품을 구매할 수 있도록 했다. 세계대전의 대량 학살에 비하면 나폴레옹의 정복욕에 의한 말살은 하찮게 보이듯이, 시장 개입의 측면에서 보면 곡물법은 공동농업정책에 비해 미약해 보인다. 20세기 중반 유럽은 더 이상 산업적 학살을 저지르고 싶지 않았다. 개혁하고 협력하는 것이 더 유망해 보였기 때문이다.

경쟁이 항상 최대 효과를 낳는다거나 국가적 비교우위가 국제적 집산주의를 이겨야 한다고 주장하는 사람이라면 최근 역사에서 나타나는 경험을 거짓으로 생각할 것이다. 유럽의 농업 생산성이 급증하도록 공동농업정책을 시행한 결과 두 가지 사실이 드러났다. 첫째, 투입을 많이 하면 산출량이 많아지는 농업 체제에서 물에 대한 수익이 높아진다는 사실이 밝혀졌다. 과학기술에 투자하는 돈에 물이 반응하는 것이다. 둘째, 공동농업정책은 가격 보호 정책과 다른 장려책들이 유발하는 부정적인 경제적·환경적 결과를 보여주었다.

많은 논평가들은 공동농업정책을 어리석고 실패한 정책으로 본다. 주로 보수 성향의 사람들이 비난했다. 그들 대다수가 근본주의자라고 부를 수 있는 경제학자들이다. 그들은 자신의 이론적 순수성을 더럽히는 것에서는 유용하거나 가치 있는 사실을 보지 않는다. 그런 점 때문에 그 이론가는 선망의 대상이 된다. 결국 당신의 이념과 일치하는 것이 옳다고 밝혀질 것이다. 현실에서는 상대를 따라잡으려고 노력해야 한다.

공동농업정책 반대자들은 비난받을 일을 많이 저질렀다. 1970~1980년대에 실제로 버터는 산처럼 쌓였고 우유는 호수를 이룰 정도로 많이 남았다. 이것은 과잉 지급된 농업 보조금의 폐해를 상징한다. 공동농업정책을 실시한 나라들이 과잉 생산으로 받은 영향은 경미한 편이다. 일부에서는 균형이 맞지 않는다고 말할지 모르지만, 농부들은 노력에 대한 보상을 받았다. 보조금을 받아 생산된 제품들을 저렴한 가격에 수입한 나라들이 받은 영향은 완전히 다르다. 급속도로 확장된 해안 도시가 있는 가난한 개발도상국에서 수입하는 제품들은 거의 치명적인 아편이다. 개발도상국들은 값싼 식품에 의존한다. 그러면서 자국의 농업은 약화되고 빈곤 상태는 심각해져서 수입 의존도가 증가한다. 보조금으로 생산된 반값 가격의 식품은 거리가 먼 농장에서 험한 도로를 따라 트럭으로 운반하는 것보다 가난한 나라의 해안 도시들로 배를 이용해 운송하는 것이 더 쉽다. 그래서 경제는 위축되고 가난은 지속되는 악순환이 계속 된다.

하지만 물 전문가들은 공동농업정책과 미국의 보조금, 그리고 앞서 설명한 미국의 수력 시설에 대한 막대한 투자 같은 실험들에서 중요한 사실을 발견했다. 이 실험들은 부족한 수자원

의 잠재적 생산성을 보여준다. 게다가 아주 희망적이다. 영국의 경우를 보면 우리는 현재 농업에서 수자원, 특히 그린워터를 더 효율적으로 활용하고 있다. 경제가 다각화되면서 물을 많이 사용하지 않는 금융과 서비스 부문에 경제가 집중되자, 자연스럽게 물 효율성이 높아졌다. 흥미로운 점은 경제적 부가 늘어나면서 농업도 물 효율성을 높이는 방향으로 움직였다. 장려책·보조금·가격 보증은 인위적인 장치지만, 수확량 증가는 분명한 현실이다. 그러므로 정치와 경제가 엉망이면서 완벽한 시장이 존재하지 않는 현실 세계에서 그처럼 생산성을 높일 수 있는 물리적·지리적·환경적 근거는 존재하지 않는다.

농업은 어떻게 하면 물 생산적일까? 우리는 이 질문에 대답하기 위해 공동농업정책을 거대한 실험으로 생각할 수 있다. 이제 우리는 대답을 찾았다. 다음 질문을 생각해보자. 어떻게 하면 지속 불가능하고 무책임한 보조금을 지급하지 않고도 물 환경을 관리하면서 물 생산성을 높일 수 있을까?

우리는 공동농업정책을 통해 확고한 지식을 얻었다. 우리가 접하는 여러 불확실성 중에서 한 가지 변수는 제거되었다. 굉장한 행운이다. 이는 유럽의 과세제도에는 가치 있는 비용이지만 가난한 개발도상국에는 부정적인 영향을 미치지 않을 것이다. 자유시장 원칙으로 결정되는 농업 경제, 특히 환경의 기본원칙을 모르는 경제에서는 한 번도 시도된 적이 없었던 조치들을 수자원과 다른 천연자원들에 적용했다. 농가의 생활수준은 일정하게 유지되면서 농촌은 농축산물의 생산을 높이려고 노력했다. 그 과정은 쉽지 않았지만 공동농업정책의 보호가 없었다면 훨씬 더 힘들었을 것이다. 이 정책의 지지자들은 프랑스를 비롯한 여러 유럽연합 국가들과 거대 농업 공동체에서 강력한 목소리를 내고 있다. 그리고 인간의 속도에 맞춰 농촌의 변화 속도를 줄이고 있다.

경쟁은 신중한 혁신을 일으킨다. 재정이 완벽하게 안정되면 무모하고 창의적이며 때로는 물 생산성의 개선처럼 혁명에 가까운 혁신을 일으킬 수 있다. 공동농업정책의 결과로 나타난 물 생산성에 관한 정보는 소중하다. 기후변화에 대해서도 실험적인 지식이 있었으면 좋았을 텐데 말이다.

세계 사람들

나는 가능하면 1, 2차 세계대전 같은 20세기 선진국의 대학살을 언급하지 않으려 한다. 내가 이상한 학자라서가 아니다. 그 같은 얘기는 편안한 토론에서 유용하게 써먹을 수 있지만, 잘해봐야 부정확할 뿐이고 잘못할 경우 오해를 불러일으킬 수 있다. 내가 지금 쓰고 있는 책은 정치 역사에 관한 것이 아니며 추측할 생각도 없다. 그저 20세기에 지속된 폭력은 너무 강렬해서 세계대전이라고 편안하게 부르기가 힘들다. 유럽과 미국이 참여했기 때문이다.

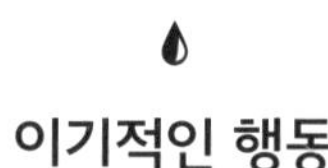

이기적인 행동

비교와 대조

문화와 금융의 세계화는 모든 사람에게 평등하게 찾아온다. 이론은 그렇다고 한다. 하지만 삶의 질·부·수명을 위한 장치는 선진국에 마련되어 있다. 국제 경제의 경쟁시대에서 각기 다른 나라들이 서로를 따라잡으려고 애쓴다. 서구인들은 다른 나라들이 재빨리 우리처럼 될 것이라는 의미로 거만하게 급속한 발전을 말했지만, 국가의 부·군사력·자원을 통해 그 같은 발전을 누린 것은 일부 국가뿐이었다. 일본은 경제가 발전한 나라들을 어떻게 뛰어넘을 수 있는지를 보여주었다. 다른 국가들은 계속 그 자리에 머물러 있다.

오늘날 가난한 개발도상국들, 특히 아프리카에서 농부로 살아가는 것은 19세기 초반 영국에서 농부로 사는 것과 같다. 그 시대의 경험과 배경은 현대의 개발도상국과 비슷하다. 큰 차이점이 있다면 오늘날 농부들이 조금 더 살기 힘들다는 점이다. 1815~1846년까지 영국의 농업 이익단체들은 상업주의와 무역 보호주의를 마지막으로 마음껏 즐겼다. 애덤 스미스의 견해와 일치하는 유럽 국가들과의 무역을 통해 영국에서는 주요 거래상품들의 가격이 하락했다. 외국의 값싼 수입품을 다량으로 이용할 수 있는데 왜 사람들은 값비싼 국산품을 구입해야 했을까? 자신들의 산업과 역사가 지닌 경제적 이점이 조용히 사라지고 해체되기를 꺼리던 영국의 지주들이 강력히 맞섰기 때문이었다. 그러나 그들은 싸움에서 처절하게 패배했다.

이 상황을 오늘날의 개발도상국 농부와 비교하는 것은 흥미롭다. 선진국들은 보조금을 지급한 값싼 생산물을 개발도상국에 대량으로 수출한다. 하지만 이런 경제 전쟁이 벌어질 때, 경쟁자들의 관계는 다윗과 골리앗처럼 불공평하다. 선진국들은 잔인하게 대응하면서 개발도상국들을 자국 시장의 지배하에 둔다. 공식적으로 세계무역기구WTO를 통해 그런 전쟁이 일어나기도 한다. 세계무역기구는 개발도상국들에게 시장을 개방해서 수입관세를 추징하지 않거나 생산품에 보조금을 지급하지 말라고 명령한다. 선진국들에는 보호무역정책을 재고하라고 조언하고 무모한 기업식 농업을 자제하라고 충고한다. 그러나 약소국에는 강권을 행사하고 강대국에 대해서는 충고만을 할 뿐이다. 몇 십 년 동안 논쟁한 후에야 가끔 면직물과 설탕에서 발생한 최악의 초과량에 대한 문제를 다뤘다.

비교가 계몽적이라면 대조는 충격적이다. 약소국이 승리한 적은 없었다. 200년 전 영국에서는 가능했을지 모르지만, 현재의 약소국들은 신속하게 산업화와 경제적 다각화를 이뤄내지 못한다. 다른 생계수단을 찾던 영국 소작농들이 초기 빅토리아 시대의 산업도시로 향했던 일은 오늘날 사하라 사막 이남의 아프리카에 사는 농민들의 사정과는 다르다. 사하라 사막 이남 아프리카의 수천만 가난한 농민들에게 빅토리아 시대 도시 이주민의 꿈은 잔인한 고문에 지나지 않는다. 그들은 농작물 생산성이 낮고 물 생산성도 저조한 반복된 상황에서 빠져나오기가 힘들다. 그들의 경제 사정이 나아질 기미는 보이지 않는다. 기대치는 낮고 대안으로 선택할 만한 직장도 거의 없다. 1846년 영국에서 재산을 빼앗긴 시골 주민들은 세계를 제패한 대영제국의 프롤레타리아 계급이 될 수 있다는 사실로 위안 삼을 수 있었다. 그들은 당시 최고로 좋은 경제사회의 하층민이었다. 하층민이라 해도 먹고 살 수 있었다. 그러나 사하라 사막 이남의 아프리카 농부들에게는 산업화된 경제 강국이 없다.

이런 비교를 할 때 제외되는 한 나라가 있다. 브릭스 국가 중 하나인 남아프리카공화국이다. 다른 사하라 사막 이남의 나라들과 달리 남아프리카공화국은 경제가 다각화되고 선진화되었다. 농업과 관련해 생산성과 물에 대한 수익이 크게 향상되었다. 이런 개선은 장려책과 보호 정책이 있고 재정적으로 안정된 선진국의 향상에 비하면 하찮아 보인다. 그러나 곡물법이 폐지된 이후 영국에서 보인 개선과 비슷하다.

물을 추가하다

농업에서 물은 제한적인 환경 자원이다. 우리는 물이 없으면 어디에서도 살 수 없다. 우리에게는 인적 자원이 있다. 농경 기술도 있다. 심지어 곡물·과일·채소들의 유전학도 지배했다. 우리에게는 땅이 있다. 땅은 충분하다. 다만 소작농이나 세계적 투자자들은 넓은 사막에 관심이 없다. 쓸모 있는 것은 비가 내리는 땅이다. 기술자들이 물을 댈 수 있는 땅이다.

물 효용은 환경에 의해 결정된다. 그러나 물 생산성은 농부가 이용할 수 있는 20가지 이상의 투입자원이나 그 투입자원이 결합되는 방식에 따라 결정된다. 점점 커지는 빈곤에 시달리고,

정부 덕에 누릴 수 있는 혜택마저도 박탈당한 개발도상국의 농부들은 19세기 산업화 시대의 영국에서 등장한 경이로운 발전이나 공동농업정책을 도입해 이룬 발전은 고사하고 자신들의 물 생산성을 높일 만한 여유도 없다.

우리가 개발도상국 농촌지역에서 나타나는 심각한 빈곤 문제를 해결하기 위해 정치인들에게 탄원하고, 구매 습관을 고치고, 도움이 된다면 시위라도 해야 하는 이유는 상당히 많다. 심각한 빈곤은 그들만이 아니라 우리와 인류 모두에게 악영향을 미친다. 빈곤 때문에 매년 많은 무고한 사람들과 아이들이 죽어간다. 지역 정치가 불안정해지고 종교적·민족적·국제적으로 여러 문제를 두고 무력 충돌도 일어난다. 이제 새로운 이유가 하나 더 생겼다. 물이다. 농촌지역의 빈곤이 지속되면 지역뿐 아니라 세계의 물 생산성에 직접 영향을 미쳐서 세계 물 안보에 연쇄반응을 일으킨다. 빈곤은 물에게도 좋지 않다.

물 효율성의 정치

물에는 기술 못지않게 돈과 정치가 필요하다. 19~20세기 전반 영국 농부들은 투입을 적게 하고 생산도 적게 하는 방식을 선택해 물 생산성을 세 배로 끌어올렸다. 19세기 말부터 20세기 후반까지 농업 기술과 물 효율성에는 변화가 거의 없었다. 그러나 1950년 이후부터 농부들은 온대 작물을 직접 재배할 수 있었다. 무엇이 달라졌기에 그럴 수 있었을까? 바로 정치였다.

브릭스와 개발도상국들이 보조금 정책으로 농부들을 격려하면서 시장을 개방할 수 있다고 생각해보라. 인도는 이 새로운 가능성을 제대로 보여주었다. 20세기 후반 인구통계 분석표는 상당히 위험해 보였지만 인도는 물 생산성과 작물 생산량을 각각 네 배와 다섯 배 증가시켰다. 새로운 씨앗뿐만 아니라 새로운 기술이 필요했다. 그러나 더 필요한 것은 시장 보호와 생산자를 위한 금융혜택, 그리고 약간 위험한 에너지 보조금이었다.

물 효율성을 더 높여야 했고, 이런 혁신을 추진할 수 있는 정치적 결단력이 필요했다.

현재 190여개 국가들이 하고 있는 일을 19세기 영국은 이미 실행했다. 편안하게 앉아서 부담되는 일들은 가상수 거래에 맡겼다. 이 모든 일이 공식적으로 개념도 정립되지 않은 상태에서 일어났다. 세계 어느 나라에서 물 관리 전략에 가상수 개념을 적용하고 있을까? 아무 곳도 없다. 그러나 변화는 일어나고 있다. 영국은 가상수 거래의 혜택을 오랫동안 받은 나라로서 이론적 선봉 역할을 하기에 적합하다. 이번에는 영국이 역사의 올바른 편에 있다.

가상수로 떠있는 섬

가상수가 우리를 위해 한 일

가상수는 영국을 위해 무슨 일을 했을까? 열거하자면 아주 많다. 가상수 거래를 하지 않았다면 지난 2세기 동안 영국의 역사는 크게 달라졌을 것이다. 19세기 영국 경제가 안정을 유지할 수 있었던 이유는 신세계에서 밀과 같은 값싼 농산물을 통해 가상수를 수입했기 때문이다. 그 결과 영국은 식량 자급자족과 물 안보와는 점점 더 멀어졌다.

20세기 중반 차츰 흔들리던 영국은 식량을 40%만 자급자족하는 상태였다. 가상수 수입으로 인해 1세기 이상 부족한 식량을 보충할 수 있었다. 두 차례에 걸친 세계대전을 겪은 뒤 후유증이 남아 있던 영국은 1940년에 극심한 고립을 겪었다. 식량과 물 안보를 다른 나라에 의존하는 현실은 정치적으로나 정서적으로 지지받지 못했다. 전쟁을 치르면서 냉혹한 불편을 겪은 결과 1947 농업법1947 Agriculture Act이라는 보호무역주의가 탄생했다. 1947 농업법은 1940년대 영국 지배계급의 분위기를 생생히 보여준다. 이 법은 효율적인 농업 생산과 적절한 농업 환경을 보장하기 위해 제정되었다. 간략하게 주요 내용과 접근방식에 대해 살펴보자.

> 농업법은 농산물 가격 지지와 시장 확보를 통해 농업을 안정시키고 효율적으로 발전시켜 국민을 위한 식량은 물론 여러 농산물을 국익에 따라 영국 내에서 생산할 수 있도록 하며, 최소 비용에 주안점을 두면서도 농업인과 농업노동자의 삶의 질도 적정선에서 유지하며 아울러 농업에 대한 자본 투자에 대해서도 적정한 투자 이윤을 보장하고자 한다(급수시설의 환경이나 관리에 대해서는 언급하지 않는다).

농업법이 익숙하다는 생각이 드는가? 이는 끔찍한 전쟁을 치르며 단호해진 사람들이 사회주의라는 여과지로 걸러낸 법률이다. 농업법은 적당한 보수와 생활여건을 보호하는 것 외에는 곡물법과 큰 차이가 없다. 농업법의 효과는 엄청났다. 천수답 농지의 농작물과 축산물의 생산성이 폭발적으로 증가했다. 물 생산성에도 혁명이 일어났다. 1970년대에 들어 영국이 온대 작물을 다시 자급자족하자 밀을 수입하지 않아도 되었다. 가상수 수입 의존도가 60%에서 40%로 떨어졌다. 중요한 사실은 그 40%의 대부분이 영국에서 생산할 수 없는 생산물이고 앞으로 다가올 기후변화의 대재앙 때문에 우연히 발생할 수 있는 부작용을 차단할 수 있다는 점이다.

유럽연합 내부에서 거래되는 가상수

유럽의 시장 공동체는 20세기 후반 광란의 식량 무역을 탄생시켰다. 영국도 적극적으로 참여했다. 영국은 1973년 유럽경제

공동체에 가입한 이후 기여도가 더 증가했다.

유럽연합 회원국들은 경이로운 비율로 가상수를 거래한다. 20세기 말 유럽연합의 회원국들 사이에서는 연간 평균 $69km^3$의 가상수가 거래됐다. 세계 13개 지역에서 거래된 가상수는 유엔에 따르면 평균 $210km^3$라고 한다. 대략적으로 총 거래량의 1/3이 유럽연합 회원국들 사이에서 이뤄진 것이었다. 유럽연합 내 인구가 3억이었다는 사실을 고려하면 그 통계는 더욱 중요해진다. 최근 회원국 수가 늘어나 현재 그 인구는 5억에 육박한다. 이와 대조적으로 총 인구가 약 4억 5천만 정도 되는 북아메리카의 캐나다·멕시코·미국은 연간 $19km^3$만 거래하고 있다. 미국의 주를 50개의 하부경제로 간주하면 미국 내의 가상수 거래는 유럽연합 내의 거래량과 비슷하거나 더 많을 것이다. 세계 인구의 1/3에 해당하는 26억 인구가 살고 있는 동남아시아는 국제적 가상수 거래 비율이 낮은 편이다. 그들은 $10.5km^3$를 거래한다.

우리가 이 통계 자료로 얻을 수 있는 흥미로운 결론은 아주 많다. 중요한 점은 가상수 거래는 여전히 부유한 국가들의 전유물이라는 사실이다. 부유한 나라들은 많은 양을 거래하고 가난한 나라들은 적게 거래한다. 4장과 5장에서 브릭스와 개발도상국들을 살펴보면서 이 문제를 다시 다룰 예정이다. 여기에서 눈길을 끄는 내용은 유럽연합이 불균형한 가상수 거래의 원인이라는 점이다.

세계무역기구와 환경 관리

세계무역기구

세계무역기구와 그 전신인 우루과이라운드는 삐걱거리며 느리게 진행되었다. 세계무역기구는 설탕 보조금에 대한 접근방식에서 자신들의 무능력을 명백히 보여주었다. 세계질서가 잘 조직되어 있다면 비가 많이 내리는 나라에서 사탕수수를 쉽게 생산할 수 있다. 경제적으로 가능한 일이다. 그런데 거의 예외 없이 이런 나라들은 가난하다. 노동력은 싸고 이 기후에서는 제한적인 식품만 생산할 수 있다. 토양수가 많은 이 나라들은 분명히 비교 우위가 있다. 이곳의 가난한 농부들은 작물에 대한 수요가 많아 수익을 얻을 것이다. 설탕은 모든 사람에게 필요하기 때문이다.

하지만 자유시장은 선진국에만 좋은 것일 뿐이라는 사례가 있다. 열대 지역 가난한 나라들의 생산자들이 제대로 된 대접을 받지 못하고 있다. 선진국들은 사탕무 생산에 많은 보조금을 지급하는 것에 대해 철학적으로나 이념적으로 반대할 이유가 없다(정책입안자들도 크게 반대하지는 않는다). 정치적으로 공동농업 정책의 설계자들은 설탕을 자급자족해야 한다고 생각했다. 미국의 국회의원들도 똑같은 결정을 내렸다. 법으로 정해진 이상 그 국가에서 보호무역주의를 없애려면 상당한 노력이 필요하다. 유럽연합과 미국에서 산업과 농업 이익단체들의 영향력은 막강하다. 그들은 즉각적으로 개혁을 중단시킬 수도 있다. 재정적 이득을 보는 것에 반대할 산업은 없다. GDP를 다른 나라에 기꺼이 양도할 국가 경제도 없다.

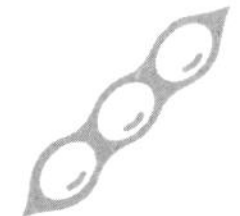

그래서 유럽연합·영국·미국의 농업 정책이 경제학·상식·정의를 무시할 수 있었다. 이 모든 일 뒤에는 물 효율성이 숨어있다. 물 효율성은 경제적인 측면에서 신중하게, 사회적으로는 비가 많이 내리고 자금이 부족한 나라들도 설탕 시장에서 공정하게 경쟁할 수 있게 해준다. 또한 세계가 더 효율적으로 물을 사용하도록 이끌어 준다. 물은 국경을 모른다. 보조금이나 GDP 같은 것들은 신경 쓰지 않는다. 물의 통치권을 지닌 나라도 없다. 세계가 점점 고갈되는 수자원을 조직적으로 사용하려고 할 때, 지금과 같은 무자비한 경쟁은 통하지 않는다. 선진국 국회의원들이 보조금을 계속 지급해서 사탕무를 생산하게 해준 대가로 받은 정치 점수는 식량 생산에 필요한 물을 제대로 공급할 수 없는 세상에서는 아무런 쓸모가 없다. 물 효율성을 결정짓는 주요 요인은 엄청난 시장이나 환경적 예방책이 아니라 이기적인 국가와 시장 정치다.

물 관리의 영향

선진국에 사는 사람들이 몰랐다면 최소한 이제부터라도 알아야 한다. 벌목반대 운동이나 지식인의 전유물이던 환경보호주의가 이제 주류 대열에 올라섰다. 환경보호주의를 최초로 주장한 사람들은 환경운동가들이었다. 학계에서는 그 이론이 처음 제시한 메시지를 채택했다. 1970년대 과학자들은 이 세상이 무한정으로 자원을 제공하면서 오염물질을 받아줄 것이라는 생각이 잘못되었다는 것을 알리는 캠페인에 동참했다.

1950년대부터 운동가들은 이 주장을 계속 외쳤다. 1980년대에 들어 문화적인 변화가 일어났다. 물을 포함한 천연자원과 환경에 대한 접근에서 새로운 개념인 지속 가능성을 고려하자는 주장이 늘어났다. 국가의 역할은 줄고 민영화를 지지하는 추세와는 다르지만, 정치인들은 점점 관심을 가졌다. 정치인들은 유권자의 의지에 반응을 보이지만, 그 반응들은 느리고 불균형하다. 자동차가 아니라 대형 선박의 방향을 돌리는 일과 같다. 지난 30년 간 물 환경을 보호하는 정책들을 세우는 과정은 되돌릴 수 없을 정도로 든든했다. 최초로 그런 정책을 마련한 나라는 미국이었다. 1971년에 미국은 환경보호청을 설립했다. 영국은 다양한 기관들과 실험을 계속했다. 현재 영국에는 환경식품농무부에 속한 환경청이 있다. 2010년에는 환경 규정을 만들어 적용하는 등 환경법과 관련해서 많은 일을 이뤄냈다. 오래되고 강력한 농장압력단체와 씨앗·비료·농약을 만드는 신생 회사들이 정치적으로 강하게 저항해서 희망했던 것보다 더디게 진행되지만, 우리는 다시 돌아가지 않을 것이다. 정당은 환경 문제를 고민하고, 농부들은 스스로를 물 환경을 포함한 모든 환경의 관리인이라고 여긴다. 사회도 농부들을 생산자 외에 관리인으로서 평가하는 추세다.

정말로 세상을 선도할까

1989년 영국의 수도 민영화는 민영화를 적극 추진한 마가렛 대처가 적극 추진한 사업으로 영국이 세계를 선도하는 좋은 예로 알려졌다. 비공식적으로 알려진 영국 수도 민영화는 물 공급과 지역이 소유한 자본과 기반시설에 대한 권리를 모두 민간 기업에 판매하는 것이었다. 이와 대조적으로 프랑스의 민영화는 지방자치단체와 민간 기업들이 공급 과정을 맡아서 처리할 수 있는 반면 국가는 수도사업의 소유권을 계속 가지고 있는 것이다.

거의 1세기 동안 독일의 민영화 방식과 비슷하게 추진된 프랑스의 민영화 방식은 전 유럽에서 채택되었다. 하지만 영국 방식은 어느 곳에서도 따라하지 않는다. 영국의 민영화 방식이 수질 개선을 이끌었다는 주장은 대규모 민영화의 효과를 말하는 게 아니라, 1989년 영국 식수의 위험한 상태에 대해 이야기하는 것이다. 이 책을 집필할 당시 세계의 식수 위생 시설의 90%가 민영화되지 않은 상태였다. 물 빈곤 현상, 호수에서 물 사용 금지, 시설에 대한 단편적인 투자 등 1989년에 마가렛 대처가 시행한 실험과 그 결과 나타난 사회적 문제점들은 세계에 교훈적인 사례였다. 하지만 이는 대처가 의도했던 바와 반대되는 효과였다. 영국의 수도는 여전히 민간 기업이 관리하고 있지만, 계속 유지될지는 모르는 일이다. 자본주의의 중심지인 뉴욕과 공화당의 중심지인 텍사스에서는 가정용수의 민영화를 반대하고 있다. 영국의 수도 민영화는 주택소유자와 산업을 위한 수도 시설에 해당된다. 그것은 스몰워터다. 영국 농업에서는 블루워터가 거의 사용되지 않는다.

영국과 블루워터

이것은 단순한 법칙이다. 당신이 어디든 물을 대면 언제나 그 물을 다 고갈시킨다. 예외란 없다. 영국의 블루워터 역사는 놀랍도록 짧다. 영국에 사는 사람이라면 누구나 동의하듯이 영국은 천수답 농업이 지배적이다. 1950년에는 영국의 경작지 중 1.5%만이 관개시설을 갖추고 있었다. 2000년에도 5%에 불과했다. 농사를 위한 관개시설을 갖춘 지역은 블루워터가 부족한 곳이다. 예를 들어, 이스트앵글리아East Anglia에는 강우량이 매우 적었다. 그곳은 반건조지역이다. 처음에 그곳 경작지 대부분이 어쩔 수 없이 북해North Sea의 물로 경작되었다. 기후가 변해도 이 해안가에는 좋은 소식이 들리지 않았다. 여름에 강수량이 줄면 관개의 필요성은 높아지지만 그럴 가능성은 줄어들 것이다. 농업은 그린워터를 최대한 활용하는 방식으로 되돌아가야 한다.

피할 수 없는 미래

템스강은 런던을 관통하며 느리게 흐른다. 서두르지 않는다. 긴급함이란 영원히 다른 곳의 일이다. 영국의 가정용수 효율성에 대한 담론도 그렇다. 움직이고 있지만 속도는 느리다.

농장에서 식품으로 관심을 돌리다

환경식품농무부는 2001년 구제역 파동으로 정치적 신임이 떨어진 농림수산부의 후속 기구로 탄생됐다. 많은 사람들이 단순한 이름 바꾸기에 불과하다며 이를 냉소적으로 바라보았다. 가장 최근에 발생한 재앙이 구제역이고, 가장 유명한 것은 오래 지속되고 있는 광우병이다. 그러나 이름과 단어의 우선순위가 바뀌었다는 점은 중요하다.

농업과 수산이라는 단어가 사라지고 식품이 중간에 들어갔다. 이 단어들은 강력해보이지만 전능하지는 않다. 여기에서 그 의미를 자세히 이야기하고 싶지는 않다. 하지만 한 가지 짚고 넘어갈 점은 농업에서 식품으로 강조점이 변한 것은 정치가 농장 압력단체에 등을 돌렸다는 것을 암시한다. 투입에서 산출로, 공급자에서 소비자 역할과 수요로 중심이 이동했다. 식품이 중요하다. 농업은 식량을 제공하는 차원에서만 중요했다.

2009년 8월 환경식품농무부는 2030 식품 포럼을 개최했다. 나는 가볍게 발표해 달라는 요청을 받았다. 여러모로 이 포럼은 1947 농업법에서 파생된 현대적 결과로 볼 수 있다. 그 포럼의 강령을 잠시 살펴보자.

> 식품 시스템은 인구 증가, 천연자원 감소, 기후변화와 같이 해결해야 할 수많은 문제에 직면해 있다. 이와 동시에 경제와 사회는 식습관으로 유발된 건강 악화로 계속 부담을 느끼고 있다. 식품 포럼은 웹페이지 상에서 식품 시스템에 영향을 주는 여러 문제에 대해 토론할 공간을 마련했다. 그리고 미래 식품 시스템의 형태에 대해서도 논의한다. 2030 식품 포럼은 영국에서 생산하고 소비하는 음식을 살펴보는 것은 물론, 세계 식품 생산량을 지속 가능한 방식으로 증가시킬 수 있는 방법을 모색하고 있다.

1947년과는 뚜렷한 차이를 보인다. 1947 농업법은 목표가 단순했다. 여러 가지 장려책들로 식량 생산량과 생산성을 증가시켜 농부들의 생계를 보장하는 것이었다. 이 법은 몇 십 년 동안 지속된 치열한 전투의 대응책으로 마련되었다. 정책입안자들은 어제 전투를 벌인 것처럼 내일과도 싸우고 있었다. 환경에는 관심이 없었다. 수자원에 대해서는 입에 발린 말조차 하지 않았다. 보건이 언급되지 않은 것은 말할 것도 없고, 기후변화는 마인드맵에서 빠져있었다. 영국의 고高투입-고高산출 방식이 아프리카 같은 다른 지역 나라들에 영향을 미칠 것이라고 생각하지 못했다.

2009년으로 다시 돌아가 보자. 이제 우리는 내일을 위협하는 것이 무역을 방해하는 치명적인 전쟁이 아니라는 것을 알고 있다. 미래를 위협하는 것은 국내가 아니라 국제적인 문제다. 급성이 아니라 만성적인 문제다. 1947년 식량 불안 공포는 위험한 문제였다. 시급하면서도 불확실한 문제였다. 사회는 의도치 않게 다른 위험한 문제를 야기하는 해결책을 급히 받아들이는 경향이 있다. 식량 불안 문제를 해결하자 기후변화와 수질오염이라는 심각한 문제가 발생했다. 또 다시 우리가 과거의 무기를 들고 미래의 문제들과 싸워야 한다면 싸움에서 지고 결과는 악화될 것이다.

오늘날 정부는 접근 범위를 넓혀 천연자원·식량 생산·소비·낭비에 대해 광범위하게 집중하고 있다. 겉으로 보기에는 투입 중심이 아닌 산출 중심의 정책을 세운다. 농장이 아닌 식품에 대한 정책이 입안된다. 인구는 증가하고, 스트레스를 받고 있는 토양과 수자원에서 위험할 정도로 식량을 소비한 결과 이런 상황이 발생했다. 일부 관료들은 맬서스의 이론을 생각하고 있는 지도 모른다. 영국의 식량 생산과 무역이 세계에 미치는 영향도 주목받고 있다.

물, 식량, 무역의 관계는 세계화되었다. 그래서 정부의 정책이 꼭 필요하다. 환경식품농무부는 편향된 소비 결과로 사람들의 건강이 나빠지는 상황에 대한 재정적·사회적 부담을 인식하고 있다. 정부가 역사적으로 발병률이 높은 심장병·당뇨·대장암에 대해 이야기를 꺼낼 때, 슈퍼마켓의 즉석식품과 패스트푸드 음식점의 엄청난 지배력을 언급할 수 없는 법률적 이유가 있을 것이다. 정부가 그런 질병들을 패스트푸드와 슈퍼마켓 광고에서 언급하지 못하게 하는 법률적 제약들은 이런 대중 과학서에도 똑같이 적용된다.

그렇지만 경고하자면 2030 식품 포럼에서 발표한 목적들의 배경에는 정치적인 간섭이 존재한다. 늘 똑같은 이야기다. 정치가 빠진 정책은 있을 수 없다. 환경식품농무부와 관련된 일들을 보면, 농장압력단체와 농업조합이 운영되고 압력을 행사하는 방식이 매우 정치적이라는 사실이 드러날 것이다. 이 사실을 무시하면 경험 많고 잘 확립된 선수들에게 정치적으로 패배할 것이다. 미래의 식량 정책을 세우려면 영국의 식량 생산자들과의 관계를 고려해야 한다. 우리는 그들의 이익을 보장할 의무가 있다. 꼬리는 절대 개를 흔들지 못한다. 내가 바라는 만큼 물 생산성이 영국의 식량 생산을 선도하지 못할 것이다. 내가 실제로 바라는 두 가지는 다음과 같다. 첫째, 올바른 장려책과 규제를 정립해 합리적이고 지속 가능한 방식으로 식량을 생산할 수 있도록 한다. 물 관리는 그러기 위한 필수 요소다. 둘째, 영국의 수백만 소비자들이 정확한 정보를 가지고 자신들의 건강과 물 환경에 좋은 식습관을 갖도록 한다.

자급자족은 위험한 망상이다. 이 망상은 경제와 물 환경에 굉장히 위험하다. 보조금을 지급받은 농작물과 축산물은 무역을 통해 물 스트레스가 없는 지역에서 쉽고 편리하게 얻을 수 있다. 이런 물품들은 도덕적·재정적으로 대가가 큰 실수다. 그러나 재정적인 동기는 어느 곳에서든 농업의 미래에 영향을 준다. 생산자의 안전을 보장하면 그들은 물 효율성을 크게 높이고 환경 관리를 잘 할 수 있다. 우리가 머지않아 더 높은 그린워터 효율성의 시대에 접어들기를 바란다. 나는 과거 70년간 영국의 물 효율성은 급격하게 증가했지만 아직 향상될 여지가 있다고 본다. 물을 실질적으로 관리하는 농부들이 영국 정부가 실시한 장려책으로 식량을 효율적으로 안전하게 생산할 수 있었던 것이 비결이다. 농산물과 축산물의 혼합 생산은 경제적·환경적으로 모두 건강해야 한다. 예를 들어, 콩 생산을 장려하면 질산염의 독성을 없애기 위한 환경적 부작용이 따를 것이다. 질산염의 탄소발자국은 매우 크다. 어떤 해결책은 알려져 있다. 또 다른 해결책은 끈기 있게 누가 빛을 비춰주기를 기다리고 있다. 어둠 속에서 그것을 꺼내려면 우리는 빛 속에 있어야 한다.

영국은 여러 중요한 시기에서 역사보다 앞섰다. 물 효율성은 영국이 이룩한 차세대 혁신이 될 것이다. 미래가 그 결과를 말해 줄 것이다. 다만 몇 가지 걱정되는 부분들이 있다. 농장에서 빅-그린-워터를 사용하는 농부들이 영국의 물 안보에 기여하는 바가 크다는 사실을 깨닫지 못하고 있다. 그 농부들은 1800년부터 물 생산성이 10배 증가한 사실도 모르고 있다. 두 번째는 소비자들이 물발자국과 이와 관련된 음식을 직접 선택하는 역할을 자신들이 하고 있다는 것을 모른다는 점이다. 세 번째는 농업 무역·기업 농업·슈퍼마켓들이 물을 효율적으로 사용하면서 물 환경을 고려하는 방식으로 운영하는 생산자들에게 어떤 영향을 미치는지 확신이 없다는 점이다. 분명한 메시지들인데도 불구하고 영국은 물 안보가 지닌 특성을 심각할 정도로 인식하지 못한다.

3부

스페인 : 유조선을 돌려라

물병에 물을 급히 부으면

병에 넣는 물보다 쏟는 물이 더 많다.

- 스페인 속담 -

캘리포니아와 비슷한 상황의 스페인

처음 캘리포니아를 방문하는 사람은 그곳에 퍼져있는 스페인어와 스페인 문화에 매력을 느낄 것이다. 장소, 음식, 사람들 모두 플리머스 바위에 상륙한 북유럽 청교도보다는 이베리아 반도의 영향을 더 많이 받았다. 원래 멕시코의 영토였던 그곳의 역사를 생각하면 당연한 일이다.

더 놀라운 사실은 캘리포니아가 스페인의 지리적 특성을 그대로 물려받은 것처럼 보인다는 점이다. 스페인의 면적은 504,000km²이며, 이는 414,000km²의 캘리포니아보다 약 20% 더 크다. 그에 비례해 스페인이 인구도 더 많다. 스페인 인구는 4,300만 명이고 캘리포니아는 3,700만 명이다. 그러나 인구 밀도는 동일하다. 두 곳 모두 나무가 울창하게 자란 산이 많은 해안 지역이 있다. 그리고 넓게 펼쳐진 사막도 있다. 대략적으로 두 곳 모두 물이 풍부한 북부와 물이 부족한 남부지역으로 나뉜다.

중요한 점은 캘리포니아와 스페인 모두 남부지역의 기후가 1년 내내 농작물을 키우기에 이상적이라는 것이다. 다만 물이 부족한 게 약점이다. 역사적으로 남부 스페인 농부들에게 이는 큰 고민거리였다. 남부 캘리포니아의 역사는 오늘 아침에 일어난 일처럼 아주 짧다. 남부지역에 물이 부족하다는 사실이 확인되자마자 앞에서 설명한 것처럼 비용이 많이 들고 일시적인 방편이지만 수력 사업으로 그 문제를 해결했다.

캘리포니아와 스페인에서 물 부족 현상은 큰 문제가 아니다. 경제가 발전한 선진국이기 때문이다. 직설적으로 말해 그들은 돈이 있다. 당신도 돈만 있으면 물을 쉽게 구할 수 있다. 캘리포니아와 스페인은 급수시설과 가상수 거래를 통해 다른 나라에서 물을 끌어와 물 필요량을 충족시켰다. 캘리포니아나 스페인에 살면 누구라도 그곳이 농작물을 재배하기에는 좋지 않다는 사실을 알 수 있다. 하지만 사람이 살기에는 좋은 기후다. 숙련된 인력을 모으기도 쉽다. 두 곳 모두 편안한 생활로 유명하다. 물 부족 현상에 처하면 그런 요인들도 전부 도움이 된다. 부족한 물을 보충하는 방법은 다양하다. 숙련된 전문 인력·풍부한 자금·약간의 기술력이 있다는 것은 남부 캘리포니아와 스페인 모두 심각한 물 부족 현상을 겪더라도 농업 기반은 튼튼하다는 뜻이다.

물론 두 지역 간에 차이점도 있다. 스페인은 실제로 물을 수입한다. 20세기 초반 미국 수력 사업의 성공으로 캘리포니아는 현재 매년 20km^3 이상의 물을 확보할 수 있다. 최소한 같은 양의 가상수를 수출하기도 한다. 그러나 스페인은 물 수요를 충족하기 위해 가상수를 수입해서 사용하고 있다. 농산물을 통해 가상수를 약 27km^3 수입한다. 이 농산물들은 가격이 낮은 것들이다. 이렇게 하면 스페인 농부들은 부족한 물을 고기·유제품·과일·채소 같은 고가의 제품 생산에 쓸 수 있다. 지난 10년간 스페인의 가상수 수입원은 크게 변하고 있다. 1997년 스페인은 미국 수입품에 많이 의존했다. 5년 전쯤에는 아르헨티나와 브라질도 자국의 가상수 수요를 대부분 충족하고 있었다. 이와 관련된 내용은 다음 장에서 다루면서 국제 식량무역에서 차지하는 브라질의 영향력을 살펴볼 것이다.

하몽 이베리코

하몽 이베리코Jamon iberico는 스페인 특산물이다. 하몽 이베리코는 이베리아의 검은 돼지로 만든 것이다. 하몽 생산은 엄격하게 통제되고 규제된다. 순종 돼지와 사료의 특성, 보존 처리 모두 철저하게 관리된다. 하몽은 진짜 맛있다. 기름지지만 입 안에 은은한 향이 퍼지며 부드럽게 씹힌다. 이 책과 하몽 이베리코가 관련된 것은 가격이다. 하몽은 세계에서 제일 비싼 햄이기 때문이다. 그리고 물의 측면에서 보면 하몽은 사용한 물의 양에 비해 굉장히 많은 수익을 내는 생산물이다.

스페인은 아직까지 가상수의 순수입국이지만 수출도 급격하게 늘어나는 추세다. 지난 10년간 축산물로 수출한 가상수 양은 6km³에서 10km³로 급증했다. 동물사료를 수입해 가상수 수입양이 3km³에서 4km³로 완만하게 증가하는 동안 가상수 수출량이 급증했다. 이 수치는 스페인 농업의 경제적 생산성이 크게 개선되었음을 의미한다. 비교적 싼 가격에 가상수를 수입해서 높은 가치의 축산물 생산에 효율적으로 투입하자, 스페인 농부들은 같은 양의 물로 더 많은 수익을 얻을 수 있었다. 스페인의 축산물 수출은 비슷한 양의 수입품을 투입해 생산을 늘려 1997년에 15억 유로의 수익을 올리다가 2006년에는 35억 유로를 벌어들일 만큼 성장했다. 대부분 하몽이 낸 수익이었다.

스페인에는 비가 내리지 않는다

스페인 북서쪽 외딴 지역과 프랑스 인접 언덕이 많은 국경지역에는 여름 동안 채소와 농작물을 키울 토양수가 충분하지만 대다수 다른 지역은 기본적으로 척박한 편이다. 남부 산악지대에는 삼림지대와 숲이 몇 군데 있지만 나머지 지역들은 농작물과 채소를 거의 재배하지 않는다. 그러나 직물이나 유리 공업을 하던 남부지역에 관개 농업을 하는 소규모 지역들이 있다. 이런 관개지들은 상당한 경제적 가치를 창출한다. 이 점이 스페인 물 산업의 핵심이다. 스페인은 부족한 수자원을 경제적으로 활용해 높은 수익을 올린다.

스페인은 유럽에 속한다고 볼 수 없다. 물 활용 면에서는 북아프리카와 유사한 점이 많다. 그래서 스페인은 수력 사업과 물 관리 접근법에서 유럽 이웃국가들과 공통점이 거의 없다. 스페인은 유럽국가 전형의 산업 경제의 이점을 누리면서도 북아프리카의 지리적 특성을 지닌다.

물 안보를 위한 세 단계

더 좋은 방식

인간은 해결책을 잘 찾는 종이다. 신속하고 단호하게 해결책을 생각해내기도 하고, 먹이를 쫓아가는 호랑이처럼 해결책을 찾는 데 매진한다. 처음 찾은 해결책은 장기적으로 실행 가능성이 떨어진다. 우리는 틀림없이 즉각적으로 지속 가능성이 있는 해결책에 끌린다. 지난 몇 십 년 동안 환경운동가들이 주요 도시 변화를 추진했다. 현재가 아닌 미래의 관점에서 우리는 인간의 영향력을 문화적으로 분석할 수 있게 되었다.

물 안보에 대한 접근법 역시 같은 방식으로 발전해왔다.

첫 번째 새로운 접근법은 언제나 공급 관리 측면이다. 우리에게는 물이 더 많이 필요하다. 그러므로 담수를 더 많이 퍼 올리고, 전환하고, 저장해서 더 많은 필요조건을 충족해야 한다. 이 두 문장이 수력 사업의 역사를 나타내준다. 더 중요한 두 번째 접근법은 수요 관리 단계다. 물을 더 많이 구하는 방식이 아닌 물 사용 습관을 고치는 것이다. 이 접근법은 물의 사용량을 줄이면서 효율적으로 사용하는 방식이다.

세 번째 접근법은 지속 가능성을 강화하는 것이다. 글로만 봐서는 그다지 흥미롭거나 고무적인 내용처럼 보이지 않을지도 모르겠다. 그러나 물 전문가들에게 지속 가능성은 의미가 크다. 그나마 사람들이 물 환경을 보호해야 할 필요성을 인식하기 시작했다는 사실을 보여주므로 짜릿한 기분이 든다. 인간 중심 접근법이 공급과 수요에 초점을 맞춘 물 중심 접근법으로 바뀌었기 때문에 흥미롭다.

가상수 수입은 지속 가능성을 강화하는 데 중요한 역할을 할 수 있다. 그 수입이 나라의 물 공급에 나타난 정치적으로 위험한 틈새를 메운다. 경제 다각화가 이뤄져야 가상수를 거래할 수 있다. 경제가 다각화될수록 무역할 수 있는 기회가 많이 생긴다. 그러므로 경제적 뒷받침이 있어야 가상수 수입을 통해 지역 고유의 물 환경을 합리적이고 전략적으로 증가시킬 수 있다.

스페인의 물 역사

물 불안에서 벗어나는 방법

이 책에서 스페인을 흥미로운 사례로 제시한 이유는 스페인이 앞서 말한 세 가지 접근법을 활용해 20세기 후반 짧은 기간 동안 급속도로 발전했기 때문이다. 1950년대에 전쟁의 영향으로 분열되고 가난했던 스페인이 2011년에는 사회·경제·문화의 여러 방면에서 알아볼 수 없을 정도로 변신했다. 물 안보에 대한 접근법도 그와 마찬가지로 상당히 많이 변했다.

스페인은 대부분의 유럽 국가들보다 약간 이르게 기계화에 따른 살상을 겪었다. 1930년대에 벌어진 격렬한 충돌로 많은 시민들이 죽었다. 이는 스페인이 그 다음 10년간 엄청난 파괴를 피하고 국민들이 안정기처럼 먹고 살 수 있다는 의미였다. 인구 증가로 20세기에는 농작물 생산량도 증가해야 했다.

제일 먼저 제시된 공급 중심의 해결책은 수력 사업과 유사한 형태였다. 스페인은 저수지를 만들어 관개지에 물을 공급하고 수력발전소와 댐을 건설해 동력을 생산했다. 그러나 스페인의 지표수에는 심각한 문제가 있었다. 지표수는 가뭄에 굉장히 민감하다. 훨씬 믿음직스러운 지하수가 대폭 줄어든 지표수를 보충할 수 있다. 이것은 스페인 수력 사업의 제2의 물결이라 볼 수 있다. 스페인은 수십 년 전에 수자원 공학에 뛰어들었다.

수력 사업과 관련된 역사를 보면 스페인이 캘리포니아보다 20년이나 앞서있다. 19세기 말 카리브 해와 태평양에서 스페인 제국이 붕괴되자 스페인 전문가들은 황급히 고국으로 돌아왔다. 그들 중에는 수자원 엔지니어들이 다수 포함되어 있었다. 식민지 통치의 꿈이 무너지자 국민의 의식 속에는 걱정과 불안만 남았다. 스페인은 야심차고 유익하고 논란의 여지가 적은 목표를 추구할 필요가 있었다. 이와 동시에 스페인 제국이 쌓았던 부와 자원이 사라지면서 물과 식량을 더 많이 자급자족해야 하는 기본 욕구가 생겨났다. 이런 요인들이 합쳐져서 스페인은 약해진 재무 상태와 상처받은 국민의 자존심을 회복하기 위한 해결책을 문화적으로 불안감을 없애주며 국민들을 통합할 수 있는 공학 프로젝트에서 찾았다.

정치적 환경 변화

1970년대 스페인에서 공급 관리 접근법은 시대에 뒤쳐진 것이었다. 약 40년간 독재자로 군림했던 프랑코 장군이 1975년에 사망하자, 3년 후에 헌법을 개정하고 사회 구조를 개혁하면서 물에 대한 태도가 서서히 바뀌었다. 시민의 생활이 다원적이고 개방적으로 변하자 물 관리 방법에 대해 공개적으로 토론했다. 오래된 통설을 유지하고 싶은 사람들은 여전히 많았다. 그들의 주장은 간단했다. 환경 손상이나 재정비용의 손해는 개의치 말고 더 많은 물을 동원하자는 것이다. 그러나 그것에 반대하는 사람들이 늘어났으며 자신들의 주장을 강경하게 밀고 나갔다. 그들은 환경에 대해 심사숙고하고 지속 가능성 강화에 초점을 맞춰 물을 더 효율적으로 사용하라고 요구했다. 그런데 물을 많이 사용하는 시골의 관개지에서는 양쪽 진영의 대립이 별로 없었다. 오히려 정치계나 과학계, 스페인 도시의 거리에서 싸움이 일어났다.

에브로강을 둘러싼 논란

스페인에서 물 사용을 두고 일어난 정치적 갈등은 최근의 사회 역사 속 중요한 시기에 위기를 맞이했다. 20세기 말 거대한 물 수송 계획이 기획된 이후 행정적인 조치가 천천히 진행되기 시작했다. 그 계획은 어리석고 비뚤어진 자만심에서 비롯된 것이었다. 물 관리 이념에 속하면서 비용적으로나 환경적으로 힘들고 무모한 수력 공학 계획들은 이미 50년이나 뒤처진 조치였다. 구체적으로 스페인 북부에 있는 에브로강Ebro river의 물길을 안달루시아와 무르시아 지방 남쪽의 관개지를 향하도록 바꾸는 계획이었다. 정치적 담론에 파고든 수많은 개념들과 함께 이 계획은 고유한 특성 때문이 아니라 영향력 있고 부유한 후원자들 때문에 계속 추진되었다. 남부지역의 관개 관련 이해단체와 댐 건설 옹호자들이 그 계획을 강하게 밀어붙였던 것이다. 양쪽 지역 국회위원들이 두 진영에 관심을 가졌다. 농부들과 엔지니어들은 종종 좋은 일을 하는 것만큼 피해를 주는 세력이 될 수 있다.

그러나 2004년 그 계획이 중요한 총선의 화제로 떠오르자 농부들과 엔지니어들은 자신들이 역사의 그릇된 편에 서있다는 사실을 깨달았다. 마드리드 기차 폭발 사건의 여파로 정권을 잡게 된 사회주의 정부는 선거 공약을 충실하게 이행하면서 그 계획을 국가 의제에서 제외했다. 1세기 동안 어느 때보다 공격적인 수력 발전 혁신을 이룬 뒤에 다시 살펴본 에브로강의 물길 전환 계획은 습한 북부지역의 사람들이 볼 때 물길을 바꾸는 지점이 너무 멀었다. 그들은 남부지역이 보여준 공학적 야심의 범위를 보고 깜짝 놀랐다. 북부지역에서 어쩔 수 없이 남부의 물 부족 현상을 해결해야 했다. 역사적으로 물이 부족했던 남부지역 사람들은 물 관리를 환경적으로 접근하는 방법을 아예 몰랐다. 더 심각한 문제는 그들이 제시한 처리 방안은 환경을 완전히 무시하면서 스페인에서 한 번도 시도한 적 없는 범위로 물을 이동하는 것이었다. 오래 전부터 확고하게 자리 잡은 이해집단들은 이 계획안이 폐기된 것을 강력한 신호로 받아들

바닷물을 마시는 방법
우리는 바닷물을 그냥 마실 수 없다. 하지만 스페인은 오랫동안 전통적으로 지중해와 대서양의 바닷물로 담수와 토양수를 공급했다. 어떻게 그럴 수 있을까? 바닷물을 단백질로 전환해서 그것을 국민들이 먹는 것이다. 배, 낚싯대, 갈고리만 있으면 가능하다.

였다. 마침내 스페인에는 새로운 수자원 정치가 탄생했다. 환경 운동가와 사회주의자, 그리고 북부지역 시민사회와 정치인들이 연합해 이렇게 새로운 정치를 주도했다는 점이 중요하다. 이런 주변의 목소리가 이제야 세상에 들렸고 멀리 있는 남쪽 마드리드까지 퍼졌다. 그러나 우리는 정치 서사는 직선으로 흐르는 것이 아니라 순환적이라는 점을 기억해야 한다. 그 결과는 영원히 지속되지 않는다. 노력은 계속되었지만 이 책을 쓸 때만해도 스페인은 경기 침체에 빠진 세계 어느 나라들보다 더 힘든 시간을 보냈다. 부동산 거품이 완전히 꺼지고, 높은 실업률은 해결될 기미가 보이지 않고, 사회주의 정부에는 정치 자본이 거의 없었다. 스페인은 에브로강 계획 같은 여러 기획안들을 정치적으로 잘 고려해 봐야 할 것이다.

댐과 급수 시설을 활용한 물 관리 정책

20세기 스페인의 물 관리 역사를 보면 수문학과 경제적 정보는 부족하고 규제 법안을 통과하고 시행하기 위한 정치적 타협이 힘들었다는 점이 특징적으로 드러난다. 심지어 규제법이 도입되어도 잘 시행되지는 않았다. 이제 전통적인 수력 문제의 해결책은 한때 그랬던 것처럼 아무 생각 없이 자동적으로 선택되는 것이 아니다. 스페인 사회는 환경과 사회 운동가들이 항의하고 반대하는 주장을 감당할 수 있다. 1939~1945년 사이의 전쟁이 끝난 이후 어느 때보다도 현재의 스페인이 유럽의 주류 사상과 제일 잘 맞다. 이제 환경보호주의와 물 환경 보호는 유럽 대륙에서 일반적인 규범이고 계속해서 유럽연합 협정으로 제도화되고 있다. 유럽 본토에서 댐을 건설하고 물을 이동하는 계획을 세우던 시대는 끝났다. 적어도 당분간은 그러지 않을 것이다. 그러나 갑자기 위기가 닥치면 이런 상식의 겉치레는 벗겨질 수 있다. 지난 세기에 스페인에 가뭄이 들자, 바르셀로나의 부족한 물을 충당하기 위해 프랑스에서 배수관으로 물을 끌어오자는 제안이 나왔다. 바르셀로나는 수자원이 풍부한 스페인 북부지방에 위치해있다. 여전히 자동적으로 나오는 공급 관리 방안은 바르셀로나 에브로강 유역과 가까운 행정구역의 물 사용을 규제하는 수요 관리 대처방안보다 정치적으로 실현하기가 더 쉽다.

공황상태에 빠질 때 정치적으로 생각하면 이런 질문이 떠오를 수 있다. 어디에서 물을 더 구할 수 있을까? 하지만 그 질문은 이렇게 바꾸어야 한다. 물을 어떻게 더 나은 방식으로 사용할 수 있을까? 틀린 질문에는 답이 없다. 물 배분의 정치는 그 어떤 자원의 배분 문제보다 복잡하다. 그런 문제들이 꾸준히 정치적 논쟁거리로 떠오르면 접근하기가 어려워진다. 스페인에서 물은 경제적으로 중요하다. 많은 기업이 물에 의존하고 있다. 물이 전략상 중요하면 막강한 이익단체들은 그 문제를 놓고 공개적으로 토론하고 싶어 하지 않는다. 그들은 사적으로 조용히 만나서 단호하고 효과적으로 해결하려 할 것이다. 그 담론을 공개적으로 밝히면 분명히 더 나은 결정을 내릴 수 있다. 불만스럽지만 시급하고 이해관계가 큰 문제일수록 대중들이 모르게 논의될 가능성이 크다.

물은 경제적 가치 이상의 의미가 있다. 21세기가 시작되면서부터 이 중요한 교훈이 스페인의 정치적·사회적 의식 속에 자리 잡았다. 또한 유럽연합 국가들의 입법부에도 2000년 12월 유럽연합 물 관리 지침의 형태로 이 교훈이 널리 퍼졌다. 한번 나온 개념은 인기를 얻고 유행되지만 완전히 사라지지는 않는다. 스페인 물 환경보호주의라는 헐거운 현수막 아래에 여러 성향의 사람들이 모여 있다. 파릇파릇한 젊은 세대 운동가들과 과학계에 종사하는 피곤한 백발노인들, 북쪽지방에서 온 도시민들까지. 이 연합단체는 영향력이 강력하지만 미래는 아무도 모른다.

2000년 12월 유럽연합 물 관리 지침
유럽연합 물 관리 지침EU Water Framework Directive은 유럽연합의 물 관리 법안의 중심 항목이다. 이 지침에 따르면 회원국들은 의무적으로 강 유역을 확인하고 지역 지휘권을 맡는다. 각각의 강 유역, 관련된 물 사용, 생산성을 분석하는 일정을 계획해야 한다. 자국의 수자원을 지속 가능하게 경제적으로 사용할 수 있는 계획을 세워야 한다.

모든 것은 변한다
2004년 프랑코 시대 이후 스페인의 민주주의는 좌파 정당과 우파 정당으로 나뉘어 정치 권력이 왔다갔다하는 형태를 띠었다. 국민당이 집권한 지 8년이 흐른 뒤 호세 사파테로 덕분에 스페인 사회노동당이 2004년에 다시 정권을 탈환했다. 선거 결과를 보면 스페인 국민들은 국민당의 집권을 맹렬히 거부하는 것처럼 보였다. 특히 조지 W. 부시의 이라크 파병에 동참하는 것을 반대했다.

지하수를 활용하기

남부지역은 물 수요가 많다. 관개농업은 말할 것도 없고, 도시들과 관광 산업도 물 수요가 크다. 캘리포니아의 태양처럼 스페인의 날씨는 농사를 짓기에 좋다. 여름에 30℃가 넘고 겨울에 따뜻하다면 농사짓는 사람들 모두 물을 더 많이 퍼 올려서 사용하고 싶을 것이다. 그들이 직접 지불하는 비용이 저렴한 블루워터에만 해당된다면, 기초경제학에서는 수요와 소비가 꾸준히 증가할 것이라고 본다. 그러나 물은 무한하지 않다.

캘리포니아와 스페인은 저수지의 지표수가 부족하다는 사실을 감안해 수력 시설을 갖춘 후 물 사용에 큰 진보를 이루었다. 그러나 물의 효율성과 농축산물 생산성이 실질적으로 개선된 것은 지하수를 이용했기에 가능했다. 지하수에는 특별한 성질이 있다. 지하수는 지역마다 있고 품질을 신뢰할 수 있으며 가뭄이 들어도 이용할 수 있다. 가뭄이 들면 토지는 마르지만 그 아래에 있는 지하수는 마르지 않는다. 더 좋은 점은 지하수가 농부의 독립을 상징한다는 것이다. 펌프로 무장한 농부들은 언제 어떻게든 필요한 만큼 물을 구할 수 있다. 그러나 독립에는 위험이 따른다. 부유하지만 물이 부족한 농부들에게 물 환경이 불리할 확률은 얼마나 될까? 그럴 일은 전혀 없다. 부유한 선진국이라도 지하수 사용을 규제하는 것은 사실상 불가능하다. 그것은 공기 흡입을 규제하는 것과 같다.

지하수를 이용할 때 물과 사용자 사이에 중재자는 없다. 중재자가 없다면 견제하면서 균형을 맞출 수도 없다. 농부들은 물에 대한 자신들의 권리를 확신한다. 그러므로 자기 규제를 기대하기보다 그들이 숨 쉬기를 멈추는 것을 기대하는 편이 낫다. 심지어 물 효율성과 생산성이 크더라도 물 환경을 지키지 못한다. 경제적으로 필요하기 때문에 농부들은 그 환경에 물을 남겨

두기보다는 관개지 확장을 택한다. 경제학은 농부들을 부추겨서 합리적으로 지속 가능하게 환경을 보호하는 게 아니라, 비싼 식품으로 부족한 물을 수출하도록 한다. 물 사용에 따른 환경 영향 비용을 산출하는 방법을 찾기 전까지는 이런 일이 지속될 것이다.

가뭄은 농부의 영원한 적이다. 고대부터 시작된 이 싸움은 절대 끝나지 않을 것이다. 강력한 수력 기술조차도 이런 판도를 바꾸지 못한다. 수력 엔지니어들은 대규모 지표수 저장 시스템을 만들 수 있다. 그러나 딱 1년 동안 가물면 가장 큰 저장 시스템만이 물 부족량을 채울 수 있다. 그리고 가뭄은 예측할 수 없다. 가뭄은 인간의 고통에 연민을 느끼지 않는다. 가뭄이 닥치면 저수지의 지표수는 단기적으로는 유용하게 쓸 수 있다. 거기에서부터 지하수로 관심을 돌린다. 지하 저수지들은 2년 이상 도움을 줄 수 있다. 가뭄을 이겨낸 스페인 남부지역에서는 농사를 짓는 데 지하수가 꼭 필요했다. 스페인 농부들이 지하수를 편하게 통제하고 이용할 수 있을 때, 스페인 역사상 농업의 생산성과 수익이 가장 높았다. 지하수 덕분에 스페인 농업이 유지될 수 있었고 돈도 많이 벌었다. 하지만 단점도 있다. 지하수는 지속 불가능하다. 1970년대 이후 스페인은 환경을 훼손하는 산업을 강력하고 수익성이 높다고 생각한다.

스페인 남부지역의 모험

나는 늘 1970년대를 강조한다. 프랑코와 그의 독재 정부가 막을 내린 이후 스페인 농부들과 기업들이 자유롭게 생산성과 효율성을 높일 수 있는 유일한 시기였기 때문이다. 스페인은 파시즘을 늦게 떨쳐 내서 유럽연합의 협상 테이블에 참석하는 시기도 늦었지만, 결국 1986년에 유럽연합에 가입했다. 유럽연합에 들어가자 스페인은 공동농업정책에 속한 유럽연합 농부들에게 제공되는 단일 시장 조건과 특별한 재정 혜택을 받아 수익을 올릴 수 있었다. 기술이 발전하고 경제 효율성이 높아지면서 새로운 정치 및 무역 환경에 영향을 받은 스페인이 고가의 식품을 생산하기 위한 투입자원과 물을 결합하면서 농업이 크게 개선되었다. 그래서 건조한 스페인 남부지역은 주요 식량 수출지역으로 발전했다. 추가 요금이 붙은 수출품들은 그에 상응하는 비싼 가격을 받지만, 스페인은 지중해 경쟁국들보다 더 성공할 수 있었다. 그 까닭은 스페인 시장이 이전에 침체되어 있었기 때문이다.

그렇다면 스페인은 궁극적으로 무엇을 수출했을까? 바로 스페인의 물이다. 국제 무역의 이상한 특성 때문에 건조 지역이 가상수를 수출하면 우리는 추가 가격을 지불한다.

이 가상 무역에는 실질적인 비용이 든다. 20세기에 관개지의 작물을 두고 경쟁했던 것은 남부 스페인과 캘리포니아 지역의 농부들과 호텔 경영자들이 지하수에 욕심을 낸 결과였다. 수십 미터 땅 밑에 감춰져있는 저장고만큼 물을 조금씩 빼돌리기에 좋은 곳이 또 있을까? 바짝 마른 강바닥은 물에 대한 사람의 탐욕을 보여주는 강한 상징이지만, 계속 남용되는 지하 저수지들은 눈에 띄지 않는다. 그래서 지하수의 고갈을 명확하게 포착할 수 없다. 가상수 관련 이야기에서 언제나 그렇듯 그런 일들은 보이지 않게 진행될수록 손해가 서서히 번지면서 더 위험한 결과를 낳는다.

실수에서 얻은 교훈

스페인은 물과 관련된 최고와 최악의 사례를 모두 보여준다. 남부지역은 불미스러운 실수들을 저질렀다. 그러나 다른 지역들은 현대적이고 지적이며 지속 가능한 해결책의 믿음직한 본보기를 제시했다.

어느 나라든 내부 분열은 있다. 남북을 축으로 양극화 현상이 일어난다. 스페인도 예외는 아니다. 스페인 남부지역이 보수적이면서 시골 문화의 전형을 보여준다면, 북부지역과 카탈루냐는 활기차고 자유로우며 도시적이다. 스페인의 제2의 도시인 바르셀로나처럼 개방적인 문화는 어디에도 없다. 바르셀로나는 고도로 발달한 카탈루냐 경제의 중심지이며 국가 경제에 크게 기여하고 있다.

지금까지의 분석에 따르면 부유한 바르셀로나는 그 지역 물 환경과는 상관없이 물을 어렵지 않게 확보해야 한다. 이 지역은 수돗물을 살 수 있다. 한 가지 문제는 어디에서 물을 끌어오느냐이다. 이 문제는 바르셀로나의 급수에 대해 토론할 때 변수가 된다. 상식적으로 생각하면 스페인 북부는 물이 풍부한 이웃 지역에서 물을 끌어오면 된다. 그러나 물 정치의 영향력과 비교하면 상식은 아무런 힘이 없다. 스페인에서 지역 간의 정치 구도 때문에 관개지에서 도심지로 물을 재분배하는 것은 거의 불가능하다. 이 일은 그리 나쁘게 보이지 않을 수도 있으며, 단지 기회를 놓친 것으로 보인다. 경제가 다각화된 도시인 바르셀로나는 물에 대한 수익을 많이 올린다. 이 산업의 가장 높은 곳에 있는 농업은 물에 대해 낮은 수익을 올린다. 그러므로 지역 간 물 정치로 인해 물이 가장 큰 경제적 수익을 올리는 곳에는 배분되지 않는다. 이는 자원 배분의 전형적 실수를 보여준다.

바르셀로나에 물을 끌어오는 데는 여러 정치적 어려움이 있다. 새로운 급수시설을 갖추기 위해 자본을 투자하는 것은 큰 문제가 아니다. 그런데 이 비용은 정치 비용을 낳는다. 민주주의 정치에서 인구가 적은 지방 주민들 때문에 힘이 균형을 이루지 못할 때가 자주 있다. 그 주민들에게 값비싼 물 이동 프로그램을 파는 것은 정치적으로 민감하다. 지방 주민들의 문화적 우월감이 클 때 도시로 물을 이동하는 것은 더욱 힘들다. 관개용수에 의존하는 시골 주민의 생계에 지장을 주는 정치적 장애물이 추가된다면, 바르셀로나에 물을 공급하는 것에 반대하는 정치 논쟁이 시끄럽게 일어날 것이다.

바르셀로나는 카탈루냐의 이웃한 강 지류와 정치적 이유들로 논외로 두었던 북부지역으로 시선을 넓혔다. 그러다 프랑스를 발견했다. 프랑스는 지리적으로 인접해 있지만, 프랑스와 스페인은 기후와 수자원에 관해서는 동떨어진 나라다. 하지만 여러 연구 결과에 따르면 프랑스에서 바르셀로나로 급수관을 설치하는 일은 가능했다. 사회와 정치권에서 이 계획을 찬성하는 의견이 늘어났다. 그때 운 좋은 일이 일어났다.

가뭄이 들었던 것이다. 요즘 같으면 가뭄이 행운이라고 주장할 사람은 없다. 개발도상국 농부들이 처한 곤경을 생각한다면 어처구니없는 이야기로 들릴 것이다. 하지만 절망할 필요는 없다. 나는 누구보다 가난한 농부들이 직면한 환경적·재정적 공포를 잘 알고 있는 사람이다. 이와 관련해서는 5장에서 더 자세히 논의하겠다. 지난 10년 간 바르셀로나는 가뭄이 들었어도 사람들은 끔찍한 고통을 겪지 않았다. 아무도 목말라 죽지 않았다. 경제는 붕괴되지 않았다.

대신 바르셀로나 당국은 가정에서 물을 아껴 쓰는 것을 장려했다. 그 방법은 효과가 있었다. 1인당 가정용수 사용량은 하루 100L 이하로 떨어졌다. 놀랍게도 그 수치는 가뭄이 끝난 후에도 거의 오르지 않았다. 사람들은 물을 절약하는 방식에 익숙해졌다. 이제 이렇게 줄어든 사용량이 일반적인 수치가 되었다. 비용이 많이 들고 경제적 효과가 불확실한 급수관을 프랑스에서부터 설치하는 계획은 바르셀로나의 정치 계획에서 빠졌다. 수력 엔지니어들을 제외하면 이 사실로 괴로워할 사람은 없었다. 게다가 작은 선물까지 받았다. 바르셀로나는 급수관을 설치하려고 준비할 당시 담수화 공장을 건설했다. 이 공장이 대략

$1m^3$ 당 1.50유로로 물을 생산한다. 이 공장을 전면적으로 가동하면 그 비용은 $1m^3$ 당 0.6유로로 낮아진다. 이것은 매우 저렴한 비용이다.

바르셀로나의 경험을 보면 공급 관리보다 수요 관리가 물 위기를 빠르고 친환경적으로 해결할 수 있다는 것을 알려준다. 인상적이긴 하지만 비용이 비싼 급수관을 건설하려고 서두를 필요가 없다. 사람들에게 물 사용법에 대한 교육을 시행해야 한다. 선진국에는 현명하게 물을 사용하는 법을 보여주는 좋은 모델이 있다.

친환경적인 물 관리 정책

스페인은 물 정책을 효율적인 방향으로 전환했다. 〈2000 유럽연합 물 관리 지침〉이 발표된 직후 스페인은 이 지침을 불편하게 여겼고 최악의 경우 반대하려고 했다. 〈2000 유럽연합 물 관리 지침〉에서 파생된 시스템 때문에 스페인의 걱정은 더 커졌다. 하지만 에브로강 유역 이동에 대한 사회적·정치적 불안과 2004년 총선에 대한 문화적·이념적 변화로 인해 스페인은 유럽연합의 물 문제에 주도적인 목소리를 내고 있다.

물론 이런 현상은 고통이 변형되어 나타난 것이다. 유럽연합 회원국 중에는 스페인과 비슷한 물 문제들을 가진 나라가 없다. 스페인의 자원 문제는 북유럽 국가들보다 훨씬 더 심각하다. 중요한 이해관계가 걸려 있기에 스페인은 그 문제를 진지하게 받아들였다. 스페인은 지속 가능한 물 관리법을 반대하다가 지지하는 쪽으로 갑자기 입장을 바꿔야만 했다. 이것도 놀랄 일이 아니다. 스페인은 〈2000 유럽연합 물 관리 지침〉으로 모든 것을 잃을 것이라고 생각했지만, 모든 것을 얻을 수 있다는 것을 깨달았다.

이 책을 집필할 당시 유럽에서 스페인은 깨끗한 태양에너지 부문을 선도하는 나라였다. 청정에너지는 세계의 물 안보 확보에 없어서는 안 될 필수조건이다. 독일을 제외하면 스페인만큼 물 문제를 효과적이고 창의적으로 대처하는 나라는 없다. 스페인은 지역적·세계적으로 뛰어난 혁신과 행동을 보여주었고 정치적 진통 없이 신속하게 이뤄냈다.

햇빛을 수출하다

물은 자신이 원하는 대로 한다. 우리가 물을 통제한다고 주장한다면 그것은 거짓이다. 우리는 물을 거의 저장할 수도 옮길 수도 없고, 물로부터 우리를 보호하지 못해 비극적인 결과를 맞이하기도 한다. 그러나 우리는 물을 지배하지 못해도 약간의 영향을 줄 수는 있다. 우리 삶에 필수적인 자원인 태양에는 그런 영향을 줄 수 없다. 물론 그럴만한 이유가 있다. 태양은 우리가 닿을 수 없는 외부 세계에 존재하기 때문이다.

태양에너지 저장방식에서 많은 성과를 거두었지만, 태양의 경제적인 역할은 전적으로 자연의 변덕에 달려있다. 폴 매카트니의 노랫말을 빌리자면 농업은 '태양을 좇는다.' 이는 물은 풍부하지만 겨울이 긴 북유럽에서는 1년의 절반을 경작할 수 없다는 뜻이다. 열대지방 외에는 대부분 계절이 있다. 그런데 우리 식단에는 계절이 없다. 문화적 대세는 우리가 즉시 적절한 가격으로 소비할 수 있도록 하는 것이다. 21세기 선진국의 소비자들은 이런 사회적 태도를 보인다. 북유럽 국가들이 천수답의 식용 작물 수확량을 3배 이상 늘렸다는 점은 중요하지 않다. 소비자는 물 집약적 음식이 식탁에 1년 내내 올라오기를 바란다. 7월이든 12월이든 계절에 상관없이 다른 상품들처럼 슈퍼마켓에 딸기가 계속 진열되어 있어야 한다.

이런 통제할 수 없는 수요는 인간의 놀라운 능력으로 캘리포니아와 스페인에 의해 충족되었다. 스페인은 높은 가치의 농축산품에 숨겨진 가상수로 부족한 물을 수출했다. 물 환경이 건조한 지역에서 물이 풍부한 지역으로 물이 수출되고 있다. 왜 이런 일이 발생할까? 물이 햇빛의 대체물이기 때문이다. 부유한 나라들은 겨울에 햇빛이 부족한 만큼 식량을 수입한다. 캘리포니아와 스페인 같은 부유한 국가와 가난한 국가들의 공급을 모두 합쳐도 이 수요를 충족하기에는 부족하다.

수출국 물 환경의 붕괴를 막을 방법은 단 하나 밖에 없다. 부유한 소비자들의 수요를 억제하기 위해 소비자의 양심을 자극하는 것이다. 수출국도 생산을 늘려야 한다. 무역은 환경을 걱정하지 않는다. 무역업자들도 환경 문제를 모른다. 이런 무분별함은 전염성이 있어서 결국 소비자에게까지 피해를 입힌다. 따라서 물 환경이 취약한 나라들은 자국의 물을 과도하게 수출해 그 지역 수자원을 파괴한다.

이 수출국들은 가뭄에 피해를 입기 쉬운 지표수와 지하수까지 고갈시킨다. 스페인이 추진하고 있는 정책은 물의 자살행위로 볼 수 있다. 스페인과 캘리포니아 같은 반半건조 지역은 주기적으로 가뭄의 위협을 받는다. 가뭄이 1년 이내로 지속되면 공학기술·댐·저수지로 대처할 수 있다. 1년 이상 가뭄이 지속되면 농부들은 펌프를 구할 것이다. 가뭄이 2~3년 지속되면 그 나라는 물 부족 위기에 빠진다. 하지만 사람들은 '물을 절약하려면 우리가 무엇을 해야 할까?'라고 생각하지 않는다. 대신 '우리는 물을 어디에서 구할 수 있을까?'라고 생각한다. 걱정스러운 점은 가상수 거래가 이런 물 부족 문제를 숨길 수 있다는 것이다. 가상수는 농부·정치인·대중을 속이면서 부족한 수자원을 착취한 결과를 알리는 환경운동가들을 방해한다.

물을 활용한 수익

그렇다면 스페인은 끔찍한 물 부족 위기에 빠져야 한다고 생각하는 사람이 있을 것이다. 방금 내 설명이 정확하다면 이베리아 반도 전체에 물은 한 방울도 남아 있을 수 없다. 지표수는 증발했고 지하수는 말라버릴 정도로 다 퍼 올렸다. 관개 때문에 토양에는 독성이 생겼고 수도꼭지를 틀면 더 이상 물이 나오지 않아야 한다.

하지만 현실은 그렇지 않다. 그 이유는 무엇일까? 빌 클린턴 전 대통령이 자주 사용했던 말을 빌려 한 마디 하겠다. 바보야, 문제는 경제야! 1997년과 2006년 사이 스페인의 GDP는 5천억에서 1조 정도로 두 배 가량 증가했다. 그러나 스페인은 매년 같

그림 3.6 스페인 농업 부문의 물발자국

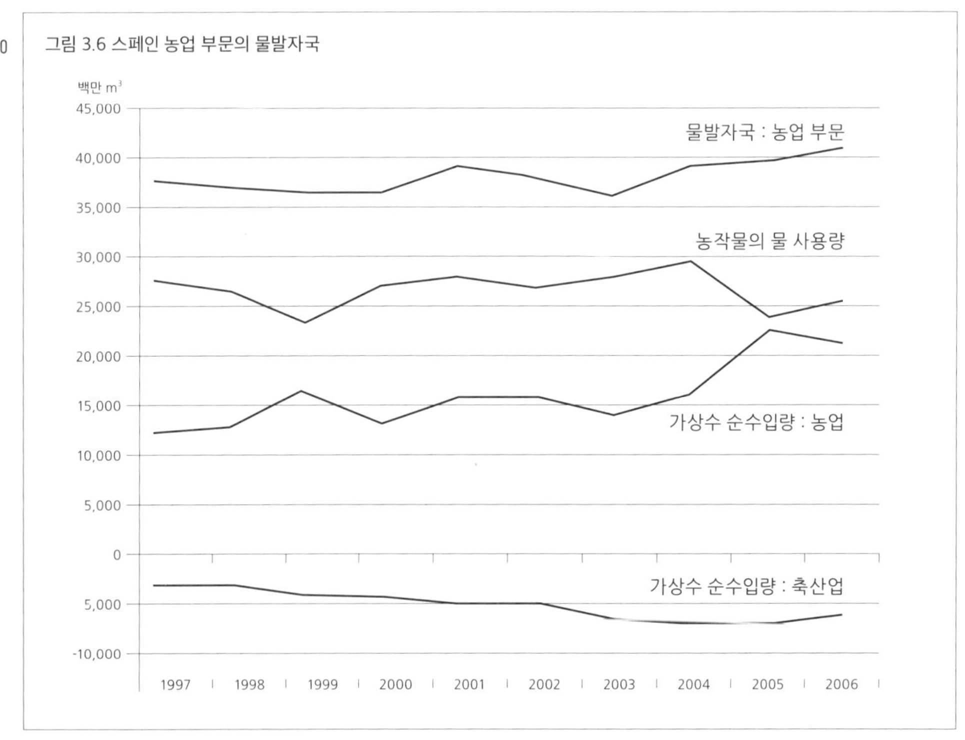

은 양의 물을 사용하는 것으로 조사된다.

그 수치는 계절별 강수량 때문에 매년 조금씩 달라지지만 스페인은 꽤 지속적으로 연간 32 km^3의 블루워터와 그린워터를 사용해왔다. 같은 시기에 스페인의 물발자국은 10% 가량 상승했다. 부족한 물은 가상수의 순수입으로 보충되었고 수입량은 25% 증가했다. 수입된 가상수의 실질적인 양은 훨씬 늘어났지만 수출량도 상당히 증가했다. 이는 스페인의 농업과 국제 식량 무역이 건강한 방식으로 진행되고 있다는 증거다. 스페인은 지역의 물 환경을 훼손하지 않고 가상수를 수입했다. 스페인은 경제가 다각화되어 부유하기 때문에 편안하게 이런 선택을 할 수 있다. 경제 다각화와 물에 대한 수익 개선은 선순환 구조를 형성한다. 그러므로 캘리포니아처럼 스페인도 물발자국이 천천히 증가해 GDP가 급증했다.

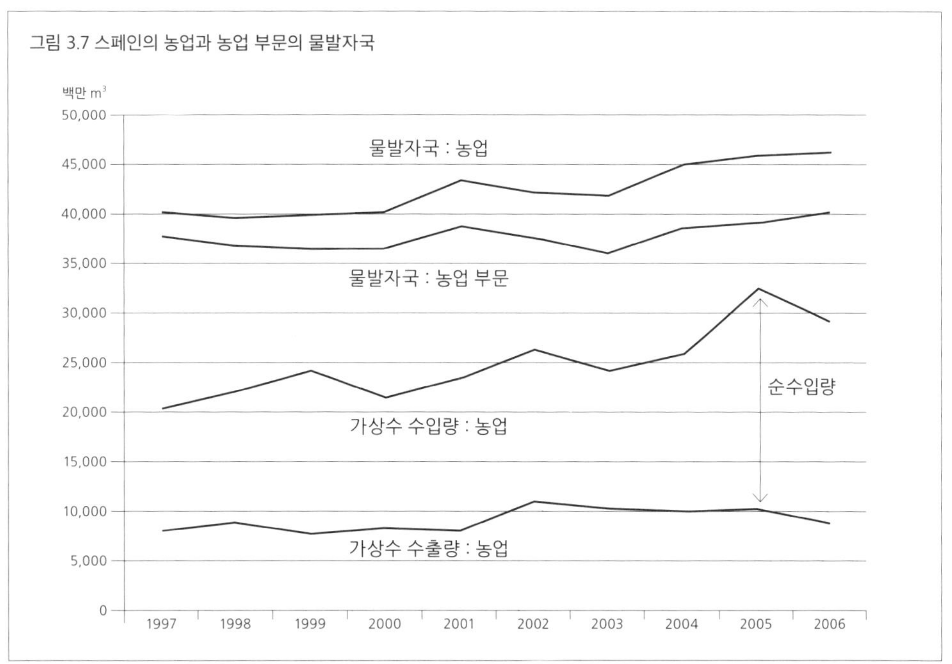

그림 3.7 스페인의 농업과 농업 부문의 물발자국

출처(그림 3.6, 3.7) : A. Garrido, M.R. Llamas, C. Varela-Ortega, P. Novo, R.R. Casado and M.M. Aldaya(2008), *Water Footprint and Virtual Water 'Trade': Policy implications*, Satander: Botin Foundation.

수치들을 계산해보면 흥미로운 기사 제목들을 만들 수 있다. 10년간 스페인은 자국의 수자원에서 $1m^3$ 당 GDP의 60% 이상을 얻었다. 스페인 GDP 1유로의 물발자국은 1/4로 감소했다. 이 수치가 이상하게 보인다면 그 물발자국에 스페인에 수입된 가상수의 순수입량이 포함되기 때문이다.

이 가상수는 스페인의 경우 곡물과 저가 식품 속에 감춰진 채로 경제에 포함되었다. 그래서 가상수로 얻는 수익은 같은 양의 스페인 물로 얻는 수익에 비해 현저히 낮아졌다. 종합적인 경제 상황은 낙관적이고 합리적으로 보인다. 분명 좋은 일이다. 물을 적게 사용하고도 돈을 더 많이 번다. 그렇다면 지속 가능한 경제를 이루면서 동시에 환경을 보호하기 위해 무엇을 해야 할까?

스페인의 황금기

언제나 숨은 문제점은 존재한다. 자본주의가 시작되던 시기 서유럽과 식민지 독립 후 북아메리카의 막강한 선진국들은 외견상 상호이익이 되는 무역 덕분에 부를 축적했다. 상품들을 가득 실은 배들은 바다를 건너갔다가 다른 상품이나 돈을 가득 싣고 돌아왔다. 경이로울 만큼의 부를 창출하던 시기였다. 다른 나라와 비교했을 때 더 많은 부를 쌓은 나라가 있었지만, 승자의 지위만 달랐지 패자는 없는 것처럼 보였다.

그러나 빛나고 영예로운 근대 문명의 승리 뒤에는 불결하고 추악한 제도가 숨어있었다. 바로 노예무역이다. 국제 자본주의의 굶주림을 채우기 위해 거래하던 최고의 상품은 사람이었다. 무역에는 본능에 따르는 도덕적 기준이 존재하지 않는다. 경제에도 없다. 그러므로 누군가 도덕적 타당성을 입증하기 전까지 노예무역은 계속되었다. 경제적 논리가 타당했기에 노예무역이 계속될 수 있었다.

공급자가 있었기에 노예무역이 가능했다. 당연히 수요도 있었다. 공급과 수요 모두 경제 모형에 꼭 필요한 것들이다. 무역 중개인은 노예무역의 사회적 영향과 용서할 수 없는 인간들을 의도적으로 모른 체 했다. 그런 것들은 경제 외부에 있었다. 무역에 윤리적 관점이란 존재하지 않았다. 오늘날에도 국제무역 윤리의 존재 여부에 대해서는 논란이 된다. 그러나 지금 사람을 거래하는 것은 범죄이자 암시장에서나 가능하다. 한때 노예무역은 국제무역의 불균형으로 개발도상국을 착취하는 행위처럼 아무 거부감 없이 받아들여졌다. 하지만 일부에서는 불평을 쏟아냈고, 또 다른 쪽에서는 보이콧을 통해 압력을 행사해 잔인한 노예무역으로 경제적 이득을 얻는 시스템에서 벗어나려고 했다. 몇 세기 동안 그들은 괴짜 취급을 받으면서 비현실적인 헛된 기대를 품었다. 미래는 언제나 현재를 웃음거리로 만든다. 노예무역이 그랬고 지금의 불공정한 국제무역도 마찬가지다.

공정무역의 조건은 간단하다. 당신이 판매의지가 있는 판매자이자 구매의지가 있는 구매자라고 하자. 이때 중요한 점은 구매자와 판매자가 모두 동등하게 정보를 가지고 있고 동등한 권한이 있어야 한다. 그러나 노예무역에서는 그런 조건이 충족되지 않았다. 첫 번째 항목에서부터 이미 어긋났다. 노예무역에서는 인적자원을 생산하던 나라들이 자발적인 판매자가 아니라 착취당하던 피해자였다. 노예무역이라는 주제는 변했더라도 그 구조는 똑같이 남아 있다. 공정무역 조건이 충족되는 경우는 거의 없기 때문이다. 설탕, 목화, 차, 커피, 초콜릿 같은 비주류 제품 무역에서 구매자와 판매자 사이에는 힘·의지·권리의 균형이 맞지 않는다. 무역의 주변부에서 폐지론을 주장한 사람들은 바보나 순진한 사람이라는 꼬리표가 붙었다. 공정무역 상품을 위한 제품 보이콧과 시민운동은 국제적으로 인정받은 행동수칙으로 지원받았지만 최근까지도 하찮은 집단의 전유물처럼 여겨졌다. 현재까지도 그 집단은 체계를 갖추었지만 경제와는 무관한 소수집단이다.

공정무역에 대한 원칙적 변화는 시장에서 비롯되지 않았다. 시장은 공정함에는 관심이 없다. 상당히 심각한 상황이다. 불공정 거래에는 시장의 관심이 지대하기 때문이다. 무지하고 무능하고 자포자기한 판매자는 강하고 유능한 구매자에게 이용당하기 쉽다. 시민사회는 점차 자신들의 인지도를 높였다. 관심이 증가했다. 압력단체들이 발전했다. 정보가 전파되었다. 깊이 뿌리박혀 변하지 않을 것처럼 보이던 무역에 조금씩 저항하자 변화가 일어났다. 시민의 목소리가 아주 크면 정치인들이 그 소리를 수용한다. 기업들이 공정무역의 관습과 신념을 채택한다면 세계적으로 변하고 있다는 표시다. 그러나 그 표시는 초기 단계일 뿐이다. 국제무역 개혁은 단편적이고 느려서 개발도상국의 가난한 농부들의 생활을 파괴하는 무역 불균형을 해결하는 데는 한 세기가 더 걸릴 것이다.

그렇게 천천히 변하는 동안 얼마나 많은 생명이 사라지고 삶은 망가지겠는가? 그 사이 당신은 값싼 커피, 초콜릿 바, 티셔츠를 얼마나 많이 소비하겠는가?

물을 둘러싼 투쟁의 시작

물이 부족한 지역의 수자원에 해로운 불공정무역을 없애기 위한 가난한 사람들의 투쟁이 막 시작되었다. 이 투쟁은 수십 년간 이어질 것이다. 물을 고갈시키는 사람은 선진국 소비자들이다. 값싼 제품들에 숨겨진 대가는 물의 고갈로 일어난 환경파괴다.

스페인은 이제 개발도상국이 아니다. 스페인은 이 같은 방식으로 착취당하지 않는다. 스페인은 자발적인 판매자인가? 그 대답은 '그렇다'와 '아니다'가 모두 될 수 있다. 스페인은 분명 개발도상국이 아니지만 물이 부족하다. 스페인은 유럽연합 소비자들을 만족시키기 위해 물을 고갈시키고 있다. 스페인이 판매의지가 있는 판매자인 단 한 가지 이유는 자국의 물 환경에 들어가는 위험 비용을 의도적으로 모른 체 하고 있기 때문이다. 그래서 물 환경을 파괴하고 그 파괴를 숨기는 가상수 전투에서 스페인은 최전선에 있다.

우리가 분별력과 나쁜 수익 사이의 투쟁에서 승리한다 하더라도 무지, 과잉생산, 과소비로 인해 많은 지하수와 강을 말라버리게 한 뒤에야 승리할 수 있다. 스페인도 마찬가지다.

행복한 최후 기록

스페인을 동정하지 마라. 스페인은 결코 파멸하지 않는다. 스페인은 가상수 문제를 제외하고는 잘 해왔다. 나는 여기에서 스페인을 성공 사례로 이야기하지만 한 가지 주의할 점이 있다.

스페인은 파시즘의 오랜 실험 때문에 뒤늦게 발전하기 시작한 뒤로 20세기가 끝날 무렵에는 지속 가능한 방식으로 성장했다. 좋은 기후, 숙련된 노동자들, 세계 최고의 기술자원으로 축복받은 나라가 스페인이다. 그래서 스페인은 선진국 대열에 들었다. 스페인은 관개농업의 혁신보다 농업 외의 다른 분야에서 이룬 성과가 더 인상적이다. 유럽연합에 합류한 뒤 운송과 관광 기반시설들은 혁신을 이루었다. 스페인은 크게 성공한 다국적 기업들의 목적지가 되었다. 스페인, 특히 바르셀로나만큼 문화적으로 후기 르네상스를 즐긴 국가는 거의 없다. 서유럽의 약소국이었던 스페인이 이제는 거대 유럽 국가들과 GDP를 두고 경쟁할 정도로 성장했다. 인구는 인구보충출생률(총인구를 유지하는 데에 필요한 출생률-옮긴이)을 유지할 정도로 유지되고 있다. 이것은 경제적 번영과 사회적 진보를 분명하게 보여주는 표시다.

스페인은 농업에서 물을 확보하는 방식으로 무역을 했다. 스페인은 자국의 자원만 사용해서는 물을 확보할 수 없었다. 기후로 인한 문제의 유일한 해결책이 가상수였다. 그러나 스페인은 부득이하게 해야 할 일을 장점으로 만들었다. 30년 이상 부족한 수자원을 넓은 토지와 햇빛과 함께 충분히 수입한 가상수와 결합해 높은 가치의 농축산물을 생산했다. 스페인은 몇 년 전에 캘리포니아가 개척한 길을 따라갔다. 물 환경이 좋지 않은 나라도 국제 식량 무역에서 중요한 역할을 할 수 있다는 점을 스페인이 입증했다. 그런 역할을 하면서 돈도 많이 벌었다. 스페인의 농부·기업가·정부 모두 경제적 기회에 적극적으로 대처했다. 운송, 금융, 기술 모두 농업을 지원하는 데 동원되었다. 그 실험으로 스페인은 명망과 부를 얻었다.

그러면 그 방법은 지속 가능할까? 지속 가능하지 않을 것 같아 걱정이다. 가까운 미래에 그들은 어려운 환경적 결정들을 내려야 한다. 스페인의 사회·정치 체계가 농부들과 무역업자들에게 지속 가능한 방법을 따르도록 할 수 있는지 또는 지식이 풍부한지 알 수 없다. 기업 용어를 쓰자면 지속 가능성은 가지고 있어서 좋은 것이 아니라 꼭 있어야 하는 것이다. 그 피해는 이제야 드러나고 있다. 해안의 습지대는 환경에 의존하던 동식물군에 치명적인 영향을 끼쳐서 점점 건조해지고 있다. 가뭄에 시달리던 안달루시아에는 지하수가 있는 대수층이 사라지고 있다.

스페인의 물 이야기는 인상적이다. 그러나 이제 변해야 할 시기다. 물 환경이 오랫동안 이렇게 힘든 상황에 처한다면 되돌릴 수 없는 일이 벌어질 것이다. 스페인은 물 사용을 줄여야 한다. 그렇지 않으면 남아 있는 물이 고갈되는 동안 스페인 사람들의 기대는 좌절되고 경제의 필수요소가 파괴될 것이다. 그런 과정은 정치적으로 납득시키기 어렵다. 조치를 취하지 않고 변화를 일으키지 않는다면 그 영향은 훨씬 심각할 것이다. 물이 완전히 고갈되는 날에 정치인은 무엇을 살릴 수 있을까? 아무것도 없다. 아직 스페인에는 위기가 오지 않았다. 그러나 큰 배의 방향을 돌리는 데는 오랜 시간이 걸리므로 지금 바로 대비를 시작해야 한다.

4장

물로 지구를 구한 브릭스 국가들

흰 고양이인지 검은 고양이인지는 중요하지 않다.
쥐를 잡을 수만 있다면 그것은 좋은 고양이다.
- 덩샤오핑 -

브릭스 국가들은 매우 중요하다. 여러 가지 면에서 이들은 미래의 희망이다. 앞서 선진국 세 나라를 살펴본 것처럼 한 국가가 완벽하게 산업화되면 도로·통신·창고·댐·저수지 같은 유형 기반시설과 정치경제·금융기관·시장·공공 및 개인의 거래 규제 같은 제도적 기반시설이 마련된다. 이런 구조가 갖춰지면 농부들은 인구성장에 맞춰 물 생산성을 높일 수 있다. 다각화된 경제와 발전한 사회·정치·금융의 공공 기반시설들 덕분에 성공적으로 물을 관리할 수 있다. 하지만 브릭스 국가들은 이 여정을 아직 끝내지 못했다.

브라질과 러시아, 중국과 인도는 세계에서 가장 큰 나라들이다. 이 나라들은 두 나라씩 짝을 이뤄 구분된다. 중국과 인도는 똑같이 인구가 많고, 경제는 급속도로 성장하고 있다. 브라질과 러시아는 기본적인 수자원이 풍부하고 식량 생산량과 물 생산성을 높일 수 있는 잠재력이 상당하다. 인도와 중국은 21세기 중반쯤에 더 많은 식량이 필요하기 때문에 이는 좋은 소식이다.

이 장에서는 중국과 브라질을 분석한다. 히말라야나 우랄산맥을 검토하지 않은 것이 안타깝다. 인도와 러시아에는 분석할 내용이 너무 많다. 현재 수자원 관리에 놀라운 발전을 보여주고 있는 남아프리카공화국도 살펴보지 않을 예정이다.

첫째, 우리는 중국을 살펴볼 것이다. 세계에서 가장 많은 인구가 이 광활하고 오래된 땅에서 살고 있다. 지구 인구의 1/5이 중국인이다. 다행히 이 어마어마한 인구와 거대 산업들의 집단적 물 수요는 적당한 편이다. 인류의 1/5이 중국에 살고 있지만 수자원은 14%만 소비한다. 내가 40년 전에 이 책을 썼다면 중국의 위험성에 엄청나게 경고하는 내용으로 이 책을 가득 채웠을 것이다. 당시 중국의 물발자국은 세계 전체를 압도할 지경이었다. 그래서 무시무시한 예측들이 쏟아져 나왔다. 2030~2050년 사이에 중국 인구가 20억을 넘을 것으로 예견되었다. 하지만 중국은 13억에서 14억 정도로 인구를 유지하고 있다. 그 덕분에 많은 물과 식량을 절약할 수 있다. 물론 에너지까지.

중국 : 이해하기 어려운 물 구원자

중국 공산당은 문화적·이념적 이름이지만 효율적이다. 우리 모두에게 이 점은 물 관리 측면에서 이익이다.

크기가 중요하다

중국은 크기가 중요하다. 샤를 드골의 유명한 이야기처럼 중국은 많은 중국인이 거주하는 큰 나라다. 통계자료가 잘 알려져 있어서 가끔씩 우리는 그 크기의 중요성을 잊어버린다. 지구 인구의 1/5이 중국에 살고 있다. 13억 인구가 물을 소비하기 때문에 중국이 물과 물 집약적 제품을 소비하는 방식은 다른 어떤 나라의 정책들보다 중요하다. 중국의 독특한 정치·도시 구조는 지도자의 생각을 빠르게 실행할 수 있다는 점에서 의미가 있다. 그래서 중국이 더 중요하다. 중국은 물 정책을 포함해 여러 일들을 해결했다.

인구를 줄이다

금지된 국가

베일에 가려져 있던 중국에서 1949년 공산당이 집권하자 중국을 이해하는 것이 더 어려워졌다. 마오쩌둥이 통치하던 30년 동안 중국은 폐쇄적이었다. 그 시기 역사는 역사를 쓴 사람의 기분과 편견에 따라 규정되었다. 국가의 탄압과 폭력에 대약진 정책(마오쩌둥에 의한 1958~1961년의 경제 공업화 정책-옮긴이)과 문화혁명에 대한 설명이 첨가되어 객관적 사실에 가까운 역사를 알기까지는 수 십 년이 걸릴 것이다. 그렇지만 분명한 사실을 보여주는 수치가 있다. 중국 인구는 30년 이내에 80% 가량 증가했다. 베일에 가려진 30년 역사 속에 무슨 일이 있었는지 정확하게 알 수는 없어도, 중국에 심각한 문제가 생겼다는 점은 분명했다.

빠르게 줄인 인구

1979년 중국 정부는 민중에게 상상할 수도 없는 정책을 발표했다. 정부는 가족 수를 줄여서 미래의 추상적이고 공공선을 위해 현재의 개인적인 희생을 요구했다. 이것은 인류역사에 둘도 없는 실험이었고 처참한 결과가 나타났다. 법률이 인간 본성을 이길 수 없다고 주장하던 사람들이 있었음에도 불구하고, 중국의 한 자녀 정책은 해결할 수 없게 보였던 딜레마를 조정할 수 있었다는 면에서 성공적이었다. 이 정책은 지구에서 시행한 물 보전 정책 중에서 가장 훌륭했다. 이 정책으로 줄어든 인구 증가분은 미국(캐나다와 그린란드도 포함해서)에 새로 이주해서 살 수 있는 정도의 숫자다. 그로 인해 많은 물과 에너지가 절약되었다. 우리가 지구온난화를 억제하는 데 헌신하지 않은 것 때문에 중국을 비판한다면, 중국은 세계 물 안보에 기여한 점을 생각해야 한다.

한 자녀 정책에서 주목할 점은 이 정책이 일반적인 정치 기준에 위배된다는 사실이다. 이 정책을 통해 현재 세대의 희생으로 미래 세대가 혜택을 받았다. 그러나 정치에서는 미래가 현재를 위해 희생되는 일이 흔하다. 현재 선진국이 기후변화에 접근하는 방식을 생각해보자. 정치행위는 과학에 힘없이 뒤처진다. 대중 여론이 고조되면, 정치인들은 정치 자본을 진지하게 논의되는 문제에 과감하게 사용할 수 있다고 생각한다. 오랫동안 선진국 정부들은 긴급히 처리해야 하는 에너지 수요 관리를 꺼려했다. 그에 따른 대기오염의 심각성을 확실하게 이해하면서도 계속해서 수요 관리를 주저했다. 그래서 미래는 현재의 대가를 치르기 위해 희생되었다. 정치인들의 진실성을 공격하려고 이 이야기를 꺼낸 게 아니다. 정치 자본은 한정되어 있으니 그것을 언제 어떻게 쓸 것인지 현명하게 판단해야 한다. 미래의 문제는 정치적으로 나중에 처리해도 된다. 현재가 중요하다.

특별한 경우

중국 정치가 서구 선진국들의 정치와 유사하다고 가정하지 말자. 1979년까지 30년 동안 중국 정부는 국민들에게 경제와 사회를 급진적으로 개혁할 것을 강요했다. 동시대 선진국 정부들은 훨씬 앞서서 이런 요구를 했다. 대부분의 선진국과 달리 중국 정부는 국민에게 투표제도에 대해 설명할 필요가 없다. 또한 정부가 개인의 삶에 많이 관여하는 것을 수용하는 문화다. 언제나 정부가 독단적으로 시민과 개인의 삶에 선을 긋는다. 중국 정부가 그은 선의 위치는 선진국과는 많이 다르다.

그러므로 중국 정부는 높은 사회적 비용을 치르면서 정책들을 추진했다. 한 자녀 정책은 투자할 가치가 있는 정치적인 도박이었다. 이 거대하고 사회적으로 역행하는 인구 정책은 전례 없는 인구배당효과(노동 가능한 인구의 증가에 따라 부양 비율이 하락하면서 경제 성장이 촉진되는 효과-옮긴이)를 얻는 것이 목표였다. 물 소비 감소에 따른 이익을 예상하지는 못했지만, 중국의 인구 줄이기 정책은 세계 수자원에 긍정적인 영향을 주었다. 원래는 주택과 에너지 절약이 목표였고, 사회·교육 서비스의 공급도 아끼려고 했다. 결과적으로 식량과 물 소비 감소는 부수적인 목표였다. 그 정책은 물 수요 관리를 전혀 언급하지 않았다. 언급조차 안 된 일이 이렇게 중요한 영향을 미치는 경우는 드물다. 물 보존을 위한 좋은 조치는 우연히 생긴 결과였다.

인구 감소의 효과

중국의 인구제한 정책은 극단적 사회 정책과 마찬가지로 많은 비판을 받았다. 중국은 경솔하게 경제적·사회적 결과들을 초래해서 비난을 받았다. 젊은 층의 숫자가 적어서 많은 노령 인구를 부양할 수 없을 것이라는 주장이 제기되었다. 여자 아이들에 대한 부당한 처사도 밝혀졌다. 중국 사회는 분명 사회적 대가를 치르고 있다. 하지만 중국은 세계 2위의 경제대국으로 일본 경제를 추월했다. 물 수요가 감소한 국가들을 위한 배당금이 무시되었던 것처럼 경제적 공포도 과장되었던 것으로 보인다.

사회적 영향력을 통계자료로 정확히 담아내기는 힘들다. 중국에서 아들을 선호하는 사회적 추세는 우려스러운 일이다. 하지만 아시아에서 딸 기피 현상은 흔한 일이다. 당연히 한 자녀 정책은 이런 문제를 더 악화시켰다. 중국 당국은 연민과 강요가 뒤섞인 채로 대처했다. 농가에서는 첫째가 여자아이일 경우 둘째를 낳아도 되었다. 아기의 성별을 선택하려고 뒤늦게 낙태하는 일은 금지되었다. 우리 눈에 이런 부분은 잘 이해되지 않는다. 자유 민주주의에서 가족 수를 법률로 제정하는 것은 상상할 수 없는 일이다. 그러나 정치적 결정은 두 가지 질문에 따라 달라질 수 있다. 하나는 그 정책을 대중에게 어떻게 설득할 것인지, 다른 하나는 대중이 그 정책을 마음에 들어 하지 않는다면 어떤 일을 할 수 있는지다. 중국에서는 대중이 할 수 없는 일이 있다. 투표를 해서 그 정치인을 물러나게 하는 일이다. 정책이 즉각적인 시민 폭동을 야기하지 않는다면, 정부 집권 기간 동안 그 정책은 계속 지속된다. 민주주의에서는 대부분 정책들이 격렬한 논쟁으로 이어지면서 평가된다. 하지만 민주주의와

달리 중국인들은 장기적·단기적으로 실행 가능한 정책들을 반대하는 방법밖에 없다. 겉으로 보기에 한 자녀 정책은 즉시 반란을 일으킬 정도는 아니었지만, 대중이 크게 분노했기 때문에 장기적으로 성공했다고 볼 수 없었다. 그러나 이는 계속 유지되었다.

왜 그럴까? 비평가들이 그 정책의 문제점을 입증했다. 중국을 포함해 세계 수자원을 수문학적·경제적 차원에서 분석하자 인구배당효과가 있다는 사실이 밝혀졌다. 중국 내에서 식량·물·주택·공공 서비스 수요는 한 자녀 정책이 도입되기 전에 예측했던 수치보다 25% 더 낮았다. 이 정책은 경제의 방해요소가 아니라 진가를 알아보지 못한 중국 경제성장의 동력이었다.

여기서 우리의 관심사는 물이다. 중국 인구는 너무 많아서 규모나 성장률의 작은 변화라도 국제적으로 중요한 영향을 미친다. 중국의 식량과 물 수요가 25% 감소한 것은 세계의 물 수요가 5% 감소한 것과 같다. 놀랍게도 1979~2009년 사이에 중국 인구는 고작 37% 증가했다. 고작이라고 말한 까닭은 그 이전 30년 동안에는 인구가 80%나 급증했기 때문이다. 다가올 30년 동안에는 9%만 증가할 것이라는 예측도 나왔다. 이는 영웅적인 이야기다. 세계의 가상수 소비자들, 주로 서구와 중동의 선진국들은 중국의 한 자녀 정책 때문에 물을 아낄 수 있다. 우리가 수입식품을 계속 먹을 수 있는 것도 중국의 인구 관리 덕분이다. 단순한 사슬이 형성되는데, 현재의 식량 안보는 중국의 인구 억제 정책을 대가로 얻은 것이다.

그것이 전부는 아니다

중국은 엄격한 인구 억제를 통해 물 소비를 줄이면서 농업의 물 효율성을 개선하고 높은 수확량을 달성했다. 영국처럼 중국은 적은 물로 많은 식량을 생산하고 있다. 대약진 정책으로 절정에 달한 비극의 결과로 초래된 식량 부족 때문에 중국의 경제·사회에 큰 혼란이 일어났다. 대약진 정책은 기근과 식량 부족 문제를 더 악화시켰다. 이 전쟁은 이길 수밖에 없는 전쟁이었다. 1961~1991년 사이에 밀·옥수수·쌀 생산이 4~5배가량 증가했다. 운송, 통신, 시장의 공공기반시설이 크게 개선되어 이 과정을 도왔지만, 물 생산성도 크게 개선되었기 때문에 그렇게 급증할 수 있었다.

새는 식량

모든 식량이 동일하게 만들어지지는 않는다. 가난한 국가들은 부유한 국가들만큼 농업에서 물 효율성이 좋지는 않다. 같은 양의 식량을 만드는 데 더 많은 물이 소비되는 이유는 그 과정에서 물이 낭비되기 때문이다. 그래서 식량이 새는 것이다. 선진국 소비자들이 더 많은 식량을 소비하는 데도 불구하고, 식량에 들어간 1인당 물 소비량은 개발도상국과 선진국이 거의 같다. 선진국들은 식량이 새는 것을 막아서 자신들의 배를 더 불리기 위해 보조금을 지급하고 있다. 생산성이 과식에 대한 대가를 지불하고 있다.

메이드 인 차이나

중국 경제는 최근 몇 년 동안의 심각한 경제공황을 GDP 성장으로 계속 견뎌왔다. 선진국 입장에서 볼 때 이는 이상한 일이 아니다. 중국은 컴퓨터·옷·자동차·고양이 사료까지 국제무대에서 성공한 생산국이다. 선진국에서 과소비하는 사람들이 중점적으로 찾는 제품은 중국에서 대량 생산된 값싼 물품들이다. 우리는 몇 십 년 전에는 상상도 못했을 질·양·가격에 첨단 기술력이 들어간 고가의 제품들과 값싼 생활필수품을 살 수 있다.

그러나 그러기 위해서는 비용이 든다. 욕심 많은 세계 경제를 계속 유지하는 중국 제품들이 그렇게 낮은 가격으로 많이 생산될 수 있는 이유는 무역에서 제품 생산에 들어간 모든 천연자원의 가치를 포함시키지 않았기 때문이다. 경제적으로 표현하면 이를 부정적인 외부효과라 한다. 외부 한계비용이 사회적 한계비용에 반영되지 않는다는 뜻이다. 즉, 환경과 자원 훼손에 대한 비용이 그 가격에 포함되어 있지 않다.

중국은 자원 기반을 철저하게 시험하고 있다. 석탄과 물 소비량은 지속 불가능한 수준이다. 이는 시간 단위로 증가하고 있다. 석탄과 관련된 이야기는 유명하다. 대중 매체에서 '중국이 1주일에 발전소를 두 군데 건설하다'처럼 석탄과 관련해 자극적인 제목들을 계속 쏟아냈다. 비슷한 이야기에서 중국은 기후 변화 정책을 보여주는 공연에서 말 없는 악당으로 끌려나온다. 여기에서 그런 이야기를 반복할 필요는 없다. 그런데 물 환경의 피해에 대해서는 자주 언급되지 않는다. 산업적 물 소비량이 식량 생산에 소비되는 물에 비해 적은 양이라고 해도, 그것은 불공정한 불균형이다. 산업만큼 환경을 오염시키는 것은 없다. 중국의 물 소비 때문에 심각한 환경 훼손이 일어나는 것은 분명하지만, 투명함과는 거리가 먼 중국에는 정부와 기업의 책임을 추궁하는 데 필요한 사회와 시민 기관들이 부족하다.

그러나 서구의 안락한 입장에 있는 사람들이 중국에게 잔소리하는 것은 위선에 가깝다. 중국이 이런 식으로 물 환경을 훼손하면 누구에게 혜택이 돌아갈까? 그것은 바로 우리다. 중국의 저렴한 제품을 수입하는 우리는 두 가지 혜택을 누린다. 저렴한 제품을 쓰면서 물 환경에 대한 결과는 책임지지 않는다. 그래서 일정한 값이 없는 물과 에너지발자국을 수출국들이 부담하는 국제무역의 불균형이 나타난다. 개발도상국들은 이런 부담 때문에 경제 사회적으로 치명적인 사태를 겪는다. 브릭스 국가들은 조금 더 견고하다.

중국의 가상수 수입량과 수출량

중국은 가상수를 많이 수입한다. 2000년에 중국은 식량에서만 60km³의 가상수를 수입했다. 공산품과 서비스에서 수입한 물을 합치면 그 해에 총 74km³를 수입했다. 이전 장에서 언급한 유럽연합 내부의 가상수 총 거래량이 69km³라는 사실을 기억하라. 이것은 아주 많은 양이다. 그러나 중국은 사실상 가상수 순수출국이다.

표 4.1을 보면 중국이 어떻게 식량 수입에 포함된 가상수를 그 이상으로 보상하는지 알 수 있다. 그 대답은 산업 엔진에 있다. 2000년 중국은 공산품으로 가상수를 55km³ 수출했다. 그리고 식량에서 29km³를 수출했다.

가상수 순수출량은 100억m³이다. 중국과 무역을 하는 나라들로선 값싼 제품들을 상점에 쌓아두기 위해 한 방울의 물도 소

표 4.1 2000년 중국의 가상수 수입량과 수출량

	가상수 수입량		
가상수 양	농산물과 축산물	산업	총량
십억 m³/년	60	14	74

	가상수 수출량		
가상수 양	농산물과 축산물	산업	총량
십억 m³/년	29	55	84

	가상수 순수입량		
가상수 양	농산물과 축산물	산업	총량
십억 m³/년	31	-41	-10

출처 : A.K. Chapagain and A.Y. Hoekstra(2003), *Water Footprints of Nations*, Delft: IHE.

비할 필요가 없다. 그러나 중국은 환경에 큰 타격을 입는다.

중국과 아프리카의 물 문제 비교

중국의 용은 멋진 황금알을 낳는다. 이 황금알은 세계를 사로잡은 저렴한 소모품을 가리킨다. 그런데 그렇게 황금알을 많이 낳으려면 용이 잘 먹어야 한다. 천연자원, 특히 에너지·미네랄·그린워터에 대한 갈망은 19세기 유럽의 선진국들이 자원에 대한 욕구를 채우기 위해 갔던 곳과 똑같은 장소로 향했다. 바로 아프리카다.

아프리카 대륙의 비극은 자원이 내린 저주에서 비롯된다. 가공되지 않은 미네랄·토지·물이 풍부한 아프리카는 무역이라는 악랄한 함정에 빠졌다. 아프리카 국가들이 그 자원들을 다각화하지 못하자 이 풍부한 자원들은 저주로 변했다. 1차 산업 수출품의 시장 가격이 하락하자 그들은 수입량을 똑같이 유지하기 위해 더 많은 양의 천연자원을 수출해야 하는 순환 과정에 빠졌다. 유럽 식민주의의 유산으로 인해 많은 아프리카 국가들이 제한된 경제 구조에서 자멸적으로 불균형한 무역에 크게 의존하게 되었다.

1990년부터 중국의 민간 및 공공 기업들은 아프리카와 자원이 풍부한 남아메리카의 개발도상국들로 시선을 돌렸다. 증가하는 에너지 소비량과 마찬가지로 중국이 개발도상국들과의 관계를 개선하자 매체들은 똑같은 이야기를 했다. 중국은 부도덕한 방법으로 19세기 유럽과 똑같은 목표를 추구한다는 이유로 비판받았다. 그리고 중국은 국민의 인권을 무시하고 자유를 억압해서 비난을 받고 무책임하게 개발도상국을 착취하는 나라로 그려졌다. 대중매체들은 악마로 묘사되는 짐바브웨와 수단의 정치권과 가깝게 지내는 중국의 관계를 끌어들였다.

국제 정치는 내 전문 분야가 아니지만 중국은 개발도상국의 기반시설 구축 사업에서 책임감 있는 투자자이자 협력자라는 점을 주목해야 한다. 두 나라의 관계와 소통은 사상적인 공감대로 도움을 받지만, 아프리카와 중국의 관계는 공산주의의 위협을 보여주지 않는다. 중국이 짐바브웨에 군사를 지원하고 훈련시키던 시절은 무가베 대통령이 국제 정치인으로 존경받던 시절이었다(넬슨 만델라는 감옥에 수감되어 있었다).

당시 모습은 지금과 다른 정도가 아니었다. 다른 행성처럼 완전히 달랐다. 2011년 중국은 쇠락하는 아프리카 대륙에 엄청난 경제 기회를 제공하는 나라로 평가된다. 중국의 민간 및 공공 투자자들이 개발도상국들을 돕고 있다. 중국은 금융과 산업에서 지식과 경험을 갖춘 세계 2위의 경제 대국이다. 그러나 아시아의 신흥공업국들보다 사하라 사막 이남의 아프리카와 공통점이 더 많다. 뚜렷한 경제 요소가 있어서 중국은 상당한 재정 수요가 필요한 프로젝트들을 공학기술의 큰 범위에서 처리할 수 있다. 그들은 경제·정치적 발전이 미흡하고 제대로 된 기관이 없는 환경에서 작업한다. 중국은 특별한 능력도 있다. 국제 금융 서비스를 제공하고 건축물을 설계하고 이런 건축물을 재빨리 세울 수 있다.

중국은 복잡한 농업 기업들을 관리하는 데 뛰어난 능력을 보여준다. 농지의 크기와 인구 규모 때문에 이런 능력이 필요했다. 중동의 부유한 산유국들과 중국을 비교해보자. 중동 국가들은 거대 국부펀드가 있지만 할 수 있는 일은 자금을 공급하는 것뿐이다. 그들은 돈을 제외하고 모든 필수 원자재가 부족하다. 중국은 돈·기술·전문지식이 있다. 세계 시장에서 자문이나 계약 능력으로 경쟁할 필요가 없다. 인적자원에 계속 투자해왔고 다각화된 경제와 숙련된 노동력을 갖추고 있다. 지난 10년 동안 돈도 많이 모았다. 중국의 장점은 독특하다.

중국이 농업 분야에서 선두주자라는 점을 고려하면 물 관리 면에서도 선두주자라는 결론이 나온다. 이 책에서 제시한 중요한 법칙을 기억하라. 농업에서 많은 물이 사용되거나 남용된다. 중국이 식량 생산량을 높이려고 어떤 일을 하게 되면 세계의 식량과 물 안보에 큰 영향을 줄 것이다.

전 세계를 먹여 살리는 중국의 농업

세상에는 농업을 위한 창의적이고 지속 가능한 비전이 꼭 필요하다. 현재 우리 상황은 위기에 가깝다. 이런 상황이 지속되는 동안 우리는 너무 많이 먹고 물을 너무 많이 쓰고 있다. 그래서 이중 안전책을 갖춘 접근법을 마련해야 한다. 농업은 지속 가능성을 강화해야 한다. 이것이 하나의 안전책이다. 물 효율성을 높이고 절약해서 물을 써야 한다. 이것이 또 다른 안전책이다. 하나의 접근법만 실행한다면 재난이 일어날 것이다. 그 재난은 기아·죽음·불안을 야기할 것이다.

세계 경제 역사에서는 이 순간으로 중국을 정의한다. 중국은 아프리카와 남아메리카 모두와 깊은 관계를 맺는다. 아프리카는 확실하게, 남아메리카는 21세기 전반기에 식량 수요가 두 배로 오르는 경험을 할 것이다. 그 외 나라들은 남아메리카의 풍부한 수자원에 접근해야 한다. 아프리카와 남아메리카 모두 수요에 맞춰 물 생산성을 높일 잠재력이 있다. 중국은 성공하든 실패하든 물 생산성을 자극하고, 어떤 경우에는 향상시키고, 세계를 위해 생산물을 수확하는 데 중요한 역할을 할 것이다.

유럽과 미국은 아프리카에 개입했고, 그 이후 지속적인 경제와 사회 발전에 도움이 되지 않는 기반을 만들어 놓았다. 지금은 중국이 투자하는 시대이며 사하라 사막 이남의 아프리카는 새로운 기회를 얻고 있다. 중국은 상당한 힘을 행사하고 있다. 특별한 투자 능력이 있고 프로젝트 관리 기술도 강력하다. 중국은 선진국의 국제기관이나 다국적인 형제기업들보다 적은 조건을 내세우면서 투자할 수 있다. 그런 기관에서 투자받는 것은 자본주의나 선진국의 수요보다 개발도상국의 수요를 경시하는 이기심에서 나온 것이다. 중국의 이기심이 약하다는 의미가 아니다. 오히려 중국의 이기심으로 인해 개발도상국의 계획을 반대하지 않고 서로 도우면서 진행해나갈 가능성이 있다. 중국은 50년에 걸쳐 여러 정부들이 시도하고 실패했던 물 관리와 운송 시설을 건설하고 있다. 세계에서 가장 가난한 나라에 속하는 수단·에티오피아·탄자니아·모잠비크·앙골라에서 중국은 많은 사업을 진행하고 있다.

이쯤에서 던져야 할 질문이 있다. 중국은 사하라 사막 이남에 사는 농부들이 물 생산성을 두 배로 높이는 것을 도울 수 있을까? '그렇다'라고 대답할 수 있어야 한다. 중국은 책임감 있게 수자원을 관리할 수 있다는 것을 증명했다. 물 절약의 중요성과 자원관리에 대한 높은 인식, 그리고 기술까지 모두 수출해야 한다. 성공한다면 세계 농업은 지속 가능하고 의미 있게 강해질 것이다. 실패한다면 지금보다 더 많은 이들이 굶주리게 될 것이고, 이러한 참상이 일어나는 곳은 아프리카만이 아닐 것이다.

당신이 먹는 음식과 양이 당신을 말해준다

지금까지 식량을 대하는 태도가 우리의 식량 소비량과 그에 따른 물발자국까지 결정하기에 중요하다는 것을 독자들이 이해했기를 바란다. 세계적으로 나라와 문화마다 식량에 대한 생각은 크게 다르다. 영국을 보자. 영국인 6,600만 명이 무엇을 먹고 먹지 않는지는 크게 중요하지 않다.

문제는 13억 중국인들이다. 중국인들은 식품에 대한 확고한 신념이 있다. 첫째, 음식은 조심스럽게 준비되어야 한다. 식사 시간은 가족과 사회생활의 중심이다. 둘째, 식량은 자급자족할 수 있어야 한다. 공산주의 때문에 고립된 세월이 길어져 이런 신념이 강해졌다. 이 신념은 중국이 농업과 무역에 대한 모든 결정을 뒷받침한다. 식량의 자급자족은 물의 완전한 자급자족을 의미한다. 그만큼 식량을 자급자족하는 일은 세계적으로 드물다.

다음 장에서 우리는 이집트를 살펴볼 것이다. 이집트는 고대 문명 중 하나로, 국민의 마음에 자급자족에 대한 철학이 깊이 뿌리박혀 있다. 중국과 이집트 모두 노력하고 있지만 싸움에서 지고 있다. 이집트를 보면 이런 현상의 원인은 인구가 급속도로 증가하기 때문이다. 중국은 새로운 방식으로 인구를 관리했다. 마찬가지로 중국은 식량 생산·농업 수확량·물 생산성이 크게 증가했다. 그런데 중국이 어렵게 처리하는 문제는 식습관이다.

식습관은 우리의 적이자 지속 가능한 물 사용의 골칫거리인 고기에 대한 이야기다. 중국은 산업화로 인한 급격한 GDP 성장과 세계 무역에 깊게 관여하는 바람에 국민의 식습관에 중요한 변화가 일어났다. 부와 고기는 긴밀한 관계가 있다. 중국과 인도에서 국가와 국민의 재산이 선진국 수준에 도달한다고 생각해 보자. 그런 부와 함께 찾아오는 문화적 열망과 함께 많은 인구를 고려하면 무서운 결과를 상상할 수 있다. 중국과 인도가 미국이나 프랑스처럼 고기를 소비한다면 곧 심각한 물 부족을 겪게 될 것이다. 세계화 시대에서 식습관의 변화는 빠른 문화적 현상이다. 한 나라의 식습관이 바뀌는 것은 순식간이다.

그런 일이 벌어지면 우리는 먹고 사는 일이 곤란해졌음을 깨닫게 될 것이다. 현재 중국인들은 전통적인 식습관을 엄격하게 지키고 있다. '차 없이 하루를 보내는 것보다 사흘을 굶는 것이 낫다.' 이 멋진 경구를 그대로 지키는 나라가 중국이다. 최근의 경기침체에 꿋꿋이 대처하는 모습을 보면 중국의 부는 계속 지속될 것으로 보인다. 우리는 중국의 막대한 부가 식습관에 어떻게 영향을 미치는지 알게 될 것이다. 우리는 전통·일관성·지속 가능성·합리성이 맥도날드 햄버거에 맞서 승리하기를 기원해야 한다. 우리에게는 그것이 큰 희망이다.

저녁식사에 들어가는 가상수

이 이야기를 집중해서 따라온 독자는 이렇게 외칠 것이다. 그러면 가상수는 어떨까?

가상수 거래 덕분에 중국은 식품을 수입해서 보이지 않게 거대한 물발자국을 세계 자원에 부가할 수 있다. 가상수 거래는 보이지 않기 때문에 한 나라의 경제가 식량과 물을 자급자족하는 것처럼 보이게 해서 심리적 수요를 충족시킨다. 또한 목마르고 배고픈 사람들의 신체적 결핍까지 채워준다.

다음 장에서 우리는 이집트가 물 안보를 보장하는 동시에 물을 자급자족하고 있다고 느끼게 해주는 속임수를 즐기고 있다는 것을 확인한다. 이집트는 경제적·정치적으로 조용한 가상수 거래에 혁신적으로 의존해서 부족한 물을 충족한다. 중국도 그와 비슷한 시도를 하고 있지만 영토의 크기 때문에 자국 내에서 가상수를 거래하고 있다. 이것은 대중들의 인식에서 일어난 일이다. 예를 들어, 중국 화베이 평원은 물이 부족하지만 곡물과 식품을 통해 중국 내 다른 지역들로 가상수를 수출한다. 그 지역 농부들은 적당한 가격 장려책만 마련된다면 다른 지역에 공급할 식량을 더 많이 생산할 수 있다.

현재 식량 생산자들의 노력으로는 부족하다. 중국의 가상수 수입량이 급증하는 추세다. 1990년대 중국은 식량을 통해 평균 30km^{3}를 수입했다. 2000~2004년 사이에 평균 수입량은 71km^{3}로 증가했다. 가상수는 대부분 콩으로 수입했고, 이 콩들은 주로 동물 사료로 사용되었다. 그 수입량이 기하급수적으로 증가해서 우려스러울 정도다. 가상수의 부정적인 면이 등장하고 있다.

세계에서 가장 큰 수도 시설

중국의 물 현황

아직 다루지 않은 큰 문제가 남아 있다. 중국은 실제로 물을 얼마나 보유하고 있을까? 그리고 물을 어떻게 사용하고 있을까?

중국은 물이 풍부한 나라다. 그렇게 큰 나라에서 기대하는 것처럼 지역적 다양성은 너무 커서 국가적 일반화는 무의미하다. 그러나 중국은 계절별로 토양수뿐만 아니라 지표수와 지하수도 풍부한 편이다. 비가 많이 오고, 특히 남부와 동부 지역은 여름철에 우기가 온다. 우기에는 양쯔강 주변의 광활한 지역이 침수된다. 그러나 중국 서부와 북부지역은 대부분 건조지역이거나 반半건조지역이다. 중국인들에게 끝없는 바다로 알려진 광대한 고비사막이 중국 대륙의 북서쪽 모서리에 있다.

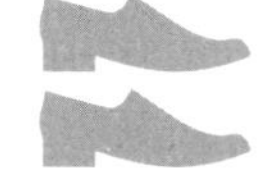

고비사막에서 동쪽으로 이동하면 화베이 평원이 나온다. 이곳은 지난 몇 십 년간 심각한 물 경쟁을 치렀다. 화베이 평원과 황하강 유역의 관개지는 중국의 곡창 지대로 산업과 서비스의 급속한 발전을 지원하고 있다. 그러나 두 지역 모두 심각한 물 부족 현상을 겪고 있다. 물이 부족함에도 불구하고 화베이 평원은 식량에 포함된 가상수의 주요 수출지역이다. 이런 역설적인 상황은 물이 부족한 캘리포니아에서도 나타났다. 보유한 수자원이 부족하지만 캘리포니아도 미국 내 다양한 식품의 주요 공급지이자 세계적인 가상수 수출지다. 남부 스페인의 농부들도 마찬가지다. 직관에 반대되는 일처럼 보이지만, 수자원이 조금밖에 없는 지역이 주요 가상수 수출지역이 되는 일은 흔하다. 인도 북서쪽 지방의 펀자브와 이스라엘, 그리고 다음 장에서 살펴 볼 이집트까지 그런 경우가 많아졌다.

중국의 오랜 역사 가운데 최근 몇 십 년 동안 중국은 국민의 식량과 물 수요를 전통적인 기술만으로 손쉽게 충족해왔다. 하지만 수요가 증가하자 기술적 독창성을 내세워 문제들을 해결했다. 물을 처리하고 넓은 지역으로 상품을 운송하는 일을 훨씬 잘 하게 되었다. 농부들·엔지니어들·수자원 정책입안자들이 물을 새로 동원하고, 물 사용을 관리하고 규제하려는 의지를 가지고 합심해서 이뤄낸 일이었다. 그 결과 중국 농부들은 영국 농부들처럼 효율적으로 물을 사용하게 되었다. 이런 상황의 배경에는 농업과 관개기술이 있다. 운송시설과 국가 기관이 기여한 바도 크다. 이 일은 관개와 작물 관행을 개선하기 위한 것이지만, 잘 만들어진 길·효율적 시장·가격 우대 조치 같은 부차적인 요인들이 없었다면 중국은 식량 생산량을 다섯 배나 늘리지 못했을 것이다.

중국 당국은 물과 그 밖의 요소들을 효과적으로 자극해서 물 생산성을 향상시키기 위한 경제 능력을 바꾸려고 했다. 물에는 단순히 물 이외에도 더 많은 것이 있다. 중국 정부는 이 사실을 알고 있었다. 이것이 우리가 배워야 할 교훈이다.

홍콩의 수력 사업

중국이 건설과 토목 공사를 추진하지 않았다는 뜻은 아니다. 중국은 인류가 캘리포니아의 풍요로운 땅을 만나기 훨씬 전부터 수력 사업을 시작했다.

대규모 토목 공사의 특징은 사업기간이 길다는 점이다. 경이로운 중국 대운하만큼 오래 걸린 것은 없다. 1,770km에 달하는 이 운하는 건설하는 데에만 1,000년이 걸렸다. 기원전 5세기 항저우 남동쪽 습한 열대 해안지역에서 이 엄청난 여정이 시작되었다. 서기 581~618년에 중국을 통치했던 수나라가 세워질 때까지 이 사업은 추가되고 확장되었다. 산업화된 서구가 암흑시대(고대 로마 몰락 이후 학문과 예술의 부흥을 보게 되는 15세기경까지의 중세시대-옮긴이)의 수렁에 빠져 있는 동안 중국은 세계에서 가장 큰 인공 수로를 건설하고 있었다.

중국이 오랜 역사 속에서 과학적·기술적·조직적 지도력을 보여준 사례는 많다. 대운하 사업의 이론적·근원적 핵심 신념은 오늘날까지도 정당성을 갖는다. 첫째, 그 사업은 엔지니어들과 정부가 협력해서 문명을 지지하는 기반과 경제에 대한 복잡한 실험을 했다는 사실을 보여준다. 둘째, 무역은 번영의 필수요소라는 점을 입증한다. 무역을 통해서만 천연자원은 효과적으로 사용되고 생산성이 향상될 수 있다. 무역은 상품과 서비스를 교환하는 유일한 방법이다. 인간이 무역을 하면 많은 사람들이 상품이나 서비스로 최소 두 배의 혜택을 받는다. 소비자와 생산자는 이제 다른 두 부류고 개별적으로 그 상품의 혜택을 누린다. 식량도 마찬가지로 생산자는 식량을 자급자족해서 안정을 얻고 남는 식량을 거래해 수입을 얻는다. 천연자원이 부족한 지역의 소비자들은 식량을 꾸준히 무역해서 자신들의 경제 활동을 이어나갈 수 있다. 도시가 존재할 수 있는 이유는 가상수 거래 때문이다. 도시들이 사회 경제적 발전을 이루면서 문명화 과정을 거친다(시골에 사는 사람들에게 양해를 구하자면 이 주장의 진실을 이해해주길 바란다). 대운하가 이런 점을 확실하게 보여준다. 운하의 일부 구간을 사용하지 않는 기간도 있었지만 대운하 주변 도시들은 1,000년 동안 번영을 누렸다. 중국은 운하를 건설했다. 그 운하가 중국을 다시 건설했다.

운하를 건설해서 무역을 하려던 목적은 정복과 밀접한 관련이 있었다. 잔인하게 들리겠지만 정복은 여러 면에서 무역의 원시적인 형태다. 그리고 (북반구에 편향된 세계무역기구가 추구하는) 무역은 현대식 정복이다. 운하 건설의 첫 단계를 지시했던 오나라 왕 부차는 남쪽에 있는 자신의 세력 기반에서 북쪽으로 쉽게 보급지원을 할 수 있기를 원했다. 그래서 이 운하로 북쪽지방에 있는 군인들이 군사작전 기간에 식량 문제를 걱정할 필요가 없어졌다. 인류 역사에서 대부분 한 쪽의 식량이 다 떨어지면 군사충돌이 일어났다. 나폴레옹도 러시아를 침략하는 동안

이 교훈을 배웠을 것이다. 중국의 대운하는 1,000년 동안 이 문제를 해결했다. 이는 유럽이 그 문제를 성공적으로 해결하기 전이다. 식량과 무기가 운하를 통해 북쪽으로 갔다. 그리고 식량과 돈이 다시 돌아왔다. 최근 몇 세기까지 대운하의 중심 기능은 주요 도시로 곡물을 나르는 것이었다.

운하의 가장 깊은 지점은 42m다. 이 깊이는 건축적 측면에서 몇 가지 유용함이 있지만 위험도 존재한다. 특히 운하가 황하강 지역을 포함해 광활한 저지대 몇 곳을 횡단한다는 사실은 위험요소다. 이 지역에 주기적으로 홍수가 발생하기 때문이다. 자연은 자주 운하를 망가뜨렸다. 식량 운반 계획과 승리 사이의 연관성을 인식한 방어부대 장군들은 전진군을 저지하기 위해 운하를 공격했다. 그러나 그 운하가 제 기능을 다하는 동안 중국의 군대는 번창했다. 중국, 나일, 티그리스-유프라테스, 인더스의 고대 사회에서 수력 사업은 이런 식으로 새로운 영토와 백성들을 차지하게 해주는 강력한 도구였다.

중국 공산당 중앙위원회 : 인민공화국을 위한 밝은 미래 건설

다음은 2006년 중국 공산당 중앙위원회의 지도부다. 한 명 빼고는 모두 엔지니어다.

후진타오Hu Jintao, 62세, 중화인민공화국 주석, 칭화대학 물관리공학과 졸업

황주Huang Ju, 66세, 칭화대학 전기공학과 졸업

지아칭린Jia Qinglin, 65세, 허베이공과대학 전력학과 졸업

리장춘Li Changchun, 61세, 하얼빈공업대학 전기기계학과 졸업

뤄간Luo Gan, 69세, 독일 프라이베르크 광산기술대학 졸업

원자바오Wen Jiabao, 62세, 북경지질대학 지질광물학과 졸업

우방궈Wu Bangguo, 63세, 칭화대학 무선전자학과 졸업

우관정Wu Guanzheng, 66세, 칭화대학 동력과 졸업

쩡칭훙Zeng Qinghong, 65세, 북경공업대학 자동제어학과 졸업
공산당 지도부는 물에 대한 실용 지식과 수문학적 지식을 갖췄다. 물 문제들에 관해서 그 문제를 안건에 올리도록 노력하는 운동가들이 필요하지 않다. 우리에게도 기술적인 자격을 갖춘 사람들로 구성된 입법부가 있다면 더 많은 물을 확보할 것이다.

많은 것들이 변하지만 그대로 있는 것들도 많다

오늘날 중국에서 수력 사업이 왜 중요한가? 중국의 기술 전통은 아직 잘 남아 있다. 2006년 중국 공산당 중앙위원회의 지도부는 아홉 명이었다. 그들 중 단 한 명을 제외하고 모두가 엔지니어였다. 중국 최고 지도자 후진타오는 칭화대학 물관리공학과를 졸업한 수력 엔지니어다. 그는 가장 먼저 류자샤 수력 발전소 건설을 지시했다. 중국이 계속 수력 사업에 많이 투자하는 것은 놀라운 일이 아니다. 한때 그 사업이 고위간부들의 주 소득원이었다.

최근 중국 수력 사업은 세 가지 핵심 목표를 추구하고 있다. 전기를 생산하고, 홍수를 조절하고, 물 부족을 해결하는 것이다. 중국은 많은 비용을 들여 북경 주변의 화베이 평원과 서쪽의 건조한 지역으로 물을 이동시켰다. 그 외에도 대규모 관개 시설을 최신 시설로 바꾸고 있다.

중국은 항상 다른 나라들과 엇갈렸다. 이 속도는 20세기에 크게 달라졌다. 수력 사업도 예외가 아니었다. 20세기 후반 25년 동안 선진국들은 비용이 많이 드는 수력 사업에 지쳐가고 있었다. 이미 댐으로 만든 수로가 충분히 많았고, 저수지·운하로 생성된 강·지나치게 물이 빠진 습지 때문에 환경문제가 심각한 상태였다. 미국의 사례에서 알 수 있듯이 극심한 혼란 상태를 견디는 사람들은 주로 원주민이었다. 이런 광적인 개입은 두 가지 이유 때문에 끝났다. 첫 번째는 환경운동가들의 캠페인이 성

공했기 때문이다. 두 번째는 많은 일들이 해결되었기 때문이다. 남부 캘리포니아와 남부 스페인에서처럼 수력 사업은 거의 완벽했다. 선진국들의 수력 사업에 대한 야망은 1970년대 후반에 들어서자 차츰 줄어들었다. 중국 공산당은 이제 막 그 가능성들을 깨달았다. 그 시기에 댐·저수지·수력 발전소 건설에 착수했다. 중국은 1990년대에 대규모 수력 사업인 산샤댐과 남북수로 사업을 추진했다. 이는 마오쩌둥 정권 초기에 엔지니어 출신 엘리트들이 시작한 프로젝트였다. 국민의 마음에 워낙 견고하게 자리 잡고 있는 사업이라 공사를 추진하지 않는 것은 정치적으로 불가능했다. 받아들일 수 없는 약점을 인정했어야 했는데 그러지 못했다.

언제나 지혜로운 것은 아니다

중국이 언제나 물을 올바르게 이해했던 것은 아니라는 점도 언급하겠다. 20세기 중국의 물 개발 정책은 파악하기가 어렵다. 화베이 평원과 황하강 유역의 물 사용량은 솔직히 이해할 수 없다. 물이 부족한 지역들이 물이 더 많은 남쪽으로 가상수를 수출하고 있다. 이 수출이 단순히 곡물이 아닌 고가의 농작물과 관련이 없으면 이런 일은 지속 불가능하다. 황하강은 작은 규모의 강으로 크기가 나일강과 비슷하고 연간 유량이 80km^{3}다. 그러나 너무 많이 남용된 강물은 바다로 흘러갈 물이 모자랄 정도로 관개작물 생산에 사용되었다. 다행히도 개선법이 준비되어 있다. 이와 대조적으로 더 남쪽에 있는 양쯔강은 연간 유량이 1,000km^{3}다. 10년마다 범람해서 강 하류 도시들과 마을들이 큰 피해를 입었다. 여기에서 경고해야 할 점이 있다. 자주 범람하는 양쯔강의 불확실성을 대처하는 것이 중국 최고 지도층의 능력을 시험하고 있다. 그들은 황하강 하류지역이 겪는 피해를 막는 데 성과를 올렸다. 이제 그들은 더 큰 강에서 성공해야 한다.

중국의 대표적인 수력 사업 산샤댐

중국 공산당의 상징적 업적인 산샤댐보다 큰 수력 사업은 없다. 계획을 세우는 데에만 100년이 걸렸고 건설하는 데는 20년이 걸렸다. 100만 명 이상의 사람들이 살던 곳에서 쫓겨났고 260억 달러가 투입되었다. 전문가들은 문화적·인류학적으로 중요한 유적들이 수몰되고 사람과 환경에 큰 타격을 줄 것으로 내다보고 있다.

그러나 마오쩌둥이 〈수영〉이라는 시를 써서 돌에 새겨 양쯔강 유역에 세웠을 때부터 이 댐은 유명한 국가적 상징이 되었다. 그 단어들이 종이에 쓰인 순간부터 약 40년이 지난 1992년에 전국인민대표대회가 산샤댐에 대한 수정안에 찬성했다.

산샤댐은 국민의 힘을 부추기는 것 외에도 많은 일을 했다. 상당량의 전기를 생산하고, 이 책 집필 당시 26,700MW 발전기들이 가동되고 있었다. 그 외에도 더 있었다. 뜻밖의 행운으로 댐에서 발생되는 전기는 청정에너지다. 댐 저수지는 양쯔강 유역의 저지대 도시들의 홍수를 막아준다. 마오쩌둥이 그 시를 쓴 것도 1954년에 있었던 엄청난 홍수를 보고 영감을 받아서였다. 강 하류에는 엄청나게 많은 물이 생겼다. 티베트 산악지대의 지류들과 상류에서 흘러나온 물이다. 이 물이 유량의 45%를 차지한다. 하류지역에 추가되는 45%는 대부분 빗물이다. 이 물의 영향은 파괴적이다. 하류에 내린 폭우가 상류의 홍수와 만나면 양쯔강 제방이 무너지고 많은 생명과 재산을 잃게 된다. 역사에서 가장 큰 홍수에 속하는 1998년 여름에 발생한 홍수는 수백만 사람들에게 피해를 입히고 수백억 달러의 손해를 입혔다. 나머지 10%는 강물이 바다로 들어가는 지점인 양쯔강 하류의 삼각주에 장마로 내리는 빗물이다. 히말라야에서 녹아내리고 있는 빙하의 물도 이 강력한 시스템에 상당한 비율을 차지한다. 아름답고 낭만적으로 산이 강에 물을 공급한다. 하지만 양쯔강의 유량 대부분은 하류 유역에서 2/3를 충당한다.

모든 일이 그렇듯 여기에도 반대급부가 있다. 하류 유역의 주민들을 보호하는 대신에 발전 비용이 든다. 산샤댐의 최대 저수량은 80km^{3}이다. 이는 국제규격 수영장 3,000만 개를 채울 수 있는 물이다. 이것은 엄청난 크기지만, 나일강의 아스완댐 저수지의 절반도 안 된다. 아프리카의 거대한 저수지의 저수량은 168km^{3}이다. 아스완하이댐이 있는 나일강 유량이 산샤댐이 있는 양쯔강 유량의 약 16%라는 사실을 고려하면 크기의 차이가 이상하다(양쯔강 하류에 8%만 흘러도 파괴적이다). 양쯔강의 연간 유량이 400km^{3}라는 점을 생각하면 국제규격 수영장 3,000만 개의 물은 하찮게 보일 것이다. 홍수를 효과적으로 방지하려면 그 저수지는 홍수로 유입된 물 40km^{3}를 감안해 늘 수위를 낮춰야 한다. 따라서 이 댐은 전력생산에 상당한 문제가 있다.

40km^{3}는 홍수로 갑자기 밀려드는 물을 저장하기에 충분해야 한다. 하지만 2009년에 일어난 대홍수에 대한 영국 환경부의 입장을 보면 1,000년에 한 번 대홍수가 일어날 수 있고 그런 홍수는 엔지니어들이 마련한 예방조치들을 쓸모없는 것으로 만든다. 물은 잔인하고 가차 없다. 물이 대규모로 이동하면 인간의 노력으로는 막을 수 없다. 그러나 인류는 불가피한 사건을 대비해 계획을 세우면 살아남을 수 있다. 산샤댐의 경우 1954년과 1998년의 홍수로 대중의 마음속에 남은 충격적인 기억과 지배 엘리트의 마음속에 있는 상징적 중요성이 결합해 댐을 건설해 그런 결과를 감수하려는 정치적 의지가 있었다.

남북수로사업

중국에서 동시에 진행된 주요 수력 프로젝트 뒤에는 유사한 감정들과 타성이 숨어 있다. 마오쩌둥이 똑같이 장려하고 오랫동안 구상한 남북수로사업은 양쯔강 유역에서 물이 부족한 북쪽으로 연간 50km^{3}의 물을 옮기는 것이 목표였다. 이쯤 되면 인류의 수력 기술은 경이로운 것이다. 이 사업은 양쯔강에서부터 세 갈래 파이프라인으로 물이 부족하지만 농업과 산업이 발달한 지역으로 물을 옮기는 것이다. 경제전문가가 매력적으로 수자원 흑자로 부를 만큼 양쯔강 유역은 물이 많지만(물 전문가는 치명적인 강이라고 부른다), 그 지역의 농업과 산업은 화베이 평원보다 물을 적게 소비하고 꼭 필요한 시설과 시장이 아직 개발되지 않았다. 나는 독자들이 이 장에 나오는 개념이나 분석을 접하기 전에 그 사업에 대한 내용을 읽고 이렇게 말했으면 좋겠다. '물을 많은 곳에서 적은 곳으로 옮기는 일은 굉장히 합리적인 것 같아. 비용은 엄청나게 들겠지만 농업과 산업 수요 때문에 경제성도 있을 것 같아. 그리고 독창성과 기술을 멋지게 보여주잖아.'

지금 이 단순한 말을 떠올리기를 바란다. 그럼 가상수는? 여기에 역설이 있다. 중국은 많은 경비를 들여 물을 50km^{3}씩 매년 북쪽으로 옮겼다. 하지만 2000년 화베이 평원은 가상수 26km^{3}가 포함된 농작물을 생산했고, 이 농작물은 중국 내 여러 지역들로 운송됐다. 거기에는 양쯔강에서 물을 공급받는 남쪽 지역도 포함되어 있다. 뭔가가 잘못됐다.

그런 일이 일어난 것은 물의 과학과 경제학에 대한 정치와 통찰력이 조화를 이루지 못했기 때문이다. 그래서 과학이 아닌 정치가 중요하다. 정치는 다른 시점에 여러 방식으로 특정한 물 배분 정책에 영향을 준다. 생각해볼 점이 몇 가지 있다. 첫째, 이용할 수 있는 물에 합의하는 문제다. 둘째, 한 지역에서 다른 지역으로 물을 옮기려고 할 때 지역적·국가적으로 영향을 미치는 정치 세력이 존재한다. 정치적 정당성은 화베이 평원 지역의 발전된 농업 중심지와 비교해 물이 풍부한 양쯔강 유역의 물 생산성이 낮다는 점에 있다. 셋째, 물 생산성을 높이기 위한 농부와 사회의 적응능력 개념이 공론화되지 않았다. 물 때문에 더 고되게 일해야 하는 측면에 대해서만 얘기하고 있는 것이 아니다. 문명 탄생 이후 농부들에게 물을 관리하는 능력을 개선하는 것은 당연한 일이 되었다는 점을 고려하면 이것은 이해하기 힘들다. 넷째, 자원을 얻는 해결책을 결정하는 정치적 선입견과 기득권이 존재한다. 거대 수력 사업은 규모도 크고 흥미롭다. 마오쩌둥이 언급했다고 국민의 정신에까지 그런 생각을 주입하고, 엔지니어들이 한 나라를 이끌면서 집단적인 힘과 번영을 전시물로 과시하는 모습이 재미있다. 다섯째, 관심을 끌기 위해서라면 문제를 드러내는 순간까지 정치화한다.

그렇다면 중국은 앞으로 어떻게 할까? 현재 비용으로 500억 달러가 들어갈 것으로 예상되지만 이 엄청난 사업을 계속 추진할 것으로 보인다. 그 비용의 일부로 양쯔강 유역의 농업과 산업을 발전시키거나, 화베이 평원의 물 생산성을 개선해 높은 가치의 농작물을 생산할 수 있다. 하지만 이 방법은 물을 북쪽으로 옮겨야 할 필요성을 없앤다. 또한 남북수로사업에 500억 달러를 투자하지 않으면 환경문제도 발생하지 않을 것이다. 금융 및 환경 비용을 따져보면 남쪽과 북쪽지역에 직접 투자하는 것이 더 효율적인 방법이다. 막대한 양의 물을 북쪽으로 1,000km 이동하기 위해 그런 자금을 쓰겠다는 생각을 독자들도 이제 의심스럽게 바라보기를 바란다. 이것은 자원 배분의 심각한 실수다. 가상수 개념을 이해한다면 이런 식의 수력 사업은 투자 자원의 낭비이며 터무니없는 일이다.

중국 당국은 바보도 아니고 어리석지도 않다. 그들은 선거를 한 번도 치르지 않고 60년간 집권했다. 단지 탄압하고 공포감을 조성해서 가능한 일이라기보다는(물론 그렇게 했지만) 수십 년간 대중의 생각을 이해했기에 가능한 일이었다. 그들은 여론이 남북수로사업처럼 대담하고 뚜렷이 잘 보이는 구체적인 해결책에 민감하다는 것을 잘 알고 있다. 다른 대안들보다 재정 및 환경 비용이 많이 든다는 점은 분명하지만, 대중은 오랫동안 이 사업을 기대했다. 중국 정부는 자국민이 가상수의 역할을 모르며, 지역의 적응능력에 투자하는 것 같은 복잡한 개념을 이해할 수 없다는 것을 알고 있다. 그러므로 잘못된 해결책이지만 정치적으로 실현 가능하다. 올바른 해결책은 정치적 위험 부담이 있다. 과학은 올바른 해결책을 선택하지만, 정치는 정치적으로 실현할 수 있는 정책을 선택한다. 착각이 기본원칙을 이긴다.

자금성처럼 감춰진 중국의 상황

중국은 폐쇄적이고 이해할 수 없는 면이 있다. 지금은 살아 있는 사람들이 기억하는 그 어떤 시기보다 개방적이지만 앞으로 어떻게 될지 모른다. 현재 중국의 경제성장률은 과거와 다르다. 지금 인구가 제일 많고 힘들게 인구정책을 실시하고 있다. 미래의 중국은 엄청난 사회적·경제적 자원의 스트레스를 겪겠지만, 지도층은 이런 문제들을 여러 번 해결했다.

수자원 문제도 마찬가지다. 현재 중국의 물 관리 정책은 과거의 사실과 물 인식이 개선된 미래 사이에 있다. 여기에서 실수를 하면 안 된다. 대중과 정부는 수력 사업을 명확하게 이해한다. 엔지니어들이 주도하는 지배계층은 동력을 생산·저장하고, 관개용수로 물을 빼내고, 물 부족 지역에 담수를 보내는 거대 프로젝트들에 대한 관심이 많다. 그런 정책들은 이해하기 쉽고 정치적으로 인기도 많다. 더 좋은 점은 그 정책들이 식량과 물을 자급자족하려는 국가의 방침과 일치한다는 것이다.

중국 지도부는 사회적·정치적으로 스트레스가 많은 정책들을 회피하지 않고 강제로 밀고 나가는 편이다. 가상수처럼 중요하고 보이지 않는 정책들을 모르는 것도 아니다. 환경 문제도 의식하고 있다. 지도층은 정치적으로 편리한 대형 토목사업을 좋아하지만, 환경 인식을 비롯해 불확실한 정책을 추진할 때 선진국 지도층보다 용감하다. 중국에서는 그런 정책들이 초기 공산주의 계획들의 연장선이라고 간주된다.

물 생산성을 높이는 방법

이런 정책들 중 첫 번째는 생산성과 물 효율성을 높이도록 농부들을 격려하는 방법이다. 그러기 위해서는 농업기술·시장관리·사회기반시설이 개선되어야 한다. 농축산물 수확량과 물 생산성이 조금만 증가해도 효과가 명확히 드러난다. 매년 1%씩 증가하면 순조롭게 진행되는 것이다. 중국은 지난 30년간 인구통제를 엄격하게 집행했기 때문에 1960~1990년에 기록된 생산량을 크게 증가시킬 필요가 없다. 물론 잊지 말아야 할 것이 있다. 이는 중국인이 가상수와 동일한 수준으로 식습관을 계속 조절한다는 가정 하에서 가능하다. 중국이 비슷한 수준의 초강대국인 미국이나 브릭스에 속한 브라질만큼 고기를 소비한다면 심각한 결과가 초래될 것이다. 중국인들의 식습관을 관리하는 것이 중국 지도부가 다음으로 도전할 과제다. 중국은 인구 관리를 성공적으로 해냈기 때문에 식습관이라는 까다로운 문제도 해결할 수 있을 것이다.

빗물을 활용한 생산성 향상

두 번째 정책은 토양수, 특히 천수답 농지와 관련된 토양수의 생산성을 높이기 위해 국가적인 캠페인을 벌이는 것이다. 1990년대 후반 중국은 토양수에 대한 광범위한 조사를 실시했다. 이런 점에서 중국은 호주를 제외한 다른 선진국보다 분명히 앞서있다. 그러한 주제를 논의하는 국내·국제회의도 중국 내에서 여러 번 개최되었다. 중국 정부는 유럽·아프리카·중동 쪽 개발도상국에서 토양수와 천수답 농업의 물 생산성 개선에 대해 논의하려고 하면 멍한 표정을 짓는 사람들과는 다르다. 토양수는 경제 모형 외부에 있다. 그래서 비용이 계산되지 않는다. 시장경제에서 수량화할 수도 없다. 이론적으로 생각하면 토양수는 존재하지 않는 것이나 마찬가지다. 그러나 현실에서 토양수는 식량 생산의 필수 요소다. 많은 나라들과 달리 중국의 과학자들과 정부 관료들은 토양수의 중요성을 알고 있다.

댐과 무역을 통한 생산성 향상

중국은 두 가지 분명한 방식으로 식량 안보를 강화하고 있다. 큰 댐과 운하를 건설해서 물을 저장하고 옮기는 것은 보이는 방식이다. 가상수를 거래하는 것이 보이지 않는 방식이다. 두 가지 방식을 잘 결합해 추진하면 두 가지 모두 정치적으로 실현 가능하다. 시선을 집중시키는 사업은 대중의 지지를 받는다. 하지만 가상수는 경제적으로 보이지 않고 정치적으로 조용하다. 이는 양자택일의 문제가 아니다. 두 가지 방식 모두 필요하지만, 둘은 근본적으로 다르다. 수력 사업의 웅장함은 환경에 심각하게 부정적인 영향을 미친다. 경제학자의 표현을 빌리자면, 이런 부정적인 외부효과는 상품가격에 포함되지 않는다. 그 손해비용을 대신 갚아줄 사람은 없다. 반면 가상수는 수출을 통해 비용을 남긴다. 수력 사업이 감성에 호소하는 반면, 가상수는 합리성에 호소한다. 두 가지 모두 경제적으로 환경 비용이 어디에서 발생하는지 알 수 있다.

중국에서 가상수 거래는 순조롭게 진행되고 있으며, 우리 모두가 도덕적으로 수용할 수 있다. 중국은 공산품 수출을 통해 막대한 블루워터를 수출하고 있다. 이 장의 앞부분에 나온 수치들을 기억하라. 이 수출량을 생각하면 중국은 식품으로 그린워터와 블루워터를 수입할 자격이 있다. 중국은 식량을 엄청나게 수입하지만, 그래도 중국은 가상수의 순수출국이다. 이런 사실을 통해 중국의 공산품 수출 경제의 장점과 규모를 알 수 있으며, 이를 감안할 때 중국의 물발자국에 대해 불평하는 것은 무례한 일이다. 발생한 이익보다 훨씬 더 많은 것을 내놓고 있다. 현재 가상수는 과학 분야로 한정되어 있다.

그림 4.1 1986~2007년 베이징 담수 유입량

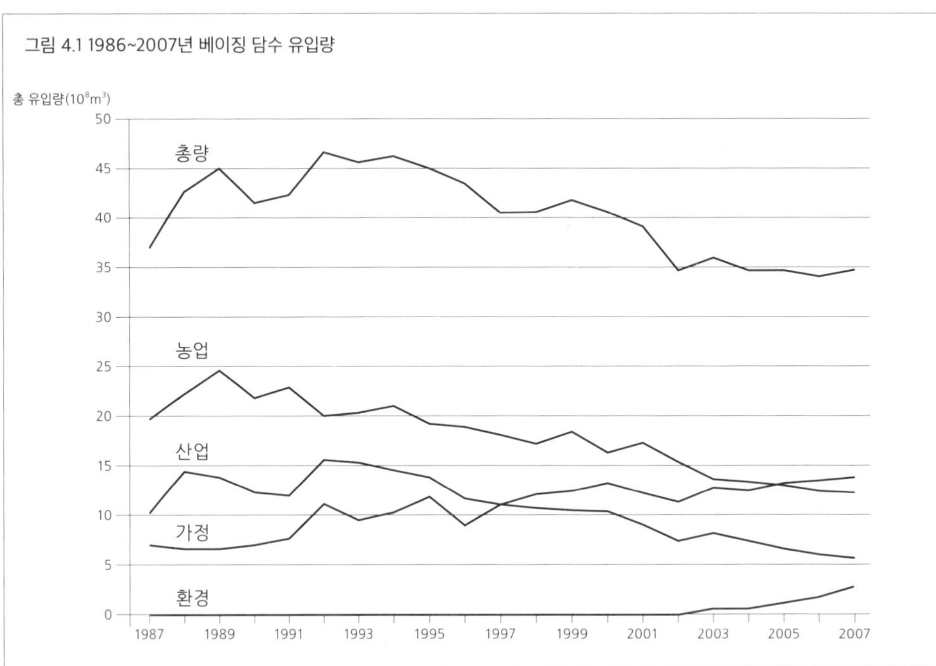

출처 : Beijing Statistics Bureau and National Statistics Bureau Beijing Investigation Team(1986-1990), *Beijing Almanac*, Beijing: China City Press; Beijing Statistics Bureau and National Statistics Bureau Beijing Investigation Team(1991-2002), *Beijing Statistical Yearbook*, Beijing: China's Statistics Press; Beijing Water Authority(2003-2007), *Beijing Water Resources Bulletin*, Beijing: Beijing Water Authority.

복잡한 수치 계산

모든 다이어트는 수치 계산이다. 다이어트에 대한 서구의 태도를 대표하는 죄책감과 경건함 사이에서 나도 자유로웠던 적이 없다. 칼로리 계산, 역기 들기, 러닝머신 뛰기, 허리둘레 재기, 신체지수 계산까지 개인이 다이어트를 하려면 숫자의 바다에 빠져야 한다.

국가의 다이어트도 비슷하다. 개인적 다이어트처럼 국가적 다이어트도 유행을 따른다. 중국은 물 관리에 있어서 선진국이 보여준 장점들을 그대로 모방하고 있다. 첫 번째는 물을 덜 유입하는 것이다.

그림 4.1은 몇 가지 경제 부문에서 물 유입량과 전체적인 물 사용량이 상당히 감소되었다는 점을 보여준다. 이 자료는 베이징에만 적용된다. 베이징은 기술적으로나 정치적으로 선진국의 수준과 비슷해서 물 사용 추세도 선진국을 따른다.

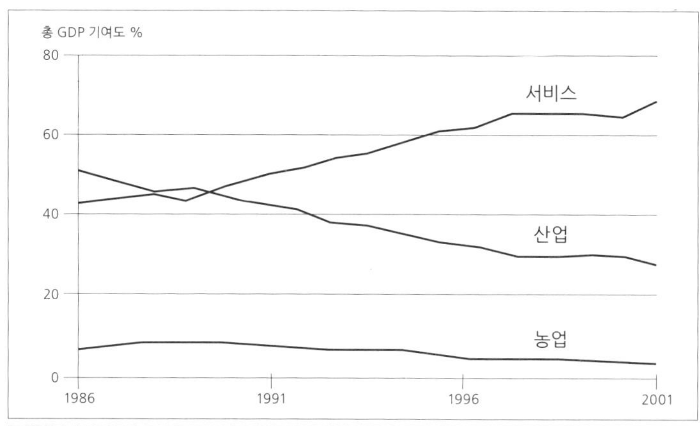

그림 4.2 1986~2001년 베이징의 부문별 GDP 기여도

출처 : Beijing Statistics Bureau and National Statistics Bureau Beijing Investigation Team(1986-1990), *Beijing Almanac*, Beijing: China City Press; Beijing Statistics Bureau and National Statistics Bureau Beijing Investigation Team(1991-2002), *Beijing Statistical Yearbook*, Beijing: China's Statistics Press; Beijing Water Authority(2003-2007), *Beijing Water Resources Bulletin*, Beijing: Beijing Water Authority.

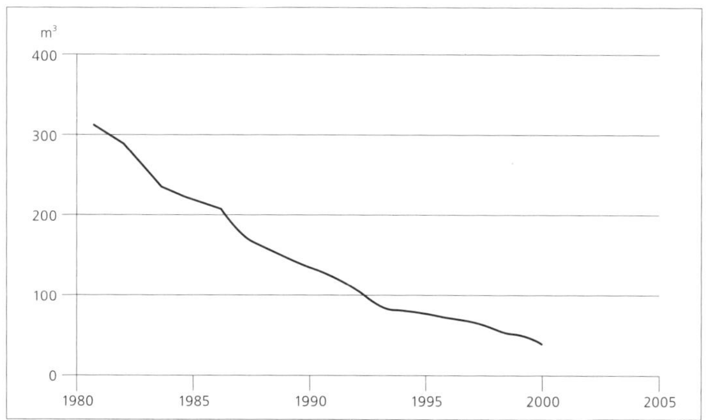

그림 4.3 산업 부문에서 GDP 10,000위안 생산을 위해 필요한 물의 양

출처 : S. Jia and S. Zhang(2003), 'Response of industrial water use to water price rising in Beijing', *Journal of Hydraulic Engineering*, vol. 4.

물은 돈과 관련이 있다. 경제가 물을 조금 사용하고 많은 이익을 창출하는 비결은 경제의 다각화에 있다. 이는 모든 국가가 배워야 한다. 중국은 이런 환경에 익숙한 상태이다.

그림 4.2를 보면 중국의 GDP 기여도는 산업과 서비스 부문이 농업보다 월등히 앞선다. 두 부문 모두 농업보다 물 효율성이 크기 때문에 이 사실이 중요하다. 농업 부문 부의 증가로 GDP가 성장하는 경제일수록 수자원으로 얻는 재정 수익이 더 크다. 그런데 중국은 농업 외 부문에서 물에 대한 수익이 크다. 그림 4.3은 더 단순하게 상황을 말해준다. 중국의 GDP가 물 효율적으로 변하고 있다. 선진국에서 일반적으로 나타나는 현상처럼 농업 부문이 경제에 미치는 중요성은 낮아지고 그 수준에서 안정된다.

이 지표들은 미래에 대한 불안을 없애준다. 그러나 중국은 과거의 성공에 만족하지 않았다. 경제적 다각화의 긍정적인 효과를 그대로 두지 않고 적극적으로 수요를 관리했다. 2002년 중국은 물 절약 계획을 세우기 시작했다. 5년 뒤 수자원부·건설부·국가발전개혁위원회는 2013년까지 GDP 단위당 물 사용량을 20% 감소하는 것을 핵심 목표로 설정한 계획안을 발표했다.

중국은 여러 정책을 시도하고 있다. 성공적인 인구 정책을 실시해서 물 수요를 급격하게 줄였다. 제조업 때문에 많은 가상수를 수출하지만, 식량으로 가상수를 수입해 균형을 맞추었다. 중국의 관개시설들은 수자원을 경제적으로 안정되고 환경적으로 지속가능하게 유지하는 역할을 완벽하게 하지 못하더라도 세계 최고다. 마지막으로 중국은 경제를 다각화하고 물 수요가 큰 농업에서 벗어나 GDP가 꾸준히 증가하고 있다.

이 모든 일이 지금 진행 중이다. 초기 반응은 좋은 편이다. 중국은 합리적이고 국제적으로 책임지는 정책들을 따르는 것 같다. 중국을 제외한 나라들은 환경적 요구를 신속하게 수용하지 못하고 편견을 갖고 있어서 중국의 빠른 경제 성장을 비난하는 게 편하다. 중국인은 이런 비난을 불필요한 간섭으로 치부하고 신경 쓰지 않아 냉정하다는 인상을 준다. 하지만 사실은 그렇지 않다. 그들은 아주 정중하며, 우리에게 신경 쓰지 말라고 말하는 대신에 타당한 이유를 들어 우리의 비평에 드러나는 위선을 지적한다. 중국의 정책입안자들은 현재 계획한 것보다 물 절약 계획안을 더 빨리 공개하고 싶어 한다. 경제적·환경적으로 타당한 계획안을 말이다. 이를 과대평가하고 싶지는 않다. 사회민주주의 성향을 띤 외부인들은 종종 이 거대한 단일 국가가 겉으로 보기에 사회적·산업적·정치적으로 이룩한 놀라운 업적에 크게 감탄한다. 하지만 최근 중국 정부기관, 특히 경제 기관에서 나온 자료들을 회의적으로 보는 시선이 확산되고 있다. 내가 그런 회의적인 입장이 얼마나 적절한지 판단할 입장은 아니다. 세계화 시대에 단일 국가가 동시대에 구소련의 트랙터 생산 수치와 맞먹는 수치들을 발표하는 것이 가능할까? 나보다 중국을 자세히 들여다보는 많은 사람들이 여기에서 말한 일부 세부 내용들에 이의를 제기할 수도 있다. 중국은 내 전문 분야가 아니다. 하지만 물은 내 전문 분야다. 내가 보기에 중국은 물을 잘 관리하고 있다. 인구를 억제하고, 열심히 물을 관리하고, 식량 생산량을 높이고 있다. 중국 정부는 아프리카와 그 외의 지역에 투자해서 전문성을 전파하고 있다. 남북수로사업의 차선책이나 다른 토목사업에서 환경 영향 같은 문제점도 드러났다. 하지만 모든 점을 감안한다면 다른 나라들이 중국에서 배워야 할 점이 더 많다. 우리는 중국의 미래에 관심을 가지고 지켜봐야 한다.

가장 많은 물을 보유한 국가

브라질은 브릭스에서 제일 앞자리를 차지하고 있다. 비협조적인 브라질이 모든 일을 제일 먼저 시작한다. 브라질은 물 자랑을 많이 한다. 다른 브릭스 국가나 선진국들로선 대적하기 어려울 정도로 물이 많다. 남아메리카와 중앙아프리카 국가들도 수자원이 많지만, 이들과 브라질 사이에는 중요한 차이가 있다. 바로 돈이다. 그런 거대 국가나 경제에 대규모 투자 능력이 필요하다.

돈이 없으면 물이 많다고 말할 수 없다. 적당히 잘사는 수준에도 못 미치면서 물만 많으면 도움이 되지 않는다. 다음 장에서 우리는 에티오피아를 살펴볼 것이다. 에티오피아에는 나일강이라는 주요 수원이 있지만 물에 투자할 재정과 정치 자본이 부족했다.

브라질은 더 유리한 위치에 있다. 경제 다각화와 산업화의 장단점을 모두 가지고 있다. 수십 년간 무기력하던 정치가 경제를 살려, 세계 경제의 상위 자리를 두고 경쟁을 벌이고 있다. 2008년에 브라질은 국제통화기금IMF에서 100억 달러를 대출받았다. 특히 IMF에 머리 숙여 자금을 빌리던 당시에 비하면 놀라운 발전을 이뤘다. 이제 브라질은 여러 부문에서 세계 상위 10위 안에 들어간다. 브라질이 2050년까지 5대 강국 중 한 나라가 될 것이라고 예상하는 사람들이 많다.

아마존강은 특별하다

연간 유량이 8,000km^{3}인 아마존강은 세계 최대 강이다. 아마존강의 크기·범위·힘을 보고 있으면 두렵고 놀랍고 겸허해진다. 직접 본 적이 있다면 이 말을 이해할 것이다. 본 적이 없다면 앞으로 경험하게 될 것이다. 아마존강을 바라보는 것은 대자연과 눈싸움을 하는 것과 같다. 당신이 먼저 눈을 깜박일 것이다.

아마존강 유역은 대부분 브라질 영토다. 브라질에 속해 있으면서 압력이 높은 대동맥의 힘을 지닌 채 이 커다란 나라를 통과한다. 이 강과 지류들 덕분에 브라질이 지구상에서 물이 제일 풍부한 나라가 되었다. 게다가 세계에서 두 번째로 유량이 많은 오리노코강의 대부분도 브라질에 속한다.

놀라운 사실은 브라질의 지표수가 관개지의 식량 생산을 위해 소모적인 방식이나 전력생산 같은 비소모적인 방식으로 거의 사용되지 않고 개발되지도 않는다는 점이다. 최근 브라질에도 변화의 바람이 불어 수력발전 프로그램들을 많이 계획하고 있다. 지역 주민들과 환경운동가들의 격렬한 반대에도 불구하고 대부분의 계획들이 추진될 것이다. 지금은 넘쳐나는 담수를 쉽게 가져다 쓸 수 없다. 장대한 아마존강은 사람의 손을 거의 타지 않은 채 유유히 흐르고 있다. 오리노코강도 마찬가지다.

이 점은 크게 문제되지 않는다. 브라질은 토양수가 엄청나게 많아서 지표수 문제를 무시할 수 있다. 사람들이 브라질을 열대우림이라 부르는 데는 그럴만한 이유가 있다. 그린워터 덕분에 브라질은 세계의 급수탑이다.

바이오연료 : 에너지, 연료, 에탄올, 디젤

지구온난화를 막으려는 노력의 문제점이 문화적 공황상태에 불을 붙였다. 모든 생명체들이 20세기의 안락함을 즐기는 동안 대중은 더 이상 바이오에너지와 바이오연료라는 용어에 대해 이야기하지 않는다. 이 단어들이 실제로 어떤 의미인지 잘 모르는 사람이 많을 것이다. 바이오에너지와 바이오연료는 바이오매스로 만든 연료라는 뜻이다. 여기서 바이오매스는 살아있거나 최근에 살았던 유기체에서 나온 단순한 생물학적 물질이다. 바이오에너지와 바이오연료는 포괄적인 용어다.

바이오에탄올과 바이오디젤은 바이오연료의 구체적인 형태다. 두 가지 모두 브라질을 분석할 때 필요하다. 알코올이 그렇듯이 바이오에탄올은 설탕·탄수화물·섬유소로 만들어진 알코올이다. 브라질의 경우에 대부분의 바이오에탄올은 사탕수수의 발효 작용으로 만들어진다. 바이오에탄올은 자동차에 들어가는 휘발유를 15%까지 대체할 수 있다. 바이오디젤은 디젤자동차에서 휘발유를 대신해 쓸 수 있고 세계적으로 널리 사용되고 있다. 캘리포니아 디즈니랜드에서는 그곳 휴양지에 버리는 식물성 기름을 바이오디젤로 전환해 디즈니 매직킹덤Magic Kingdom을 일주하는 기차 연료로 사용한다. 브라질의 이야기는 그린워터로 발육시킨 바이오매스로 만든 바이오에탄올에 대한 것이다. 경제적으로 드러나지 않는 그린워터도 열심히 일하고 있다.

바이오연료의 사용과 오용, 그리고 이를 생산하기 위해 필요한 엄청난 토지와 물 사용에 대해 활발하게 논의가 진행되고 있다. 이 책의 주제와 관련이 없기 때문에 바이오연료의 사용법을 여기서 광범위하게 다루지는 않을 것이다. 바이오연료의 물 사용에 대해서는 간단히 다룰 테지만 수자원 사용의 엄격한 프리즘을 통해 바라볼 것이다.

브라질의 지형

브라질은 물이 풍부하지만 지반이 연약하다. 열대지방과 적도국가들의 전형적인 특징은 흙에 영양분이 부족하다는 것이다. 그 문제를 해결하기 위해 인간은 방법을 계속 찾는다. 브라질 농부들은 여러 비료를 사용해 토양을 더 비옥하게 만들려고 했다. 이런 것이 좋은 과학이고 브라질이 그 분야에서 앞서는 이유다. 브라질에는 우리가 운반하거나 보유하거나 통제할 수 없는 빗물이 풍부했다. 그래서 브라질 농부들은 산업용 농지를 가능한 효율적이고 사용가능하게 만들기 위해 다른 성분을 추가했다. 식량 생산의 가능성은 엄청나게 크다.

하지만 브라질은 단순히 식량만 생각하지 않는다. 브라질은 식량 외에 자동차 연료에도 관심을 기울였다. 브라질의 농부와 정부는 바이오에탄올 생산을 위해 사탕수수와 옥수수 재배에 우선순위를 두었다. 바이오에탄올은 탄소발자국으로 보면 깨끗한 에너지다. 그러나 바이오에탄올 생산에는 물이 엄청나게 들어간다. 바이오에탄올의 물발자국은 석유의 70배가 넘는다. 브라질처럼 물이 풍부한 나라만이 떳떳하게 바이오에탄올을 제조하기 위해 옥수수를 수확할 수 있다. 유럽연합과 미국 모두 바이오연료 생산 실험을 하고 있지만, 주요 식품의 효용과 가격 기반을 약화시키지 않으면서 토지와 물을 사용할 여유가 없다는 사실을 금세 깨달았다. 석유가 지정학의 모든 것을 결정한다고 믿는 사람이 있다면 새로운 소식을 알려주겠다. 기아가 그 모든 것을 능가한다. 적어도 장기적인 관점에서 보면 말이다. 우리는 아직 그 미래를 맞이하지 않았다. 아직은 에너지 쇼크를 대처하는 단계에 있다.

브라질은 바이오연료를 계속 생산할 수 있다. 브라질에는 필요한 기술이 있고 수자원도 많기 때문이다. 그러나 한 가지 요인이 더 필요하다. 토지다. 그런데 브라질은 땅도 넓다. 토지·물·기술 이 세 가지를 모두 갖춘 나라라면 어떤 농업적 야망이라도 실현할 수 있다. 브라질처럼 이 세 가지 요소를 모두 대량으로 갖춘 나라는 세계 어디에도 없다. 유럽연합과 미국은 바이오연료 생산에 회의적이지만, 브라질은 계속 추진할 수 있는 이유가 바로 여기에 있다. 하지만 브라질에서 바이오연료 생산이 성공적인 산업으로 자리 잡는다는 보장은 없다. 석유와 가스 가격 변동이 심각한 영향을 줄 수 있다. 석유와 가스 가격이 하락하면, 바이오연료 프로젝트가 하룻밤 사이에 손해를 보는 불필요한 산업으로 전락할 수 있다. 21세기에 들어와 석유와 가스 가격은 거의 안정되지 않고 있다.

아직까지는 비관적으로 생각하지 말자. 브라질에는 자원이 풍부하다. 수자원과 토지 규모를 보면 브라질에는 장점과 정책 대안이 많다. 다행인 사실은 브라질이 천연자원의 잠재성을 아직 깨닫지 않았다는 점이다. 유럽이나 미국과 달리 브라질은 천연림도 완전히 파악하지 못하고 있다. 손대지 않은 땅이 아직 많이 남아 있다. 심지어 개간된 토지에서 현재 이용하고 있는 것보다 앞으로 훨씬 더 많은 그린워터를 동원할 수 있다. 자국의 수요는 물론이고 다른 국가들의 추가 수요까지 충족시킬 수 있을 것이다. 그만큼 수자원이 충분하다.

비관적으로 생각할 일이 아니다. 미래의 브라질은 그린워터와 블루워터의 생산성을 모두 높일 것이다. 더 개간할 수 있는 숲과 삼림지대가 남아 있다. 하지만 브라질은 토지와 물 관리 정책을 신중하게 처리한다. 이 외에도 브라질은 경제적으로 발전이 느린 국가라는 점을 기억해야 한다. 브라질 정치와 경제에 환경에 대한 우려가 깊이 배어있다. 지속 가능한 방식으로 재배하고 합리적으로 선택한 농작물들을 적당한 가격에 살 수 있다면, 신흥 강대국들은 유럽과 미국처럼 환경을 우습게 보는 태도를 반복하지 않을 것이다.

브라질은 가까운 미래에 1세대 바이오연료를 선택할 수 있다. 이 모델은 다른 나라에 적합하지 않다. 선진국들은 토지와 물이 부족하다. 대규모로 시도하려고 한다면 식량 안보에 큰 문제가 생길 것이다. 개발도상국들은 기술과 자금이 부족하다. 브릭스에서 유일하게 러시아만이 자본·기술·토지·물이 더 효율적으로 결합된다면 브라질을 따라 잡을 수 있다. 하지만 동면에 들어간 러시아 농업이 깨어날 것이라고 주장할 만한 근거가 없다.

바이오연료
1세대 바이오연료는 바이오매스로 설탕·곡물·오일시드 같은 농작물을 사용한다. 2세대 바이오연료는 바이오매스로 쓰레기·지푸라기·나무·섬유소를 사용한다. 이것들은 폐기물이기 때문에 2세대 바이오연료의 물발자국이 더 작다.

기계화된 농업

우리는 낭만적이지만 터무니없는 시각으로 농업을 바라볼 때가 많다. 식량에 관해서는 이상하게도 동력이나 물을 공급하면서는 보이지 않을 향수어린 태도를 취하는 것이다. 아무도 위험성 높은 광산업이나 콜레라가 창궐한 공동우물이 있던 시절을 아쉬워하거나 기억하지 않는다. 하지만 씨앗과 흙과 힘들게 짐을 끌고 가는 동물들의 도움만 받아 땅을 지키던 고결한 농부의 모습을 떠올리면, 아무리 냉정한 사람이라도 눈가가 약간 촉촉해지고 머리가 멍해진다.

이는 어제의 장밋빛 꿈 중에서도 가장 우스운 부분이다. 신기술 반대자들을 믿지 마라. 1940~1960년대에 선진국에서 일어난 농업의 기계화는 20세기 농업 부문에서 가장 혁신적인 일이었다. 짐 끄는 동물들은 농작물 생산량의 20%를 소비했다. 뜻밖의 수치라서 이것의 의미를 놓치기 쉽다. 그것은 농작물 생산량을 늘리기 위해 수확량의 1/5을 다시 투입하고 있다는 뜻이다. 이처럼 비효율적인 방법은 어디에도 없을 것이다. 북아메리카와 유럽에서는 작물을 경작·수확·운송하는 수단으로 수천만 마리 동물들을 길렀다. 그 동물들이 트랙터와 트럭으로 대체되었으면, 전체 토지의 10~20% 정도에 농작물을 재배할 수 있고 대부분 빗물로 관개했을 것이다.

부유한 나라들이 즐겨 사용한 물 절약 방법을 살펴보자. 농업 부문의 기계화를 추진할 수 있던 부유한 나라들은 그린워터를 20%나 추가로 사용하고 식량 재배에 그 물을 사용할 수 있었다. 오늘날 중국과 인도는 동물 에너지에 의존하는 방식을 탄화수소 에너지로 전환하고 있다. 개발도상국들은 아직도 농업에서 물 비용이 많이 드는 동물 수송 방식을 고수하고 있다. 현재까지도 개발도상국에서 자경자급농장(실업자를 위해 공장지대 부근에 설립된 농장-옮긴이)을 운영하는 동력은 짐을 나르는 동물이다. 그 농장의 동물들은 농장 생산량을 축내는 주요 요인이기도 하다. 아주 작은 농장에서는 이 동물들이 식량과 물을 두고 농부의 가족들과 직접 경쟁하는 일도 벌어진다.

흥미롭게도 혁명은 농장에 동력을 공급하는 방식에서 일어난다. 이것은 반혁명적이다. 브라질은 물 집약적 방식에서 물을 적게 소비하는 에너지 방식으로 바뀌는 역사적 추세에 역행하고 있다. 물을 많이 소비하지만 탄소 친화적인 바이오연료를 생산해 탄화수소 대신 바이오연료를 사용해서 농업과 브라질 운송업에 동력을 공급한다. 브라질 농업은 식용작물 생산을 위해 엄청난 토지와 수자원을 쓰지 않게 되었다. 이런 시도를 할 수 있는 천연자원을 가진 나라는 브라질 밖에 없다. 그렇지만 브라질은 이런 반혁명 운동에 성공할 것이다. 그들의 결정은 세계적으로 중요하다. 브라질은 세계를 먹여 살릴 것인가, 에너지를 자급자족할 것인가?

브라질의 역할

브라질도 중국처럼 세계를 위해 할 수 있고 해야만 하는 일이 많다. 하지만 중국과 달리 브라질은 선택권이 많고 경제적·환경적·정치적 제한 요소는 적다. 중국은 물을 적게 쓰면서 할 수 있는 일을 계속 찾아가고 있으며, 개발도상국에 물 관리 기술과 상품을 수출해야 한다. 브라질은 자기만의 진로를 개척할 수 있다. 이제 자세히 들여다보자.

적절한 인구

브라질은 중국과 분명한 차이가 있다. 중국은 인구정책을 성공시켜 세상을 구한다. 그러나 브라질에는 인구 문제가 없다. 브라질 인구는 약 1억9천2백 만 명이고, 세계에서 다섯 번째로 인구가 많은 나라다. 면적은 약 850만km^{2}라서 면적으로도 다섯 번째로 큰 나라에 해당된다. 그러나 이 두 사항을 동등하게 보면 오해를 일으킬 수 있다.

세계 인구의 1/5이 중국인인 반면 1/40이 브라질인이다. 산업화, 경제적 다각화, 1인당 GDP 증가로 브라질 인구는 평균을 유지한다. 중국과 브라질은 인구수를 예측할 수 있고 2050년에는 평균수준을 유지할 것이다. 중국은 엄격한 인구 억제 정책을 시행해 이 정도로 유지했다. 브라질은 행운이 따랐다. 2050년 브라질 인구는 약 2억 6천만 명으로 예상된다. 이 수치는 세계 인구 목록에서 약 여덟 번째 나라로 떨어질 것이다. 파키스탄·방글라데시·나이지리아가 브라질 인구수를 추월할 것으로 예측되고 있다.

국가 차원에서 안정된 인구는 많은 도움이 된다. 식량과 물 안보에 대처하기 쉽기 때문이다. 중국과 브라질처럼 크면서 중요한 역할을 하는 나라들의 인구 증가 추세가 안정되면 세계적으로도 중요한 영향을 미친다. 인구 목표에 도달하면 두 나라는 지속 가능한 세계 식량과 물 안보를 지키는 역할을 할 것이다. 중국은 세계를 불안정하게 만드는 식품 수입을 과도하게 하지는 않을 것이다. 브라질은 많은 나라들이 식량과 가상수를 받을 수 있을 만큼 많은 양의 식품을 수출할 수 있다. 2050년까지 세계 물 사용자가 20억 정도 늘어날 가능성이 크다. 거의 모든 일이 인도·인도네시아·파키스탄·방글라데시·사하라 사막 이남 아프리카·중동에서 비롯될 것이다. 세계 사람들이 수자원 위기에 직면할 것이다. 브라질 인구는 약 7,000~8,000만 정도 증가할 것이다. 브라질은 미래의 물 수요도 쉽게 충족할 수 있다. 그러면 연간 80~100km^3 정도의 물이 필요하다. 브라질 수자원은 이 수요를 충족하는 것 외에도 2억 명의 수요를 충족시킬 수 있다. 이것은 브라질이 에너지를 자급자족하는 것을 목표로 삼지 않고 세계를 먹여 살리기로 결정한다면 가능한 일이다.

브라질이 해결해야 할 물 문제

헤드라인

세계에서 가장 많은 블루워터와 그린워터를 이용할 수 있는 나라가 브라질이다. 이 자원들은 상당히 균등하게 배분된다. 브라질에서 유일하게 물이 부족한 지역은 북동 지방이다. 아직 개발되지 않은 이 지역에서는 물 공급이 집중적으로 관리된다. 나머지 지역은 적절히 물이 공급되고 있다.

브라질이 부당하게 수자원을 이용하고 있어 환경적 영향에 대한 우려도 나타나고 있다. 수자원 고갈 때문이 아니다. 브라질이 수자원을 이용하기 위해 해야 하는 일 때문이다. 현재 브라질의 그린워터는 삼림지대와 초원에 똑같이 공급된다. 브라질을 제외한 다른 국가들은 가축을 키우거나 농업을 위해 초목을 개간해야 한다는 주장에 반대한다. 이런 반응이 있을 때는 대부분 이산화탄소가 언급된다. 나무는 장점이 많다. 그 중 중요한 장점은 대기에서 이산화탄소를 흡수하고 산소를 다시 배출하는 것이다. 나무는 지구온난화를 늦추고 우리가 편하게 숨 쉴 수 있게 해준다.

인간이 초래한 지구온난화는 환경을 걱정하는 선진국들이 싫어하는 것이다. 그들이 의식하는 것은 단순히 그들의 의견일 뿐이기에 신경 쓰지 않아도 된다. 유럽과 북아메리카 국가들은 과거 몇 세기 동안 무모하면서도 악의적으로 삼림지대를 개간했다. 그런 그들이 이제는 개발도상국이 자신들을 따라하는 것을 보며 혀를 차고 안타깝다는 듯이 고개를 내젓는다. 그들의 환경적 반달리즘 비용은 경제 구조에 포함되지 않았다. 선진국들은 환경을 훼손하면서 부유해졌기 때문에 세상에 많은 빚을 지고 있다. 그런데 이 빚을 갚기는커녕 환경을 조금이라도 훼손하는 국가들에게 금지라는 명목으로 그 빚을 떠넘긴다. 이는 처음 죄를 지은 자의 죗값을 다음 세대가 치르는 것이다. 선진국은 경제 발전을 위해 환경적 책임을 버렸기 때문에 브릭스와 개발도상국들은 똑같이 하지 않는다. 브라질은 지구의 폐를 책임지고 관리하라는 요구를 받지만 이 의무는 고스란히 브라질 혼자 떠맡는다. 선진국들은 자기들의 환경을 관리하는 데도 실패했기 때문이다. 브라질 지도자들은 그 요구에 귀 기울이는 것 같지만 그들의 위선 때문에 견디기 힘들어 한다.

심각한 에너지 문제

에너지는 지금까지 자세하게 다루지 않았다. 에너지는 골치 아픈 문제다. 내 채식용 메제(중동·그리스·터키의 식사에서 제공되는 다양한 전채 요리–옮긴이)와 당신의 치즈버거에 늘 존재하는 문제다. 식량·물·무역에 대해 설명할 때 빠트린 것이 에너지다.

이 문제가 재앙을 일으킬 가능성은 크지만 깊이 있게 다루지 않는 까닭은 여기에서 이야기하기에는 내용이 너무 많으며, 물과 에너지의 관계에 초점을 맞추어야 하기 때문이다. 나는 이 책의 핵심에 집중하려고 노력 중이다. 독자들은 책 안에 너무 많은 개념들이 들어있는 것에 거부감이 있다. 지루한 것을 좋아할 사람은 없으니 말이다. 아는 체 하는 것은 독자들이 더 싫어한다. 언제나 모든 문제를 다룰 수는 없다. 그래서 브라질을 분석하면서 에너지는 간단하게 언급하겠다.

브라질이 세계 식량과 물 안보를 보장할 수 있는 것은 에너지에 관한 결정과 관계가 있다. 브라질은 선택의 폭이 넓어서 결정하기가 힘들다. 막대한 토지와 풍부한 수자원이 있기 때문에 바이오연료를 선택할 수 있다. 수력·태양·바람 같은 재생에너지들이 많이 있다. 재생 불가능한 핵에너지도 사용할 수 있다. 브라질은 최근에 탄화수소를 사용할 기회가 있었다. 브라질은 경제를 다각화하고 발전시키려고 노력하고 있기에 에너지 정책들을 바꾸고 조합할 수 있다. 그러나 물·식량·무역에서 중요한 것은 바이오연료의 역할이다.

우리는 똑같은 물 한 방울을 두 배로 사용할 수 없다. 그러나 이는 거짓이라고 밝혀졌다. 물 한 방울을 반복해서 사용할 수 있다. 하지만 같은 물방울을 다른 두 가지 일을 동시에 하면서 사용할 수는 없다. 바이오연료를 만드는 바이오매스를 생산하기 위해 물을 사용할 수 없지만, 똑같은 물로 농작물을 재배하고 가축을 기르는 데 사용할 수 있다. 세계의 농축산물 무역에서 브라질은 중요한 역할을 하고 있다. 브라질이 토지와 수자원으로 무엇을 할지 정하면 전략상 중요한 식품과 가상수의 유용성에 직접적인 영향을 줄 것이다. 앞으로 수십 년 간 브라질의 역할은 더 커지면서 중요한 에너지 정책을 결정할 것이다. 표 4.2를 보자.

이 표는 브라질의 가상수 수출량과 수입량을 보여준다. 수출량은 엄청 많다. 대부분의 가상수가 농축산물의 형태로 수출된다. 에너지 생산을 위해 바이오매스 작물을 경작하는데 많은 토지와 물을 쓰기로 결정하면 이 수출량이 영향을 받는다.

표 4.2 2000년 브라질의 가상수 수입량과 수출량

	가상수 수입량		
가상수 양	농산물과 축산물	산업	총량
십억 m^3/년	15	3	18

	가상수 수출량		
가상수 양	농산물과 축산물	산업	총량
십억 m^3/년	61	2	63

	가상수 순수입량		
가상수 양	농산물과 축산물	산업	총량
십억 m^3/년	46	-1	45

출처 : A.K. Chapagaein and A.Y. Hoekstra(2003), *Water Footprints of Nations*, Delft: IHE.

2050년까지 브라질이 자국의 수자원을 어떻게 배분할 것인가에 대한 문제는 세계 식품 가격을 결정하는 핵심 요인이다.

식품 가격에 대해 이야기해보자. 어쩌면 불평에 가깝다. 수요와 공급이 세계의 상품 가격을 결정하지 않는다. 무역은 공짜가 아니며 공정하지도 않다. 이 시점에서 우리가 분석하는 내용과 관련된 가격 왜곡은 두 가지 형태로 나타난다. 첫째, 가격에 환경비용이 포함되지 않는다. 경제학자들은 부정적 외부효과라는 용어를 즐겨 사용한다. 이 용어는 개념적인 말이다. 과학이나 공문서에서 이런 용어는 뭔가를 의미하는 것처럼 보이면서도 실상 그 뜻을 이해하기 어렵다. 식량생산에서 부정적인 외부효과를 보여주는 예는 많은 양의 유독성 살충제와 농약을 상수도 시설에 흘려보내는 것이다. 이런 부정적인 외부효과가 가격에 포함되지 않으면, 기업과 국가는 후속처리를 할 필요가 없기 때문에 경제학자들이 좋아하는 용어처럼 시장 실패를 경험한다. 이런 경우에 물은 심각하게 오염되고 식품 가격은 하락한다. 두 가지 모두 위험한 일이다. 값싼 식품은 과소비를 선호하는 사람에게 위험하다. 사람의 건강도 나빠지고 환경의 건강도 나빠져서 모두가 심각한 위험에 빠진다.

국제 식량 가격을 왜곡하는 두 번째 요인은 균형이 맞지 않는 세계 권력구도에 있다. 설탕이나 목화 가격을 살펴보자. 이 가격은 국제 시장이 정하는 게 아니라 미국과 유럽연합이 자국 내에서 생산하는 농업과 무역의 보조금에 의해 결정된다. 가격을 정한다는 것은 명령한다는 뜻이다. 세계무역기구가 협상을 거쳐 이런 불균형을 조정하고 없애야 한다. 그러나 세계무역기구는 선진국들의 강력한 지위를 무너뜨리려는 개혁을 약화시킨다. 이렇게 답답한 협상들에 대해서는 또다른 장에서 이야기해야 할 정도로 설탕·목화 생산과 무역에 폭력을 가한 악랄한 역사가 있다. 그래도 느리긴 하지만 조금씩 공정함을 찾아가고 있다.

브라질은 조바심을 내서는 안 된다. 브라질에는 유리한 역사가 있다. 유럽과 미국은 현재까지 세계 무역 주도권을 쥐고 있다. 그러나 브릭스 국가들의 부상으로 미래에는 많이 달라질 것이다.

물 가격은 어떻게 결정될까?

한 해가 지날 때마다 세계 구조는 놀랍도록 단순한 전제에 따라 역할이 정해진다. 그 전제란 시장 가격은 정보가 많은 적극적인 구매자와 판매자가 경제적으로 공정한 결과를 반영한 가격으로 동등하게 거래하게 해준다는 것이다. 이 전제는 탈이데올로기 시대의 이념이다. 그리고 모든 이념들이 실패했듯이 이 전제도 실패했다. 이론적으로만 의미 있을 뿐이다.

상품 가격에 들어가지 않는 숨겨진 투입원은 어디에선가 비용이 지불되지 않고 있다는 의미다. 우리는 시장 체제의 결점을 현명하게 대처하고 있기 때문에 이런 부정적인 외부효과를 경제 비용으로 넣도록 요구하고 있다. 문화적으로 탄소 관련 오염에 비용을 부과한 일은 성공적이었다. 탄소발자국은 소비자의 태도와 공급의 역할을 논의하는 데 유용하다. 많은 사람들이 물발자국 개념을 적용해서 식량의 진정한 비용을 이해해야 한다고 생각한다. 실천하기는 어렵겠지만 이것은 멋진 이론이다. 탄소 세금은 쉽게 개념화되었고 비용으로 계산되었다. 상품과 관련된 탄소량을 계산하는 방법도 하나로 통일되었다. 상황에 맞춰 세금을 정할 수 있었다. 탄소 생산량에 대한 비용은 직관적으로 모든 이에게 영향을 미친다. 대기는 우리 모두가 공유하는 싱크대와 같다. 대기오염은 불공평하게도 오염에 가담하지 않은 사람에게까지 영향을 미치고 오염시킨 사람은 아무런 대가도 치르지 않는 경우도 있다.

물발자국은 개념화하기가 어렵다. 우리가 물을 관리하는 방식은 분명히 환경을 오염시키고 영향을 주지만, 그 영향이 전 세계에 미치지는 않는다. 물 관리를 잘못해서 악영향을 끼치면 그것은 수문학 시스템에 그대로 남아 있다. 과세 협정 체계의 포괄적인 개념을 제시하는 것은 정치적으로 아직까지 실현 불가능하다.

그런 일에 이의를 제기하기 전에 제품 생산과 물 함유량을 연결하는 쉽고 빠르고 효과적인 개선책 두 가지가 있다. 첫째, 우리는 정치가 정한 속도에 맞춰 선진국의 농업 부문에 투입되는 보조금을 없애고 보호무역 정책을 폐지해야 한다. 그래서 나는 유럽연합의 농업 정책과 미국의 보조금에 대해 구체적으로 이야기할 것이다. 두 번째 방법은 이전과 반대되는 것이다. 우리는 개발도상국에서 힘들게 먹고 사는 농부들을 보호하는 대책들을 제시해야 한다.

이 세상은 세계 시장이 경제 개발을 돕는다는 악의 섞인 거짓말 위에 세워져 있다. 세계 시장은 새로운 방법을 도입해 상품과 서비스의 가치를 평가해서 경제를 완전히 바꿀 수 있다. 시장은 의식 있는 존재인 우리가 세상에 기대한 공정함 같은 추상적인 개념과 인간의 고통에 절대 양보하지 않는다. 과거의 미국과 현재의 중국을 비롯한 현명한 정부들은 잔인하고 공격적인 불공정 자유시장으로부터 자신들을 보호했던 세계화를 이루는 단계에 접어들었다.

세계 시장의 힘은 농업에서도 녹녹하지 않다. 부유한 강대국들이 최저 생활을 겨우 유지하는 가난한 사람들을 짓밟는다. 마치 아무것도 모르는 아이가 장난을 치면서 개미를 마구 밟는 것과 같다. 선진국의 보조금은 그들의 제품 가격이 이상향의 산물이나 마찬가지다. 제품 가격은 제품에 들어간 실제 비용과 같지 않다. 그런 불균형 때문에 개발도상국 농부들은 선진국과 똑같은 물 효율성을 요구할 수가 없다.

아프리카, 남아메리카, 아시아의 농부들도 물 생산성을 크게 높여야 한다. 물을 최대한 활용하는 가격 시스템을 만들어 물이 환경적·경제적으로 최상인 지역에서 농작물을 재배하고 가축을 키워야 한다. 그것이 세상을 바로세우는 가장 합리적인 방법이 아닐까? 그러나 인간은 삐딱한 동물이다. 2등급 토지에서 농축산물의 최대 수확량을 기록하는 것처럼, 수자원이 적은 지역에서 물 생산성이 증가하기도 한다. 화성인이 지구에 온다면 무슨 생각을 할까? 처음에는 몹시 건조한 화성에 비해 지구는 엄청 습하다는 사실을 깨닫고 흥분할 것이다. 그러다가 그들은 남부 캘리포니아나 중국 화베이 평원 같이 건조하고 물이 부족한 지역에서 왜 물을 제일 열심히 운용하는지 궁금해 할 것이다. 1년 중 대부분 기온이 30℃에 가까운 지대에서 철저하게 물을 사용하고 있다.

새로운 세계 질서

이 말은 편집증 환자와 몽상가, 그리고 외로운 사람이 엘리트·비밀 집단·변신하는 파충류에 얽힌 음모를 찾으려고 인터

넷 검색엔진에 넣는 표현이다. 언제나 진실은 평범한 법이다. 이 세상을 지배하는 사람은 아무도 없다. 그저 여러 힘과 이해관계의 충돌로 대립할 뿐이다. 정치는 구석구석 자리 잡고 있다. 마찰과 부작용이 있지만 지구는 가까스로 회전하고 있다.

세계무역기구는 세계 경제의 감독이 되고 싶어 한다. 그러나 선진국들이 그 서커스단의 주인이다. 선진국들은 브릭스 국가들이 서커스 단원들을 사들이고 있다는 사실을 눈치 채지 못했다. 2050년에는 새로운 세계 질서가 탄생할 것이다. 하지만 새 질서는 꼭두각시 주인의 마키아벨리즘 같은 책략을 써서 수단과 방법을 가리지 않고 탄생하지는 않을 것이다. 인류 역사에서 모든 일들이 그러했듯이 이 질서도 우연하게 간접적으로 불완전한 상태로 만들어질 것이다. 예측을 하려면 운이 좋다거나 어리석다는 말을 참을 수 있어야 한다. 현명하다는 소리는 절대 못 듣는다. 그래도 예측을 하자면 브릭스 국가들은 향후 40년 동안 일어날 변화의 최대 수혜자가 될 가능성이 가장 크다. 중국, 인도, 브라질은 이미 세계 식량 생산량의 1/3을 생산하고 있다. 세계에는 식량 생산량을 높이고, 증가한 인구만큼 수요를 충족시켜주는 그들이 필요하다. 이 브릭스 국가들이 지속 가능한 방식으로 물 사용을 증대하는 일이 중요하다. 브라질과 중국은 이 방식을 따를 것이다. 새로운 세계 질서가 확립되면 가상수 수출국이자 수입국인 브릭스 국가들에 엄청난 권력이 생긴다. 브라질은 식품에 감춰진 가상수를 세계에서 가장 많이 수출하는 나라가 될 것이다. 브라질이 세상에 얼마나 기여할 수 있는가는 에너지 정책에 달려 있다.

브라질은 새로운 세계 질서의 중심에 있다. 이 나라가 세계의 식품 저장소가 될 것이다. 오늘날 브라질은 주요 설탕 생산국이며 세계 설탕의 1/3을 생산하고 있다. 또한 브라질은 세계에서 두 번째로 콩을 많이 생산한다. 옥수수는 세계에서 세 번째로 많이 생산한다. 축산물 생산도 마찬가지다. 브라질은 중요한 소고기 생산국이다. 브라질은 미국보다 기르는 소 마리수가 두 배나 많다. 미국은 1억 마리 이하의 소를 키우지만, 브라질은 2억 마리 이상이다. 브라질에는 사람보다 소가 더 많다. 브라질과 미국의 이런 차이는 앞으로 더 커질 것이다. 미국은 곡물을 먹여 소를 기르는 시스템의 문제를 보여주었다. 그 부문은 정당한 기업식 농업에서 불쾌한 공상 과학으로 넘어가고 있다.

브라질도 이 잔인한 시스템을 따르는 경향이 있지만, 방목사육한 소들도 많다. 방목사육이 인도적이고 친환경적인 방식으며, 곡물 사육 방식보다 블루워터에 부담을 적게 준다. 방목사육 농장은 물 동원력을 개선하려는 목표에 긍정적인 기여를 한다. 대부분의 방목장이 농작물을 키우기에 적합하지 않은 곳이다. 그러나 그 땅에는 빗물을 먹고 자란 자연 사료가 자란다. 이런 수자원에 접근하는 유일한 방법은 비용을 지불하지 않는 경제석 협력사인 대자연이 풀을 뜯고 있는 동물들을 위해 수자원을 식량으로 전환하는 것이다. 풀을 먹여 동물을 키우는 방법으로 경제에 그린워터를 도입하는 것이다. 이 방법 외에는 그린워터를 경제에 포함할 길이 없다. 그린워터가 자연식생을 돕기 때문에 그 자원을 잃지 않을 것이다. 그러나 그 자원으로 돈을 버는 사람은 없다.

브라질은 농경지에서 인간이 소비하는 작물이 아닌 동물 사료로 사용될 작물을 생산한다는 것에 큰 부담을 안고 있다. 여기에는 선진국의 식습관과 관련된다. 선진국들이 고기를 너무 많이 소비하고 있다.

브라질은 몇 가지 선택을 해야 한다. 가축 사료를 더 많이 생산할 수 있으니까 세계 일류의 소고기 사업을 발전시킬 수 있다. 바이오연료 생산에 많은 자원을 투입해 세계를 이끄는 다른 농업을 개발할 수도 있다. 미국도 유사한 선택의 기로에 있었지만 브라질처럼 토지와 수자원이 많지는 않았다. 자원이 적다는 말은 선택 범위도 좁다는 뜻이다. 미국은 농업 분야에서 능력을 입증 받았고 과학기술이 그 산업을 뒷받침했다. 마찬가지로 브라질도 그런 능력을 개발하고 있다. 브라질은 미국이 가진 자본이나 기술은 부족할지 모르지만 미국 같은 자연적 제약은 없다. 2010년 기준으로 보면 미국은 주요 식량 공급자다. 21세기 중반쯤 미국은 그 지위를 브라질에게 넘겨줄 것이다. 그러나 여전히 제2의 식량 공급국 자리에 있을 것이다. 미국과 브라질 모두 천연자원을 많이 보유해 유리한 입장이다. 두 국가는 식량 안보를 국제적으로 보장한다. 인구는 많지만 인구 대 자원 비율이 적절한 편이고 앞으로도 심각하게 악화될 것이라는 전망은 없다. 우리는 그들에게 계속 의존할 수 있다. 그들의 도덕 기준이 물 환경을 주시하면서 책임감 있게 국제 무역을 하도록 인도하기 때문이다.

그러나 브라질이 어떤 선택을 하느냐에 따라 우리가 그들에게 의존하던 품목이 바뀔 것이다. 그들의 선택은 소고기 햄버거일까, 아니면 두부, 그것도 아니면 자동차를 위한 친환경 연료일까? 확실한 것은 이 세 가지를 모두 혼합하고 게다가 많은 것들이 더 있을 것이라는 점이다. 브라질은 자원 활용법을 다양한 방식으로 결정할 것이다. 브라질은 심리적으로 중국이 겪은 끔찍한 기아 공포를 공감하지 못한다. 브라질 사람들은 언제나 풍부한 토지와 물을 가지고 있고 식량도 풍부하다. 브라질은 다른 나라 사람 수억 명을 먹여 살릴 만큼 남는 자원이 많아서 자급자족할 수 있다. 그러므로 브라질은 식량 안보를 걱정하지 않으며, 식량 생산에서 바이오연료 생산으로 전환해 토지와 물을 사용하는 것을 편안하게 생각한다.

물론 브라질에는 개선해야 할 점도 많다. 표 4.3을 보면 브라질은 아직까지 자신들이 보유한 수자원의 가능성을 깨닫지 못하고 있다.

사탕수수, 콩, 옥수수는 세계적으로 중요한 역할을 한다. 브라질은 주요 경쟁국인 중국이나 미국보다 사탕수수와 옥수수

표 4.3 미국, 중국과 비교한 브라질의 사탕수수·콩·옥수수에 함유된 평균 가상수

	평균 가상수 함유량, m^3/톤		
국가	사탕수수	콩	옥수수
브라질	155	1076	1180
미국	103	1869	469
중국	117	2617	801

출처 : A.K. Chapagain and A.Y. Hoekstra(2003), *Water Footprints of Nations*, Delft: IHE.

의 물 효율이 낮다. 브라질은 농산물 시장에서 무명 선수가 아니다. 설탕 시장의 1인자, 콩 시장의 2인자, 옥수수 시장의 3인자다. 브라질은 세 작물을 많이 생산하며, 세계적으로도 상당히 많은 양이다. 분명 이 세 작물의 물 사용량은 개선될 여지가 있다. 브라질은 세계적으로 중요한 두 가지 농작물을 생산할 때 사용하는 물을 줄이면 더 많은 일을 할 수 있다. 물 관점에서 생산성이 개선될 수 있는 지역을 찾아야 한다. 그렇다고 가정하면 모든 일이 바로잡힐 것이다.

최고가 되려는 브라질

브라질은 세계에서 가장 중요한 경제국이 될 준비를 갖췄다. 세계에 식량과 물을 공급하는 데 선도적인 역할을 할 것이다. 이 운명은 물 환경의 범위 밖인 에너지 정책과 경제적 다각화에 달려있다.

사소한 사건이 엄청난 결과를 초래하다

우리는 충격을 받은 여러 나라들이 농업 정책들을 다시 검토하는 과정을 목격했다. 유럽 국가들은 1, 2차 세계대전으로 초래된 파괴와 기아의 충격 때문에 20세기 후반 식량난을 해결하기 위해 긴밀하게 협력했다. 자급자족을 목표로 삼아 국가적·대륙적 차원에서 끈질기게 목표를 추구했다. 어떤 측면에서

는 목표를 이룬 것처럼 보였다. 적어도 식량 생산이라는 제한된 관점에서만 보면 성공이었다. 40년이 흐르는 사이 유럽은 농축산물 생산량을 3배 증가시켰고 그만큼의 그린워터도 사용했다. 이는 지속 가능성을 강화해서 이뤄낸 결과였다. 환경과 물에 문제가 생기기는 했지만 손상 정도가 심각하지는 않았다. 열심히 복구해야 했지만 제 기능을 못하게 된 것은 아니었다. 문제는 식량을 더 이상 자급자족할 수 없다는 것이었다. 무역과 가상수 때문에 오해가 생겼다.

브라질은 1973~1979년에 일어난 1차 석유파동으로 충격을 받았다. 그 충격으로 바이오에탄올을 포함한 에너지 안보 실험에 착수했다. 세계가 이 석유파동으로 충격을 받고 우려했다. OPEC과 OAPEC 외의 모든 나라가 에너지를 주로 중동 석유에 의존하는 문제를 고민했다. 그러나 브라질이 바이오연료를 위해 농작물을 키워서 에너지를 자급자족하는 것에 반대하는 나라는 없었다. 브라질은 재빨리 의미 있는 성과를 올렸다. 1977년 바이오에탄올 공장에서 5,000만 톤의 알코올을 생산했다. 1985년에는 1억5천 톤으로 급증했고, 석유가격이 하락하지 않았으면 알코올 생산량이 상당히 늘어났을 것이다. 앞서 10년간 겪은 위기로 인해 많은 나라들이 실행 가능한 대안을 찾고 에너지 안보를 강화하려 노력했기 때문에 석유가격이 하락하자 바이오연료에 대한 브라질의 관심은 사라졌다.

석유수출국기구와 아랍석유수출국기구
석유수출국기구OPEC의 회원국은 12개국이다. 알제리, 앙골라, 에콰도르, 이란, 이라크, 쿠웨이트, 리비아, 나이지리아, 카타르, 사우디아라비아, 아랍에미리트, 베네수엘라다. 아랍석유수출국기구OAPEC의 회원국은 11개이다. 알제리, 바레인, 이집트, 이라크, 쿠웨이트, 리비아, 카타르, 사우디아라비아, 시리아, 튀니지, 아랍에미리트다.

설탕과 물로 할 수 있는 것

가상수에 대한 책에서 재미는 있지만, 가상수와 관련 없는 에너지 안보와 바이오연료에 대한 이야기를 꺼낸 이유가 무엇일까? 브라질의 바이오에탄올은 주로 설탕으로 생산되기 때문이다. 브라질은 세계에서 가장 많은 설탕을 생산한다. 이 설탕 생산량의 절반을 세계 시장에 수출하지 않고 바이오에탄올 생산에 투입하기로 하면 큰 문제가 발생한다. 그렇게 되면 세계 설탕양의 1/6이 당장 사라진다. 세계 농작물 생산에 그런 엄청난 변화가 일어나면 물 사용에도 커다란 영향을 미친다. 바이오에탄올 생산에 투입되는 브라질의 사탕수수 절반을 재배하는 데 필요한 물은 연간 약 43km³이다. 이 양은 이집트가 물이 충분하다는 환상을 깨지 않으려고 매년 수입하는 가상수의 양보다 많다.

바이오연료 생산에는 물이 많이 들어간다. 브라질 외에는 그것을 감당할 수 있는 나라가 없다. 그린워터를 많이 보유한 브라질은 그 분야에서 앞서있다. 브라질을 제외하면 미국만 의미있는 방식으로 이 산업에 참여하고 있다. 두 나라 모두 바이오에탄올 생산에 연간 약 100km³의 물을 투입한다. 그 수치는 국제 무역에 감춰진 가상수 6%와 맞먹는다. 미국은 바이오연료를 계속 생산할 것이다. 바이오연료가 경제성이 있거나 친환경 연료이기 때문이 아니다. 바이오연료는 경제성도 크지 않고 환경에도 좋지 않다. 그런데도 미국이 계속 생산하는 이유는 그 기술의 잠재성을 확보하려는 것이다. 이런 관심 때문에 농부와 기업에 보조금을 지급하며, 특히 옥수수 생산에 보조금을 지급한다. 옥수수가 미국 바이오연료의 주요 공급원이기 때문이다.

표 4.4는 여러 에너지의 평균 물발자국을 기가줄gigajoule 당 m³로 계산한 수치를 보여준다. 당신이 무슨 생각을 하는지 알고 있다. 우리는 물을 측정한다고 하면 m³만 떠올린다. 그런데 눈앞이 깜깜하게 기가줄이라니! 가정용 전기요금 단위로 환산하면 1기가줄은 약 278kWh이다. 체중을 감량하는 사람들의 다이어트 계획과 비교하면 약 2억3천9백만 칼로리에 해당한다. 그러나 이 표를 해석하려고 단위까지 이해하지 않아도 된다. 바이오매스는 물이 가장 많이 필요한 에너지원이다. 세계 여러 국가들이 1세대 바이오연료를 생산하려고 한다면, 에너지 정책은 세계 물 관리 측면에서 중요한 요소가 될 것이다.

주요 에너지 매개체	평균 물발자국, m^3/GJ
풍력에너지	0.00
천연가스	0.04
핵에너지	0.09
석탄	0.16
태양에너지	0.30
원유	1.06
네덜란드, 미국, 브라질, 짐바브웨의 평균 바이오매스	71.54
1기가줄(GJ)= 10^9줄= 948,000 BTU = 2억3천9백만 칼로리 = 278kWh	

출처 : P.W. Gerbensleenes, A.Y. Hoekstra and T.H. Van der Meer(2008), *Water Footprint of Bioenergy and Other Primary Energy Carriers*, Delft: IHE.

표 4.4 에너지 유형별 평균 물발자국

관계지도 그리기

우리 마음속에는 믿기 어려운 연결고리가 만들어졌다. 한쪽 끝에 석유가 있다. 정치적·환경적·문화적 문제들이 복잡하게 얽혀 석유 생산과 가격에 영향을 미친다. 중동 국가들 간의 충돌이 석유 가격에 직접적인 영향을 준다. 석유 가격이 흔들리면 바이오연료 시장도 같이 흔들린다. 석유 가격이 배럴당 30달러 이상만 유지하면 브라질에서 바이오연료는 경제적으로 성공할 수 있는 사업이다. 석유 가격이 가장 비싸다고 생각될 때, 중동은 자신들의 기준에서 불만스러운 10년을 경험했고, 149달러로 최고가를 기록한 2008년 여름 이후 배럴당 200달러까지 올랐다. 브라질이 식용 작물을 에너지원으로 전환하는 데 큰 관심을 보인 이유가 이 때문이다.

브라질 정부는 지역 정당에 사람들이 기대하는 만큼 대응을 하고 있다. 브라질 정부는 세계 석유 가격을 읽고서 경제적으로 합리적인 에너지와 농업정책 결정에 적용하려고 노력한다. 정부는 자국 시장이나 세계 시장에 팔기 위해 바이오에탄올과 바이오디젤의 비율을 결정한다. 운전자들과 운송업체가 바이오연료를 사용하도록 장려하기 위해 정부가 가격을 정한다. 브라질에서 생산되는 설탕·옥수수·콩 생산량은 이런 조치들에 영향을 받는다. 바이오연료를 많이 생산할수록 식량이 줄어든다. 주식의 생산량 줄어들수록 국제 가격은 올라갈 수밖에 없다. 중동에서 내전이 일어나거나 국가 간에 충돌이 생기면 세계 반대편에서는 설탕 가격이 오르게 된다.

영국 소설가 E.M. 포스터가 소설에서 표현한 유명한 말이 있다. '오직 연결하라Only connect.' 그러나 이미 모두가 본질적으로 연결되어 있다. 우리의 역할은 단지 그것을 관찰하고, 이해하고, 많이 아는 우리의 지위를 활용해야 한다. 여러 시선들이 제품 가격과 정부 정책의 복잡한 관계를 주시하고 있다. 거대 기업과 중앙 정부 양쪽을 담당하는 기관들 모두 관찰하고 이해하려고 노력해야 한다. 상호의존적인 이들이 에너지 안보에 미치는 영향을 분석하고 에너지·경제·환경·식량 안보와의 연관성을 찾아야 한다. 과중한 일이기는 하다. 특히 업무 협조가 잘 되지 않는 관료국가에게는 더욱 그렇다. 물 안보는 식량 안보에 포함되어 있다. 우리는 이 관계를 모두 알아야 한다. 그러나 그 관계를 모르고 직감할 수도 없는 식량 소비자들이 많다.

모든 일의 핵심에는 세계에 식량과 물을 공급하며 조용히 움직이는 가상수와 물발자국이 있다. 그러면 가상수나 물발자국 같은 개념들이 에너지 문제를 주제로 한 토론에서 자주 등장할까? 전혀 그렇지 않다. 우리는 브라질 바이오연료의 지나친 물 비용을 알고 있지만 현실에서는 아무도 그 문제를 이야기하지 않는다.

석유와 물

석유와 물은 단순한 액체가 아니다. 이 두 가지 덕분에 우리는 사회 활동을 하고 운송과 무역을 할 수 있다. 1973년 후반의 석유 금수조치는 세계를 뒤흔들면서 미국의 자신감을 훼손했다. 달러의 가치하락으로 재정적 압박을 받고 있던 시기에, 4차 중동전쟁 기간 미국이 이스라엘에 전쟁 물자를 지원한 사실에 격분한 아랍 국가들은 석유 가격을 70%까지 인상하고 석유 생산량을 의도적으로 감축하겠다고 발표했다. 이 금수조치로 인해 선진국들의 주식시장이 붕괴되었고 이는 1974년까지 지속되었다. 이 조치는 오래가지 않았지만 그 영향은 오늘날까지도 이어지고 있다. 미국과 OPEC 비가입국들은 텅 빈 주유소와 '휘발유 없음'이라는 간판을 보고 심리적으로 깊은 상처를 받았다. 갑자기 에너지 확보의 필요성을 깨달은 미국은 다시는 다른 국가들 정치의 희생자가 되어서는 안 되겠다고 생각했다.

그러나 생각대로 흘러가지는 않았다. 역사가 늘 그랬듯 문제는 되풀이 되었다. 1979년 세계는 2차 석유파동으로 또 타격을 받았다. 이슬람혁명으로 이란의 왕이 물러나면서 석유 수출이 붕괴되는 혼돈 속에 새로운 공화국이 수립되었다. 2차 석유파동은 1차 파동과는 원인이 달랐다. 그러나 그 결과는 같았다. 주유소에 늘어선 줄은 길고, 금융시장은 공황상태에 빠지고 모두가 무기력한 절망감에 빠졌다. 두 번 다시 일어나지 말아야 할 상황이 5년 뒤에 다시 한 번 일어났다.

브라질의 바이오연료

세계를 선도하다

브라질 과학기술자들과 엔지니어들이 바이오에탄올 생산과

관리에서 세계를 선도하고 있다. 중국처럼 브라질은 연간 산업 투자의 상당한 비율을 과학기술에 투자했다. 브릭스 국가들은 경제력을 키우는 가장 빠르고 지속 가능한 방법이 기술력이라고 생각한다. 그들 모두 경쟁력을 높여주는 과학에서 선도적인 지위를 확립했다. 우주과학, 수력발전, 핵에너지, 정보기술, 특히 브라질의 경우 바이오에너지까지 이 분야들에서 앞서나갔다. 남아프리카공화국을 제외한 브릭스 국가들이 엄청난 국가 예산을 투입해 특정 목표에 자원을 쓰기로 결정하면 성공할 수밖에 없었다. 그 목표가 우주과학이든 바이오에너지든 똑같다. 브릭스 국가들은 세계적으로 중요한 영향력을 미치게 될 잠재력이 많다. 못해도 국제적으로 경쟁하면 되고, 잘하면 강력한 나라가 될 것이다. 그리고 브라질은 특수 분야를 새로 개발했다. 지난 40년 동안 농축산물 생산 프로그램을 야심차게 실행했다. 사탕수수와 콩에 대한 연구는 타의추종을 불허한다. 브라질의 농업 전문가들은 세계적으로 존경받는다. 브라질의 수력발전과 바이오에탄올 기술력은 세계 최고다. 이런 성과를 그렇게 빨리 이룰 수 있었던 비결은 무엇일까?

좌파가 옳았다

무언가를 실제로 성취하려면 정치적 안목이 필요하다. 내가 정치인을 좋아하지 않는다는 인상을 주었을 것이다. 꼭 그렇지만은 않다. 나는 정치인들이 대중의 의견을 수용하고 융통성을 발휘하는 모습에 감동한다. 우리 과학자들은 다재다능하지 않다. 우리는 끈질기게 객관적 진실을 추구한다. 정치인은 수많은 주관적 진실에도 춤을 추고 부정행위에도 부끄러움을 느끼지 않는 경우가 있다. 나는 정치인 계층을 존경한다. 하지만 개별 정치인은 존경하지 않는다.

내가 예외라고 생각하는 훌륭한 정치인이 한 사람 있다. 브라질 대통령 룰라Lula다. 그의 미천한 출신 배경은 그냥 넘어가

자. 그는 브라질의 가난한 주민들이나 중도좌파 사람들의 생활을 개선하겠다는 야망을 가진 채, 물 사용의 지속 가능성을 강화하는 데 중요한 역할을 했다. 국제 사회는 볼사 파밀리아Bolsa Familia 프로그램(룰라가 시행한 빈곤층 지원정책-옮긴이)을 집중 조명했지만, 우리의 관심을 끄는 것은 볼사 아쿠아Bolsa Aqua(브라질의 물 정책-옮긴이)이다.

룰라는 세상을 바꾸고 브라질을 침체기에서 벗어나게 하겠다는 공약을 내세워 2002년 말에 대통령이 되었다. 이 야망을 실현하는 동시에 국제 계약을 지키고, 국가 부채를 갚고, IMF의 조약과 시장법칙들을 준수해야 했다. 그는 좌파적 성향이 강해서 브라질을 주시하던 세계 사람들과 브라질 기업인들은 토지 재분배의 가능성과 농업의 부정적 영향에 불안해했다. 그 두려움은 아무런 근거 없이 생긴 것이다. 농림부 장관이 초기에 한 브리핑에서 이념적 이유 때문에 농축산물의 세계 최대 생산국이라는 브라질의 위상이 위태로워져서는 안 된다고 대통령을 설득했다. 이때 대통령과 장관 모두 설탕이 브라질의 에너지 안보에 미치는 중요성을 알고 있다는 점이 중요했다. 룰라의 임기 후반 7년 동안 정부는 정치적 안목을 가지고 적극적이고 현명하게 기업들과 협력해 바이오연료 생산과 식량 수출을 위한 지속 가능한 물 사용 정책을 집행했다. 기반시설에 대한 정부투자·과학기술·거대 기업의 자본이 조화를 이뤄 놀라운 결과를 만들어냈다.

정치에 동화란 없다

이쯤 되면 부정적인 부분이 나올 차례가 됐다는 생각이 드는가? 내 의견은 한쪽으로 치우친 평가다. 브라질의 광활한 대지가 모두 바람직한 과학·적절한 자원 개발·책임감 있는 농업의 혜택을 받은 것은 아니다. 그런데 왜 브라질은 인간 본성의 결함과 약점에서 자유로운 나라로 판명되는 것일까? 브라질에서는 자연의 풍요로움만 과한 것이 아니다. 풍요로운 만큼 자원 남용도 엄청나게 벌어진다. 물도 많고 땅도 많고 실수도 많다. 이런 일들은 대부분 명확하게 기록되어 있다. 열대식물을 과하게 없애자 지구온난화라는 끔찍한 결과가 나타났다. 대기의 이산화탄소 증가를 막는 최선의 방어책은 남아메리카의 우림지대에 있다. 이 우림지대는 이산화탄소를 산소로 바꾸는 우수한 기계나 다름없다. 이 지역을 미친 듯이 파괴하지만 그 땅에서 생산되는 바이오연료에는 청정에너지·그린에너지라는 이름을 붙인다. 나름의 방식으로 진행된 바이오연료 실험은 이 에너지가 화석연료 중독처럼 환경에 치명적인 재앙을 초래할 수 있다는 사실을 입증했다. 그것은 가까운 미래에 일어날 위험한 문제다.

브라질 이야기는 바이오연료로 정의된다. 다른 부정적인 요소는 소고기다. 우림지대를 파괴하고 그곳에 메탄을 생산하는 식용 소고기를 키우면 지구에 이중으로 죄를 짓는 것이다. 이 부정적인 요소가 긍정적인 요소와 균형을 맞추면 풍부한 그린워터를 사용할 수 있다. 단순한 정답은 없다. 브라질은 많은 실수를 저지르고 그것이 많이 알려진다면 이 나라가 주요 해결책을 어떻게 찾아낼지 살펴볼 수 있을 것이다. 세계 최고의 토지를 사용하면서 그린워터를 현명하게 공급하는 브라질은 세계 수자원을 관리하고 세계인들이 기아 때문에 목숨을 잃지 않도록 좋은 일을 많이 할 것이다.

믿을 수 있는 나라

중국은 고민이 많다. 가끔은 지나칠 정도다. 초강대국이던 소련의 힘에 취해있는 러시아는 석유와 가스에 대한 조치를 취할 의향이 있다. 유럽의 물이 고갈될 것이라는 위험성은 자주 제기되었다. 에너지 안보를 위한 유럽의 싸움 때문에 러시아는 더 가난해지고 지정학적 영향은 적게 받을 것이다. 그런 것은 거짓 소동을 부리는 이들의 이야기다.

그러나 브라질은 정치가 안정적이다. 국제사회에서는 남아프리카공화국만큼 겸손하지만 사회 규모는 훨씬 크다. 중국과 같은 기술력을 가지고 있으면서도 중국과 달리 이해받지 못해 국제사회로부터 소외되는 일도 없고, 세계적 합의에 반해 고집스럽게 독자노선을 걷고 있지도 않다. 브라질은 다른 선진국만큼 수력 사업을 추진할 수 있지만 21세기에 세계가 정한 환경 윤리를 지키고 있다. 이웃 국가들과 협력해서 국경을 넘나드는 강에 경제를 변화시킬 수력 구조물을 건설할 수도 있다. 이와 대조적으로 1930~1980년까지 미국에는 수력 사업 열풍이 반세기 동안 몰아쳤다. 비용은 많이 드는데 준비가 부족했다. 미국 서부 지역 여러 주들이 수자원 개발에 달려들었다. 이에 영감을 받은 마크 레스너Marc Reisner는 멋지면서 비극적인 경구 '물은 돈과 권력이 있는 높은 곳으로 흐른다'고 말했다. 경제는 환상이지만 정치는 현실이다. 지금까지 브라질은 사려 깊게 개입하고 사회학자들은 그것을 반사작용으로 묘사할 것이다. 브라질은 미국처럼 댐을 지나치게 많이 건설하지 않을 것이다. 1980년부터 미국에서 많이 봐왔던 댐이 파괴되는 안타까운 광경을 브라질에서는 보게 되지 않을 것이다.

21세기 중반쯤 브라질은 세계 식량 무역에 참여하는 가장 중요한 나라가 될 것이다. 식량 무역이 세계 물 안보를 보장한다. 이 식량 무역이 물전쟁·기아·죽음까지 막아준다. 이 무역은 튼튼한 경제와 국제 협력을 촉진하고 수자원의 효율성을 극대화할 수 있다. 모든 일의 열쇠를 쥐고 있는 국가가 브라질이다. 우리는 브라질의 수자원 관리법을 신뢰해야 한다. 이 나라는 수자원을 모아서 국가 경제를 개선한다. 브라질의 물 효율성이 개선되면 더 많은 에너지를 확보할 수 있다. 브라질은 자국의 이익을 추구하지만 결국 세계적으로 혜택을 나누게 된다. 세계의 급수탑은 언제나 생산적이다.

그렇지만 브라질은 해야 할 일이 많이 남아있다. 철도와 도로 시설이 선진국보다 뒤쳐진다. 상품들을 빠르게 이동하기 위해서는 식품가공센터와 항구를 많이 건설하고 개선해야 한다. 통신수단에도 투자를 많이 해야 한다. 기술과 금융 분야는 이미 자리 잡혀있고 정치적 의지도 강하다. 브라질은 이런 중요한 단계들을 차근차근 밟아나갈 것이다. 그리고 세계의 핵심 수자원이라는 사명감도 지킬 것이다. 브라질의 수자원은 규모 면에서 독보적이다. 이용할 수 있는 물이 아직도 많다. 생산성을 높일 수 있는 여지도 많이 남아있다. 환경적인 면에서 지속 가능한 방식으로 물을 관리할 수 있다. 정말로 그런 결과가 나타나야 한다. 중국은 인구 정책의 상상력과 용기로 세상을 구했다. 중국은 우리에게 시간을 벌어주었다.

5장

어려운 상황을 해결해나가는 개발도상국

물보다 유연한 것은 없다. 그러나 물이 단단하고
강한 것을 공격하면, 그 어떤 것도 물을 이길 수 없다.
물을 변화시킬 수 있는 방법은 없다.
-《도덕경》-

평등하지 않은 세상

개발도상국들은 빈번히 남용의 피해를 떠안는다. 규모가 크지는 않지만 서서히 확산되는 피해 중 하나는 세계 대부분을 차지하는 이 국가들이 어떤 중요한 공통점을 전시라도 하듯 모인다는 사실이다. 세계 210여개 나라들 중에서 약 165개 나라가 개발도상국이다. 선진국의 팝스타들이 모여 '우리는 하나의 세계입니다We Are the World'라는 노래를 불렀지만, 그 세계는 개발도상국들의 세계다. 이 165개의 나라들은 인구·지형·문화·정치 구조가 다양하다. 이제 막 민주주의를 시작한 나라도 있고 아직 군주제인 나라도 있다. 독재국가임을 숨기는 나라도 있고, 무정부 상태인 나라도 있다. 그들의 공통점은 많은 이들이 가난하게 살고 있다는 것이다.

강력한 시민단체, 기능적인 대의민주주의, 공정한 사법부, 개인의 자유보장, 다각화된 경제는 건강하고 성공한 국가들의 기본적인 특징이다. 그들은 불확실한 세계에서 끊임없이 현실정치의 요구로 위협받는다. 이런 필수적인 장치들이 갖춰진 나라들은 몇 세기에 걸쳐 그런 환경을 조성했고 법률·개혁·피의 혁명을 통해 강화했다. 모든 일의 기반은 부와 복지로 표현되는 적응력이다. 이런 조건은 물질적·재정적·사회적인 것이 될 수도 있다. 안보와 권리 같은 추상적인 것들에도 접근할 수 있어야 한다.

고대 중국의 철학자인 노자가 옳았다. 단단하고 강한 것은 물의 공격을 견뎌낼 수 없다. 가난하고 약한 사람들이 적대적인 물 환경에 처하면 상황은 얼마나 더 악화될까?

인구의 악한 근성

나는 이 책에서 잔잔한 수면에 돌을 던지듯이 독자들의 마음속에 충격적인 통계자료를 제시했다. 그렇게 한 이유는 긍정적인 영향을 끌어내기 위해서다. 그런 파문을 일으켜 세계 수자원을 관리하는 데 직접 참여하도록 유도한 것이다. 우리는 이야기를 시작하면서 사람들의 생각을 바꿔 물 안보를 지키겠다는 소박한 꿈을 꾸었다. 세계 사람들이 물 안보를 지키려면 어떻게 해야 할까?

충격적인 이야기가 있다. 현재 5명 중 2명은 개발도상국에 살고 있다. 이 수치가 2배 이상 늘어나면 세계 시스템은 물 수요를 충족할 수 없다. 개발도상국들이 물 생산성의 수준을 선진국 수준으로 따라잡지 못하면 상황은 더 심각해진다.

선진국에 사는 5명 중 1명이 물을 심하게 과소비하더라도 대부분 고기와 유제품을 많이 먹는 식습관 때문이고 세계적으로 보면 그 숫자는 소수에 불과하다. 사회적·문화적으로 대가족은 점점 사라지는 추세다. 경제학은 핵가족을 지지한다. 이런 현상으로 노령 인구의 경제적인 지속 가능성에 대한 우려가 높아지지만 물 측면에서는 희소식이다. 안정적인 인구는 선진국의 물 수요가 높아지지 않을 것이라는 의미이기 때문이다. 선진국들의 물 수요가 줄어들 가능성도 있다. 이는 식습관의 변화를 장려하고 물 낭비를 줄이고 물을 재사용하면 가능하다.

브릭스 국가들의 이야기는 복잡하다. 중국은 인구 기록이 독특하다. 한 자녀 정책은 세계 자원 소비에 극적이면서 긍정적인 영향을 주었다. 중국이 현재 누리고 있는 인구배당효과는 전쟁·자연재해·전염병이 일어나는 경우 외에는 보지 못한 것이다. 이렇게 기대하지 않았던 인구배당효과의 가장 큰 매력은 빅워터의 수요 감소일 것이다. 이것은 인도와 대조적인 현상이다. 인구가 증가하면 절제하기 보다는 낭비적인 성향이 강해진다. 2050년까지 인도의 인구는 60% 증가할 예정이다. 인도는 물 수요의 시한폭탄이나 마찬가지다. 국가적·개인적으로 생활이 풍족해지면서 채식주의를 하는 문화가 변한다면 이 세상은 한 세대 이내에 심각한 경고를 받을 것이다.

따라서 우리는 개발도상국에 의지한다. 그들의 인구는 대부분 2배로 증가할 것이다. 사하라 사막 이남의 40여 개국은 21세기 후반기가 되면 인구가 2배로 증가할 것이라고 전망하고 있다. 그 결과 세계 수자원은 증가하는 수요를 충족할 수 있다. 사하라 사막 이남의 나라들은 상수도 시설을 관리할 건강한 지배기관이 없다. 상수도 시설이 갖춰지면 이 수요를 충족할 수 있다. 이 장에서 우리는 색다른 개발도상국인 이집트, 베트남, 에티오피아를 살펴볼 것이다. 잠깐씩 살펴보다 마지막 정착지로 사하라 사막 이남 나라들 중에서 유일하게 에티오피아를 분석할 것이다. 에티오피아의 이야기가 가장 심각하다. 이집트와 베트남은 농축산물 생산성 때문에 물에 대한 수익이 높다. 이 두 나라는 투자와 올바른 관리 때문에 가능했다. 더 정확히는 돈을 투자하면 더 많은 돈을 벌어들이는 것이다.

에티오피아와 다른 개발도상국들의 농부들은 생계를 보장하고 반복해서 투자할 수 있는 기반시설·시장·적절한 투자·예측 가능한 가격이 필요하다. 그들에게는 19세기의 선진국과 20세기의 브릭스 국가들이 누린 이점들이 필요하다.

농부들은 세계의 물 관리자다. 그들은 식량 생산을 위해 세계 경제에 쓰이는 보이시 않는 물의 80~90%인 빅워터를 관리한다. 이 책에서 살펴본 8개국 중에서 7개국은 농업에서 물에 대한 수익을 상당히 개선했다. 그래서 우리는 중요한 법칙을 하나 발견했다. 경제 발전과 경제적 다각화는 물 생산성의 증가와 연관되고, 이런 증가는 빅워터를 사용하는 농부들이 이뤄낸 일이다. 빅워터는 식량 생산에 필수적인 물을 말한다. 그 반대 현상이 일어나기도 한다. 개발도상국들이 극복할 수 없는 재정 문제가 생기거나 불안정해지면 물 생산성은 개선되지 않는다. 심지어 퇴보하기도 한다. 개발도상국의 빈곤한 농부들에게는 물을 효율적으로 관리하는 데 필요한 도구들이 없다. 그 결과 사람들이 죽어가고 있다. 세계 공동체는 이런 도구들을 제공하거나 발전하도록 도와야 한다.

이 장에서 살펴볼 나라들

개발도상국들은 굉장히 다양한 유형으로 아시아·아프리카·남아메리카에 있다. 그러나 개발도상국들에 대한 연구는 필요에 의해 제한된다. 물·식량·무역에 대한 실상을 철저하게 이해하기에는 시간이나 공간이 부족하다. 내가 내용을 수집해서 엮을 시간도 충분하지 않다. 그래서 165개의 개발도상국 중에서 세 나라만 선정했다. 엄격하고 용기 있게 선택해야 했다. 물 부족 현상이 이 책의 주요 관심사인 만큼 남아메리카의 나라들은 제외하기로 했다. 남아메리카는 대부분 인구와 수요에 비해 물이 풍부하다. 우리는 남아메리카의 개발도상국에서 배울 점이 있다. 남아메리카의 나라들이 아직 개발되지 않은 물을 활용해서 인류에 도움이 되기를 희망한다. 이제 이집트, 베트남, 에티오피아로 돌아가자. 분명하고 이해하기 쉬운 그들의 이야기에는 희망적인 약속과 위험에 대한 경고가 많이 있다.

나일강에서 전쟁이 일어나지 않는 이유

전쟁은 많은 사람들에게 고통을 준다. 단순히 전쟁의 광기에 빠진 사람들만이 아니다. 역사학자, 사회과학자, 정치인 모두 현재와 과거의 전쟁을 연구한다. 물전쟁이라는 용어는 독자의 관심을 끈다. 물전쟁은 기본적인 필수품이 고갈되면 폭력이 쉽게 자행되는 정상적인 편집증과 비슷하다.

물 전문가는 전쟁을 걱정하지 않는다. 국가들 간에 물을 두고 폭력적인 충돌이 일어날 상황을 관찰하는 것이 아니라 그런 상황이 관찰되지 않는다는 것이 나의 고민이다. 1980년대에 자주 예측되던 폭력적인 충돌이 일어나지 않아 나는 크게 당황했다. 원인은 충분했다. 내가 조사한 중동 지역에서는 물 부족 현상이 뚜렷하게 나타났다. 이런 좌절감을 느낄 수밖에 없는 데는 예상하지 못한 이유가 있었다.

세계에서 이집트가 가상수의 탄생국이라는 다양하고 강력한 주장이 제기되었다. 이 고대 문명은 몇 천 년 동안 가상수를 거래했을 것이다. 성서 속 인물인 요셉은 역사상 최초의 가상수 거래자다. 이집트 사람들은 작물이 풍부한 시기에 가상수에 해당하는 식량을 저장해서 물이 부족할 때를 대비했다. 이런 방법으로 이집트는 주권과 세력을 강화했다. 그러나 나는 이집트가 가상수의 정신적인 고향이라고 주장하는 개인적인 이유가 있다. 내가 가상수를 발견하는 데 영감을 준 계기가 최근 이집트 농업과 정치에서의 물 관리 방식이었다.

1980년대 후반 나는 이집트가 물전쟁을 일으키지 않는 이유에 대해 고심하고 있었다. 당시 모든 사람들은 이집트가 물을 확보하기 위해 필요하다면 나일강 유역의 이웃 나라들과 군사적인 충돌을 일으킬 것이라고 생각했다. 이집트가 물 안보를 위한 전쟁을 고집스러울 정도로 일으키지 않자 나는 혼란스러웠다. 나일강은 최저 수위를 기록하고 인구는 가파르게 증가하는 상황에서 극심하게 물이 부족한 나라가 어떻게 물을 자급자족하겠다는 환상을 키웠을까? 그 대답은 이집트의 밀과 밀가루 수입을 기록한 정부 자료에 있었다. 내가 그 자료를 보지 못했다면 10년이 더 지나도 가상수 개념을 발견하지 못했을 것이다.

친구를 잃고 사람들과 멀어지는 방법

이집트와 나의 관계

나는 이집트의 물 사용자, 언론인, 수자원 배분을 책임지는 정책입안자 및 공무원들과 30년간 친하게 지내서 큰 특혜를 받았다. 나는 이집트와 그 국민들을 사랑하고 존경한다. 모든 중요한 관계가 그렇듯 이 관계도 격정적인 관계였다.

이집트가 없었다면 나는 가상수 개념을 발견하거나 이해할 수 없었을 것이다. 그렇기 때문에 나는 아프리카, 아시아, 서구로부터 문화적 공격을 받던 이집트에 큰 신세를 졌다. 하지만 모든 일이 기쁘고 의견이 일치했던 것은 아니었다.

과학과 정치

과학과 정치는 기름과 물처럼 분리되는 것이 자연스러운 성향이다. 영국 전 수상 토니 블레어는 이런 유명한 말을 남겼다. '원칙 없는 힘은 결실이 없지만, 힘이 없는 원칙은 쓸모가 없다.' 이것은 과학자나 정치인 모두에게 통하는 진실이다. 물을 효과적으로 관리하려면 좋은 과학과 정치적 상식이 필요하다. 좋은 과학 없이 정치적 상식이 결실을 맺을 수 없다면, 정치적 상식이 없는 좋은 과학은 아무 쓸모가 없다. 나는 가상수를 발견한 것 외에도 현실 정치에 대해 배울 수 있었기에 이집트에 감사한다. 내 학습곡선은 수직으로 가파르게 상승했다. 힘든 교육이었다. 항상 그랬던 것은 아니지만 가끔은 정말 힘들었다.

푸코가 물 전문가들에게 가르쳐 준 것

프랑스의 저명한 철학자·심리학자·사회역사학자·문학이론가인 미셸 푸코는 지식과 권력은 분리할 수 없다는 사실을 상정하고 권력/지식을 하나의 합성어로 불렀다. 핵심은 전문 용어보다 단순하다. 우리는 알기 때문에 통제하며, 통제하기 때문에 알 수 있다.

오랫동안 구성주의에 반대하던 과학자에게 푸코의 이론은 흥미롭다. 구성된 지식은 안정적이다. 안정감을 주는 것이 그 지식의 존재 이유이기 때문이다. 이것은 정치인들이 우리에게 거짓말을 한다는 주장만큼 단순하지 않다. 우리는 정치인들과 함께 기분 좋은 착각을 구성하고 이 폐쇄회로가 피드백을 하면서 진실성을 보여주면 만족한다. 권력이란 사회가 현재 진실이 있다고 합의한 곳에 존재한다. 이 진실에 반대하는 의견을 말하는 것은 적어도 진실이 다른 곳으로 이동하기 전까지는 영향력이 없다. 과학은 관찰한 사실에 입각하기 때문에 구성된 진실은 정치적·사회적 과정의 결과다. 나는 과학적 진실을 확립하는 것만으로도 충분하다고 믿었다. 진실을 밝히면 그 진실은 고유한 특성 때문에 널리 퍼져나갈 것이고, 도미노가 필연적으로 차례대로 넘어지듯이 모두가 진실을 받아들일 것이라고 생각했다. 하지만 실제로는 그렇지 않았다. 진실을 옹호하는 사람들이 많아야 전파될 수 있다. 진실이 반드시 전파되는 것도 아니다. 과학적 증거가 분명하게 존재하더라도 전파 과정은 불안정하다. 마르크스가 말했듯이 추상적인 것이 구체적인 것을 압도한다.

도미노는 천천히 넘어지지만 누군가가 밀었을 때에만 넘어진다

구성된 지식은 압력이 없으면 만들어지지 않는다. 이것은 내가 인생에서 얻은 가장 중요한 정치 교훈이며, 강의실이나 도서관에서는 배우지 못한 것이다. 진실은 과학적 관측으로 입증되었을 때만 완벽해진다. 증거는 없고 구성된 지식의 권력이 전부인 상황에서 나는 힘겹게 이 교훈을 배웠다.

나는 현실 정치에 참여했다가 실패해서 충격을 받고 실망했다. 그러나 이 경험 덕분에 현명한 과학자가 되었다. 가상수 개념을 발견했을 때 나는 이 개념이 폭넓게 사용되기까지 20년 이상 걸릴 것이라고 생각했다. 현실 세계의 물 관리 정책에 가상수가 적용되는 데는 수십 년이 걸릴 것으로 예상했다. 그 시간 중 절반은 여러 물 관련 단체에 가상수를 설득하는 데 보냈다. 구성된 지식은 정치의 전유물이 아니다. 경제학자·사회이론가·정치학자·수자원 전문변호사·국제관계 전문가들로 구성된 물 전문 단체는 전문 단체의 안락함 때문에 설득하기 어렵다. 물 담론에서 가상수가 정착되어 효율적으로 사용되기 전까지 정책입안자들과 협력하는 데 10년 이상 걸릴 것이라고 생각했다. 이 책을 집필할 당시 일은 일정대로 흘러가는 것 같았다. 가상수 개념을 발표한 지 18년이 지난 지금, 이 개념을 실용적으로 적용하는 두 번째 단계의 절반 정도 왔다고 생각한다.

엉뚱한 사람에게 화풀이하다

1990년대 초반 나는 처음으로 이집트 정치계에 의미 있는 도전을 했다. 런던에서 열린 공청회에서 이집트 전 수상에게 내 생각을 말했다. 당시 이집트는 내가 물 안보에 대한 이론을 세우는 데 영감을 주었다. 가상수 개념을 발견할 수 있었던 것은 이집트의 수입에 관한 자료 덕분이었다. 나는 가상수를 이해하고 흥분했고 다른 사람들도 마찬가지일 것이다. 나는 이집트가 식량 수입으로 수자원 위기를 극복하고 있다고 강하게 주장했다. 하지만 그는 반응을 보이지 않았다. 가장 기본적인 사실에 격렬하게 반박하면서 이집트는 물이 부족하지 않다고 강조해서 말했다.

하지만 그의 생각은 확실히 틀렸다. 세계에서 물이 가장 부족한 지역인 중동과 북아프리카의 한가운데에 이집트가 있었다. 이집트 인구는 점점 증가하고 상수도 시설은 취약했다. 그는 영국 전 수상 짐 칼라한Jim Callaghan이 말한 '위기? 무슨 위기 말입니까?'라는 말을 그대로 따라했다. 공청회 의장은 1970년대 중반부터 런던에 살고 있던 은퇴한 이집트의 원로 정치인이었다. 그는 내 주장에 관심을 보였다. 식량과 물의 관계에 대한 내 주장을 자신의 개인적 경험에 비춰보았다. 그는 내가 대단한 것을 발견했다고 생각했다. 이집트 전 수상은 동의하지 않았지만 나는 즉석에서 카이로에서 열리는 물 안보 회의에 초대받았다.

어딘가에 초대받으면 으쓱한 기분이 든다. 항공비·숙박비·시간을 제공할 만큼 사람들이 당신의 의견을 가치 있게 생각하는 것은 좋은 일이다. 나는 올바른 방향으로 나아가고 있고 가치를 인정받았다고 생각했다. 나는 중요하고 새로운 개념인 가상수를 이집트 사람들과 공유하고 그들이 가상수 덕분에 많은 혜택을 받을 것이라고 생각했다. 카이로 행 비행기에 탑승했을 때는 그 회의에 대한 자세한 사항을 모르고 있었다. 그래서 15~30명 정도 참석하는 워크숍을 상상했다. 정책입안자들·고위 공무원·수자원 차관이 참석하면 좋겠다고 생각했다. 비행기가 카이로 공항에 도착했을 때 회의가 중동과 북아프리카의 정치계에 가상수 개념을 도입하는 작지만 생산적인 단계가 될 거라고 생각했다. 이 짧은 여행은 뜻밖의 행운이었다. 선물을 받은 것처럼 좋은 일만 생길 것 같았다. 하지만 그것은 착각이었다.

나는 준비가 전혀 되어있지 않은 상태에서 회의에 참석하는 꿈을 꾸고서 괴로워하는 사람이 아니다. 그런 사람들은 꿈에서

초자연적인 힘에 의해 말하는 능력이 사라질 것이다. 통제가 되지 않고 짜증나게 늦을 수도 있다. 가난한 사람은 꿈속에서 격변하는 무의식 때문에 발가벗기도 할 것이다. 나는 그런 공포감에 짓눌려 꿈을 꾸거나 잠에서 깨어난 적이 없다. 하지만 그런 공포가 회의를 준비하는 동안 찾아왔다.

호텔에서 나가자 이집트 농림부 건물로 안내받았다. 안으로 들어가자 더 이상 설명이 없어서 나는 서둘러 문을 열고 들어갔다. 그곳은 내가 예상했던 소규모로 격의 없는 회의를 하기에는 너무 넓어보였다. 반대편에는 커다란 의사당이 있었는데 300명 정도 모여 있었다. 거기에는 중동 전역에서 온 50명의 대표단도 있었다. 3명의 장관이 기조연설을 하기로 예정되어 있었다. 내 머릿속으로 한 가지 생각만 들었다. '이곳은 복잡한 개념을 발표할 자리가 아니야.'

나는 자신감이 있었다. 안타깝게도 평정심은 오래가지 않았다. 농림부 장관이 일어섰다. 그는 짤막하고 부드럽게 말했다. 그가 반박할 여지를 주지 않고 명확하게 긍정적인 메시지를 전했다. 이집트는 물이 부족하지 않다는 내용이었다. 나는 그의 생각을 바꿔주고 그의 동료들이 해야 하는 말을 듣게 해줄 것이라고 기대했다. 다음으로 기획부 장관이 일어났다. 그의 연설은 더 짧았다. 그곳 열기는 더해졌지만 똑같은 어조로 이집트는 물이 부족하지 않다고 말했다. 수자원 장관이 일어났을 때까지 열기는 식었고 결의안이 나왔다. 시간을 잡아먹는 연설이 더 있었지만, 기억나는 내용이라고는 흔들리지 않는 신념을 반복해서 말하는 것이었다. 이집트는 물이 부족하지 않다고.

셰익스피어의 《안토니와 클레오파트라Antony and Cleopatra》에는 멋지면서도 불안한 순간이 있다. 마크 안토니에게 사망 소식을 전하는 가난한 메신저는 자신의 이야기가 분노를 일으킬까봐 두려움에 가득 차서 말을 잠시 멈춘다. 안토니의 재촉에 못 이겨 그는 간결하게 말한다. '나쁜 소식은 그 소식을 전하는 사람까지 전염시킨다.' 내게도 공포가 전염되었다. 내 발표는 아무 쓸모가 없을 것이다.

그들이 듣고 싶지 않았던 이야기

이집트는 중동에서 인구가 가장 많은 나라다. 20세기 초에 인구는 1,000만 명이었고, 현재 인구는 8,000만 명이다. 인구가 한 세기에만 8배 증가하는 데 물과 식량을 자급자족할 수 있는 방법은 없다. 그와 같은 속도로 농작물 수확량이 증가하고 기술이 발전하지는 않는다. 부유한 산업국인 영국의 경제가 2세기 동안 수확량을 10배로 늘렸지만, 이것은 영국과 유럽연합의 보조금이라는 추가적인 부양책이 있었기에 가능했다. 당신이 이집트 인구가 1억2천만에서 안정될 것이라고 예측한다면, 식량과 물 안보가 무역을 통해 보장되어야 한다는 사실을 받아들일 것이다. 이집트의 수자원은 5,000만 명의 수요밖에 지원하지 못한다. 지난 30년 동안 이집트는 극심한 물 부족 현상이 있었지만, 물 자급자족이라는 말은 국가적 주문이었다.

가상수의 부정적인 면이 여기에 있다. 이집트는 완전히 무지한 상태에서 대규모 무역에 의존했다. 1970년대에 짧지만 국가적으로 중요한 기간인 과도기에 몇몇 소요들이 동시에 일어났다. 첫 번째는 인구가 4,000만 명을 넘어서면서 국가의 물 공급이 최종한계선에 이르렀다. 두 번째는 나세르Nasser 대통령이 1970년에 사망했다. 그의 뒤를 이은 대통령이 안와르 사다트Anwar Sadat였다. 선진국 시각에서 보면 사다트는 이집트를 크게 회복시켰다. 특히 소련과의 협력관계를 그만두고, 경제 개혁을 강행하고, 성지를 세속화하고, 이스라엘과 평화협정을 맺었다. 세계적으로 미국과 유럽연합의 보조금 덕분에 식량을 대량으로 반값에 살 수 있었다. 기아에서 벗어난 국민, 값싸게 수입한 식품, 국제 관계 개선, 축적된 국부 같은 조건이 맞아떨어졌다. 이집트는 급격하게 가상수 수입량을 늘리기 시작했다. 그 뒤로 식량과 물 안보는 전혀 불안하지 않았다.

이것이 내가 카이로에서 전하고 싶은 메시지였다. 5,000년 동안 지켜온 물 안보에 대한 견고한 진실 때문에 내 말을 아무도 듣지 않았다.

세계에서 가장 긴 강

유량으로 따지면 아마존강이 세계에서 가장 크지만 나일강은 길이가 가장 길다. 아마존강은 나일강보다 100배나 많은 유량과 풍요로운 자연을 보여주는 전시장이다. 아마존강은 습하고 푸른 남아메리카의 대지를 관통하며 강력한 물줄기를 활기차게 뿜어낸다. 이와 대조적으로 나일강은 스핑크스의 수수께끼와 같다. 자주 변하면서 믿기 어려운 뱀 같다. 사하라 사막을 벌주기 위해 약한 물줄기를 흘려보낼 때는 엄청나게 빛난다. 원초적인 힘이 부족해서 그 부족한 부분을 마법·신비·가능성으로 채운다.

강의 크기는 나일강의 결점이 아니다. 남북 방향으로 흐르는 큰 강은 거의 없고, 대개 동서 방향으로 흐른다. 그 이유는 강우량 때문이다. 열대지방과 온대지방에서 동쪽에서 서쪽으로, 또는 서쪽에서 동쪽으로 흐르는 습윤 지대에 있는 강들은 강우와 지류들로부터 물이 흘러 들어온다. 중국의 양쯔강, 인도의 갠지스강, 아프리카의 콩고강처럼 큰 강들은 모두 동서 방향으로 흐른다. 이 세 강 모두 잔잔한 나일강에 비해 유량이 10배나 많다. 나일강은 남쪽에서 출발해 북쪽에 있는 지중해를 향해 가면서 사막을 지난다. 그리고 그 길을 따라 흐르는 동안 물이 줄어든다. 사막에는 유량을 늘려주는 비가 내리지 않기 때문이다. 끊임없이 물은 증발되고 가뭄에는 상황이 더 악화된다. 그러나 남북 방향으로 흐르는 나일강은 주요 지역들을 통과하며 습윤 지대에서 사막으로 물을 나른다. 비가 많이 내리는 지역에서 적게 내리거나 아예 내리지 않는 지역으로 물을 운반하기 때문에 나일강 유역에 있는 나라들은 강의 중요성이 제각기 다르다. 이것은 아프리카 대륙을 관통하는 나일강의 이야기이자 이집트의 행운에 대한 이야기다.

나일강은 청나일강과 백나일강이라는 큰 지류가 두 개 있다. 백나일강은 삼각주에서 가장 먼 곳에서 시작되기 때문에 나일강의 원천으로 간주된다. 백나일강은 르완다의 고원지대 숲에서 시작된다. 거기에서부터 빅토리아 호수·우간다·수단의 북부 지역을 지나 수단의 수도 하르툼에서 청나일강과 합류한다. 백나일강이 명망이 있다면, 청나일강은 이름에서 알 수 있듯 물이 많다. 에티오피아의 산악지대에 있는 타나호에서 출발하는 청나일강은 나일강 수량의 60%를 제공한다. 이런 엄청난 청나일강과 다른 작은 지류들이 지나가는 에티오피아는 나일강의 총수량 중 90%와 표사漂沙(바람이나 흐르는 물에 의하여 흘러내리는 모래-옮긴이) 96%를 제공한다. 그 표사가 안성맞춤으로 이집트의 범람원을 비옥한 토지로 만들어준다. 이런 점에서 청나일강은 이집트가 1,000년 동안 에티오피아에서 물을 빼낼 때 자연과 함께 공모자 역할을 했다.

나일강은 5,000년 동안 이집트에 블루워터를 풍부하게 제공했다. 이 믿음직스러운 수원과 매년 나일강의 범람으로 비옥해진 토양에서 수확한 식량이 고대 이집트 사회를 지탱해주었다. 이집트는 사막 한가운데에 있음에도 불구하고 식량과 물 안보의 행운을 누렸다. 5,000년은 긴 시간이다. 그 시간 동안 나일강이 국민 정서에 미친 영향은 클 것이다. 그렇다면 50년 동안 보이지 않던 물 부족 현상이 이집트 수자원의 위험한 상태를 깨닫게 만들기에는 역부족이었다. 태곳적부터 내려온 진실이 몇 십 년 만에 바뀔 수 있다고 믿는 사람은 없다.

여러 국가들은 나일강 때문에 전쟁을 일으킬 수 있었다. 나일강은 10개국을 지난다. 르완다, 부룬디, 탄자니아, 케냐, 우간다, 에티오피아, 에리트레아, 콩고민주공화국, 수단, 이집트다. 그런데 수단과 이집트만 나일강에서 경제적 혜택을 얻는다. 이 문제는 동아프리카 국가들 사이의 사소한 분쟁거리가 아니다. 특히 나일강의 물을 대부분 공급하는 에티오피아는 가뭄 때문에 황폐해졌다.

산 넘어 산

이집트인들은 불안정한 수자원에 대해 이야기하는 것을 경계하지만, 물 관리 역사에 대해서는 즐겁게 이야기한다. 20세기에 몇 가지 주목할 만한 물 관리 계획들을 준비해서 1902년에는 아스완댐 건설에 착수했다. 이집트 기반시설의 절정은 세계에서 가장 큰 저수지인 아스완하이댐이다. 이 댐은 1970년에 완공되었고 최대 저수량은 $168km^3$이다. 이 저수지를 이집트는 나세르호, 수단은 누비아호라고 부른다. 우리는 앞에서 통계수치를 이해하기 어렵다는 점에 대해 이야기했다. 당신은 이 숫자를 붙잡고 이 물이 얼마나 되는 양인지 파악하려고 할 것이다. 이러면 도움이 될 것이다. $168km^3$는 국제규격 수영장 6,720만 개에 들어가는 물과 같은 양이다. 이는 중국 양쯔강의 산샤댐 저수지의 저수량보다 2배 많은 것이다. 양쯔강은 나일강보다 유량이 10배 이상 많은 큰 강이다.

아스완하이댐은 다른 조사에서도 상위권에 들어간다. 인간이 만든 가장 큰 저수지이며 세계 어떤 건축물보다 물을 빨리 증발시킨다. 이 저수지는 증발로 1년에 수심이 3m씩 감소한다. 양으로 따지면 연간 $13km^3$이다. 이것은 국제규격 수영장 520만 개에 들어가는 물이며, 나일강 평균 유량 84km³의 15%에 해당한다. 13km³는 1,000만 명의 물 소비 수요를 충족할 수 있는 양이다. 이집트 사람 8명 중 1명이 충분하게 쓸 수 있는 물이 나세르/누비아 호에서 매년 증발하고 있다.

물을 분할하다

헤로도토스에 따르면 페르시아의 왕 크세르크세스는 헬레스폰트에 서서 물을 받아가는 데 반항적인 300명을 채찍으로 내려치라고 명령했다. 브리타니아(영국의 상징적인 여성상으로 투구를 쓰고 방패와 삼지창을 들고 앉아 있는 모습-옮긴이)가 정말로 바다를 지배한다고 믿었다면 그녀는 어리석었다. 물은 아무도 지배할 수 없다.

그러나 물의 소유가 중요한 개념이 되고 있다. 현재 그린워터는 경제 모델에 포함되어 있지 않아서 경제학자들은 그린워터를 간과한다. 블루워터가 관개용수나 생산적인 목적으로 쓰이면, 그 물을 점유하고 사용하고 가치도 계산할 수 있다. 채찍과 왕명은 실패했지만 권력은 성공한다. 브리타니아가 바다를 지배하든 그렇지 않든 두 국제협정 덕분에 이집트와 수단은 자신이 나일강의 소유주라고 강력하게 믿고 있다. 그들은 50년 동안 나일강을 지배했고 지금도 소유권을 계속 지키기 위해 지독하게 싸우고 있다.

두 국제협정은 1929년에 체결된 '나일강 협정Nile Water Agreement'과 1959년에 체결된 '나일강 이용 협정Agreement for the Full Utilisation of the Nile'이었다. 1959년 협정은 이집트와 수단이 나일강의 소유권을 나누는 것이기 때문에 논란이 많다. 이집트는 나일강의 권리를 75% 차지했고, 수단은 25%만 가졌다. 그러나 다른 7개국들, 1993년에 에리트레아가 에티오피아에서 갈라져 나와 지금은 8개국이 된 지금 이 국가들은 자국 내에 나일강과 지류들이 흐르지만 아무런 권리도 얻지 못했다.

이집트인과 물

긴 역사

당신이 5,000년 동안 어떤 일을 했는데, 나중에 세상이 변한 뒤 5,000년 동안 해왔던 일이 실수라고 한다면 그 사실을 받아들이기 어려울 것이다. 나일강의 계절별 유량을 성공적으로 관리해온 이집트의 오랜 역사 덕분에 이집트 공무원들과 과학자들은 상당한 통찰력을 갖게 되었다. 그러나 역사를 보고 안심한 나머지 물 안보 의식은 치명적인 착각에 빠져 있었다. 매년 여름 범람하고 물이 빠지는 자연 순환이 반복되면서 환경은 회복된다. 나일강의 강둑에 쌓인 흙은 비옥하고 1960년대까지 범람으로 인해 매년 에티오피아의 표사가 흘러들었다. 기상학·수문학 덕분에 이집트 나일강은 특별한 회복력을 보여준다.

이집트는 수자원에 대한 새로운 개념들을 제안하는 우리에게 독특한 사례다. 이집트 강의 배수시설은 국경 바깥에서 들어오는 지표수에 의존한다. 그래서 이것을 쉽게 개념화하고 분석할 수 있다. 대다수 국가들은 빗물인 그린워터로 보완된 지표수와 지하수가 함께 있다. 그런 상황에서 농부들의 물 관리 실적을 추적하기는 어렵다. 매년 농부들에게 필요한 블루워터의 양은 두 변수에 의해 달라지기 때문이다. 두 변수는 물 효율성과 빗물인 그린워터 양이다. 이집트에서는 변동이 심한 그린워터는 변수에서 제외된다. 그러므로 농부들의 블루워터 관리 효율성을 알아보는 것은 다른 나라보다 훨씬 쉽다.

이집트 농부들의 95%가 블루워터를 관리한다. 3장에서 우리는 영국 농부의 95%가 어떻게 그린워터를 관리하는지 살펴보았다. 영국은 1800년부터 물에 대한 수익이 10배 증가했다. 이것은 인상적인 성과지만 이집트 농부들은 자신들의 노력으로 물 생산성을 높이기에는 상황이 좋지 않았다. 1960년부터 50년 동안 블루워터에 대한 수익이 상당히 증가했다. 밀 수확량도 3배 증가했다. 영국과 마찬가지로 이집트 사람들도 생산적인 시작점에서 출발했다. 역사적으로 이집트는 농축산물의 수확량이 높은 편이었다.

이집트의 관개농장은 인상적이다. 관개가 철저하게 이뤄지는 농지에 익숙하지 않은 유럽 사람이 이집트의 농장을 방문하면, 물을 낭비하지 않고 절약하는 것을 보고 놀란다. 유럽 기후로는 상상할 수 없는 방식으로 1년 내내 작물을 경작하는 토지 비율도 높다. 따뜻한 겨울 내내 식물과 농작물이 자라고 30℃ 이상의 더운 날씨가 지속되는 여름에도 농작물이 잘 자란다. 유럽의 겨울은 잔디도 자라지 않을 정도로 춥다. 프랑스에서 겨울에 밀밭을 볼 수 있다고 상상해보라! 북유럽 농부들은 매년 한 가지 작물만 키운다. 그런데 이집트에서는 모든 농지에 작물을 키우면서도 밭의 가장자리에 가축까지 키운다. 1헥타르마다 두 마리 이상의 소나 물소를 키우거나 최대 네 마리까지 양이나 염소를 키운다. 유럽의 초원에서는 가축만 키우고 동물 사료로 사용되는 건초 외의 작물은 재배되지 않는다. 더 큰 문제는 가축에게 줄 사료가 부족해서 다른 곳에서 추가적으로 사료를 들여와야 한다는 점이다. 영국에서는 많은 가축들의 먹이를 수입한다. 이 방법이 환경적으로 얼마나 터무니없고 낭비인지 생각해보라. 이집트 농부는 물 관리의 수호자다. 이런 방식으로 두 작물을 생산하고 동시에 평균적인 북유럽 농부와 비슷한 수준으로 가축을 관리한다.

지금 무슨 일이 일어나고 있을까? 여기서 적절한 사례인 이집트의 밀 수확량을 살펴보자. 밀 수확량은 지난 50년간 꾸준히 증가했다. 1960년에는 헥타르 당 2톤을 수확했고 1975년에는 3톤, 현재는 6톤까지 수확량이 늘어났다. 밀을 키우면서 물을 얼마나 효율적으로 사용하는지 경쟁하는 세계 대회가 있다면 이집트 팀이 계속해서 우승할 것이다.

표 5.1 1997~2001년 이집트의 밀과 물 생산성, 이집트의 주요 무역국들

	농작물의 물 수요 (mm/작물 기간)	밀 수확량 (톤/헥타르)	가상수 함유량 (m^3/톤)
아르헨티나 그린워터	179	2.4	738
호주 그린워터	309	1.9	1588
캐나다 그린워터	339	2.3	1491
이집트 블루워터	570	6.1	930
프랑스 그린워터	630	7.0	895
터키 그린워터	319	2.1	1531
미국 그린워터	237	2.8	849
세계 평균		2.7	1334

출처 : A.K. Chapagain and A.Y. Hoekstra(2003), *Water Footprints of Nations*, Delft: IHE.

밀은 세계적으로 중요한 역할을 한다. 용적 톤수로 따지면 국제적으로 무역하는 농작물 중에서 밀이 단연 1위다. 이집트에서는 밀이 특히 중요하다. 이집트 사람들은 지구상 어느 나라보다 1인당 밀 소비량이 높다. 그래서 이집트가 주요 밀 생산국이자 수입국이다. 하지만 연구를 진전시키려면 밀에 관한 통계수치가 필요하다. 내 오랜 친구이자 모델 제작자인 샤파게인과 훅스트라는 물 관리와 밀 생산에 관한 재미있는 자료를 모았다.

표 5.1을 보면 이집트의 밀 수확량은 유럽의 수확량과 비슷하다. 이집트 농부들은 여름에 두 번째 농작물을 수확하고 1헥타르마다 가축을 키우는 데도 이런 결과가 나왔다. 밀에 함유된 가상수 양도 유럽과 비슷하게 상당히 적다. 그러므로 심각한 물 부족을 겪고 있지만, 이집트의 농부들은 농사를 잘 지을 수 있고 어떤 경우에는 유럽보다 더 많이 생산한다. 또한 이집트의 기후·토양·수자원 덕분에 농부들은 농경을 더 개선할 수 있다. 많은 사람들은 밀 수확량이 앞으로 더 증가할 수 있다고 생가

한다.

경제학자들은 밀 수확량이 아무리 증가해도 밀 생산이 부족한 자원을 합리적으로 사용하는 방법은 될 수 없다고 지적한다. 이 경제학자들이 환경적 영향을 걱정했다고 생각하지 마라. 수확량이 1헥타르 당 12톤까지 증가하더라도 이집트 농부들은 외국 시장에 수출하는 높은 가치의 농작물에서 얻을 수 있는 만큼의 수익을 얻지 못한다. 경제적 관점에서 보면 값싼 밀을 수입하고 나일강물을 사용해 세계의 거의 모든 지역에서 1년 내내 생산할 수 없는 비싼 농작물을 재배하는 게 더 합리적이다.

내가 몇 년 전에 이집트 전 수상에게 말한 것처럼 이 주장은 이집트 정치지도자들을 잘못 인도하고 있다. 이집트의 식량 안보 '인식'이 가장 중요하다. 내가 '인식'을 강조한 이유를 주목하라. 무역으로 식량 안보를 보장하면 식량 안보에 대한 국가적 인식이 생기기보다는 비용이 많이 드는 기술과 밀 수확량이 증가하는 농지가 더 부각된다. 이것은 경제적·환경적으로 어리석은 짓이지만 정치에서는 필수적이다. 그래도 의문은 남는다. 이 상황은 얼마나 더 지속될까? 이런 식량 안보 쇼와 물에 대한 경제적·국가적 요구 사이의 균형이 바뀔 것이다.

가상수를 둘러싼 정치

밀과 냉전

우리는 이런 논의를 하면서 정치를 빼놓을 수 없다. 물이 어디에 있든 우리는 정치적 논쟁과 정치인들을 만나게 되어 있다.

이집트는 가상수 거래를 통해 부족한 물을 효과적으로 보충하고 있다. 지금은 농축산물을 수입해서 연간 약 33km³를 절약한다. 밀 하나만 수입해도 연간 7km³를 절약하게 된다. 산업용 수입품으로 10km³ 이상을 절약할 것이다. 총 43km³를 절약하고 이는 연간 3,300만 명이 소비하는 물과 맞먹는다. 이집트의 현재 인구가 약 8,000만인 것을 고려하면 가상수는 이 나라 생존에 필수적이다. 가상수가 없으면 내일 당장 이집트 사람들은 굶주릴 것이다.

기아를 만만하게 생각해서는 안 된다. 한 사람이 3일간 아무 음식도 먹지 않으면 짐승 상태가 될 것이다. 그 사람은 음식을 구하기 위해 못할 것이 없다. 역사적으로 모든 나라의 모든 정부가 가장 우선시한 것은 기아, 그에 따르는 무정부상태, 사회적 동요를 막는 것이었다. 식량 안보를 고려하면 이집트가 외교 정책의 핵심 강령을 바꾼 것은 당연했다.

전후 시대의 분열은 베를린에서 시작되어 독일과 유럽으로 퍼져나갔고 곧 세계가 분열되었다. 1950년대 초 대부분의 나라들은 정도의 차이는 있더라도 미국이나 소련 중 어느 한 쪽과 공동전선을 취했다. 이집트는 1950년대 후반 서유럽과 미국에게서 난폭하게 취급받은 뒤 소련에 우호적인 태도로 변했다. 소련 농부들이 이집트가 무역으로 확보하기를 원하는 양만큼의 밀(과 가상수)을 제공할 수 없다고 하자 변화가 일어났다. 미국과 유럽은 절반 가격을 유지하기 위해 보조금을 지급하고 있었다. 굶주린 나라에게 이것은 거부할 수 없는 유혹이었다. 재미있게도 소련이 미국의 밀을 구입해서 이집트 알렉산드리아에 팔았던 시기가 짧게나마 실제로 있었다. 소련이 이집트의 소비량을 맞추기 위해 구입한 미국산 밀은 안정적인 선택이 아니라는 것을 이집트 공무원들은 이해했다.

1970년대 초반 심각한 식량 부족에 처한 이집트는 동양에서 서양으로 외교방향을 전환했다. 그 이후 이집트는 MENA 지역에서 이스라엘 다음으로 친미 국가가 되었다. 외교 정책 노선을 바꾸기로 결정한 것은 식량 안보 때문만은 아니었다. 그러나 식량 안보와 가상수 거래는 1970년부터 이집트의 외교 정책을 변화시킨 주요 요인이었다. 지금까지도 이런 점은 물 역사나 정치 역사에 기록되어 있지 않다.

말할 수 없는 가상수

이집트에서 식량 정책을 세우는 일은 괴로운 일이다. 정치인들은 5,000년 동안 전해진 강력한 담론에 빠져있다. 이집트는 물이 부족하지 않다. 소비자·생산자·정부가 이 진실을 공유하고 낙관적인 대중매체가 부채질한다. 푸코 식으로 생각하면 이 지식이 권력이다. 정치인들은 그 사실을 알고 있고 반박하지 못할 것이다. 그들은 현실의 요구와 구성된 진실의 복종 사이에 끼어있다. 합리적이고 분별력 있는 장관들까지 자리에서 일어나 계속해서 이집트는 물이 부족하지 않다고 선언했다.

그래서 가상수는 이집트 지배층에 중요하다. 가상수는 보이지 않고 조용하다. 경제적·정치적으로 주의해서 보지 않으면 가상수를 알 수 없다. 가상수는 공개적인 논의 없이 무역할 수 있는 자원이다. 매우 은밀해서 문명이 시작된 이래 존재했지만 1991년이 되어서야 가상수라는 이름을 얻었다. 이집트의 정책 입안자들에게 이 보이지 않는 가상수는 잠재적인 폭발성이 있고 감정적으로 예측하기 어려운 수자원에 약간의 여유를 준다.

각 국가들이 현대 문명의 기적을 이루기 위해서는 정치에 여유가 필요하다. 저개발된 경제가 다각화된 경제로 전환되면 대다수의 국민이 가난에서 벗어날 수 있다. 정치인들이 경험하는 힘든 점을 생각해보자. 정치인에게 사회와 경제가 요구하는 것은 많고 종종 합리적이지 않은 것들까지 요구한다. 부족한 자원으로 이런 요구를 모두 충족시키려면 자원을 배분해야 하는 정치인은 늘 어려운 결정을 내려야 한다. 사람들은 이 결정에 만족하기 보다는 불만을 갖는 경우가 많다. 정치인이 허세를 부리고 일을 미루고 혼란스럽게 만드는 것은 당연하다. 그들이 제 역할을 다하고 살아남기 위해서는 여유가 필요하다. 간호사가 아이에게 예방주사를 놓을 때 주의를 다른 곳으로 돌리듯이, 정치인들은 정치적 속임수를 부려 우리가 나쁜 소식을 듣지 못하도록 주의를 돌린다. 수자원 측면에서 보면 정치인들은 재생 가능한 블루워터를 과도하게 사용하는 것을 묵인한다. 이집트의 경우에는 나일강에 해당한다. 많은 국가들이 경제를 다각화하고 대중을 도시로 이주시키기 위한 시간을 벌기 위해 몇 십 년간 물을 남용해야 했다. 살던 곳에서 쫓겨난 시골 주민들은 더 이상 농사를 지을 수 없다. 그들은 도시로 이주하면서 일자리를 구할 수 있기를 희망했다. 이런 과정은 19세기 모든 선진국들이 밟아온 길이다.

오늘날 지구의 물 스트레스는 훨씬 크지만 많은 나라들이 똑같이 이 길을 가고 있다. 수자원 맥락에서 보면 가상수가 개발 과도기의 문제점들을 보이지 않게 감춰서 국민들은 아무것도 모르는 현상이 일어난다. 그들이 물을 대하는 데 있어 얼마나 무모하고, 굶주리게 될 날이 얼마나 가까이 다가왔는지 모르며, 시민들에게 이런 문제점을 설명하는 데 정치적 자원을 써야 하는 정치인들이 없다.

환경운동가들은 이런 상황에 관심이 없다. 원칙적이고 도덕적인 환경운동가들은 보이지 않는 가상수를 기만적으로 사용하는 것에 반대했다. 선진국의 수호천사인 환경운동가는 우리가 저지른 실수를 강조하면서 어리석인 행동을 하지 않도록 경고한다. 그러나 개발도상국에서는 환경운동가의 엄격한 도덕이 아무런 소용이 없다. 경제가 다각화되지 않은 나라에서 환경운동가들은 독이 될 수 있는 물 정치를 인식하려고 하지 않는다.

개발도상국 정치인들이 고려할 수 없는 일들도 있다. 그 중 하나가 인구 억제책이다. 이 정책은 환경논리에 맞더라도, 대가족 덕분에 경제가 발전하는 지역사회를 어떻게 설득할 수 있겠는가? 관개 농업을 하는 농부들에게 가족들이 죽을 지경인데 환경 문제를 이유로 물을 사용하지 말고 물길도 바꾸지 말라고 요청할 수 있겠는가? 정치인들은 동정심 때문이 아니라 무서워

식량에게 기회를 주다
1954년 미국 대통령 아이젠하워는 미공법Public Law 480호(미국잉여농산물의 대외소비 증대와 미국의 대외관계개선을 목적으로 1954년 의회에서 채택한 법률-옮긴이)를 법제화했다. 케네디 대통령이 언급한 평화 식량 계획은 법으로 국제 식량 원조를 위해 자금을 대는 것이다. 반면 미공법 480호는 곡물을 원조하는 제도다.

서 이런 정책들을 피한다. 농부들에게 물을 사용하지 말라고 요구한다면, 그 결과로 일어나는 죽음과 재난 때문에 비난받을 것이다. 그러나 주민들이 생태학적 재앙의 길을 계속 가도록 내버려두면, 막았을 때보다 정치적 파장이 크지 않다는 것을 알고 있다. 사람들은 수자원의 고갈을 그냥 받아들인다. 수자원 고갈 때문에 정치인들을 비난하지 않는다. 대부분 변덕스러운 신을 탓한다. 그 신들은 엘리트 계층을 지배하는 데 실패해서 희생양이 되었다.

가상수 중독

1970년대에는 모든 일이 잘못되었다고 말한다. 유가 충격, 그로 인한 밀과 제품의 가격 급등은 이집트를 포함한 세계 경제의 균형을 깨뜨렸다. 수단의 토지·물과 이집트의 노동력·기술을 협력하려던 계획은 미국의 기부와 미공법 480호에 따른 임시방편 때문에 폐기되었다. 10년 뒤 값싼 밀 수입에 의존한 이 처방은 이집트 정부에 부담이 되었다. 1980년대에 들어 밀 수입이 증가하자 문제가 발생했다. 나세르 대통령이 친 소련 시절에 확립한 규제 경제는 친 시장 개혁의 국제적 흐름 앞에 무너졌다. 세계 목화 시장은 심각하게 왜곡되었고, 시장 가격 상승으로 농부들에게 밀은 매력적인 선택지였다. 농부들이 열광적으로 반응하자 정부의 장려에 힘입어 밀 수확 지역을 확장하고 물에 대한 수익과 밀 수확량을 빠르게 끌어올렸다.

그 이후에도 이집트의 밀 수입량은 감소하지 않았다. 그 시기에 인구가 급속히 늘어났기 때문이다. 밀 수입량이 안정적으로 유지되었다는 것은 농부들이 밀 생산성을 개선했다는 뜻이다. 1990년대 초부터 밀을 통한 가상수 수입은 평균 수준을 유지했다. 반대로 동물 사료로 사용되던 옥수수·콩 같은 곡물 수입과 물 집약적 제품인 축산물 수입에 포함된 가상수가 상당히 증가했다.

말할 수 있는 세 가지와 말할 수 없는 한 가지

나일강이 흐르고 식탁 위에 빵이 계속 올라오는 한 이집트에 물이 없다는 사실을 사람들에게 이해시키기 위해 할 수 있는 일은 없다. 정치인이 이 두 가지 진실에 의문을 제기하는 것은 정치적 자살행위나 마찬가지다. 정치적 정당성을 생각했을 때 물을 떠올리지 않는 경우가 종종 있다. 그러나 이집트 정치에서 그것은 말할 수 없는 문제다. 그러면 현재 정치 상황에서 무엇을 말할 수 있을까?

이집트가 물과 식량 관리를 위해 세 가지 정책을 채택했는데 이 정책들은 대부분 공개적으로 토론되고 있다. 첫 번째는 나일강의 유량에 대한 문제다. 이집트는 어려운 상황에 빠지면 끈질기게 이집트에 할당된 나일강 유량을 지킨다. 이집트는 나일강 유역의 9개국과 유대 관계를 유지하며 여러 국경을 넘나드는 나일강을 지배했다. 뿐만 아니라 세계은행을 비롯한 세계 여러 기관들과 긴밀한 관계를 맺고 있다. 역사적으로 이집트는 나일강 상류 국가들과 협력 관계를 유지하면서 거기에 자본을 투자하고 물 기반시설을 설치하는 등 긍정적인 역할을 했다. 그렇게 한 목적은 자신들이 불공평하게 차지하고 있는 유량을 계속 유지하기 위해서다. 과거 10년 동안 계속 지속되던 불균형은 조금씩 약화되고 있었다. 두 번째는 이집트의 농작물 생산성과 물에 대한 수익의 획기적인 증가다. 세 번째는 정부가 저비용 식량과 연료 정책들을 채택한 것이다. 이런 정책들 덕분에 가난한 사람들이 최악의 물가상승 시기에도 살아남을 수 있었다.

공인된 담론은 나일강의 유량·높은 수확량·낮은 소비자 가격에 대한 것이다. 그러나 문제는 가상수다. 극장에서 무대 제일 앞쪽에 네 번째 벽(무대와 관객 사이를 떼어놓는 보이지 않는 공간-옮긴이)이 있다고 상상하는 것처럼 이것은 보이지 않는 네 번째 조치다. 그런데 그 조치들 중에서 가장 중요하다. 가상수를 수입하지 않으면 이집트는 식량과 물을 확보하지 못해 무너질 것이다. 그러나 가상수는 자신의 트레이드마크처럼 보이지 않는 방식으로 이집트 가정에 음식을 제공한다.

제3자인 우리가 이 현실을 받아들이기는 쉽다. 하지만 내부에 있는 그들에게는 어려운 문제다. 정치인들은 미래에 물 부족 문제의 해결책을 물 부문 외부에서 찾을 것이다. 이 문제도 국민들을 설득하기 어렵다. 대부분의 정치인들은 공적으로 그런 생각을 표현하는 시점부터 길고 험한 정치 여정이 펼쳐질 것이라는 점도 알고 있다. 이집트가 자국의 물과 식량 안보를 위해 한 일은 나일강의 유량을 통제하려고 약소국을 괴롭힌 것도 아니고, 수확량이 높은 관개지에 인상적인 수력·농업적 성과를 올린 것도 아니다. 강력한 국가 경제가 무역을 통해 이집트의 물과 식량을 안전하게 확보할 것이다. 이것은 정치인들이 국민을 설득하기에 어려운 개념이다. 가상수가 조용히 제 역할을 하도록 두는 것이 최상의 방법이다. 그 전에 가상수가 역할을 할 수 있도록 준비되어 있어야 한다. 자원은 제한적이고 인구 문제가 심각한데도 이집트의 정치 경제가 살아남았다는 것은 이 방법이 성공적이라는 증거다.

이집트의 미래

뉴스 헤드라인은 반박할 여지가 없다. 이집트에는 5,000만 국민이 쓸 물이 충분하다. 최근 인구는 8,000만 명이고 앞으로 1억2천만까지 증가할 것으로 예측된다. 1960년대 후반부터 이집트는 부족한 부분을 보충하려고 가상수 수입에 더 많이 의존했다. 현재는 물 수요의 약 40%를 가상수 거래로 충족한다.

우리가 확실히 알고 있는 것

이집트는 인구증가로 생긴 물 수요 격차 때문에 고생하고 있다. 물과 관련된 사람은 많은데 수요는 증가하기만 한다. 우리는 인구 규모와 미래의 인구 증가율을 합리적으로 추정할 수 있다. 그 외에 확실한 추세를 보이는 것은 이집트 경제의 다각화다. 이집트 경제는 앞으로 계속 다각화될 것이다. 물론 동아시아 경제만큼 급속도로 진행되지 않고 사하라 사막 이남 아프리카 국가들의 침체 속도처럼 악화되지도 않을 것이다. 이 다각화는 이집트의 식량과 물 안보를 해결하는 열쇠를 쥐고 있다.

안타깝게도 그것은 이집트의 이미지와 쉽게 어울리지 않는다. 이집트는 식량과 물 안보를 국내 생산만으로 해결하기를 바란다. 그런 노력은 기술·자본·천연자원에 놀라운 영향력을 미칠 것이다. 그렇지만 장기적으로 실패할 가능성이 크다. 관개농지와 수력에서 성공한 기술이 흥미롭기는 하지만 좋은 자원을 낭비한다. 해결책은 경제성이 동반되어야 한다. 현재 이집트인들은 집단적 인력자원이 식량과 물 안보를 해결할 것이라는 사실을 자랑스럽게 생각할 준비가 안 된 상태다. 머지않아 그런 날이 올 것이다.

우리가 모르는 것

우리가 모르는 것이 있다면 무엇일까? 우리는 이집트의 물 생산성이 미래에 개선될 것인지 모른다. 농작물 수확량은 이미 높고 지난 50년 동안 증가했지만 더 향상될 여지는 충분하다. 내가 예상한다면? 농작물 수확량은 양적인 면에서 20% 증가하고 경제 가치 측면에서는 더 많이 증가할 것으로 추정된다. 이런 수확량 증가는 물 생산성 향상과 거의 비례한다. 그래서 이집트의 물 생산성이 50% 증가할 가능성이 있다고 해도 별로 놀랍지 않다. 정말 그렇게 된다면 이집트는 최소 7,000만 명에게 식량을 제공할 수 있게 된다. 이것은 최상의 시나리오지만 충분하지는 않다. 인구가 1억2천만일 때 7,000만 명을 위한 식량과 물 안보는 큰 의미가 없다. 경제적 다각화는 이뤄지지 않은 채 그렇게 되면 거리에서 폭동이 일어날 것이다.

식량 가격

미래에 이집트의 식량과 물 안보에 영향을 미칠 외부요인들은 예측하기가 더 힘들다. 예측은 바보들이나 하는 행동이다. 내가 2050년까지 살아남아 창피를 당할 일은 없을 테니 자유롭게 써볼 생각이다.

국제 식량 가격은 매우 중요해질 것이다. 가격은 상승하겠지만 상승 속도가 빠르지는 않을 것이다. 유럽연합의 공동농업정책 같은 무역 왜곡 정책과 미국의 식량 보조금은 국제 식량 가격을 인위적으로 계속 낮출 것이다. 주요 밀 수입국인 이집트 경제는 식품 가격이 상승하면 전반적으로 이익을 얻는다. 식량 수출로 소득이 증가하면 식량 수입 비용이 올라가서 균형이 맞는다. 그러나 선진국들이 장악한 세계 정치는 식량 가격이 오르도록 내버려두지 않을 것이다. 이집트 지도자는 신속하게 지난 20년 동안 정황을 파악하고 세계무역기구에 적극 참여했다. 그 결과 이집트 공무원들이 세계무역기구의 주요 지위를 차지했고 앞으로도 계속 그럴 전망이다. 이집트인들은 외교에 강하고 자신들이 원하는 대로 모두 성취한다.

나일강 유역에 사는 주민들의 미래

나일강 유역의 물 정치에 대한 협상은 명확하다. 이집트는 나일강을 계속 지배해왔다. 20세기 초반부터 이집트의 지배는 나일강 이용 협약에서 공식화되었다. 이집트는 영국의 식민지배에서 벗어나면서 나일강의 주도권을 그대로 물려받았다. 지역적 운명의 주인이 된 뒤로는 그것을 벗어난 적이 없었다. 에티오피아와의 불균형한 관계는 지리와 정치가 이뤄낸 특이한 결과다.

모든 것의 균형이 맞지 않다. 블루워터와 사회 경제적 발전, 세계 개입의 정도가 전부 다르다. 모든 상황이 이집트를 지지하는 쪽으로 기울어있다. 이집트의 물 80%가 에티오피아에 있는 지류들에서 나온다. 그러나 에티오피아는 나일강의 물을 적은 비율만 사용한다.

중요한 부분은 사회 경제적 발전에서 오는 불균형이다. 이집트는 선진산업국이 아니지만 에티오피아에 비하면 강대국이다. 그린워터 단 한 분야에서만 에티오피아가 유리하다. 이집트에는 그린워터가 거의 없다. 에티오피아는 매년 80km^3 이상의 그린워터를 사용할 수 있다. 이것은 상당히 많은 양으로 수단과 이집트에 빼앗기는 청나일강의 블루워터 양과 비슷하다. 그에 대한 이야기는 여기에서 멈추겠다. 에티오피아에 대한 분석은 뒤에서 더 자세하게 다룰 것이다.

이집트와 수단의 관계가 동등해지면서 정치적 마찰 가능성도 커지고 있다. 수단은 이집트를 제외하고 1959년 나일강 이용협약을 지지한 유일한 나라다. 놀라운 사실이 아니다. 수단은 이집트를 제외하고 그 협약으로 이익을 본 유일한 나라이기 때문이다. 그런데 수단은 나일강물의 25%로 만족하지 못했다. 하지만 이집트는 단호했다. 나일강 기본협정 회의에서 물 안보를 절충하자는 의견을 거부했다. 이집트는 나일강을 소유하면서 정치적으로 가능한 모든 일을 할 것이다. 50년이 흘렀지만 1959년 협약에 관한 새로운 협의는 진행되지 않고 있다.

과거는 미래를 예측할 수 없다. 과거의 경험을 활용해 나일강의 정치적 미래를 예측하지 못한다. 그러나 물전쟁이 일어나지 않을 것이라고 확신할 수 있다. 가상수가 한 발의 총성도 울리지 않고 아무도 눈치 채지 못하게 물전쟁을 막았다. 하지만 이집트가 나일강을 무한정 독점할 수는 없는 노릇이다. 나일강 상류 국가들은 강의 유량을 공유하자고 협상하려 할 것이다. 하지만 현재 이집트가 차지한 75%에 비하면 그것은 보잘 것 없는 양이 될 것이다. 수단은 이미 댐과 저수지를 만들어 이집트의 몫을 조금씩 깎아내고 있다. 그러면 증발작용 때문에 매년 최소 2km^{3}씩 줄어들 것이다. 물 정치도 물처럼 가만히 제자리에 있지 않는다.

나일강의 유량

나일강의 유량은 예측이 얼마나 빗나가는지, 오류를 저지르는 게 얼마나 쉬운지를 보여준다. 아스완하이댐은 연간 평균 유량을 계산해서 건설되었다. 1988년부터 그 유량은 지속적으로 늘어나는 추세다. 처음에는 분명히 좋은 현상처럼 보인다. 1980년대 초반 낮은 유량으로 충격을 받은 뒤부터 나일강의 물 안보를 염려하던 이집트 사람들에게 유량의 증가는 기적 같은 일이다. 현재 그렇게 많던 물이 사라지고 있다. 우리가 흥분해서 그 물로 계속 뭔가를 하려고 하는 동안에 물은 가만히 있지 않는다. 등을 돌리면 곧바로 일이 벌어진다. 이런 경우 나세르/누비아 호의 서쪽 경계에서 토쉬카 마을 배수로를 지나 사막으로 범람하기 쉽다. 적어도 연간 평균 5km^{3}가 이런 식으로 사라진다. 그것은 국제규격 수영장 200만 개를 채울 수 있는 양이다.

이집트 정부는 많은 유량 덕분에 확보한 여분의 물을 활용하기 위해 관개지 확장 계획을 세웠다. 이집트의 물 엔지니어들은 현실적으로 예상했다. 5km^{3}는 적어도 4,000만 명의 물 수요를 매년 충족할 수 있는 양이다. 그 물을 관개용수로 재사용해서 물 생산성을 높이면 같은 양의 물로 5,000만 명까지 물과 식량을 공급할 수 있다. 그러나 이집트는 매년 가상수를 30km^3 이상 수입하고 있다. 2050년이 되면 매년 60km^{3}의 가상수가 필요할 것이다. 인구가 증가하면 이 수치가 증가할 수밖에 없다. 그러나 물 생산성을 개선하면 이 수치는 내려간다. 이집트는 여분의 수량을 확보해서 관개용수로 쓰려고 금융자본과 국제적 정치 자본까지 쏟아 부을 것이다. 미래를 위한 그런 정책은 다른 강가 주변 나라들과 국제사회에 스트레스가 많은 정치 상황을 만든다. 그래도 이집트가 물을 자급자족하려면 $40km^3$가 부족하다.

이집트는 수문학적 해결책으로만 견딜 수 없고 정당화할 수 없어서 결국 실패할 것이다. 가상수는 상황에 따라 유연하고 적절하게 대응하기 때문에 문제를 더 많이 해결할 수 있다. 이집트는 나일강 유량을 부당한 방식으로 지배하는 대신 에너지를 경제적 다각화에 쏟아야 한다. 그러면 인구문제는 인구 증가의 해결책이 된다. 인적자원이 풍부해서 높은 가치의 수출 상품과 서비스를 개발할 수 있다. 그것을 수출하면 가상수를 수입할 수 있다. 이것은 비용이 더 저렴하고 쉬운 방법이다. 나일강 주변의 다른 나라들과 더 좋은 외교 관계를 수립할 수 있다. 이것이 더 친환경적인 방법이다. 이를 막는 유일한 장애물은 식량과 물을 자급자족할 수 있다는 이집트의 잘못된 집착이다.

기후변화

이집트는 운이 좋다. 사라져버릴 비조차 거의 내리지 않는다. 그린워터가 경제적으로는 그다지 중요하지 않아도 농업에서는 매우 중요하다. 기온이 더 높아지면 증발과 증산 작용이 활발해지지만 농작물 수확량에 손해를 입힐 가능성은 크지 않다. 미래의 나일강 유역을 정확하게 모델로 만들 수는 없지만 그 지역에서 연간 유량이 $10km^3$ 줄어들 가능성에 대한 증거는 있다. 이는 중요한 양이지만 전략상 의미 있는 수치는 아니다. 나일강 유량이 이런 수치로 감소한다면 이집트는 담수로 물 수요를 맞추고 가상수를 수용하려는 시도가 막다른 상황에 부딪혀 결국 모든 것을 그만둘 것이다. 대부분의 기후 모델은 이집트가 1980년대 후반 이후 경험했던 나일강 유량을 계속 유지할 것이라고 예측한다. 세계에서 그 의견에 동의하는 사람이 드물지만 과학에는 예외가 없다.

두 번의 회의

15년 전 이집트의 큰 회의장에서 아무 이야기도 듣고 싶어 하지 않는 사람들 앞에서 내가 연설했던 이후로 우리는 얼마나 멀리 왔는가? 정말로 아주 멀리 왔다.

구체적인 사례를 살펴보자. 2006년 나는 다른 회의장에서 수년 전 카이로의 경험과 다른 형태의 사건을 겪었다. 당시 나는 멕시코시티에서 열린 세계물포럼World Water Forum에 참석했다. 이 행사는 새로운 개념과 접근법이 제안되기 때문에 물 전문가들에게 중요하다. 물 전문가들은 행사에 참가해 이야기를 하기도 하고 듣기도 한다. 하지만 과학과 국제정치 관련자들만 이해할 수 있는 분위기에서 아이디어를 공유하고 소통하는 일은 생산적이지 않다. 우리는 유인원이 다른 부족의 시선을 피해 수렵인의 기술을 보호하던 시대에서 그다지 발전하지 않았다. 경쟁 때문에 인간의 진보가 느려졌다. 오래 전에 카이로에서 말하지 못했던 내 의견은 이번 회의에서는 큰 주목을 받았다. 나는 이집트의 수자원 장관과 고위 공직자들로 조직된 패널로 멕시코시티에 초대되었기 때문이다. 처음에 나는 포럼 주제를 보고 깜짝 놀랐다.

가끔씩 나도 모르게 웃고 있다. 어떤 때에는 마음 속 깊이 웃고 있다. 이집트 장관이 주재한 이 회의의 주제는 무엇이었을까? 바로 이집트와 중동 지역의 가상수였다. 명백한 진보였다. 실천이 느리고 예측불가능한 정치 속에서 이뤄낸 결과였다.

2부

베트남 : 전쟁에서 벗어나 새로운 길을 찾다

평화만큼 농작물을 잘 자라게 하는 것은 없다.

베트남 전쟁

우리 모두 베트남에 가본 적이 있다. 2차 세계대전이 끝난 뒤 발발한 베트남 전쟁은 영화에서 자주 등장했다. 2차 세계대전과 달리 이 전쟁은 긍정적으로 보이지 않았다. 역사는 이 전쟁을 지각없고 목적 없고 교훈도 없는 끔찍한 전쟁이라고 기록한다. 오늘날까지도 미국인들은 베트남 전쟁을 떠올리면서 몸서리친다.

다행히도 우리의 베트남 이야기는 10년간 많은 사람들이 죽었던 1960~1970년대의 피비린내 나는 파멸로 끝나지 않는다. 거기에서부터 이 이야기는 시작된다. 1975년 4월 30일 북베트남과 남베트남이 마침내 통일되었을 때 118년간의 전쟁이 끝났다. 한 세기 이상 이 불운의 땅에서는 침략자들과 토착민의 격렬한 전쟁이 벌어졌다.

베트남 전쟁이 끝나고 35년이 흐른 뒤 베트남은 〈지옥의 묵시록〉, 〈플래툰〉, 〈포레스트 검프〉 같은 영화에 등장하는 무의미한 대학살의 이미지와 번영한 동남아시아의 질서 잡힌 사회 사이에 비슷한 모습이 거의 없을 정도로 회복했다. 베트남은 농업에서 큰 성과를 이뤘다. 이런 뉴스기사 제목이 등장할 정도다. 1975년에 농업이 거의 붕괴됐던 베트남이 21세기에 세계 2위의 쌀 수출국으로서 국제 무역량의 20%를 차지하게 되었다. 당연히 이런 성과는 물 효율성을 많이 개선했기에 가능한 일이다. 그러므로 여기에서는 거의 알려지지 않은 베트남에 대한 긍정적인 이야기를 다룬다. 먼저 안 좋은 소식부터 전하겠다.

도미노 이론

20세기 중반 2차 세계대전이 끝난 뒤 자본주의 동맹국들과 공산주의 소련 사이의 불안한 동맹이 흔들리자 유럽의 분열로 정치적 공백이 생겼다. 그 영향을 받은 국가들이 엄청나게 싸웠다. 공산당이 국공내전에서 국민당을 패배시킨 뒤 세계의 관심은 동남아시아의 더 작은 나라들로 옮겨갔다. 이때부터 냉전이 시작되었다.
서구인들, 특히 미국인들의 생각은 도미노이론으로 요약되었다. 중국 공산당, 그리고 한국과 베트남에서 발생한 전쟁으로 인해 동아시아 전체가 공산주의 진영으로 흡수되는 것을 두려워했다. 도미노가 차례대로 넘어지듯이 인도도 똑같이 공산주의로 넘어갔다. 도미노 이론은 공산화된 나라가 다음 나라의 붕괴를 더 빠르고 필연적으로 만든다는 것이다. 그래서 미국은 더 이상 도미노를 넘어뜨리지 않는 방법을 찾았다. 먼저 한국에서 발생한 전쟁, 그 다음에는 베트남에서 일어난 내전에 미국이 개입했다. 미국 입장에서 한국전쟁에 개입한 것이 성공이라고는 할 수 없지만 적어도 실패는 아니었다. 1953년에 북한은 공산주의 체제로, 남한은 자본주의 체제로 나뉘어졌다. 한국은 오늘날까지도 분단국가로 남아있다. 베트남에서는 다른 이야기가 전개되었다.

베트남 전쟁 이후의 역사

1970년대 중반까지 동남아시아에서 일어난 폭력의 역사를 살펴보아야 하는 이유는 물 생산성 측면에서 커다란 실험이 있었기 때문이다. 우리는 유럽연합·영국·미국이 1940년대에 전쟁의 충격 이후 농부들을 보호하기 위해 장려책과 보조금 정책으로 어떤 실험을 했는지 지켜봤다. 장려책 덕분에 농부들은 물 생산성을 크게 높였다. 중국과 인도는 1960~1970년대에 물 생산성에서 기적을 일으켰다. 이집트 역시 물 생산성을 성공적으로 개선했다. 다음으로 베트남을 살펴보자. 베트남은 한 세기 동안 지속된 폭력과 침략에서 해방되자 식량 생산에 들인 노력에 비해 물 생산성을 더 크게 증가시켰다.

역사는 무슨 일이 있었는지 분명하게 알려준다. 미국은 베트남 전쟁에서 졌다. 남베트남은 공산주의로 전향했다. 그러나 종전 이후 일어난 사건들은 기억에서 사라졌다. 공산주의의 도미노 효과는 확산되지 않았고 베트남은 캄보디아를 두고 중국과 충돌했다. 그렇다고 베트남이 공산주의를 유지하지 않는다는 뜻은 아니다. 단호하게 공산주의를 고수했고 1990년대에 코메콘Comecon(공산권 경제 상호 원조 협의회-옮긴이)이 해체되기 전까지 회원국이었다. 베트남과 가까운 공산주의 동맹국은 중국이 아니라 소련이었다. 그래서 소련과 유럽 공산주의 위성국가들이 서구 자본주의와 시장경제를 수용하자 베트남은 고립되었다. 중국과 우호관계를 맺지 않으면서 동쪽에서 새로운 동맹국을 찾았다. 베트남은 무역 관계를 완화하고 통화가치를 낮추면서 투자자를 찾았다. 부유하고 경제활동이 활발한 일본이 도움의 손길을 보냈다. 일본은 무역흑자로 축적한 자본을 투자할만한 곳이 필요했다. 미국을 비롯한 많은 나라들도 전례를 따랐다.

베트남과 중국의 관계는 차츰 개선되었다. 베트남보다는 중국 내부의 변화가 컸기에 가능했다. 중국은 무력이 아닌 경제를 이용해 베트남을 지배하려고 했다. 두 나라간의 무역은 급속도로 성장했고 그들은 현재 세계에서 가장 큰 자유무역지대를 위한 협력관계를 맺고 있다. 중국은 장기전에 뛰어나다. 중국 지도자 저우언라이는 프랑스 혁명의 영향에 대해 한 마디 해달라는 요청을 받고 신중하게 답했다. '뭐라 말씀 드리기에는 아직 이르군요.' 중국은 정치적으로 천천히 처신한다. 중국은 베트남에서 주요 경쟁국 세 나라가 파괴적인 전쟁으로 완전히 지치고 가난에 빠지게 했다. 그 전쟁 때문에 경쟁국들의 자원은 소모되고 명성이 크게 손상되었다.

베트남의 농업

1975년 전쟁이 끝난 뒤 베트남은 경제 형태를 바꾸고 지역 및 국제 관계를 강하게 발전시켜 나갔다. 하지만 농업만큼 신속하고 크게 성공한 분야는 없었다. 1975년 남베트남의 수도 사이공이 베트민(1941년 프랑스 지배 하에서 호치민이 조직한 베트남 독립 투쟁 조직-옮긴이)에게 넘어간 순간부터 농업이 급격하게 성장했다. 나머지 경제 부문은 느리게 발전하는 가운데 농업만 발전했다. 이집트에서 중요했던 경제적 다각화는 1990년대 초기 소련 공산주의가 몰락한 이후 조심스럽게 일어나고 있었다. 베트남이 물 생산성을 개선한 것은 이례적인 일이었다.

영국 농부들은 그린워터의 생산성을 극적으로 높였다. 이집트 농부들도 농작물 수확량을 늘리고 블루워터에 대한 수익도 높였다. 베트남도 두 나라에 필적할만한 성과를 보여주었다. 베트남은 그린워터와 블루워터에 대한 수익을 많이 올렸다.

베트남에는 물이 풍부하며 농작물이 자라기에 이상적인 기온이다. 1년 내내 평균 기온이 25~30℃를 유지한다. 농작물에게는 휴가가 없다. 만일 있었다면 다들 베트남으로 향했을 것이다. 1945년 2차 세계대전이 끝난 뒤 처음 30년 동안은 이런 잠재적인 풍요로움이 식민지 전쟁, 미국과의 전쟁 때문에 숨겨져 있었다. 전쟁기간에는 독수리 외에는 아무것도 잘 자랄 수 없었다. 전쟁기간은 농장의 생산성을 개선하기에 좋은 환경이 아니다. 그러나 전쟁의 끝난 뒤에는 아직 손길이 닿지 않은 잠재력이 부각된다. 유럽연합을 포함한 여러 나라의 농업 보조금으로 장려책이 실시되자 전후 유럽에서 생산성이 급증했다. 1975년 이후 베트남에서도 똑같은 일이 벌어졌다.

평화만큼 농작물을 잘 자라게 하는 것은 없다. 농부들은 기업가처럼 활동하지 않는다. 농부들은 안정적이고 확실한 환경에서 수익을 얻는다. 제거될 수 있는 위험성이 클수록 농업은 강해지고 생산성이 좋아진다. 베트남은 자원이 풍부했지만 1975년에 쌀 35만 톤을 구입하는 쌀 수입국이었다. 평화로운 14년이라는 짧은 기간 동안 베트남은 세계 3위의 쌀 수출국이 되었다. 20세기 말에는 2위로 올라섰다.

베트남은 어떻게 성공했을까? 한 가지 요인은 베트남이 공산주의를 자신들이 원하는 대로 변화시킨 것이다. 오늘날 베트남은 1980년대 경제 개혁을 실시하는 동안 공산당 독재국가로 남았다. 지휘·통제로 이뤄진 사회주의 경제는 시장 경제에 무너졌지만, 베트남은 질서 잡힌 사회를 유지하고 있다. 이는 아시아의 평등주의 원칙을 따르는 사회이기에 가능하다. 중국의 분석에서 보았듯이 투표 제도에 비굴해지지 않으면서, 행동과 목적의 일관성이 중요하게 되면 경제는 빠르게 좋은 성과를 올릴 수 있다. 개인의 자유가 통제되면 공공의 선이 많이 생긴다.

베트남의 지형

베트남은 이집트와 공통점이 없다. 이집트는 끝없는 사막이 펼쳐지고 신비한 나일강과 장엄한 삼각주가 있는 축복받은 나라지만 지표배수시설이 없다. 이집트에는 어디든 모래가 있다면, 베트남에서는 연간 강우량이 1m 이하인 곳이 없다. 언덕과 산이 많은 곳은 연간 강우량이 2m 가량 된다. 베트남에는 두 개의 큰 강이 있고, 그 외에도 많은 작은 강이 있어서 관개와 농작물 생산에 유리하다. 그린워터도 풍부한 편이다. 베트남의 강들을 살펴보자. 지금까지 논의했던 다른 강들에 비해 베트남의 강들은 유명하지 않지만 중요하다.

첫 번째는 메콩강이다. 메콩강은 유량이 나일강보다 8배나 많은 아주 큰 강이다. 메콩강은 강 유역에 있으면서 물이 풍부한 중국, 미얀마, 태국, 캄보디아에 우기를 일으킨다. 메콩강이 나일강보다 뛰어난 점은 상당량의 물을 강 유역의 넓은 저지대에서 얻는다는 사실이다. 그게 왜 중요할까? 나일강을 생각해보자. 나일강은 정기적으로 동아프리카의 습윤한 고지대를 출발해 사막을 지나 2,000km를 흐른다. 더운 날씨에 굉장히 긴 시간을 흘러간다. 그 결과는 어떨까? 나일강에서는 많은 물이 증발해서 사라진다. 그러나 메콩강은 흘러갈수록 물이 더 많아진다. 대기로 증발하는 수분보다 비가 더 많이 내리기 때문이다.

두 번째는 홍紅강이다. 이 강은 많은 토사 침전물 때문에 붉은 색을 띠어서 이런 이름이 붙었다. 그러나 강이 맹렬하게 분노하듯이 흘러 그런 이름으로 불린다고 생각해도 된다. 예측 불가능하게 수시로 변하는 이 강은 난폭하게 범람한다. 신기하게도 그 모습은 전쟁을 연상케 한다. 이 강은 19세기 후반 유럽에서 중국으로 들어가는 중요한 무역 경로였다. 이런 전략적 중요성 때문에 프랑스는 베트남과 군사충돌을 일으켰다. 결국 프랑스가 승리했고 그 결과 베트남은 1세기 동안 프랑스 지배를 받았다.

불행한 유사성

베트남과 이집트는 공통점이 한 가지 있다. 바로 사람들이다. 두 나라 모두 인구가 많다. 베트남은 출산율이 계속 상승해서 인구 위기에 식면했나. 1985년 베트남 인구는 1960년의 2배였다. 믿기 어렵겠지만 이 인구의 10%가 미국과의 전쟁으로 사망했다. 그런데도 이것은 인상적인 인구 성장률이다. 그 성장률이 줄어들었어도 현재 인구는 약 8,600만 명이다. 인구가 1억이 될 것이라는 예측은 환경적으로 무서운 전망이다. 1억5천만 명은 상상할 수도 없다. 인구가 1억5천만일 때 베트남이 식품을 자급자족할 수 없다는 뜻은 아니다. 거의 확실하게 식량을 자급자족할 수 있다. 문제는 다른 나라들이 베트남의 식량 수출에 의지하고 있다는 점이다. 지금 베트남은 세계 2억 명에게 쌀을 공급한다. 세계 주요 쌀 수출국으로서 베트남의 역할과 급속한 인구 증가는 충돌할 수 밖에 없다. 베트남이 수출을 그만두면 다른 국가들은 쌀이 부족해진다.

그러면 베트남 경제는 붕괴할 것이다. 2005년 베트남은 쌀 500만 톤을 선적하는 세계 2위의 쌀 수출국이었다. 쌀 수출에서 얻는 이익은 베트남 수출 이익의 6% 이상을 차지한다. 베트남을 제외한 모든 나라에 중요한 것은 이 수출량이 세계 쌀 무역량의 20%에 해당한다는 사실이다. 우리는 베트남의 쌀 수출을 위태롭게 하는 문제에 관심을 보여야 한다.

물 관리에 탁월한 베트남

베트남의 연간 쌀 수출량 500만 톤은 인상적인 수치다. 2007년에 베트남은 쌀 3,600만 톤을 생산했다. 그것은 세계 쌀 총 무역양보다도 많다. 여기에 의문이 생긴다. 1975년에 베트남은 사회와 경제가 분열된 상태의 쌀 수입국이었는데, 30년 만에 농업 강대국이 되기까지 어떤 노력을 했을까?

그 답은 물과 농부들이다. 베트남은 물도 많고 농부도 많다. 베트남 농부들은 인정받지 못한 물 관리의 영웅들이다. 현대의 연금술사인 농부들은 땅과 물을 변형시켜 농작물 수확량을 계속 늘렸다. 농부들의 마법은 중요하며 계속 지속되기를 바란다. 수천 년 전에 인간은 다양한 활동을 했다. 어떤 이들은 창을 만들고 어떤 이들은 동굴에 벽화를 그렸다. 농부들은 사람들에게 음식을 제공했으며 지금도 그 일을 하고 있다.

이 책은 시장경제를 자세히 논의하는 책이 아니다. 나는 평생 동안 시장경제를 지지했다가 반대했다가를 반복하면서 사회적 통념에 대해 들었다. 10년 동안은 케인스의 이론을 따랐다가, 그 다음에는 프리드먼을 추종했다. 나는 경제학자가 아니기에 경제 이론을 존중하지만 의심을 품은 사람도 많다. 그러나 내가 자신감을 가지고 사실 관찰과 역사적 증거를 근거로 할 수 있는 이야기가 있다. 계획경제는 농업이 지속 가능한 성장에 꼭 필요하며 중요한 기여를 한다. 실제로 계획경제 하에서는 농업이 잘 돌아간다. 이를 스탈린식 집단화가 필요하다는 뜻으로 해석해서는 안 된다. 그런 식의 공산주의는 시장자본주의보다 환경에 대해 더 무지하다. 안정된 가격을 보장하고 생산량에 대한 수요를 합리적으로 예측하는 환경에서 농부들은 능력을 최대로 발휘할 수 있다. 그들은 농축산물을 많이 생산해서 적당한 가격으로 수요를 충족할 방법을 찾는다. 이 일을 효율적으로 하고 적은 양에서 많은 양을 생산해야 한다면 그렇게 할 것이다. 경쟁으로 그들을 자극할 필요가 없다. 전후에 유럽 농업에서 실시했던 실험과 지난 30년간 베트남 농업에서 보여준 엄청난 개선은 이에 대한 충분한 증거다.

농부들은 천연자원에 상당한 통제권을 행사하지만 다른 분야에서 그들의 영향력은 제한적이다. 농부들은 농축산물의 가격을 결정하는 요인들을 조정하지 못한다. 더 심각한 상황은 무역이 세계화되면서 농부들이 가격 결정에 미치는 영향이 줄어든다는 것이다. 식품 생산과 마케팅은 세계에서 가장 큰 산업이지만, 농부들은 주요 토론장에서 의견을 제시하지 못한다. 다국적 기업들이 가격 결정을 지배하고 몇몇 단체들만 참석하는 그들만의 리그에서 가격이 결정된다. 꼭대기에는 들어갈 자리가 거의 없다. 시장정보와 재정은 농부들과 먼 이야기다. 아시아·아프리카의 농부들은 세계 식량 시장에 아무런 영향을 미치지 않는다. 세계 시장에서 형성된 가격은 변동이 심하다. 가격이 내려갈 때마다 세계의 가난한 농부들은 살기가 힘들어진다. 죽음을 선택하는 농부도 있다. 불안정한 가격은 농부들이 통제할 수 없는 위험요소다. 이 요소는 농부들의 생산성을 해치고 생계를 짓밟아 버릴 수도 있다. 세계의 많은 농부들이 이런 고난을 겪고 있다.

그러나 국가에서 보조금을 받는 농부들은 희망적이다. 농부들은 복잡한 존재가 아니다. 식량 생산은 그들의 본능이다. 가격이 유리하면 농부들은 더 많이 생산한다. 그래서 농부들이 실질적인 이익을 얻는다면 분명 모든 투입재를 더 많이 더 효율적으로 활용할 것이다. 이처럼 농부들에게는 기본적으로 물 생산성을 지속적으로 향상시키려는 성향이 있다. 그러나 이 방식은 환경과 경제가 안정적일 때 가능하다. 노동력만이 아니라 모든 공급재가 안정되어야 한다. 농산물을 운송하고 판매하는 유통망이 제대로 갖춰진 채로 아무 문제가 없어야 한다. 내부 시장이 제 기능을 하고 수출 기회가 있어야 한다. 끝으로 농부들은 이 모든 것을 생산할 수 있고 합리적이고 믿을 수 있는 가격에 팔 수 있다는 사실을 알고 있어야 한다. 1975년에 베트남은 이런 요소들이 전혀 없었지만 아무도 예상하지 못한 열정과 속도로 모든 요소를 갖추었다.

베트남은 쌀 생산량을 4배 가까이 증가시켰다. 이는 물을 열심히 관리했기에 가능한 일이었다. 베트남의 땅은 20%만 농사짓기에 적절하다. 그래서 이모작(때로는 삼모작)을 꼭 해야 한다. 여름의 우기 동안에는 농작물의 수확량이 헥타르 당 2.5톤에서 5톤으로 2배 증가한다. 수확량이 높은 곳에서 생산성도 향상된다. 전쟁이 끝날 즈음 헥타르 당 한 작물을 3톤가량 생산하는 농장들이 있었다. 20세기 말 똑같은 농장에서 1년에 벼농사를 세 번 짓는다. 각각의 수확량은 헥타르 당 6~7톤이었다. 어떤 농부들은 헥타르 당 20톤 이상을 수확했다. 그런 농지는 베트남의 급격한 생산량 증가에 중요한 요인이다.

친절한 베트남 사람들

오늘날 베트남에서는 긍정적인 소식들이 들려온다. 전쟁으로 파괴된 난파선과 같던 나라가 세계 식량 공급에 없어서는 안 되는 중요한 나라로 변신한 과정을 많은 사람들이 자랑스럽게 알리지 않는다는 게 이상하다. 이웃인 태국도 비슷한 기간에 비슷한 길을 가고 있었다. 1975년 태국은 쌀 100만 톤을 수출했다. 2007년에 740만 톤을 수출한 베트남보다 현재 쌀을 더 많이 수출하는 유일한 나라다. 베트남과 태국은 1975년 이후 세계 연간 쌀 수요인 2,500만 톤의 절반을 생산했다.

우리는 베트남에 박수를 보내야 한다. 베트남이 어떻게 물을 사용하는지 자세하게 관찰해야 한다. 우리는 국가소득이 세계 6위인 영국이 어떻게 30년 동안 물 생산성을 3배 향상시켰는지 자문해야 한다. 베트남의 쌀 수출량 500만 톤은 가상수 $10km^3$에 해당한다. 이는 인구가 700만 이상인 나라의 전체 물 수요를 충족하기에 충분한 양이다. 농부들이 식량을 생산하는 것은 본능이다. 그렇게 농부들은 가상수를 수출한다. 가상수는 문명이 시작될 때부터 존재했다. 처음에는 농부들이 마을 단위로 수출했다. 도시가 성장하면서 도시주민들은 가까운 시골 농부들이 수출하는 가상수로 물을 공급받았다. 가상수를 무역할 만한 기반시설과 정치가 갖추어져 있을 때 농부들이 지구 반대편 소비자들에게 어떻게 가상수를 제공하는지 베트남이 정확하게 보여준다.

이것은 가상수의 긍정적인 면이다. 그린워터와 블루워터가 풍족한 나라는 국제 식량 무역을 통해 세계 평화에 이바지할 수 있다. 그러나 부정적인 면은 사람들이 거의 알지 못한다.

쌀 가격

모두가 쌀을 좋아한다. 다이어트 중인 사람들은 파스타를 두고 불평한다. 글루텐이 들어가지 않은 식사를 하려면 빵을 가까이 해서는 안 된다. 그러나 쌀은 나무랄 게 없다. 쌀은 주요 곡물 중에서도 가장 중요하다.

언론은 주기적으로 쌀 가격을 대대적으로 보도한다. 이런 가격 급등을 세계 식량 위기의 조짐으로 인식해서는 안 된다. 우리는 농산물 가격이 시장이 아니라 정치적으로 정해지는 경우를 자주 접한다. 쌀도 예외가 아니다.

세계적으로 다른 곡물 시장과 비교하면 쌀 시장은 약간 작은 편이다. 쌀은 시장에서 매년 3,500만 톤이 거래된다. 이 거래량은 2007년 3억6천만 톤을 기록한 연간 세계 곡물 무역 총량의 10%에도 미치지 않는다. 쌀과 비슷한 곡물인 밀·옥수수·콩의 가격 왜곡에 비하면 쌀 가격은 왜곡이 훨씬 적은 편이다.

그러나 쌀 가격도 왜곡에서 완전히 자유롭지는 않으며, 2008년 갑작스런 가격 충격 이후 세계 쌀 시장은 지금도 동요하고 있다. 쌀 가격은 시장정보만으로도 자극을 받고, 제품을 생산하고 무역하는 방식에서도 심각한 왜곡이 발생한다. 일본은 비용이 많이 들어간 자국의 쌀을 선호하는 주요 쌀 소비국이다. 일본이 저렴한 쌀 시장을 개방하지 않겠다고 고집하면, 미국의 저품질 쌀을 수입하기로 한 장기 계약에 따라야 한다. 일본은 심미적·사회적·정치적 이유들로 굴하지 않고 자국의 쌀 생산자들을 보호하려면 이 협약을 의무적으로 지켜야 한다. 그 의무수입은 쌀이 더 이상 식용으로 쓰이지 않고 가축 사료로 쓰일 때까지 계속 된다. 2008년 쌀 공급 위기가 절정에 달했을 때조차 일본은 가격이 급등하는 세계 시장에서 불필요한 쌀에 대한 입장을 바꾸지 않았다.

경제학자는 무역에 장애물이 생기는 것을 싫어한다. 장애물을 만든 사람들은 그것을 정치적으로 이해한다. 정치인들은 경제학자나 과학자가 아니라서 결정 기준이 전문가들의 의견과 다르다. 쌀에 대해 많은 왜곡이 일어나는 시장은 정치인의 개입으로 가격이 급등한다. 예를 들어, 일본 쌀 생산자들을 과도하게 보호한다든지, 미국 쌀 생산자를 보호하기 위해 선호도가 떨어지는 쌀을 보상이라는 명목하게 불필요하게 구매해 이같은 왜곡을 더욱 악화시킨다. 경제학자들은 이것을 어리석은 짓이라 생각한다. 하지만 정치인은 외교라고 본다. 이런 일은 일상적이고 정치인들이 유권자의 분노를 격앙시키지만 않는다면, 이런 이상한 일은 어깨를 한 번 으쓱하는 것으로 무시할 수 있다. 경제학자들이 세상을 지배한다고 해도 많은 것들이 좋아지지는 않을 것이다. 그러나 세계 쌀 시장의 가격 변동은 조금 줄어들 것이다.

3부

에티오피아 : 최악의 상황에서 빠져나오지 못하다

어머니의 땅

루시는 에티오피아의 아와시강 출신이다. 그녀는 아주 작아서 키가 1m밖에 되지 않는다. 몸무게도 30kg으로 아주 가볍다. 나이는 약 320세다. 루시는 뼈만 앙상하게 남은 오스트랄로피테쿠스의 이름이다. 그녀는 선사시대 우리의 조상이다. 무릎 모양과 두개골 크기를 분식한 결과 인간이 나무에서 내려온 이후 진지하게 사고하기 전 시대의 사람이다.

이집트가 고대라면 에티오피아는 선사시대다. 모든 인류의 조상은 같다. 전문가들은 우리 모두가 에티오피아 출신이라고 본다. 사하라 사막 이남의 아프리카 국가들과 달리 에티오피아는 3,000년 동안 존속했다. 그리스 신화와 구약성서에서 에티오피아는 타락하고 오해받는 나라로 등장한다. 에티오피아 왕가는 솔로몬 왕과 시바 여왕의 후손이라는 주장도 제기된다. 나라의 존립시기가 유일한 결정요인이라면 에티오피아는 세계에서 가장 강력한 나라일 것이다. 그러나 나이가 전부는 아니다.

에티오피아는 극단적인 불운 때문에 많은 피해를 입었다. 나일강의 급수탑이지만 나일강 유량의 5%만 사용하고 있다. 매년 양질의 물 80km^{3}를 강 하류에 있는 수단과 이집트로 수출한다. 이 물은 에티오피아의 7,800만 주민들이 식량과 물을 자급자족할 수 있는 양이다. 에티오피아 농부들이 수출하는 적당한 가격의 식품들을 생산하는 데 사용하는 물을 반만이라도 사용한다면 이 나라는 즉시 부유해질 것이다. 하지만 에티오피아는 세계에서 가장 가난한 나라에 속한다. 1인당 연간 평균 수입이 333달러다. 하루에 1달러도 벌지 못한다는 뜻이다. 가난은 가난을 낳는다. 경제가 다각화되지 않은 상태에서 농업은 GDP의 40% 이상을 차지한다. 많은 시골 마을에는 소작농들이 살고 있다. 그들은 작은 천수답에 살면서 최저생활비로 간신히 버티고 있다. 인생은 짧다. 그들에게 기아와 질병도 하나의 삶의 방식이다. 도시 주민들은 비교적 잘 살며 에티오피아의 경제는 성장하고 있다. 하지만 강자에게 우호적이고 약자에게 불리한 현재의 세계질서는 에티오피아의 발전을 가로막았다.

실컷 울어라

선사시대에 이집트는 에티오피아에게서 나일강을 받았고 그 강을 다시 돌려줄 의향은 전혀 없어 보인다. 이집트는 내가 좋아하는 나라지만 공정하게 살펴보자. 에티오피아인의 시각으로 보면 이런 역사가 절도로 보이지만 그곳의 지리가 공범자 이상의 역할을 했다. 나일강은 자연발생적으로 에티오피아에서 이집트로 흘러들어간다. 현재 인정할만한 국제 수자원 이용법이 없는 상태다. 나일강물 사용에 관한 이집트의 주장은 최초로 사용한 사람이 나중에 상류에서 사용하는 사람 때문에 피해를 입어서는 안 된다는 것이다. 주은 사람이 임자라는 말이다.

이집트와 수단은 1959년에 협약을 체결해 모든 나일강 유량을 배분했다. 나일강 주변의 다른 국가들은 아무도 이 협약을 비준하지 않았다. 당시 에티오피아를 제외하고 주변 국가들은 모두 식민지 상태였다. 그 국가들은 독립하면서 1959년 협약에 대해 불만을 쏟아냈다. 케냐와 에티오피아가 가장 강력하게 항의했다. 에티오피아는 현재 나일강 기본협정에 대한 협상에서 이집트와 대립구도를 형성하고 있다. 그 협상은 입장에 따라서 50년간 지속된 협약을 약화하거나 수정할 것이다.

소유가 아니라 사용 방식이 중요하다

지형 때문에 국가가 불리한 상황에 처하는 경우가 있다. 에티오피아에는 물이 풍부하다. 그러나 이 선물을 제대로 활용하지 못해 힘든 시간을 보내고 있다. 토사를 포함한 80km^{3}의 물을 매년 하류에 있는 이집트와 수단에게 빼앗긴다. 많은 블루워터도 마찬가지다. 그러나 에티오피아는 토양 단면에 스며있는 그린워터를 이용할 수 있다. 농부들은 그린워터 덕분에 습한 여름에 빗물을 먹고 자라는 곡식과 콩을 재배할 수 있다. 에티오피아의 방대한 방목상에는 아프리카 대륙에서 가장 많은 소들이 사육되고 있다.

에티오피아는 왜 자국 안으로 들어오는 나일강물을 사용하지 않는지 묻고 싶을 것이다. 중국·인도·터키처럼 큰 강에서 많은 것을 얻는 국가들을 살펴보면 에티오피아와 상황이 크게 다르다는 것을 알 수 있다. 이 나라들은 수력발전처럼 자연을 파괴하지 않으면서 물이 많이 필요한 관개 작물을 재배하기 위해 자국 내 수자원을 적극 활용한다. 이 세 나라 모두 천연자원을 활용해 경제 수익을 올리고 있다.

전형적인 예가 미국이다. 3장에서 보았듯이 미국은 수력 사업으로 일시적으로 수자원을 장악했다. 댐과 펌프를 활용해 캘리포니아 사막지역이 세계 일류의 농업지역으로 부상했고 상당한 양의 전기도 생산했다. 여기서 우리는 뚜렷한 차이를 볼 수 있다. 지형은 결정적 요인이 아니다. 정치적 수완과 다각화된 경제가 주요 요인이다. 국가가 부를 쌓고 경제를 발전시키면 수자원을 많이 활용할 수 있다. 이집트가 늘 에티오피아보다 앞서는 이유가 여기에 있다. 이집트는 정치적 영향력이 크고 경제가 발전했다. 그래서 국제적으로 협상하는 데 능하다. 이집트는 국제 무역에서 부족한 수자원 문제를 두고 협상할 때 그 능력을 발휘한다. 이집트의 경제력과 정치적 인지도는 다른 나라에 비해 강점이다. 이집트는 강력한 동맹국들이 있는데 협력 관계가 영향을 주기도 한다.

이집트와 베트남은 현재 인구증가 속도에 맞춰 물과 식량을 준비하고 있다. 그들은 인구가 급증하는 상황에 대비하고 있다. 이집트와 베트남은 어떻게 하고 있는가? 먼저 물 효율성을 높이려고 노력하면서 다양한 방법으로 농작물 수확량을 올렸다. 두 번째로 그들은 식량에 감춰진 가상수를 수입했다. 두 접근법 모두 경제적 다각화와 국제 경제에 적극 참여하는 것이 필수조건이었다. 에티오피아는 이들 중 하나도 이루지 못했다.

세계 경제는 한번 패자가 되면 계속 패배할 수밖에 없는 구조다. 에티오피아는 수십 년 동안 지고 살았다. 현재 세계 식량 시장의 지지자는 경기가 안 좋을 때 경제를 거부하는데 아무

거리낌이 없거나 죄책감도 느끼지 않는다. 심지어 약자를 학대하고 있다는 사실을 인식하지도 못한다. 권력자들은 절대 모를 것이다. 권력자들은 불공정무역을 하지 않더라도 자신들의 이익을 챙긴다. 그들은 할 수 있기 때문에 그렇게 하는 것일 뿐이다. 약자는 자원을 최대한 사용한다. 그들에게는 질 게 빤한 전쟁을 치를 힘이 남아있지 않다.

국제 무역에는 도덕 기준이 없다. 선진국들은 주요 곡물들을 낮은 가격으로 개발도상국에 팔아치운다. 수출국들은 그 기회를 거부할 수 없다. 수입국들도 엄청나게 많은 도시 빈민을 먹여 살릴 수 있는 기회를 포기할 수 없다. 이렇게 수입된 곡물이 그 나라의 시골지역에 영향을 주면 소규모 농업 공동체들은 치명적인 피해를 입는다. 부자는 더 부유해지고 가난한 사람은 더 가난해진다. 지난 25년 동안 세계 경제와 산업은 꾸준히 성장했다. 그런데 에티오피아의 농업 부문은 약간 위축되었다. 농부들은 농작물에 적절한 가격을 받을 수 없다면 단기 이익만 추구하는 자멸적인 방식으로 살아남으려고 한다. 결국 농부들은 농작물을 경작하고 잡초를 뽑기 위해 농기구를 직접 들고 농사를 지어야 한다.

세계 대부분의 국가들은 세계화 흐름에서 함께 나아가고 있다. 하지만 일부 국가들은 단순히 뒤쳐지는 게 아니라 명백히 역행하고 있다. 그런 환경에서 농작물 수확량이나 물 생산성이 크게 증가할 것이라고 기대하기 어렵다. 에티오피아의 빗물로 키운 곡물 수확량은 헥타르 당 1~2톤에 불과하다. 이는 세계에서 가장 낮은 수확량에 속한다. 마지막 장에서는 사하라 사막 이남 아프리카의 가난한 농부들을 보살피고 후원하는 일이 세계의 최우선적 과제라는 내용을 다룰 것이다. 이들의 물 생산성은 세계에서 가장 낮다. 아프리카 농부들이 생산성을 크게 높이기 위해서는 농작물과 가축 수확량을 2~3배 올려야 한다. 다른 나라들도 그들을 도와서 21세기 후반 지구 인구가 80~90억이 될 것을 대비해 물 안보를 지키는 데 각자 역할을 하도록 도와야 한다.

여기에서 중요한 차이점을 확인해야 한다. 국제 무역은 개발도상국에 해롭다. 도덕 기준이 없다는 말은 비도덕적이라는 뜻이 아니라 도덕관념이 전혀 없다는 뜻이다. 환경이 적절하다면 국제 무역은 개발도상국들에 도움이 된다. 식품 가격이 낮으면 이집트 같은 조금 더 발전한 국가들에게 혜택이 돌아간다. 이집트는 부족한 물을 보충하고 감추기 위해 저렴한 밀에 포함된 가상수를 수입하고 있다. 그러면서 국내 곡물 수확량을 높이고 토지와 수자원을 높은 가치의 농작물을 재배하는 데 이용했다. 이런 농작물은 물 생산성이 높다. 부를 쌓고 국제적 중요성도 높아져 나라가 부강해진다. 그렇다면 승자와 패자는 무엇으로 구별되는가?

물에 빠진 국가

내부의 적

에티오피아는 무엇이 문제일까? 이 질문은 직접적이지만 반드시 확인해야 할 질문이다. 에티오피아는 물이 풍부한데도 식량과 물이 부족해 고통을 받는다. 반면 물이 부족하거나 농업이 발달하지 않은 국가들은 풍족하고 안전하게 물과 식량을 공급받고 있다. 이 말은 내가 언급하고 싶은 중요한 사실을 알려준다. 물이 풍부한 국가가 물이 부족한 국가보다 더 번영한다는 보장은 없다. 물은 언제나 돈과 정치에 종속되어 있다.

20세기 초 에티오피아는 다른 아프리카 국가들보다 앞서있었다. 미국이 특별한 목적으로 건설한 작은 연안국 라이베리아를 제외하고, 식민 지배를 받지 않은 유일한 아프리카 국가였기 때문이다. 무솔리니 체재 하의 이탈리아가 잠시 점령한 시기를 제외하면 에티오피아는 20세기 내내 자유로웠다.

에티오피아는 피비린내 나는 20세기에 다른 국가들보다 더 많은 갈등과 충돌을 겪었다. 오랫동안 독립된 국가였지만 아프리카만의 치명적인 문제 때문에 힘겨웠다. 문제는 종족들 간의 유별난 이질성이었다. 유럽의 식민지배 때문에 아프리카 대륙의 국경이 유럽 마음대로 바뀌어 부족 간의 긴장상태가 악화되었다. 에티오피아는 이런 운명을 피했지만, 역사만 보면 다른 민족 간에 권력 투쟁을 수백 년 동안 지속한 것처럼 보일 수도 있다. 80여 개의 부족들로 구성된 에티오피아는 오로모Oromo 족과 암하라Amhara 족이 가장 큰 부족이며 각각 인구의 35%와 30%를 차지한다.

공산주의 군사독재정권 데르그Derg는 1974~1991년까지 에티오피아를 통치하면서 무질서한 사회 실험과 집단 학살로 나라를 혼란에 빠뜨렸다. 1980년대의 악명 높은 기근과 소련 붕괴 때문에 그 정권은 무너지지 않았고, 1990년대 초에 끝난 장기 내전으로 데르그 정권이 물러났다. 이렇게 불안한 갈등 속에서 지금의 에티오피아가 탄생했다. 현재 다민족의 지방을 각 지방당국에 맡기는 연방제를 수립한 에티오피아는 20세기의 패자임이 분명했다. 20세기 초반보다 지금이 훨씬 심각하다. 에티오피아는 투명하지도 않고, 책임감도 없고, 시민 자유의 옹호자도 아닌 지도층에다가 불안하고 스트레스 많고 불투명한 연립정부 하에 있다. 그런 환경 때문에 경제 발전 속도가 느리다. 잘해도 경제 발전은 불확실하며, 최악의 경우에 경제가 퇴보할 것이다.

에티오피아의 경제 문제는 그들이 자초한 것이 아니다. 두 가지 외부 힘이 작용해 에티오피아의 경제와 농업에 심각한 피해를 주었나. 선진국들이 이에 대한 책임을 져야 한다.

외부의 적

첫 번째 외부 요인은 에티오피아에 도입된 규제다. 이 규제는 풍부한 블루워터를 사용하는 것을 막고 있다. 국제사회는 에티오피아의 개발에 관심을 두지 않았다. 자선단체와 유명인들이 참여해 자선기금 모금을 위한 방송을 한 것을 제외하면, 에티오피아는 선진국에서 아무런 지원도 받지 못했다. 내·외부적인 갈등, 공산주의 체제, 천연자원 부족 때문에 에티오피아는 국제적으로 중요하지 않은 나라로 인식되었다. 나일강의 지배를 두고 벌인 싸움에서 에티오피아의 강적이었던 이집트는 국제정치에서 중요한 세력으로 자리 잡았다. 아랍 국가들 사이에서 이집트는 중도파로 인식되며 50년 동안 서양의 비위를 맞췄다.

내가 관찰한 결과 정치가 가장 중요하다. 매번 합리적인 물 관리보다 정치가 우선이었다. 에티오피아에 나일강이라는 축복받은 자연이 있었지만, 정치 때문에 이집트가 국제사회의 암묵적인 지지를 받았다. 세계은행은 지난 20년 동안 에티오피아가 수력 기반시설을 건설해 청나일강의 엄청난 수력 전기를 이용하고 관개농업에 쓸 용수로 전환할 수 있도록 도와주려고 했다. 그러나 이집트는 나일강 상류의 수력 발전을 막기 위해 격렬하게 싸웠고, 외교와 지연 전략을 이용해 나일강에 대한 에티오피아의 야망을 좌절시켰다.

이제는 분명하다. 이집트가 나일강을 지배할 수 있었던 이유는 지형 때문도 아니고 군사력 때문도 아니다. 순전히 정치 때문이다. 이집트는 나일강 동부 유역의 물 정치에서 가장 강력하다. 이집트는 그 유역에 있는 블루워터의 80% 이상을 차지한다. 에티오피아가 가장 힘이 약하다. 이집트가 수십 년 동안 에티오피아의 사회·경제 발전을 반대한 결과 에티오피아는 극심한 피해를 입었다. 이제라도 세계은행·에티오피아 당국·자선단체들이 계획을 세우고 투자하더라도, 에티오피아에 필요한 수력 기반시설을 계획하고 건설하고 활용하려면 적어도 15년이 걸릴 것이다. 경제·사회에서 현 상태 유지는 역행과 같다. 에티오피아가 많이 보유한 블루워터를 협상 비율만큼 사용할 수 있게 해주고, 농부들이 그린워터를 효과적으로 사용할 수 있도록 돕는다면, 다른 국가들을 어느 정도 따라잡을 수 있다.

두 번째 외부 요인은 나뿐만 아니라 대부분의 사람들이 오랫동안 고민해온 지독한 국제무역이다. 에티오피아의 경제는 주로 농업을 기반으로 한다. 다른 아프리카 국가들도 마찬가지다. 빈곤한 농업 국가에 값싼 곡물을 팔면 고통이 심해진다. 경제적 고통만을 뜻하는 게 아니다. 내가 말하는 것은 실질적인 고통이다. 살아 숨 쉬는 인간이 일상생활에서 물리적인 고통을 느끼게 된다.

에티오피아의 힘없는 농업은 쉽게 혼란에 빠진다. 선진국의 반값 밀 수출은 공산당의 테러나 살인적인 가뭄만큼 파괴적이다. 이제 국제무역의 불평등으로 피해를 입는 국가들의 경제를 살펴보아야 한다. 유럽연합과 미국의 보조금 지급, 환경과 에너지 비용을 제품 가격에 포함하지 않는 정책에 대해 논의할 때, 나는 객관성을 유지하려고 개인적인 의견을 제시하지 않았다. 이제는 바로잡겠다. 개발도상국의 가난을 똑똑히 기억하라. 1980년대 에티오피아에 기근이 왔을 때 굶주리던 아이들의 모습을 생각하라. 이제 진실을 진지하게 생각해보자. 인위적으로 싼 값에 곡물을 수출하는 선진국들이 방금 생각한 인간의 고통을 만든 주요 요인이다. 선진국 세계는 로스차일드 가문 Rothschilds(유럽뿐만 아니라 세계에 막대한 영향력을 행사하는 세계 최고 부자인 영국의 가문–옮긴이)과 모리아티Moriarties(셜록 홈즈의 숙적인 교수–옮긴이)처럼 잘 알려지지 않은 그룹을 뜻하는 것이 아니다. 바로 당신과 나를 뜻한다. 우리 경제와 국가적 이익을 추구하려고 민주적으로 뽑은 대표들이다. 그리고 우리의 농업이다. 우리의 부와 이익이다. 이것은 개발도상국의 손실을 뜻한다.

반값 밀은 개발도상국들을 죽이고 있다. 농촌은 가뭄이 들

때의 높은 가격에 생계를 의지하기 때문이다. 아프리카 뿔 지역에 가뭄이 들면 미국과 유럽이 수출하는 값싼 곡물을 거부할 정부는 없다. 세계 어디에서든 3일만 굶으면 시민의 불만이 터져 나오기 마련이지만, 개발도상국들에서는 굶주림의 기준치가 다른 나라들보다 높다. 개발도상국의 힘없고 허술한 정부들은 부양해야 할 도시빈민들이 많다. 그들을 부양하지 못하면 투표로 심판받는 것이 아니라 거리에 폭동이 일어난다. 그래서 정부는 냉정하게 계산해서 도시빈민보다 농촌빈민을 굶기는 게 더 낫다고 판단한다. 농촌빈민은 이질적인 사람들이 모여서 통일성이 없고 조직적이지 않다. 적어도 아프리카에서는 그렇다. 중국의 황제들은 소작농들의 격렬한 반란을 오랫동안 두려워했다. 동시대 아프리카의 농촌빈민은 도시빈민과 다르게 결집할 힘도 없고 정치적인 능력도 없다.

농부들이 국가의 생명줄이라는 사실은 멀리 있는 정부와는 상관없이 자명하다. 정치는 지금 여기에만 집중한다. 개발도상국들은 기아를 피하기 위해 암적인 요소인 값싼 수입품을 받아들일 것이다. 암은 내일을 죽이지만 기아는 오늘을 죽인다는 단기적 기준에 개발도상국들이 따르기 때문이다.

에티오피아의 불안한 미래

힘든 과거를 보냈는데도 에티오피아의 미래는 여전히 어둡다. 수자원이나 경제 발전과 관련된 좋은 소식이 전혀 없다. 10년마다 지속 불가능한 인구가 늘어나고 있다. 사망자 수로 상쇄되지 않는 아기 1명이 태어나면 매년 1,000m^3의 물을 더 제공해야 한다. 21세기 후반 인구가 1억5천만 명이 되면서 지금에 비해 2배 가까이 늘어날 전망이다. 그러나 에티오피아의 미래에 물과 식량 안보가 보장될 것 같지는 않다. 전 세계 어떤 나라보다 에티오피아인들이 많이 죽고 있지만 그 속도는 인간의 생식욕보다는 느리다.

에티오피아의 저주는 두 가지다. 앞서 살펴본 국가들 중에는 다각화되고 발전한 경제가 무역을 통해 부족한 물과 식량을 채우는 곳들이 있다. 여러 국가들은 수자원을 이용해 경제 발전을 이룬다. 두 경로 모두 에티오피아와는 맞지 않다. 지독하게 가난한 에티오피아는 경제를 다각화할 수 없다. 정치적인 문제 때문에 풍부한 수자원조차 제대로 활용할 수 없다.

이론적으로는 농업에서 물 생산성을 2배로 늘리면 증가하는 인구에 맞춰 식량 수요를 충족할 수 있다. 에티오피아에는 아직 사용하지 않은 잠재력이 있다. 지난 30년 동안 천수답 농지는 상당히 늘어났지만 수확량은 증가하지 않았다. 블루워터를 이용하는 데 정치적·재정적 장애물을 제외한다면 에티오피아에는 비가 많이 내린다. 계절적 변동이 있지만 물은 농축산물 수확량을 늘리는 데 이용될 수 있다. 농축산물 수확량이 늘어나 부가 축적되면 그 부가 경제 발전의 운전자 역할을 할 수 있다.

불완전한 지역 시장이라는 중요한 장애물이 남아있다. 다른 국가의 농부들처럼 에티오피아 농부들도 높은 가격과 효율적인 지역 시장에 긍정적으로 반응할 것이다. 그들은 수확량을 높이고 물에 대한 수익도 개선할 것이다. 천연자원과 인적자원은 이미 준비되어 있다. 완전히 진정되지는 않겠지만 갈등이 줄어들면서 운송시설이 개선되고 있다. 이 책에서 살펴본 국가들은 올바른 장려책과 신뢰할 수 있는 기반시설을 갖추면서 수확량과 물 효율성을 크게 향상시켰다. 에티오피아도 그 국가들과 같은 길을 갈 수 있다.

하지만 공정가격과 공정시장이라는 필수 환경이 조성되기 전까지 에티오피아 농부들에게 그런 일은 일어나지 않을 것이다. 이런 필수 환경을 마련하는 힘은 농부들의 통제 바깥에 있거나 에티오피아 정부에 달려 있다. 에티오피아 농부들을 절망적으로 그리고 싶지 않다. 그들은 절망적이지 않다. 에티오피아 농부들처럼 극복하기 어려운 장애물을 만나면 세계 어느 나라의 농업이라도 무너질 것이다. 영국 농부들이 농산물에 적정한 가격을 정할 수 없다면 영국 농업도 단기 이익만 추구하다 절망에 빠질 것이다. 그러면 영국 농부들은 포기할 것이다. 영국에는 사회보장제도가 있다. 하지만 에티오피아에는 그런 제도가 없다.

에티오피아는 계속 도전해야 하는 나라다. 제대로 된 환경을 만들 수 없더라도 변화의 가능성은 있다. 베트남은 한 세대만에 전쟁으로 피폐해진 나라에서 세계 일류의 쌀 수출국으로 변신했다. 에티오피아는 아직 활용하지 않은 자원이 많다. 지금은 불균형한 세계무역의 규제를 없애고, 안전한 사회 정치적 환경에서 가격과 구입을 보장해야 한다. 이런 조건이 형성되면 내 주장을 시험할 수 있다. 농부들은 자국의 국민을 위해 식량과 물의 기적을 일으킬 수 있다.

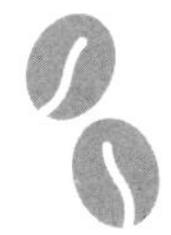

에티오피아의 농부들은 혁명을 일으킬 수 있다. 그들에게 다른 국가 수준으로 농축산물 수확량을 높이라고 한다면, 급격히 증가하는 인구에 맞춰 식량과 물을 공급할 수 없다. 수출하기 위한 높은 가치의 상품들을 생산할 수 없는데다 경제를 다각화할 수도 없다. 에티오피아 농부들의 진정한 재산인 풍부한 수자원은 공급될 수 있다. 이것은 에티오피아 경제에 유익하지만은 않다. 세계를 구하는 데 도움을 줄 뿐이다.

향후 10년 간 에티오피아 농부들이 평화롭고 호의적인 시장에서 새로운 투입재를 이용한다면, 토지와 수자원에서 수익을 얻을 수 있다. 내부 투자inward investment라고 부르는 세계적인 힘이 있다. 이는 지역 개발을 위해 외부 자본이 토지에 투자하는 것이다. 중동의 국부펀드와 개인 투자자들이 이 장려책들에 자금을 댄다. 인도의 투자자들도 관심을 보이고 중국의 공공 투자자와 개인 투자자들도 마찬가지다. 한국도 관심을 보이고 있다. 서구의 투자자들 사이에는 추측만으로도 흥미를 가지는 사람도 있다. 자국의 수자원을 손상시킨 국가도 있다. 그런 국가들은 에티오피아 토지와 물을 책임지지 않을 가능성이 크다. 중국의 투자자처럼 어떤 국가들은 설계·사업 관리·기술·효과적인 발표 경험을 모두 가지고 있다. 그러면 아직 개발이 되지 않은 에티오피아 그린워터의 잠재성을 입증할 수 있다. 게다가 수력 발전도 가능하다.

여행의 끝

우리가 발견한 진실은 한 국가의 물 안보가 경제력과 관련이 있다는 것이다. 강우량·강·지하 저수지보다 물 안보를 더 많이 보장해주는 요소는 다각화된 경제와 평화로운 정치다. 에티오피아는 매년 그린워터 80km^{3}와 블루워터 80km^{3}를 확보하지만, 정치적인 문제 때문에 많은 물이 그냥 빠져나가고 있다. 반면 반半건조 지역인 캘리포니아는 세계 농업에서 중요하고 강력한 지역이 되었다.

물 안보를 바라보는 시각은 두 가지다. 단순하고 직관적으로 물 안보를 수자원의 맥락에서 볼 수 있다. 얼마나 많은 물을 가지고 있는지에 관한 것이다. 이것은 선사시대부터 흘렀던 물을 있는 그대로 생각하는 방식이다. 기본적으로 미래를 예측할 필요가 있다고 믿는 만큼 우리는 많은 물을 독점적으로 통제하려고 한다. 사람이 거의 살지 않는 세계에서 당신이 강 한구석을 지키는 신석기시대 농부라면 이 방법은 물을 관리하는데 적절하다. 이것은 물을 발전적으로 통제하는 데 필요한 맥락에서 보면 감정적이고 순진한 접근법이다. 21세기에 인구는 증가하고 사람들이 과식하는 세계에서 적용하기에 이 시각은 합리적인 접근법이 아니다.

어떤 것을 대안으로 삼을 수 있을까? 이 책에서 제안한 모델을 물 안보의 선진국 버전으로 설명하겠다. 이 모델에서 물은 전기·상품·위생시설·상수도·식량 생산에 사용되는 빅워터로 존재하면서 상품으로 간주된다. 옛날 모델은 유형의 물을 중심으로 돌아가지만, 새로운 모델에는 네 가지 필수 요소가 있다.

첫 번째는 수자원이다. 가상수는 물을 대체한다. 규모는 다르지만 모든 나라가 원래 가지고 있던 수자원이 있다. 수자원이 부족할 때도 있고 풍부할 때도 있다. 하지만 보유한 수자원이 물 수요를 모두 충족할 만큼 풍부한 경우는 드물다.

두 번째는 경제가 물을 효율적으로 사용할 수 있는 규모다. 거의 모든 국가가 물이 부족하지만, 대부분의 국가들은 가지고 있는 물에서 경제적 이익을 최대한 끌어낸다. 영국과 베트남이 경이로운 수확량 증가를 통해 이것을 성취했다. 이집트나 미국 캘리포니아는 농작물이나 가축을 키우는 것에 대해 경제적으로 신속하게 결정한다. 이 국가들은 높은 가치의 상품을 수출해 수익을 낸다. 식량의 생산량 차이는 무역으로 충당할 수 있다.

세 번째는 인적 자원이다. 나는 이 부분을 약간만 다루었다. 가상수나 실제 물을 구성하는 수소와 산소 혼합물에 대해서는 언급조차 하지 않았다. 한 국가의 물 안보에 대해 경제적 다각화와 인적 자원의 역할에 대해 할 이야기가 많다. 싱가포르를 생각해보자. 나는 싱가포르가 자국 물 수요의 5%만 충족할 수 있다고 이야기했다. 싱가포르의 수자원은 스몰워터 수요의 일부분도 포함한다. 나머지는 가상수를 수입하거나 말레이시아에서 얻거나 담수화과정을 거친 블루워터로 충족한다. 이용 가능한 5%를 경제적으로 잘 활용해 나머지 95%를 수입하는 자금을 댈 수 있다. 고도로 발전된 경제는 물 수요가 낮은 산업에 집중한다. 이런 상품과 서비스는 물에 대해 고수익을 올린다. 그렇게 만들어진 부는 싱가포르가 물 안보를 지키기 위한 식량을 수입하는 데 사용된다.

이 퍼즐의 마지막 조각은 정치다. 경제는 국익을 확보하기 위해 지역 정치나 국제 정치에서 효과적으로 작동해야 한다. 강대국은 수자원을 확보하기 위해 정치적인 힘이 개입된 기술을 사용한다. 약소국은 상하수도 시설을 만들기 위한 투자를 받지 못하고 이웃 국가에서 물을 가져오기 위한 정치적 영향력도 부족하다. 이것의 축소판이 강대국 이집트와 약소국 에티오피아 사이의 불균형한 관계다.

물 안보를 확보하는 능력에 따라 국가의 등급을 매긴다면 수자원은 물 안보와 관련이 없다. 네 요소 중에서 수자원은 성공적인 관리와 약간 관련된다. 여기에서 맬서스의 환경결정론은 작동하지 않는다. 부유한 나라는 인구가 급격히 증가해도 현명하게 물을 사용해 다른 곳에서 물을 끌어올 수도 있다. 그들은 물보다 자본과 정치를 적극 활용한다. 물 관리자 성적표가 있다면 싱가포르가 1위를 할 것이다. 말레이시아 옆의 이 작은 국가는 물이 없다고 해서 국가가 물 불안을 겪지 않을 수도 있다는 사실을 증명한다. 사회 경제적으로 발전된 국가가 승리한다.

이런 논쟁의 이면을 들여다보면 물이 풍부한 에티오피아가 순위의 맨 아래에 있는 이유를 알 수 있다. 에티오피아의 취약한 경제로는 물을 이용할 기반시설을 개발할 수 없다. 이 문제는 고착화되고 있다. 경제는 약화되고 자립심은 사라진다. 경제 약화는 정치적 무기력으로 해석된다. 에티오피아는 나일강 유역 정치에서 강하게 주장하지 못한다. 2010년까지 북쪽 이웃인 이집트에게 자기 몫을 빼앗기고 밀려났다. 가난과 기아는 정치 불안정과 갈등을 불러일으킨다. 전쟁이라도 일어난다면 가난과 기아의 정도는 심각해진다. 국제무역의 잔혹한 불균형으로 에티오피아는 큰 피해를 입었다. 값싼 식량을 수입해 경제의 팔다리가 시들고 위축되는 사이 배만 채우는 상황에 갇혔다.

모든 문제가 즉시 해결되고 에티오피아가 충분한 원조와 정치적 지원을 받아 강력한 수력 기반시설을 건설해 풍부한 블루워터로 수익을 낸다고 하더라도, 에티오피아의 경제 발전은 70년이나 뒤처져 있다. 에티오피아를 포함한 많은 아프리카 국가들의 미래는 그들 옆을 스쳐 지나갔다. 그들은 오직 과거만 물려받고 있다.

6장

지속가능한 사회를 위한 가상수

모든 인간에게 물은 영원히 조금 뿐이다.

- 카더 아스말Kader Asmal, 아파르트헤이트 이후 -
남아프리카공화국 최초의 수자원 장관

5에서 2.5로 줄이자.

- 디팍 가왈리Dipak Gywali, 네팔 물보호재단 책임자 -

7을 줄여 하늘을 구하자.

- 라젠드라 파차우리Rajendra Pachauri, -
정부간 기후변화위원회IPCC 의장

우리가 무엇을 먹고 얼마나 절약하느냐에 따라 세계가 안전하게 물을 확보할 수 있는지 여부가 결정된다.

강력하지만 보이지 않는 것들

우리가 헤어지기 전에 중요한 내용을 뽑아 반복해서 이야기하겠다. 이제 결론을 내리면 흥미로운 생각들이 떠오를 것이다. 물 안보에 대해서 말이다. 이 여정은 강력하지만 보이지 않는 것들을 살펴보면서 끝난다.

첫째, 토양에는 보이지 않는 그린워터가 있다. 경제적 용어로 표현하기도 어렵고 수량화하기도 어렵다. 그린워터는 토양 안에 보이지 않게 있다. 이 물이 식품의 70%를 키운다. 우리는 8개국으로 떠났던 여행에서 농부들이 풍부한 그린워터를 최대한 활용해야 한다는 점을 보았다. 그린워터를 사용하면 우리는 식량을 생산하는 데 소중한 식수를 사용하지 않아도 된다.

둘째, 보이지 않는 가상수가 있다. 가상수는 식량 생산에 사용된 물이기 때문에 식량 안에 감춰져 있다. 식량의 15%가 무역되고 있다. 우리는 물이 부족해도 무역 덕분에 안심하고 식량을 공급할 수 있다. 하지만 부유한 사람들이 식량을 풍부하고 다양하게 선택할 수 있다는 부작용이 있다. 가상수는 세계 평화를 위해 꼭 필요하다. 가상수 거래가 없으면 전쟁이 일어날 것이다. 국가들은 자국민들이 굶어 죽지 않게 하려면 천연자원·땅·물을 빼앗아야 하기 때문이다. 가상수를 거래하면 물 부족 국가의 가정에서 식품을 직접 재배해 물 환경에 피해를 주는 일이 줄어든다. 가상수 거래는 이해하기 쉽고 조용히 일어나기 때문에 소비자와 정부는 모르는 상태에서 이익을 얻는다.

셋째, 보이지 않는 인구 동력이 있다. 지난 50년 동안 세계 인구가 폭발적으로 늘어나서 물 수요가 300%까지 증가했다.

넷째, 보이지 않은 영향력인 중국의 가족계획정책이 있다. 이 정책 덕분에 3억 명이 태어나지 않아 그만큼 물과 식량을 절약할 수 있었다. 인구 규모로 따져보면 북아메리카가 존재하지 않는 것과 같다. 이는 세계 물 수요를 5% 줄이는 일이다.

보이지 않는 것들은 많다. 농축산물 수확량과 물 안보 관계는 금방 알아보기 힘들다. 인구가 3배로 증가하고 그에 비례해 물 수요도 증가하자, 담수 사용량이 2배로 늘어났다. 블루워터인 담수 사용이 증가한 것은 우리에게 보이지 않았다. 엔지니어·설계자·정치인·금융가들 모두 이런 수력 사업에 관련이 있다. 그런 사람들은 시끄럽게 떠든다. 그들은 자신들이 하는 일에 대해 이야기하기를 좋아한다. 그들이 조용하면 정반대의 견해를 가진 환경운동가들이 떠든다. 어느 쪽이든 수력 사업을 비밀로 진행하기는 힘들다. 댐·저수지·관개 사업은 발견하기 쉽다. 20세기에 만들어진 거대한 댐과 저수지들은 사람이 만든 구조물 중에서도 가장 크다. 보이지 않는 것에서 많은 것을 알 수는 없다. 그러나 담수 사용량이 2배나 늘어나는 동안 식량 생산은 4배 증가했다. 수력 사업 외에 다른 것들도 진행되고 있으며, 이것들도 보이지 않는 존재다. 보이는 것과 관련된 공로는 정치인과 엔지니어들에게 돌아간다. 그러나 보이지 않는 후원자인 농부들이 물 관리의 큰 부분을 담당한다. 농부들은 농장에서 물로 기적을 일으킨다. 농부들이 해내는 기적은 보이지 않는 것들 중에서 가장 중요한 요소다.

농부들은 보이지 않는 중개인이다. 보이는 중개인도 많은 일을 했다. 단순히 댐만은 아니었다. 지식과 기술을 개발한 엔지니어·농업 관련 과학기술·자금을 댄 국제투자은행·바퀴가 굴러가게 영향력을 행사한 정치인과 관료들의 노력이 없었다면 1960~1970년대의 녹색 혁명은 일어날 수 없었다. 그들의 업적에도 불구하고 나는 농부들이 가장 어려운 일을 해냈다고 생각한다. 물 안보는 농업의 최전방에서 승리한 전투였다. 농부들이 그린워터와 블루워터로 열심히 일했기에 마지막 한 방울까지 이용해 생산성을 끌어올릴 수 있었다. 5장에서 살펴본 에티오피아처럼 농부들이 경제적·사회적으로 성과를 내지 못하면 끔찍한 일이 생긴다.

농부들이 보이지 않는 유일한 영웅은 아니다. 국제 식품 무역기업들도 있다. 그들이 이런 주제에서 칭찬받는 일은 드물다. 그러나 이 책에서는 칭찬받을 자격이 있다. 여기에는 이중적인 역설이 있다. 세계 물 안보의 중개인인 농부들과 무역기업들이나 그 수혜자인 우리는 물 안보가 농장의 물 생산성 향상 때문이라는 것을 모르고 있다. 이것이 마지막 중요한 점이다. 보이지 않는 노벨상이라도 줘야 한다. 폭력적인 충돌을 막아주는 물 안보를 보장하는 무역 중개인에게 상을 줄 수 있다면 어떤 상이 더 적절할까? 멋진 수상소감을 상상해보라. 농부들과 무역업자들은 물의 평화와 물 안보를 지켰다. 개인적으로 소중하고 세계적으로 전략적인 한 두 혜택은 보이는 것이다. 개인과 사회가 고통이 없다는 사실을 인식할 수 있을 정도로 알아볼 수 있다.

보이지 않는 암적 존재

가상수 거래가 보이지 않는다면 국제 무역 내에서의 불평등도 보이지 않는다. 무역 불평등은 위험하며 우리에게 도움을 주던 가상수 거래가 사악한 요정 역할을 한다. 심각한 무역 불균형 때문에 선진국들이 지급한 보조금으로 생산된 농작물이 개발도상국에 많이 팔리면 선진국은 시장을 왜곡하는 것이다.

가상수 거래는 세계 물 안보를 지키는 역할을 하면서 약소국들의 가난한 농부 수백만 명이 직면한 어려움을 덜어준다. 그런데 우리가 그들을 도와야 할 때 오히려 그들을 방해하기도 한다. 그들을 돕는 것 외에 다른 방법이 없다. 우리가 그들의 물 효율성을 개선한다면 그것이 우리를 돕는 일이다. 세계 시장에서 보조금을 받은 식품에 들어있는 가상수는 가난한 개발도상국에서 물에 대해 높은 수익을 올릴 수 있는 농업 발전을 수십 년 지연시킨다. 이것은 근시안적인 처방이기 때문에 변해야 한다.

물 환경을 둘러싼 문제들

물 환경 주변의 문제

보이지 않는 성질이 어렵지는 않아도 물 안보와 연관 짓는 것이 문제다. 가상수와 관련된 것들이 물 부문 바깥에 있기 때문이다. 전문가들은 자신의 전문분야 밖의 문제를 다루는 것을 두려워한다. 당신이 변호사를 선택하면 그 변호사가 당신의 해결책이다. 조언이 필요한 왕은 싸울 것이라 말하는 기사와 기도할 것이라 말하는 신부와 평화를 애원하는 소작농을 찾는다. 수력 엔지니어의 해결책은 언제나 똑같을 것이다. 엔지니어들의 해결책은 크고 좋은 수력 기반시설을 건설하는 것이다.

물 전문가는 가상수를 걱정한다. 가상수는 실제 위협에 가까운 무서운 사건을 일으킬 수 있기 때문이다. 개인과 집단의 물 안보를 결정하는 가장 중요한 요인은 물 부문 밖에 있다. 자기 일에서 최고가 아니라고 생각하고 싶은 사람은 없다. 그 일이 확실하게 자기 분야일 때 더 그렇다. 경제가 강력하고 다각화되어야 가상수를 통해 물 부족을 해결하기 위한 식량과 물을 확보할 수 있다. 댐·운하·펌프·밸브도 필요하다. 그러나 이것들은 무역과 경제 발전 같은 규모나 유연성으로 물을 통제하지 못한다.

수력 사업은 크고 신명하고 잘 보이지만 실제로는 물을 통제하지 못한다. 그린워터가 그렇고 기술적으로도 물에 접근하고 측정하기 어렵다. 따라서 억지로 물이 우리에게 맞추도록 밀어붙이지 말고 우리가 물 환경에 적응해야 한다. 이것이 1,000년 동안 가상수 거래가 보이지 않게 우리에게 허락한 일이다.

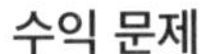

수익 문제

나는 이 책에서 식품 기업들을 칭찬만 하는 것은 아니다. 생각해봐야 할 점이 있다. 민간 기업도 물 안보 때문에 두려워한다. 식품 기업들이 알고 있는 시장 너머에 물 안보에 중요한 요소가 많다. 물이 많이 들어가는 식품을 생산해서 시장에 내놓는 기업들은 무엇을 잘할까? 성공한 기업들은 지방·설탕·소금·탄수화물에 대한 소비자의 중독을 이용해 소비를 충족시켰다.

그런데 변화가 일어나기 시작했다. 지난 10년 동안 식품 기업들과 슈퍼마켓들은 식량 소비가 수자원에 미치는 결과를 말하기 시작했다. 몇 가지 더 설명해야 할 부분이 있다. 윤리는 그들에게 거의 영향을 주지 않는다. 기업 구조상 경제적 결정을 내릴 때 윤리는 고려대상이 아니다. 기업은 법적 권리를 갖지만 양심이 없다. 기업은 물 안보에 영향을 주는 유통에서 이익을 얻지만 환경에는 관심이 없다. 기업은 장기 전략을 위해 고민하지 않는다. 그래서 기업의 기대수명은 짧아진다. 성공한 대기업도 몇 십 년 만에 파산하는 경우가 있다. 대기업은 자신들의 수명이 짧을 때 수명을 연장하고 싶다면 어떤 일을 해야 할까? 대기업이 꼭 해야 할 일은 주가를 높이는 것이다. CEO가 자주 바뀌면 좋은 기업을 만들 수 없다. '돈 벌고 이직하자'가 기업의 구호가 되어 버린다.

이것은 잘못된 생각이다. 식품 기업들과 소매업자들이 물 관리를 개선하는 방법은 지난 10년 동안 자주 언급된 기후변화와 평판위험reputational risk에서 찾을 수 있다. 기후변화는 설명이 거의 필요 없다. 사회는 기후변화의 위험성을 깨닫고 있다. 의견 충돌이 있지만 자주 집중적으로 논의한 결과, 기후변화를 부인한 사람들까지도 이제 그것을 하나의 개념으로 진지하게 받아들이게 되었다.

기업들은 도덕적 의무나 환경적 위협에 적절하게 대응하지 못하지만 사회적 불안에는 직관적으로 대처한다. 기업은 사람들을 이해해야 수익을 올릴 수 있다. 공공기업이 기후변화에 관심을 가지면서 민간기업도 변했다. 많은 기업이 식품의 제조·운송·마케팅 과정에 관련된 탄소와 에너지발자국을 서둘러 확인했다. 소비자들은 이런 점을 보고 그 기업에 더 관심을 갖게 되고, 기업에게는 독약이나 마찬가지인 명예 훼손을 당하지 않을 수 있다. 브랜드와 인지도가 절대 권력인 시장에서 평판이 나쁜 것만큼 기업을 해칠 수 있는 것은 없다. 모든 기업이 좋은 사람처럼 보이길 바라고 그런 모습을 갖추기 위해서라면 무슨 일이라도 한다. 그런 기업은 좋은 기업이 될 것이다. 물론 이것은 바라고 하는 일이다.

보상은 고객들의 존경이다. 고객에게 존경받고 손님을 더 끌기 위해 기업들은 물발자국에도 관심을 보였다. 기업들은 물 소비의 효율성을 기준으로 제품과 유통망을 분석했다. 기업들은 물발자국을 조사하는데 투자해 손익·도덕·명예 문제들을 해결하려고 노력했다. 소비자가 물 안보와 소비를 연결해서 인식하는 것이 중요하다. 이 연관성을 이해하고 그에 따라 소비를 조정하면 소비자들은 기업의 태도를 바꿀 수 있다. 사람들의 대화가 달라지면서 기업들은 자신들의 평판을 관리해야 한다. 평판위험에는 가격표가 달려있다. 기업들은 제품과 유통망을 개선하는 비용보다 더 많은 비용이 드는 평판위험 관리가 물 환경에 좋다는 것을 확인했다. 이유가 틀렸더라도 이제 올바른 일을 하면 된다.

정치 문제

정치인은 용감한 사람들이다. 정치인을 묘사하는 데 용기는 중요한 부분이다. 정치인들은 쉽게 겁먹어서는 안 된다. 기본적으로 도전에 능숙하게 대응해야 한다. 그들은 사회적·경제적 우선순위라는 말을 달고 산다. 불확실성을 전문적으로 처리하는 사람들이지만, 물 안보 문제를 다루는 것을 아직까지 어렵게 생각한다.

물 부족 위기를 다루면서 정치를 빼놓을 수 없다. 정치인들은 물 부족을 숨기면서 공공의제에서 그 문제를 빼고 싶어 한다. 따라서 물 부족 위기는 다른 위기들 때문에 간과되고 명확하게 드러나지 않는다. 이는 정치인들이 물을 중요하지 않다고 생각해서가 아니다. 물이 얼마나 중요한지 알기 때문에 그렇게 한다. 정치인들은 물 부족을 해결하기 위한 정치적 대가가 크다는 것도 잘 알고 있다. 국민의 식습관 개혁과 그로 인한 농업부문의 연쇄반응 때문에 대중을 설득하려면 많은 정치적 자본을 들여야 한다.

나와 당신, 정치인과 농부, 즉 우리 모두가 물이 부족할까봐 불안해하고 있기 때문에 그 문제를 인시해야 한다. 불확실성은 상호작용한다. 정치는 감정을 건드리는 불확실성을 다루는 일이지만, 사람들은 그런 부분을 모른다. 정치는 임시변통의 세계다. 정치인들은 물 불안 문제를 대처하기 위한 방법을 아직 찾지 못했다. 우리는 물 문제를 다루면서 예측할 수 없는 정치 스트레스를 받아들인다. 우리가 물 문제를 미루면 훨씬 심각한 정치 스트레스를 다음 세대들에게 넘겨주게 된다. 악성 종양을 제거해야 건강해 질 수 있는 것처럼 위험한 문제를 처리할 적당한 시기란 없다. 문제는 계속 악화될 뿐이다.

님비NIMBY현상은 통합되고 세계화된 지구에서 특이한 현상이다. 기후변화는 세계화 시대에 오염의 한 형태다. 기후변화는 우리 모두의 문제다. 우리가 사용하고 있는 에너지를 공유하지 않더라도 에너지 관리는 개인적인 차원이 아니라 집단적인 차원으로 접근해야 한다. 사회가 에너지를 사용하면 집단적 결과가 나타난다. 탄소는 식물과 땅에서 대기로 이동한다. 살고 있는 곳이 어디냐에 따라 정도의 차이는 있겠지만 이것은 세계적 차원의 문제다. 세계가 함께 쓰고 있는 대기에 탄소를 배출하기 때문에 그렇다.

지구온난화와 관련된 환경 불안처럼 급속한 세계화 시대에 물 부족에 대한 불안이 생겨났다. 이 두 가지 문제는 다른 식으로 영향을 준다. 지구온난화는 부유한 국가들이 초래했지만 모든 사람이 공유하는 문제다. 물은 다르다. 일부 지역에서 집중적으로 물을 사용해도 그 영향이 모두에게 미치지는 않는다. 담수 시스템에 인간이 개입하면 결과는 균등하지 않다. 강물과 지하수는 남용한 수준에 따라 타격을 입는다. 그러나 재생 불가능한 에너지를 과도하게 사용하면 지구 전체가 불공평하게 벌을 받는다. 실제로 탄소를 적게 배출한 개발도상국이 기온 상승과 해수면 증가로 크게 고통을 받는다. 하지만 물이 오염되면 그 오염이 발생된 곳에서 문제가 생긴다.

가상수가 부분적으로 문제를 해결했다. 가상수가 수출되면 그 이익은 세계의 일부가 받는다. 그 사이 오염과 환경 비용은 물이 사용되었던 곳에 남아 있다. 중국이 그렇다. 중국은 엄청난 제조품들을 무역해서 가상수를 수출한다. 해외에서는 중국산 상품을 값싸게 사용하지만 중국의 환경은 손상된 채로 남아 있다. 중국이 이 방식을 개선해 선진국 수준으로 공업폐수를 처리해야 한다.

틀린 것을 잘 하다

우리는 위험한 문제들에 대해 이야기했다. 그 문제들은 급하게 해결해야 하기도 하고 불확실하기도 한다. 앞서 같은 문제를 처리하려고 시도했던 일이 직접적인 결과로 나타날 때가 있다.

1970년대 석유와 가스 위기는 4장에서 다뤘다. 에너지 문제는 정말로 위험한 문제다. 거대 석유회사와 정부가 함께 결합해서 북해와 알라스카 노스 슬로프Alaskan North Slope의 석유와 가스 자원을 서둘러서 개발하는 것으로 위기에 대응했다. 사람은 정말 놀라운 존재다. 우리가 소망하는 것을 얻기 위해서는 어떠한 방법이라도 찾아낸다. 그러나 잘못된 길로 들어서면 해결할 수 있다는 믿음이 문제를 더 악화시킨다. 그 위험한 문제는 잘못된 일을 계속 하도록 우리를 길 밖으로 내쫓는다. 유명한 경제학자인 피터 드러커Peter Drucker가 지적했듯이 잘못된 일을 굉장히 잘 한다는 게 문제다.

우리는 잘 할 수 있는 일을 하고 싶어 한다. 인간은 익숙한 길로 가는 것을 선호한다. 그 길이 잘못된 방향으로 이끈다고 해도 그렇다. 심각한 문제는 그 익숙함 때문에 그 여행을 더 빠르고 자신 있게 한다는 점이다. 줄곧 잘못된 방향을 향하고 있으면서 말이다. 그것이 1970년대 에너지 위기에 우리가 대응한 방식이었다. 새로운 자원을 너무 많이 개발해서 그 뒤 30년간은 인위적으로 석유 가격을 낮춰야 했다. 대기에 미친 영향은 에너지 가격에 포함되지 않았다. 이는 에너지가 거의 공짜라는 위험한 환상을 만들어냈다. 에너지는 병에 든 물보다 양으로 따지면 확실히 더 저렴했다. 환경파괴는 피할 수 없는 일이 되어버렸다.

우리가 잘 할 수 없을 것만 같은 올바른 일은 재생 가능한 기술을 추구하고 깨끗한 태양열 발전을 기반으로 하는 것이다. 재생 가능한 기술들은 환경 비용을 덜어준다. 해로운 재생 불가능한 기술들은 그렇지 않다. 우리는 잘못된 방향을 향해서 출발했기 때문에 무공해 기술 개발이 수십 년 동안 지체되었다. 그 추세를 뒤집는 것은 어려웠다. 기후변화의 위협은 분명한 위험이 되었기에 깨끗하고 재생 가능한 대안에 관심을 가져야 한다. 기후변화에 필요한 일정에 따라 대안들을 바꾸려고 시도했지만 불가능했다. 30년 전에 석유 파동 같은 문제를 만났을 때 우리가 현명하게 결정했다면 문제를 해결할 수 있었을 것이다. 우리는 기후변화와 싸우다가 중요한 시간을 잃었다. 이 세상을 지속 불가능할 정도로 에너지를 소비하는 곳으로 만들었으며 화석연료 중독이 더 심각해졌다.

인간의 물 사용 역사에 비슷한 예들이 있을까? 물론 있다. 1920~1970년대 선진국들이 지나치게 많은 수력 사업을 진행한 것에 대해 앞에서 이야기했다. 그 시대에 댐을 너무 많이 건설하고 물길을 바꾼 것은 인류가 틀린 것을 잘 한다는 사실을 보여준다. 우리의 수력공학 기술은 뛰어나지만 물 문제에 대한 최상의 해결책은 아니다. 선진국들은 과거에 실수를 저질렀다. 브릭스 국가들은 실수를 반복할 위험이 크다. 중국·인도·브라질은 현재 큰 저수지와 수송 시설을 짓고 있다. 이 모든 일에는 엄청난 환경 비용이 든다. 인도가 블루워터를 과도하게 동원해서 지하수 자원을 파괴하고 있다는 것이 밝혀졌다. 이 길은 위험하다. 그러나 개발도상국들, 특히 사하라 사막 이남의 나라들은 보유하고 있는 담수에 거의 영향을 끼치지 않는다. 그들이 수력발전과 관개용수를 개발할 여지는 많이 있다. 그들이 2000년에 설립된 세계 댐 위원회World Commission on Dams의 원칙을 채택하면 그럴 가능성은 커진다.

2000년 세계 댐 위원회

여러 이유로 선진국들에게 1970년대는 불안한 10년이었다. 그 시기는 피해망상과 정부 음모로 가득 찬 시간이었다. 경기침체와 노동쟁의도 많았다. 석유파동과 국제 테러도 일어났다.

이런 불안은 사회의 모든 분야에 퍼져 있었다. 물 관리를 둘러싼 담론에서도 마찬가지였다. 환경운동가들은 열변을 토했다. 1980년에 들어와 환경운동가들의 메시지가 중요하다고 받아들여졌다. 그래서 선진국에서는 댐이 추가로 건설되지 않았다. 그때 이후로 약 500개의 댐이 해체되었다.

2000년에 세계 댐 위원회는 중요한 역할을 했다. 1997년 후반부터 2000년 사이에 개회했고 남아프리카공화국의 수자원 장관이자 카리스마가 있었던 카더 아스말이 의장이 되었다. 이 위원회에는 12개의 회원국이 참여했고, 민간 수력회사·환경운동 단체·시민사회·공공부문이 참여했다.

다원적인 성격을 고려해 이 위원회는 정부의 좁은 의견에 한정되지 않고 넓은 개념의 거버넌스governance를 생각했다. 정부와 거버넌스는 어떻게 다를까? 거버넌스는 국가·시장·사회·환경운동단체 등으로 구성된다. 정부는 거버넌스 중의 하나다. 정부·시장·시민운동이 맞물려 잘 돌아가는 것이 중요하다. 우리는 사례 연구를 통해 국가가 20세기 중반 수력 사업을 진행하면서 얼마나 위험한 역할을 했는지 살펴보았다. 이것은 이념이 다른 양 진영 국가들이 똑같이 저지른 실수였다. 자본주의와 공산주의 모두 독단적으로 수력 사업을 진행했다. 여기에 단순한 진리가 있다. 국가나 시장, 특히 두 비밀 동맹이 마음대로 의사결정을 하면 그 결과는 사회와 환경에 나쁠 것이다. 정상적인 세계란 불확실성이 일반적인 세계다.

반대로 거버넌스는 다원적이다. 서로 다르고 부드럽게 충돌하는 요소로 구성된 거버넌스는 국가나 시장이 할 수 없는 방식으로 철저히 조사하는 능력이 있다. 사람의 경우에 이런 내성을 양심이라 부른다. 거버넌스는 양심이 있다. 국가나 시장은 양심이 없다. 수자원 관리 측면에서 대부분의 문제들을 원칙에 입각해 개혁하려는 계획들은 국가나 시장 외부에서 나온다. 세계 댐 위원회는 NGO회원들이 제공한 양심에 따라 운영되었다.

세계 댐 위원회는 여러 결과를 도출했다. 위원회는 미래의 수자원 관리를 위한 원칙에 입각해 의제를 제시했다. 특히 넬슨 만델라가 관여했기 때문에 이 위원회에서 작성한 보고서는 명확한 입장을 취했다. 그가 공정함과 방향 제시에 권위를 더해주었다. 안타깝게도 보고서를 발표한 이후에도 많은 나라들은 원칙을 지키지 않았다. 이것은 놀랍지 않다. 더 충격적인 사실은 세계은행을 포함한 국제 금융기관들이 원칙들을 지지하지 않았다는 점이다. 위원회가 제시한 원칙들은 여전히 중요하게 간주되며, 현재 기획되는 모든 수자원 계획과 물 관리 방침에 지침을 제시한다.

꼬리가 개를 흔들다

꼬리가 개를 흔드는 일이 벌어지기도 한다. 1970년대 에너지 정책으로 인한 실수들은 충격적이지만 반성하는데 도움이 된다. 그 실수들 때문에 잘못된 목표를 추구했던 정부와 기업의 위험이 부각되었다. 민주국가와 기업의 구조는 비슷하다. 정치지도자는 유권자들에게 책임을 져야 한다. CEO는 주주들에게 책임을 져야 한다. 기업은 고객들에게 책임을 져야 한다. 그러나 유권자·주주·고객이 제대로 알지 못하면 책임 패러다임이 붕괴된다. 유권자·주주·고객은 과소비하면서 지나친 욕구를 갖도록 조종될 수 있다. 에너지 사용에서도 마찬가지다. 이는 사회를 위한 장기적인 생활 방식을 해친다. 환경이 정치·경제를 결정한다. 환경이 실패하면 그 환경에 의지했던 사회와 기업도 실패한다. 과거 실수들이 지금 현실로 드러났을 때 그렇게 될지 몰랐다는 변명은 통하지 않는다.

물 안보를 지키는 확실한 방법

농부들이여, 물 생산성을 높여라

산업용수와 가정용수는 잊어라. 이 물을 절약하지 않아도 된다는 얘기가 아니다. 산업용수와 가정용수는 물 안보에 대한 결정을 내릴 때 중요하지 않다. 인간이 사용하는 물의 80%가 식량을 생산하는 데 쓰이는 빅워터다. 이 중에서 30%가 블루워터인 담수이고 70%가 빗물이다. 마지막 한 방울까지 세계의 농부들이 관리하고 있다.

우리에게 필요한 것은 농부들이 블루워터와 그린워터의 생산성을 높여서 급속하게 증가하는 인구의 식량 수요를 맞추는 것이다. 또한 우리는 소비 습관을 바꿔서 사회의 물발자국을 줄여야 한다.

엔지니어들과 경제학자들은 물을 40% 더 동원해야한다고 주장하고, 정치인들은 이 의견을 지지한다. 그 이유는 무엇일까? 대중들에게 태도를 바꿔야 한다고 납득시켜야 하는 공포에 비하면 댐·저수지·운송시설 같은 수력 사업을 벌이는 것은 어린 아이의 장난에 불과하다. 물은 고집스럽지만 사람들의 고집보다는 약하다.

가격 장려책이라는 당근을 제공하라

보조금이라는 단어를 사용하고 싶지 않다. 신중한 가격 장려책을 시행하면 농부들은 물을 적게 사용하면서 물 환경에 좋은 방법으로 농작물을 재배할 수 있다. 선진국·브릭스·개발도상국의 많은 나라들이 농축산물 생산성을 크게 개선했다. 이 과정에서 가격 장려책이 상당한 역할을 했다. 그러나 가격 장려책은 장기적인 관점에서 안정적이어야 한다. 농부들은 수자원의 관리자이기 때문에 물 환경을 관리하는 비용까지 계산해야 한다.

공정한 국제 무역 환경을 만들어라

150여 개국이 무역을 통해 식량을 확보하는 과정에서 물을 고갈시키고 있다. 무역을 통해서만 그런 일이 일어날 수 있다. 20세기에 세계 인구가 30년마다 2배로 증가하면서 농산물의 국제 무역은 지구상의 많은 사람들의 생존에 중요하다는 사실이 입증되었다.

가상수는 보이지 않기 때문에 가상수로 해결할 수 없는 문제가 있다. 국제 무역에서 불공정한 조건들이 약소국 농업에 가혹한 희생을 강요한다. 사하라 사막 이남의 아프리카에서 농업은 경제적으로 중요하다. 아프리카 농부들의 물 생산성이 세계에서 가장 낮다. 유럽과 미국에서 건너온 값싼 수입품들이 아프리카 농가를 심각한 가난에 빠뜨렸다. 그래서 개발도상국들은 딜레마에 빠져있다. 그들은 보조금이 지급된 값싼 외국 식량에 중독되어 있다. 외국 식량이 없으면 아프리카 도시 주민들은 굶주릴 것이다. 값싼 수입 식량이 자국 경제의 목을 조이고, 시골 주민들은 극심한 가난과 영양실조에 빠지게 된다.

공정한 국제 무역이 등장한다면 아프리카 가난한 농부들의 생계가 보장될 것이다. 지금의 국제 무역은 정반대다. 지금의 무역 방식은 아프리카 농부들에게 벌을 주고 있다. 이런 제도 때문에 아프리카 농부들의 물 생산성이 낮다. 악순환이 계속되고 있다. 세계 물 안보를 위해 우리는 사하라 사막 이남의 아프리카 농부들의 물 생산성을 2배로 높이도록 도와야 한다. 하지만 많은 국가들이 실패하고 있다. 국제적으로 공정무역을 하면 세계 물 안보에 긍정적인 영향을 줄 것이다.

인구 증가는 피할 수 없다

인구가 늘어날수록 식량은 더 많이 필요하다. 식량이 더 많이 필요하면 물을 더 많이 사용하게 된다. 인구가 증가할수록 지구에는 그린워터와 블루워터의 양이 제한되어 있으므로 물 관리를 잘해야 한다. 어느 나라든 인구를 관리할 수 있다고 생각하지 않는다. 중국을 제외하면 말이다. 얼마나 많은 나라들이 법률로 가족계획 정책을 제정해서 시행할 수 있을까? 그럴 수 있는 나라는 중국을 제외하면 한 나라도 없다.

국가별 인구 동향은 예측할 수 있다. 산업혁명 이전부터 지금까지 개발도상국의 출생률은 높다. 산업화 초기에 사람들이 건강해지고 유아 사망률이 감소했다. 문화적으로 출생률에 급격한 변화가 생겼다. 가족 규모는 증가하고 인구가 급증했다. 산업화가 더 진행되면 출생률과 사망률이 떨어지기 시작한다. 새로 태어나는 숫자는 줄어들고 살아 있는 사람의 수명은 연장된다. 인구가 균형 상태에 이르러 인구대체수준이 되면 인구 증가는 둔화된다. 처음으로 산업화를 시작한 서유럽 국가들은 150년에 걸친 높은 출생률이 대체 성장률에 가깝다. 나중에 산업화된 유럽 국가들은 그 과정이 2세대 만에 일어났다. 산업화 단계에 따른 인구증가율의 변화는 물 수요에 직접적으로 영향을 준다.

저명한 과학자들도 이런 인구 동향을 모를 수 있다. 1980년대 인구 과학자들은 미래의 인구증가를 과대평가했다. 1990년대 대부분의 인구통계학자들은 2050년 기준으로 세 가지 세계 인구 시나리오를 만들어놓았다. 낮은 추정치는 80억, 중간 추정치는 100억, 높은 추정치는 120억이다. 120억 인구가 사는 세계는 80억이 사는 세계와는 상당히 다를 것이다. 인구 과학자들은 21세기 후반에 세계 인구가 최고에 도달할 것이라고 생각한다.

올라가는 것
올라가는 것이 반드시 내려오는 것은 아니다. 과학자들은 2050년 쯤 인구 절정에 도달할 것으로 본다. 이 지점이 지나면 인구증가는 대체수준에 이를 것이다. 우리는 미래의 불확실성을 지니고 살아야 한다. 이것은 피할 수 없는 현실이다. 최악의 상황에 최선의 계획을 세우고 대비해야 한다.

규모가 아닌 장소의 문제다

인구증가의 규모도 중요하지만 장소도 세계 물 관리에 영향을 미친다. 장소의 영향력을 추정하는 일은 단순하지 않다. 지금까지 우리는 국가 간의 차이점을 설명했다. 미국인의 평균 물발자국이 인도인이나 중국인의 평균 물발자국보다 크다. 물발자국이 같은 나라는 거의 없다. 미국의 건조한 남서지역에 사는 사람들은 비가 많이 오는 동부 도시에 사는 사람들보다 가정용수의 물발자국이 훨씬 더 클 것이다. 미국인은 수확량이 많고 물에 대한 수익이 큰 농장에서 생산된 음식을 먹기 때문에, 평균 물발자국이 아프리카의 가난한 농장에 사는 사람의 물발자국보다 크지 않다. 이는 가난한 농부들의 물 비효율성뿐만 아니라 부유하고 다각화된 경제가 물에 대한 수익을 증가시키고 강한 국가를 더 강력하게 해준다는 사실을 보여준다. 물을 유용하게 사용하면 국가는 부유해지고, 부유해지면 물을 더 유용하게 사용할 수 있다.

지속 가능성을 유지하다

우리에게 무엇이 필요한가?

지구에서 한 명이 음식을 먹으려면 연평균 1,000m^3의 물이 필요하다. 현재 인구증가 추정치로 이 물을 충족하려면, 우리는 식량 생산에 들어가는 그린워터와 블루워터의 생산성을 40% 높여야 한다. 이것이 가능할까?

20세기 후반 인구가 3배 늘어났다. 담수 사용량도 2배 늘어났다. 식량 생산은 4배 증가했다. 20세기 후반 식량 생산량은 급속히 증가했지만 아프리카에서는 많은 사람들이 영양실조에 걸려서 죽었다. 20세기 초반에는 모든 대륙이 이런 문제로 고생했다.

지난 50년 동안의 생산성 향상을 고려하면 2050년까지 40%를 높인다는 목표는 적절하다. 20세기 수확량은 얼마나 지속 가능할까? 남아시아는 주요 식량 수출국이지만 많은 주민들이 영양결핍 상태다. 인도는 많은 지역에서 지하수를 과도하게 사용했다. 이렇게 하면 한 국가에서 물을 마시고 농사짓는 것은 비극이다. 물이 부족한 지역이 물이 풍부한 지역으로 가상수를 수출하는 것은 이상하지만 앞에서 살펴보았다. 우리는 이런 현상을 인도에서 볼 수 있다. 인도 북서지역이 동부지역으로 가상수를 수출한다. 중국 화베이 평원이 물이 풍부한 남부지역을 위해 식량을 생산한다. 캘리포니아나 안달루시아도 마찬가지다. 물이 부족한 지역들은 물 사용을 강화해서 식품으로 가상수를 수출한다. 지속 불가능한 방법이며 물의 광기다.

우리는 어디에서도 물을 더 구할 수 없다. 아직 사용하지 않은 막대한 수자원이 남아 있는 남아메리카를 제외하면 말이다. 물은 모든 곳에서 지속 가능하고 생산적으로 사용되어야 한다. 누가 그 일을 할 수 있을까?

농부가 중요하다

13,000년 전 인류는 중요한 여정 길에 올랐다. 우리는 세상을 바꾸기 시작했다. 자연 초목을 경지로 바꿨다. 그때 우리는 그린워터와 블루워터를 최초로 동원했다. 지난 2세기 사이에 수자원 사용량이 눈에 띄게 많아졌다. 농부들이 그린워터와 블루워터를 이렇게 광범위하고 극대화해서 사용하는 것은 지속 가능하지 않다.

더 많은 땅과 물을 동원하는 방식은 전체 그림의 절반만 보는 것이다. 수확량을 높이는 것이 중요하다. 과거 2세기 동안 수확량이 크게 증가했다. 그린워터 수확량의 증가를 추적하는 것은 어렵지 않다. 헥타르 당 수확량을 계산해보자. 200년 전에는 1톤만 얻었던 북서 유럽의 천수답 농지에서 10톤을 얻는다면 생산성이 증가했다고 볼 수 있다. 대부분의 블루워터가 가변적인 강우의 보충재로 사용되기 때문에 블루워터의 생산성은 측정하기가 어렵다. 우리는 강우량을 정확하고 비슷하게 측정할 수 없기 때문에 얼마나 많은 블루워터를 아끼면 생산성이 더 좋아지며, 얼마나 많은 강우량이 가변적인지 알 수 없다.

농부에게서 배워야 할 것

영국의 사례

물과 관련된 내용을 살펴보면 미래에 무슨 일이 일어날지 알 수 있다.

북서 유럽은 밀 수확량을 놀라울 정도로 증가시켰다. 이런 증가는 물 생산성이 향상되었기 때문이다. 연간 강우량은 대략 비슷하다. 2000년에 물은 농업에서 9배 더 효율적으로 사용되었다. 물 효율성을 그렇게 극적으로 높일 수 있다면 물 안보를 위한 목표를 정하는 것도 쉬워 보인다. 물 관리를 잘 해서 비약적으로 발전했다는 사실을 모른다면 앞으로 50년 동안 물이 40% 더 필요하다고 어떻게 주장할 수 있을까?

영국의 주요 수치를 기억하자. 인구가 15% 증가했음에도 불구하고, 1930년 전체 식량의 60%를 수입으로 의존하던 것에서 1990년에는 40%로 줄었다. 밀을 수입한 지 100년이 지난 1980년대 영국은 밀 수출국으로 변신했다. 영국 식량 수입의 구조가 변했다. 열대지방에서 재배된 식품이 압도적으로 많이 수입된다. 북유럽 기후에서 성장하는 게 불가능한 식품들이다.

영국은 대부분 유럽연합의 회원국인 이웃 선진국들로부터 많은 식량을 수입한다. 영국과 이웃 나라들이 물 집약적 식품을 무역하면 균형을 맞출 수 있다. 그것은 식량 안보 때문이 아니라 다양하게 선택하기 위해서다. 시장에서 웨일스의 새끼양은 보기 힘들지만, 초리조(스페인이나 라틴아메리카의 양념을 많이 한 소시지-옮긴이)는 쉽게 구입할 수 있다.

베트남의 사례

앞 장에서 본 것처럼 베트남도 몰라볼 정도로 성장했다. 1975년 베트남은 쌀 수입국이었다. 하지만 1980년대에 들어서 쌀 수출국으로 바뀌었고, 20세기 말에는 세계 2위의 쌀 수출국이 되었다. 안정된 도시 환경과 유용한 가격 장려책으로 베트남인들이 연간 작물 생산량을 1에서 2로 어떤 지역에서는 3으로 올릴 수 있었다. 물에 대한 수익이 얼마나 증가했는지 정확한 수치는 알 수 없다. 분명한 것은 우기에 빗물에만 의존하는 쌀 수확량이 전국적으로 2배 늘었다는 점이다. 다른 계절에 블루워터 생산성의 증가를 계산하는 것은 문제가 많다. 세계 물 안보라는 알 수 없는 세계에서 이것은 멀리 있는 작은 별이다.

집단의 성공

농부들은 의식적으로 세계 물 안보를 다루지 않는다. 그들은 물 안보를 지키기 위한 열쇠다. 물 안보가 블루워터와 관련이 없다고 추정한다면 수확량의 증가는 물 안보에 직접적으로 영향을 준다. 해당 지역의 물에 주는 도움 하나하나가 세계 물 안보에 크게 기여한다. 어떻게 그런 일이 일어났을까? 생산성 증가는 가상수 거래를 통해 세계 시스템과 연결되었다.

이것은 물 기반시설·씨앗·비료·농약·제초제의 발전이 중요하지 않다는 의미가 아니다. 이것들 모두 물에서 수익을 더 올리기 위해 중요한 역할을 한다. 성공 여부는 농부가 이것들을 얼마나 잘 결합하느냐에 달려 있다. 우리가 진지하게 물 안보를 다루고 싶다면 물 안보를 확보할 수 있는 간단하고 신속하고 쉬운 방법이 있다. 그 방법은 거대 토목 계획이나 농업 개혁과는 관련이 없다.

농부를 존경하고 우리에게 식량을 제공하는 농부의 역할을 인정하면서 환경을 돌보면 물 안보를 개선할 수 있다. 농부들에게 저녁식사를 대접하거나 꽃을 선물하라는 뜻이 아니다. 농부들을 부적절한 시장기반과 국제 무역으로 생긴 불확실성과 변동이 심한 강우량의 불확실성으로부터 보호하라는 뜻이다. 농촌경제와 사회기반시설이 좋으면 농장의 효율성도 좋아진다. 우리 모두를 위해 물 안보를 개선할 수 있다.

적응력
인간의 모든 이야기는 적응력에 관한 것이다. 농업이 적절한 예를 보여준다. 우리는 그런 적응력을 진화 용어로 생각하지만 사회적·경제적 적응력은 우리를 한 종으로 정의한다. 우리가 자연 환경에서 번성할 수 있는 유전적 장점을 기대하는 게 아니라, 사회가 경제 환경에서 번성할 수 있는 정치적 장치 또는 체제를 찾고 있다.

농사에 대한 거의 모든 것

가족 농가나 세계적 농업기업은 여러 투입재를 결합해 물에 대한 수익을 높이거나 낮출 수 있다. 토양의 특성도 그런 요소 중 하나다. 기후도 그런 특성이다. 농부에게는 일 년 내내 다모작을 할 수 있는 최고 30℃의 기후가 가장 좋다. 기후는 농부의 적이 될 수도 있다. 가뭄과 홍수는 매우 위험한 요소다.

그런 특성에는 기술도 있다. 기술은 산업혁명 이후 물 생산성을 높이는 주요 동력이었다. 수송·수확기구·비료·제초제·농약 덕분에 농업이 발전했다. 기술은 제 힘으로는 아무것도 하지 못한다. 그 기술의 잠재성을 키워주기에 적합한 경제적·사회적 체계가 필요하다. 농부가 기술을 통해 환경과의 투쟁에서 이기는 동안, 산업화가 진행되고 경제가 다각화되면서 시장이 발달했다. 농부들은 잉여 농산물을 축적해서 자산을 자본금으로 만들었다. 농업은 살아남기 위한 일에서 발전된 산업으로 변했다.

마지막으로 보조금이 있다. 나는 시장 경제가 필요하다고 생각하지만 보조금은 지속적인 근심거리다. 보조금은 가난한 사람들에

게 꼭 필요한 지원이지만, 가난한 국가의 가난한 사람들에게 큰 피해를 입힐 수도 있다. 개발도상국의 가난한 농부들이 물 생산성을 높이도록 장려하는 방향으로 보조금 정책이 재조정되어야 한다. 세계 물 안보에 부정적인 영향을 주는 보조금은 미국에서 바이오 연료의 재료로 옥수수를 생산하는 기업들과 거대 농장들을 장려하는 기능을 하지 못했다.

농부를 존경하라

농부의 희망사항

농부는 힘겨운 삶에 익숙하다. 농부는 삶을 위협하는 상황·궁핍·굶주림·절망에 직면해왔다. 오늘날에도 많은 농부들이 처한 상황은 거의 변하지 않았다. 개발도상국의 많은 농부들은 가족들을 먹여 살릴 수 없고 잉여농산물을 재배하지 못한다. 그들은 경제적·사회적·집단적으로 발전할 수 없다. 물 효율성을 높일 수도 없다. 농부의 자살률은 매우 높다. 선진국의 농부들도 스트레스와 가격 압박을 많이 받는다. 선진국에서도 농부의 자살은 이상한 일이 아니다.

우리에게 식량을 제공하고 물 안보를 지키는 농부들을 절망에 빠트려 최하층으로 만드는 것이 올바른 일일까? 우리는 농촌 경제와 사회가 농부를 양성하고 물 관리와 생산성을 높일 수 있도록 도와야 한다. 선진국에서는 이런 변화를 이끌어냈다. 한쪽에서는 민영화를 했고 다른 쪽에서는 농촌 가족 경제를 발전시켰다. 거대 기업의 농장이든 가족이 운영하는 농장이든 농부들은 진실하게 농장을 관리해야 한다. 수자원을 제대로 관리하고 물 생산성까지 높이려면 사회적·환경적 인식이 필요하다.

부수적인 기관들도 설립되어야 한다. 모든 산업과 마찬가지로 농업 역시 금융 서비스가 필요하다. 개발도상국에서 농부들은 물리적인 기반시설이 개선되어야 한다. 마을에 전기를 공급하고, 좋은 길을 만들고, 정기적으로 이용할 수 있는 서비스를 제공하고, 안심하고 사용할 수 있는 상수도 시설을 갖춰야 한다. 사회기반시설인 교육과 보건 분야도 개선되어야 한다.

농부들이 아는 게 없고 가난해서 생긴 건강 불균형으로 고통을 받는다면, 그들이 세상을 구할 것이라고 기대할 수 없다. 농촌 경제는 국가와 국제 경제로 통합되어야 한다. 개발도상국의 많은 농지들이 세계시장에서 배제되고 있다. 우리는 이 땅과 물을 경제 안으로 끌어들여야 한다. 우리는 수자원이 필요하고 농부들은 효율적으로 일하는 게 필요하다.

기후변화도 고려해야 한다. 많은 사람들이 부정하고 있지만 다음 세기에 국제 농업은 크게 바뀌어 있을 것이다. 승자 지역과 패자 지역이 갈릴 것이다. 어떤 사람은 농축산물 생산이 쉬워질 것이라고 생각한다. 나는 스코틀랜드 포도밭에 대해 입증되지 않은 예측을 하는 것을 들었다. 다른 지역들은 환경적 위험과 물 부족 현상이 심각해지면 농사를 짓기 어려워지고 심지어 위축될 것이다. 두 가지 사실만은 확실하다. 첫째, 농부들은 50년 후에 기후변화의 결과로 우리가 직면할 위기보다 더 큰 물 위기를 이미 처리하고 있다. 당신이 바로 읽은 것이다. 과학, 특히 인구학과 수문학은 이전에 하지 못했던 방식으로 기후변화 담론에 끼어들었다.

어떤 것이 담론에 들어가면 논의가 더 많이 된다. 담론은 스스로 살아남는다. 뉴스에 나오는 이야기들이 전달되는 방식처럼 대부분 똑같이 전해진다. 모두가 유명 인사에 대해 이야기하니까 우리도 그 유명 인사를 이야기하자. 그 반대 역시 사실이다. 어떤 것을 놓치면 뉴스에 나오지 않고 지나간 역사가 된다. 20세기 후반 폭발적인 인구 증가가 그랬다. 농부들은 미래에 기후변화로 일어나는 세계 수자원에 대한 영향보다 훨씬 중요한 수요

증가를 경험했다. 인구 정책은 논란이 많고 정치적으로 위험하며 공공의제에서 빠졌다. 농부들이 지구온난화 문제를 논의할 수 있다면, 정치인이 인구 정책을 납득시키기가 얼마나 어려울지 생각해보라. 그러나 농부들은 기온 상승으로 인한 문제들을 처리할 수 있다. 인구 옆에 있는 기후변화는 평범한 문제다. 둘째, 농부들은 적응력이 높다. 농부들은 세계 모든 지역에서 증가한 식량 수요에 맞게 자신들의 능력을 조절할 것이다. 하지만 조건이 있다. 올바른 경제적·사회적 장려책이 있어야 한다.

이런 장려책에는 어떤 것이 있는가? 안정적인 수요가 필수적이다. 수요가 없다면 농부들은 가격이 폭락하는 경우 자신들의 위험을 분산시켜야 한다. 식량 생산에 집중한 농장들이 가장 많은 수확량을 올린다. 농부들은 신뢰할 수 있고 안정적인 시장이 필요하다. 이 기본 요소들은 중요하지만 자주 간과된다. 농장에서 도시의 시장까지 좋은 길이 나 있어야 한다. 연결성이 중요하기 때문이다. 개발도상국에서도 휴대전화의 가격이 저렴해져서 농부들이 시장은 물론이고 지역과 해외에 대한 정보를 얻고 있는 모습을 볼 수 있다.

시장에는 잘 상하는 제품들을 효율적으로 저장할 저장시설이 갖춰져야 한다. 음식은 손상되기 쉽다. 쥐가 접근할 수 없도록 막거나 냉장 보관 되지 않으면 기록적인 수확량을 올려도 그 수확물은 쉽게 변질될 것이다. 이런 문제들은 대부분의 개발도상국들이 자주 경험하는 문제다. 저장시설이 제대로 갖춰져 있지 않을 때 농장 가격과 시장 사이의 손실액은 최고 30%에 이른다.

개발도상국에서 물을 30% 더 동원하는 데 드는 비용은 얼마일까? 기술적 독창성이 필요한 비싼 비용을 지불해야 한다. 충분한 시험을 거친 기술로 저장 시설과 운송 시설을 개선하는 데 드는 비용은 얼마일까? 물을 30% 더 동원하는 것보다 훨씬 더 적게 든다. 환경 영향도 긍정적이다. 하지만 인간은 저렴하고 쉬운 해결책을 보지 못한다. 나는 정부와 국제기관들이 식량 손실을 막는 것이 새로운 수자원을 찾는 것보다 달성하기 쉬운 일이라는 사실을 깨닫기 전에 대규모 물 관리 사업을 꺼낼까봐 두렵다.

모든 것의 가격과 아무것도 아닌 것의 가치

나는 자유시장의 추종자가 아니지만 시장은 중요하다고 생각한다. 식량 가격을 적절하게 책정하면 물 효율성을 높이고 지역과 세계의 물 안보에 도움이 될 수 있다. 식량 가격은 자원을 고갈시키지 않으려고 고군분투하는 과정에서 강력한 무기가 된다. 농부들에게 가격은 중요하다. 부자·가난한 사람·유통업자·슈퍼마켓·기업·소비자 모두에게 중요하다. 정치인들은 가격에 신경 써야 한다. 중요하게 고려되어야 할 사항이 두 가지 있다. 물 안보 관점에서 사회가 물을 확보할 수 있도록 가격은 물의 가치를 나타내야 한다. 두 번째는 농부들이 수자원을 손상시키지 않는 방식으로 수확량을 높여서 물을 효율적으로 사용하는 장려책이 필요하다. 환경적 충격에서 농부를 보호해야 한다. 이런 것들이 즉시 갖춰져야 하지만 세계는 신속하게 움직이지 않는다.

정치적 해결책은 과학에서 멀어져야 한다. 정치는 속도가 다르다. 정치적으로 실현 가능해야 그런 변화가 일어날 수 있다. 정치인들은 가장 오래되고 거대한 세계 무역의 기본법칙들을 갑자기 바꿀 수 없다.

세계 시장에서 많이 거래되는 제품들의 가격에는 비용 측정이 어려운 물의 가치와 측정할 수 있는 투입재의 비용도 반영되지 않는다. 19세기 중반 칼 마르크스는 제품 가격에 노동비용을 포함하지 않는 자본주의의 실패를 강조했다. 이런 경제적 결점에서 나온 나쁜 결과는 20세기에 발생한 사건들의 원동력이 되었다. 자본주의는 환경 관리에서도 비슷하게 실패했다. 노동자는 목소리를 내지 못했다. 노동조합들과 그들의 정치적 대표 정당들이 조직되었다. 그런 환경에서도 목소리를 낼 수 없었다. 그럼 누가 크게 말하고 있을까? 증가하고 있는 환경운동가들과 과학자들이다.

마르크스의 통찰력은 정확했다. 시장은 투입재의 비용을 반영하지 않아 소비자들을 위험한 길로 이끄는 힘이 있다. 이것을 바로잡으려면 시장이 바뀌어야 한다. 역사는 이 문제가 노동자에게 일어나는 일이라고 입증했다. 환경 문제를 의제로 삼는 것은 대립 과정이며, 그 과정에는 많은 노력·에너지·열정이 필요하다. 국제회의·입법부·대중매체에 폭풍우가 휘몰아친다. 시장은 지금처럼 미래에도 우리가 안전한 물을 얻을 수 있게 도와주지 않을 것이다. 시장이 마음대로 하게 내버려두면 결과는 끔찍해진다. 기업과 공공부문에서 시장을 관리하고 규제하는 역할을 하는 사람들이 가격에 투입재의 비용을 반영한다면 사회와 물 환경에 희망이 생길 것이다.

폭넓은 환경도 고려해야 한다. 우리는 농부들이 수자원과 대기에 심각한 부정적인 영향을 미치는 관행에서 벗어나도록 가격 장려책을 도입해야 한다. 우리는 지구를 무한히 신뢰하지 않는다. 농축산물 생산은 늘어나야 하지만 지속 가능한 방식으로 이뤄져야 한다. 내가 샌들을 신고 자연을 좋아하는 사람이라서 이런 말을 하는 게 아니다. 나는 인류 역사상 가장 크고 인구가 밀집된 도시인 런던에서 살고 있다. 나는 런던이 좋다. 우리가 지속 불가능한 방식으로 식량 생산을 증대한다면 종말의 씨앗을 뿌리는 것과 마찬가지다. 물은 한정된 자원이다. 선진국들은 이런 장려책들을 즉시 도입할 수 있다. 공적인 논의를 통해 우리는 농업을 친환경적으로 만들 수 있다. 기술을 이용하면 농업은 강해질 수 있다. 다만 개발도상국에서는 천천히 진행해야 한다.

무한 경쟁

불가능한 일을 해내다

무역은 모든 문제에 해답이 될 수 있다. 그러나 가난한 농촌 경제를 현재의 세계 무역에 통합시키면 농부들에게 큰 고통을 주면서 착취하는 것밖에 되지 않는다. 불공정한 국제 무역은 가난한 농부들의 생계에 부정적인 영향을 준다. 그에 따라 농부들이 사용하는 방대한 양의 물 생산성에도 영향을 준다.

공정 무역은 진지한 물 전문가에게 최근에 제기된 주제처럼 보일 것이다. 그들은 신문의 주말 섹션이나 케이블 방송에 나올 만한 내용으로 간주할 것이다. 일시적인 마케팅은 물 안보와 어떤 관계가 있을까?

대답은 단순하면서도 명확하다. 국제 무역의 불공정 조항들은 아프리카 농부들이 농축산물 수확량의 개선을 막는 주요 요인이다. 다른 나라들은 2~3배로 물 생산성을 높인다. 사하라 사막 이남 아프리카 지역들은 물 생산성이 악화되고 있다. 다른 나라들 역시 낮은 생산성으로 고생한다. 사하라 사막 이남의 아프리카에서는 물 생산성이 매우 낮아 헥타르 당 1톤 이하 수준이다.

일부에서는 변동이 심한 강우량과 메마른 토양을 비난하면서 이 주장을 반박한다. 물론 이것도 문제다. 하지만 강우량과 토양은 국가 수준에서 극복하고 해결할 수 있는 문제다. 발전된 농업 기술로 메마른 토양을 개선할 수 있다. 현명하게 물을 관리하면 변덕스런 강우량도 보완할 수 있다. 세계의 많은 지역들이 이 문제를 해결했다. 유엔식량농업기구의 농학자들은 사하라 사막 이남 지역의 수확량이 세계 다른 지역들에서 수확하는

차이를 신경 쓰지 마라
수확량에는 차이가 있다. 수확량의 차이는 기술적·경제적·사회적 기반시설이 없는 실제 농장과 그런 시설을 갖추고 있는 이상적인 농장 사이에 나타나는 생산성의 차이이다.

수준에 이를 수 없다는 주장의 증거로 케냐와 아프리카 남쪽 뿔 지역에서 가뭄으로 생긴 결과들을 제시했다. 세계은행에서 발표된 최근 연구에 따르면 사하라 사막 이남 아프리카에서 비 내리는 지역의 생산성과 도시 근접성·운송의 효율성 사이에 강한 상관관계를 입증했다. 보고서는 사하라 사막 이남 지역의 농업 잠재성이 상당하다고 주장했다. 보고서의 결론은 인구가 10만 명 이상인 도시에서 4시간 이내로 갈 수 있는 농장들은 잠재적인 생산성을 45%까지 끌어올릴 수 있다는 것이다. 지독하게 들리더라도 도시 지역에서 8시간 이상 떨어진 곳에 있는 농장들과 비교해보라. 그 농장들은 잠재적 생산성의 5%만 끌어올릴 수 있다.

이 결론은 기반시설과 지원이 중요하다는 내 주장을 지지한다. 내가 옳다면 사하라 사막 이남의 아프리카가 토양의 비옥도와 변덕스런 강우량 문제를 해결하지 못할 이유는 없다. 적절한 투자가 지원된다면 문제를 해결할 수 있다. 국제 무역의 장벽들이 높으면 투자를 받지 못할 것이다. 이는 인간과 경제 문제이지 자연과 기후의 문제가 아니다.

이 책을 쓰기 시작한 뒤부터 2008년 원유 가격 폭등과 그로 인한 식품 가격 급등에 앞서 세계 금융위기가 발생했다. 식품 가격 급등으로 동아시아와 중동에서 식량 안보에 대한 불안이 부각되었다. 식량 불안의 위기에 처한 국가의 국부펀드 관리자들과 주요 기업 투자자들은 식량을 생산하고 안전하게 수출할 수 있는 잠재성이 있는 국가로 관심을 돌렸다. 이 관심은 사하라 사막 이남의 아프리카에 집중되었는데, 이 지역은 세계에서 영양실조에 걸린 사람의 비율이 높다. 또한 효율적인 농업의 전제조건인 정치적 안정이 달성된 적이 없다. 언론의 관심이 집중된 사하라 사막 이남의 아프리카에서는 토지 불법 점유의 위험도 높다.

국부펀드
국부펀드SWFs는 정부가 보유한 자산이다. 주로 원유와 가스 수출로 발생하는 수입을 기초 재원으로 한다. 중동 지역 국가들이 참여하고 있으며, 노르웨이도 이 클럽의 회원이다.

아프리카 국가들은 농촌과 농장에 투자해야 한다. 투자는 신중하게 이뤄져야 한다. 토지·물·투입재에 들어가는 새로운 자금은 정치적으로 확인하기 어렵다. 내부 투자 규모는 토지와 수자원을 심각하게 잘못 관리해온 공공기관과 민간단체의 손에 달려 있다. 취약하고 제한적인 수자원을 관리하는 데 실패한 기업을 신뢰할 수 있을까? 이들은 토지가 아니라 물을 차지하려고 한다. 그들은 아프리카 사막 지역의 30% 정도에만 관심이 있다.

다윗과 골리앗의 싸움

국제 무역은 선진국들이 지배한다. 그림 6.1, 2.4, 2.5를 보자. 그림들은 선진국들끼리 식품 무역을 많이 하고 있다는 점을 보여준다. 가상수는 선진국에서 많이 거래되고 개발도상국들은 참여할 기회가 적다. 나는 합리적인 범위에서 이 그래프를 그렸지만 큰 불균형을 보여준다. 이 책에서 나는 무역이 나라별 물 부족 현상을 해결하는 좋은 방법이라고 주장했다. 동아시아 국가들은 식량 수입을 통해 물을 절약한다.

이는 지역의 수자원을 확보해서 높은 가치의 경제활동인 제조업에 수자원을 분배할 수 있다. 무역을 하면 국가는 부유해지고 물을 확보할 수 있다. 누가 이 경기에 참여할까? 선진국들이 운영하고 브릭스 국가들은 그들의 조치를 따른다. 개발도상국들은 따돌림 당하고 있다. 개발도상국들은 거의 참여하지 않거나, 참여하더라도 값싼 수입 식품 때문에 경제가 나빠진다.

당신은 소리치고 싶을 것이다. 값싼 식품을 개발도상국에 팔아서 발생한 고통에 대해 이야기하는 것도 좋지만, 굶주린 사람들은 값싼 수입 식품에 의존하지 않을까? 물론 의존한다. 국제 식량 무역과 비상식량 원조는 사하라 사막 이남 아프리카에 필요하다. 하지만 그런 원조는 큰 피해를 주기도 한다. 암 환자가 약을 먹을 때마다 암세포를 죽이는 화학요법과 암 사이에 고민하고 있다고 상상해보라. 인도주의적인 이유로 가뭄이 든 기

그림 6.1 주요 수출 수입 지역들의 국제 가상수 거래

순수출지역 km³/년 0 10 20 30 40 50 60 70
호주와 뉴질랜드
북아메리카
남아메리카
서유럽
동유럽

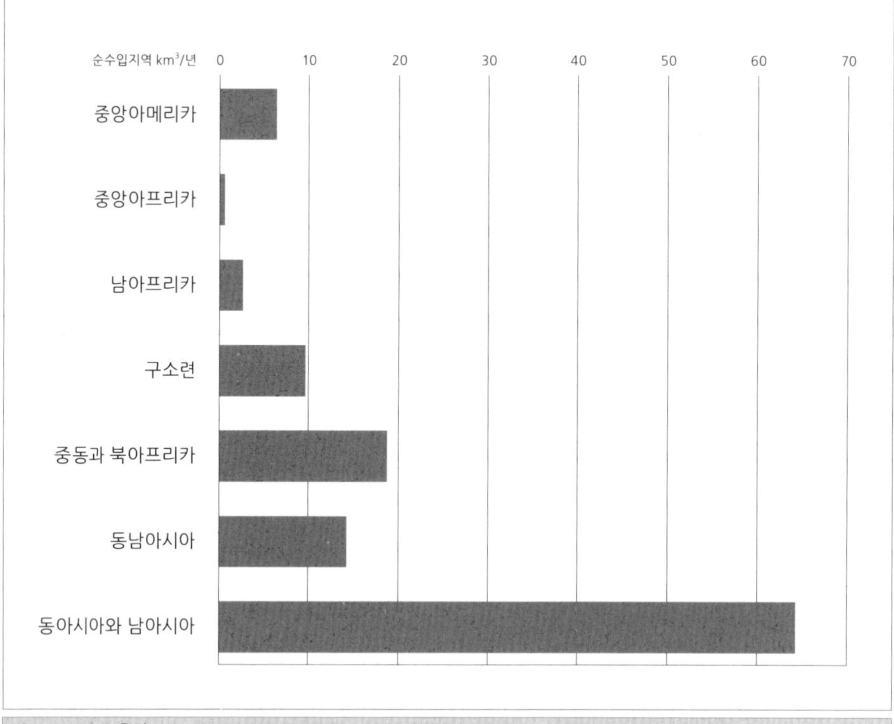

출처: A.K. Chapagain and A.Y. Hoekstra(2003), *Water Footprints of Nations*, Delft: IHE.

간에는 물 집약적 식품을 수입하는 것은 필요하다. 수입품은 경제적 독약이고 물 생산성을 개선하려는 노력을 약화시킨다. 물론 일시적인 처방도 필요하다. 우리는 물 부족·기아·가난에 대한 해결책이 있다는 것을 알고 있다. 치유법은 국가적·세계적으로 적절한 거버넌스, 토지·물의 현명한 관리, 사회 경제적 발전, 그리고 공정 무역이다.

이 책의 결론

이제 결론을 내리자. 아직까지 이해되지 않는다면 나도 더 이상 설득할 수 없다. 가난한 국가의 가난한 농부들의 목소리는 무시당하기 쉽다. 타이타닉 같이 큰 배에 난 구멍에서 쥐가 찍찍거리는 소리처럼 아무도 그들의 말을 듣지 않는다. 우리는 가난한 농부들의 목소리를 경청해야 한다. 정의감 때문이 아니라 물 안보가 농부들에게 달려있기 때문이다. 50년 동안 미국과 유럽 농부들이 최고의 기술·시장·사회기반시설에 힘입어 세계 시장에 주요 곡물 가격을 반값으로 내렸다. 밀의 가격은 1,000년 동안 계속 떨어지고 있다. 산업혁명 이후 200년 사이에 밀 가격은 급락했다. 이는 에너지와 물 비용을 밀 가격에 포함하지 않았기 때문이다. 공정하게 무역해서 물을 아끼자.

콤바인 위에서 생각하다

콤바인은 조용하게 생각할만한 장소가 아니다. 콤바인이 캐나다의 서스캐처원 평원을 나아가면서 굉음을 내면 거기에 바위가 있다. 그러나 나는 콤바인 위에서 생각하는 것을 좋아한다. 콤바인 위에 앉아 있으면 눈앞에 풍경과 초원이 펼쳐진다.

그때 나는 깨달았다. 이 필연성은 거의 불가능했다. 캐나다의 기후와 자원은 좋지 않아 사하라 사막 이남의 아프리카보다 농업에 좋지 않다. 1세기 전 처음으로 그 땅에 쟁기질했던 사람들은 적대적인 환경과 싸워야 했다.

캐나다는 농부에게 보조금을 지급하지 않는다. 캐나다 정부는 유럽연합의 공동농업정책이나 미국 농무부의 지원과 비슷한 보조금을 주지 않으면서 공정하게 자유무역을 한다. 편법에 반대해서 공정하게 무역할 때마다 높은 손실위험을 감수하거나 큰 손해를 봐야 한다. 그러나 캐나다는 심각하게 손해를 보지 않았다. 내가 콤바인에 앉았을 때 캐나다는 많은 양의 농작물을 수확했다. 어떻게 그럴 수 있었을까?

가격 때문이다. 선진국에서 농업은 기계화를 통해 환경적·경제적 충격에 대응할 수 있는 첨단 산업으로 발전했다. 가격은 생산성을 높이는 주요 장치다. 캐나다는 2008~2009년에 많은 농작물을 수확했다. 이것은 대자연이 너그럽게 베풀었기 때문에 생긴 결과가 아니었다. 비는 적당하게 내렸지만 2009년에는 늦게 내렸다. 2년 동안 가격이 심각하게 급등했다. 1995년 이후 최초로 가격이 급등했고, 그 원인은 높은 에너지 가격 때문이었다. 연료비용이 급격하게 증가해서 경제에 큰 혼란이 발생했다. 긍정적인 면은 곡물 가격도 함께 올랐다는 사실이다. 가격이 오르자 환경적 현실과 관계없이 수익이 증가했다.

수확은 실패였다. 2002년에 캐나다의 수확량이 크게 떨어졌다. 대부분의 농부들이 가을에 콤바인을 논에 가지고 나가지 못할 정도였다. 농업은 그런 환경 때문에 실망하지 않도록 충분히 발전했다. 캐나다 농부들은 힘든 시기를 견딜 수 있도록 은행이나 정부와 협상할 수 있다.

나는 콤바인 위에 앉아 콩과 밀이 자라는 넓은 밭을 보고 있다. 영국처럼 유럽의 작은 나라에서 태어난 사람들은 어린 시절을 보낸 공간을 기억한다. 나는 영국의 북동부 시골지역에서 자랐다. 그곳은 풀이 무성해서 사방으로 넓게 펼쳐진 것처럼 보였다. 당신은 캐나다 서스캐처원에서 영국 노섬벌랜드를 다시는 못 찾았을 수도 있다. 당신은 캐나다에서 영국을 상상하기 어려울 것이다. 서유럽의 공간은 세계적 관점과 맞지 않는다. 나는 직업 때문에 멋진 풍경을 많이 보았으며 그럴 수 있었던 것에 감사한다. 작은 섬에서 자란 사람에게는 선천적으로 거리 이해력에 한계가 있다. 콤바인 운전석에 앉아 있던 나는 노인이었다. 그와 상관없이 캐나다의 광활한 대초원을 보면서 미지의 장소를 발견한 것 같은 경외감을 느꼈다.

넓은 가족 농장을 바라보면서 수확하고 있는 곳 너머를 상상했다. 이 모든 농작물은 수천 킬로미터 떨어진 지중해와 중동에 있는 사람을 위한 것이다. 내 앞에는 믿기 어려울 정도로 큰 땅·물·농작물이 있었고, 그 수확물은 지구 반 바퀴를 여행할 정도로 많았다. 1세기 전만해도 불가능해 보였던 놀라운 성과가 이제 당연한 일이 되었다. 누가 그것을 예상할 수 있었을까? 농작물 무역은 인간의 조직력을 명확하게 보여주는 사례다. 극심한 물 부족으로 고통 받는 먼 나라 소비자의 수요는 지구 반대편 인구가 작은 나라에서 생산된 물품으로 충족된다. 농부들은 전문적인 지식뿐만 아니라 방대한 땅과 그린워터를 관리했다. 농부들은 재정적 위험을 처리하는 방법을 배우고, 거대 곡물회사인 카길사Cargill를 포함한 씨앗·비료업체들을 다루는 방법을 터득했다. 그리고 중동 사람들은 자신들의 빵과 콩이 그 지역에서 재배된 것이라고 생각하고 싶어 한다. 내가 직접 확인한 사실이다.

캐나다의 대초원은 연간 강우량 500ml에 불과한데 수익이 높고 증가하는 추세다. 어떻게 그럴 수 있을까? 답은 에너지다. 이 농장들은 엄청난 에너지에 의존하고 있다. 많은 사람과 여러 장비를 동원해야 할 정도의 에너지가 투입된다. 사람은 적지만 자본이 많다. 1세기 전에는 지금의 1/4 정도 되는 농장에 농부 가족·가축·기본적인 경작 기구들만 있었다. 반면 2008년에는 트랙터·비료·경작 수확 장비가 보관되어 있는 큰 창고가 있으며 이 장비들로 한 농가에서 7,000헥타르를 경작한다. 이것은 농업의 기적이며 에너지의 기적이다. 많은 에너지가 투입되어 수확·운송·저장 시설은 효율적으로 기능한다. 하지만 에너지 비용은 대기가 부담한다. 우리는 이 청구서를 지불해야 하고 언젠가 자연은 빚을 받을 것이다.

지난 10년간 캐나다 대초원에서 수확량이 20% 증가했다. 그린워터의 생산성이 20% 증가했다. 최근 수확량이 증가한 것은 최소 경운 재배·파종 선택·제초제 기술이 동시에 발전했기 때문이다. 최소 경운 재배법은 100년 이상 활용되었지만 20세기 중반 호주에서 성공했다. 이 재배법이 호주에서 성공하는 것을 보고서 캐나다가 도입했다.

기술과 에너지가 물의 잠재력을 드러낸다. 비용이 많이 들지만 수자원을 캐나다 대초원으로 이동하는 것과 비교하면 저렴한 편이다. 물은 이동을 좋아하지 않으며, 자신의 방향대로 흘러가는 것을 좋아한다. 농부들은 농작물 생산에 그린워터 사용을 선호한다. 블루워터를 관리하는 것이 그린워터를 관리하는 것보다 어렵다. 농부가 이용할 수 있는 그린워터의 양은 자연이 정한다. 농부는 비를 내리게 할 수 없다. 농부들은 관개용수로 블루워터를 사용하면서도 물 수요를 맞추기 위해 지표수와 지하수를 퍼 올린다. 농부들은 강이나 대수층의 상태에 신경 쓰지 않는다. 가뭄은 2~3년에 한 번씩 찾아온다. 가뭄이 3년 동안 지속되면 블루워터·지표수·지하수는 심각하게 줄어든다. 농부들은 토양수를 사용하는데 제한되어 있기 때문에 블루워터를 많이 사용한다. 관개하는 곳 어디에서나 우리는 물을 고갈시킨다. 나는 광활하게 펼쳐진 밀밭에서 작은 점 같은 콤바인에 앉아 지속 가능한 방식으로 물 생산성이 증가하는 사례를 보았다. 캐나다 농부들은 거기에 있던 물을 잘 사용했다.

마지막 경고

농업은 환경에 그다지 좋지 않다. 농업은 블루워터를 손상시키며, 관개를 하면 그 지역의 물을 고갈시킨다. 공정하고 안정적인 가격을 책정해서 농부들이 생산성을 높이도록 장려해야 하고, 경제 정책은 환경을 고려해야 한다. 지속 가능한 발전은 두 부분으로 처리해야 한다. 우리가 더 많이 해야 하고, 환경은 적게 훼손해야 한다.

최소 경운 재배와 무경운 재배

잘못된 일을 너무 잘해내는 것을 보여주는 일화가 농업에 있다. 18세기 후반부터 20세기 초반에 북유럽 국가들이 세계를 식민지화 했을 때 유럽 농부들은 다른 환경을 접했다. 북유럽 국가들은 식민지에 자신들의 문화와 관습을 전파하면서 사람들을 진압하고 땅을 빼앗았다. 식민지들은 북유럽 문화와 경제를 도입했다. 토지는 사람보다 말을 듣지 않았다. 북유럽에서 깊이갈이는 일반적이었다. 추운 유럽에서는 깊게 파면 잡초 방제에 좋았고 토양에도 좋았다.

북유럽식 깊이갈이는 식민지에 적합하지 않았다. 이 방법은 식민지의 토양·물·식물의 생태에 큰 피해를 주었다. 식민지의 겨울은 춥지 않아 다른 방식으로 잡초 방제를 해야 했다. 호주 농부들은 최초로 문제를 인식했다. 그들은 토양의 표면만 긁었고, 비료 역할을 하는 콩과식물을 곡물과 함께 재배했다. 콩과식물은 일부 지역에서만 재배되었다가 다른 지역에 도입되었다. 최소 경운 재배법과 무경운 재배법을 사용하자 수확량이 늘었고, 경작에 투입하는 에너지와 장비 비용도 줄었다. 하지만 모든 해결책에는 위험이 있으며, 시간이 흘러야만 심각성이 드러난다. 미래에 누군가가 최소 경

운 재배법이나 무경운 재배법과 관련해서 아직 발견되지 않은 잘못에 대해 지적할 것이다.

가족 경영 기업

카길Cargill사는 미국에서나 있을 법한 기업이다. 카길은 총이 아니라 곡물을 든 대부代父다. 미국의 전설들이 그렇듯 카길사도 한 남자와 함께 시작된다. 1865년 윌리엄 월리스 카길William Wallace Cargill은 위스콘신에 살던 가족을 떠나 아이오와에 가서 철도 옆 있는 최신식 곡물 창고를 구입했다. W.W.로 유명해진 그는 탁월한 기업가였다. 그의 사업은 급속도로 성장했고 19세기 말 카길은 미국 중서부를 연결하는 곡물 창고와 운송 망을 확보했다. 결혼을 통해 거대 농업가문 맥밀란MacMillans 가와 결합해 사업을 튼튼하게 다졌다. 수십 년 동안 여러 세대를 거쳐 카길사는 꾸준히 성장했다. 2010년 연간 매출액이 1,300억 달러에 달했다. 지금도 가족이 운영하면서 국가 경제에 영향을 줄 정도의 수입을 올린다. 이 산업에서 미국 가족 기업은 네 개 더 있다.

카길사는 강력하다. 미국 정부는 국제 식량 무역에서 카길사의 곡물 없이는 아무 결정도 내릴 수 없다. 개인이 운영하는 기업은 본질적으로 민간 기업이다. 외부에서 보면 그런 기업들은 좋게 표현하면 불투명하고 나쁘게 말하면 속을 알 수가 없다. 명확하게 드러나지 않거나 책임감 없이 권력과 부를 축적하면 우리는 기업을 의심한다. 신중한 물 전문가들도 그런 생각을 한다. 카길사는 경영을 잘 하고 있다. 카길사의 도덕성은 다른 다국적 기업에 비해 의심스러운 부분이 없다. 그들의 목적은 수익을 내는 것이 확실하다. 카길사는 세계에 식량을 효율적이고, 비용 효과적이며, 수익성 있게 공급한다. 도덕성이 아니라 경제가 기업의 동기이겠지만 두 가지는 상호 배타적인 것이 아니다. 카길사는 에너지발자국 개념이

제기되면서 평판에 위험이 생기자 신속하게 대응했다. 카길사는 곡물 무역의 에너지발자국을 계산했다. 환경운동가·카길사 반대자·경쟁회사들이 계산해서 부정적인 이야기를 퍼트리기 전에 먼저 이 수치를 계산했다. 카길사는 그 수치를 엮어서 기업 정책을 즉시 수정했다. 이는 에너지를 절약하고 싶어서가 아니라 돈을 벌고 싶었기 때문이다. 기업 평판이 나빠지면 수익을 내는 데 장애가 되기 때문이다.

카길사는 가상수 거래에서도 세계적 거대 기업이다. 이 책을 쓸 당시 카길사가 가상수 거래에서 큰 비율을 차지한다는 증거는 없었다. 카길사를 포함한 거대 농업기업들은 가상수를 이해하기 시작한 것 같다. 카길사는 기업의 이익을 위해 재빨리 가상수를 이해하고 변할 것이다. 최근까지 카길사도 우리만큼이나 가상수의 역할에 대해 아무 것도 모르고 있었다.

카길사 같은 기업들은 물 관리에서 핵심 역할을 할 수 있다. 기업 관리자들은 월스트리트에서 투입 비용을 최소화하는 데 경험이 많은 사람들이다. 그들이 그린워터와 블루워터의 생산성을 관찰하면서 물 환경을 어떻게 관리하는지 지켜본다면, 우리는 많은 물을 확보한 세상에서 살게 될 것이다. 세계의 물 수요와 부유한 개인의 작은 이익추구가 함께 나아가길 바란다. 그 둘이 충돌한다면 하늘만이 우리를 도울 수 있다.

이기기 위해 먹다

남아있는 문제들

물 효율성 증가에 관한 수치들은 고무적이다. 지난 50년 동안 세계 물 수요는 인구 증가에 의해 3배 늘어났다. 같은 50년 동안 담수가 2배 늘어나고 농장에 사용하는 블루워터로 담수를 사용했다. 농축산물 생산량은 4배 증가했다. 생산량이 급증할 수 있었던 것은 경제적으로 보이지 않으면서 하늘에서 떨어지는 빗물을 효율적으로 사용했기 때문이다.

놀라운 수치들이다. 다른 관점에서 그 수치들을 들여다보자. 우리는 식량 생산량 증가라는 위험한 경주에 나섰다. 우리는 처음에 그 정도 식량을 생산해야 하는지 생각하지 않았다. 여전히 잘못된 일을 잘하고 있고, 더 많은 잘못된 일을 저지르고 있다. 이제 멈춰야 할 시간이다. 식량을 생산하고 소비하는 방식이 잘못되었다는 것을 우리가 이해하기 시작했다. 나는 건강·동물복지·기후변화에 대해 말하는 것이 아니다. 이 세 가지도 물론 중요한 문제다. 내가 여기에서 주장하는 것은 물 안보 관점에서 바라본 문제다.

이 여행을 시작한 곳으로 돌아가자. 나는 당신의 아침식사에 들어간 물이 얼마나 되는지 물어보았다. 물의 양에 충격을 받았기를 바란다. 소비된 물의 양을 듣고서 당신은 전혀 이해하지 못했을 것이다. 음식을 만들기 위해 그렇게 많은 물을 어떻게 동원할 수 있을까? 이 책에서 분석한 여러 국가를 둘러보면서 당신이 가상수를 이해했길 바란다. 우리가 살펴보았던 국가들과 물이 사용되고 남용되던 방식들을 생각하라. 당신은 가상수와 물발자국을 이해했을 것이다. 우리는 여러 제품·기업·소비자·전체 경제의 물 함유량과 비용을 비교할 수 있는 방법을 다루었다. 우리는 물의 비용이나 환경 가치는 고사하고 운송비도 제대로 책정하지 못하고 있었다.

이제 이 방법을 실용적이고 엄격하게 적용하자. 그러면 세계 식량 정책을 세우는 데 도움이 된다. 우리가 식품에 대한 생각을 바꾼다면 물 안보를 약화시키지 않고 지키는 데 도움이 된다. 물을 낭비하지 않고 아낄 수 있다. 하지만 희생과 절약이 필요하다. 허리띠를 졸라매면 더 날씬해질 것이다. 허리 사이즈를 줄이는 다이어트는 수자원 안보에 도움이 된다.

허리 사이즈를 줄이자

나는 이 장을 시작하면서 세 문장을 인용했다. 그 중 두 번째 문장은 카트만두의 물 전문가인 디팍 가왈리가 말한 것이고, 세 번째 문장은 IPCC 의장 라젠드라 파차우리가 한 말이다. 그들은 환경적으로 적절하고 다이어트에도 좋은 구호를 두 개 만들었다. 그것은 '5에서 2.5로 줄이자'와 '7을 줄여 하늘을 구하자'다. 이 주문을 말하기는 쉽지만 실천하기는 어렵다.

물 소비량의 80%가 식량 생산에 들어가기 때문에 식량 소비 습관이 중요하다. 하루에 남는 물로 2050년 인구 절정 시기의 물 수요를 충족시킬 수 있다. 어떻게 가능할까? 채식주의자가 되는 것이다. 그것으로 충분하다. 우리가 채식을 하면 앞으로 40년 동안 대부분의 물 문제가 해결될 것이다. 급격하게 변하지 않아도 된다. 침착하게 변화를 추구해서 물 환경에 따른 이익을 얻을 수 있다.

나는 사회에 감춰진 선호를 명확하게 보았다. 소비자들이 행동을 금방 바꿀 것이라고 나는 기대하지 않는다. 그래도 물발자국에 큰 영향을 주는 합리적인 식습관으로 바꾸는 것은 가능하다. 가축 사육이 물 환경에 나쁜 것만은 아니다. 대부분의 고기 생산이 농작물을 재배할 수 없는 초원에서 이뤄진다. 경제학자들의 말대로 이런 지역의 토양수는 다른 목적을 위한 기회가치가 없다. 풀을 먹여서 소와 양을 키우는 것이 영양학자·농부·수자원 관리자·소비자에게 합리적이다. 이 목록에 농업기업과 슈퍼마켓이 없다는 점을 주목하라. 풀을 먹여서 키운 가축들로 만든 제품이 곡식을 먹여 생산한 고기, 특히 가축 사육장에서 보조금을 받은 곡식을 먹여 생산한 것들과 경쟁하면 모든 것이 엉망이 된다. 가축 사육장에서 길러진 동물들은 사람들이 직접 사용하는 곡물을 생산할 수 있는 땅에서 물로 재배된 제품을 먹는다.

우리가 소비하는 축산물을 풀밭에서 키우는 시스템으로 바꿀 수 있다면 물발자국 크기가 작아지고 건강도 좋아질 것이다. 고기 가격은 비싸지겠지만 그동안 과소비했기 때문에 소비를 줄여야한다. 고기를 특별 음식으로 간주해 가격을 높게 책정하면 건강에 도움이 될 것이다. 저렴한 고기는 건강에 나쁘다는 게 입증되었다. 농업기업과 슈퍼마켓은 방목사육과 어울리지 않는다. 농업기업과 슈퍼마켓은 경쟁 세계에 존재하면서 값싼 음식을 놓고 경쟁한다. 그들은 보조금이 지급된 식량과 산업화된 축산물 생산을 장려하면서 가족 농장의 농부와 경제 전쟁을 벌인다.

값싼 식품 문제와 해결책

값싼 음식을 먹고 싶다면 가족 농장을 굴복시켜라.

– 스티브 나이틀리Steve Knightly –

식량 생산자, 무역회사, 소매업자들이 물을 합리적이고 지속가능도록 관리하는 열쇠를 쥐고 있다. 그들은 엄격한 환경 관리기준을 채택할 수 있지만 그러기까지 시간이 많이 걸린다. 이유는 분명하다. 수자원을 확보한다는 이유로 생산 품목을 축산물에서 다른 품목으로 바꾸는 것은 상당히 어렵다. 이런 변화는 수십 년이 걸릴 수도 있다. 도살장·고기 포장 공장·축산업과 관련된 기업들이 망할 것이다. 다른 기업들도 크게 달라질 것이다. 하지만 인류는 훨씬 더 급격한 변화에도 적응했다. 인구 증가·도시화·산업화로 늘어난 수요를 생각하라. 일단 변화가 시작되면 역전될 가능성은 거의 없다. 그러면 우리는 새로운 미래를 볼 수 있다.

여기에서 첫 번째 주문이 필요하다. 소고기를 많이 먹는 사람의 1일 평균 물발자국은 $5m^3$이다. 채식주의자의 1일 평균 물발자국은 2.5m^{3}이다. 5에서 2.5로 줄이자. 물론 가왈리와 파차우리는 현실주의자다. 그들은 정치인들과 친하게 지내며 언론의 주목을 받기도 한다. 고기를 많이 소비하는 나라에서 파차우리는 일주일에 하루는 고기를 먹지 말라고 충고한다. 두 번째 주문도 필요하다. 7을 줄여 하늘을 구하자. 대부분의 인도인들이 채식을 해서 다행이다. 가난한 20억 사람들이 값싼 고기를 먹을 수 없어서 냉소적으로나마 다행이다. 공급이 늘어나면서 가격이 떨어지면 가난한 사람들이 고기를 많이 먹게 되고, 이는 환경적으로 위험한 일이다. 이런 추세는 부유한 국가의 사람들이 식습관을 바꾸고 육식을 줄여 비만에서 벗어나는 혜택보다 더 크다. 가난한 국가의 가난한 사람들이 선진국의 부유한 과소비자들보다 훨씬 더 많다.

불확실한 상황도 많다. 인도인들이 무엇을 할 것인지가 핵심 질문이다. 인도인들이 풍족해져서 고기를 많이 먹게 되면 중국처럼 우리는 어려운 시기를 겪게 될 것이다. 선진국에 사는 15억 사람들이 자신과 지구를 위해 육식을 줄이도록 설득해야 한다. 나는 고기를 전혀 먹지 말라고 말하는 것이 아니라 줄이라고 부탁한다. 우리는 물을 완벽하게 관리하거나 완전한 혼돈 상태에 있지 않다. 내가 연설하기 전날 디팍과 함께 저녁을 먹을 때 그가 이 말을 만들었다. 다음 날 나는 강연에서 이 말을 언급했고, 연설이 끝난 후 어떤 미국인이 다가와 질문했다. '교수님, 3.5도 괜찮을까요?' 내가 대답했다. '물론이죠.'

줄여라. 지금 당장 줄여라. 정말로 중요한 문제다. 개인이 할 수 있는 일은 이것 말고는 없다. 육식은 세계 물 사용량의 10~20%에 영향을 준다. 식습관은 물을 확보한 세상과 그렇지 않은 세상에서 다르다.

낭비하지 마라

우리가 신경 써야 하는 것은 식습관뿐만이 아니다. 생산자에서 식탁까지, 식탁에서 쓰레기통까지 식품의 유통 방식을 고려해야 한다. 선진국에서는 구입한 식량의 30%를 버린다. 무책임하고 생각 없는 욕망은 환경에 나쁜 영향을 준다. 가장 소중한 자원의 1/3을 버리는데 어떤 사회가 생존할 수 있을까? 찬장과 냉장고에서 썩어가는 음식도 상당히 많다. 개발도상국들에서도 음식의 30%를 잃어버리지만 농장과 시장을 연결하는 유통 과정에서 발생한다. 그래도 가난한 국가에서 한 번의 손실에 따른 피해는 심각하다. 적어도 가난은 이유라도 된다.

낭비를 0이나 0에 가깝게 줄이기는 힘들다. 그러나 지금 상황은 즉각 바뀌어야 한다. 개발도상국의 문제는 앞에서 논의했다. 다른 국가에서 비슷한 문제들을 해결했듯이 개발도상국은 투자와 기획을 통해 문제를 해결할 수 있다. 반면 선진국 가정의 낭비는 치명적이며 결과가 천천히 나타난다. 음식 낭비는 돈과 의지를 쏟아 붓는다고 해결되지 않으며 문화적으로 변해야 한다. 어려운 일이지만 불가능한 일은 아니다. 의사가 음주운전·아동 체벌·흡연을 지지한다면 사회적으로 용납될 수 없는 것처럼 우리는 낭비되는 음식을 절반으로 줄여야 한다. 내가 어렸을 때는 정상적이었지만 지금은 음식 낭비가 큰 문제다. 낭비되는 음식을 절반으로 줄이면 80~90억 인구의 수요를 맞추기 위한 물을 절반가량을 절약할 수 있다.

해답은 장바구니에 있다

장바구니에 정답이 있다. 앞으로 절정에 도달할 인구의 물 수요는 장바구니에 달렸다. 식량 소비자, 생산자, 시장만이 물 안보 문제를 해결할 수 있다. 물 효율성을 크게 높이지 않으면서 수력 사업을 벌이지 않아도 개인의 물 사용량을 줄여 모든 것을 해결할 수 있다. 우리가 음식을 먹고 버리지 않으면 세계적으로 물을 확보할 수 있다. 곡물을 먹여 사육한 고기를 먹지 않으면 우리는 건강해지고 지구온난화도 완화될 것이다. 이는 우리가 많은 동물들을 착취하고 살해하지 않는다는 의미이기도 하다.

답은 간단하다. 그 정답을 옹호할 만큼 용감한 정치인은 어디에 있을까? 식습관이 변하기 전까지 국가는 얼마나 많은 댐을 짓고 물 이동 사업을 벌일까? 나는 답을 찾지 못할까 두렵다.

감사의 글

여러 어려움에도 불구하고 사람들은 책을 쓴다. 경쟁 시대의 요구, 감당하기 어려운 복잡함, 명확하고 확신에 찬 글을 쓰는 것이 어려움에도 불구하고 사람들은 책을 쓴다. 이 책은 많은 사람들이 주장을 명확하게 보여줄 수 있다고 믿고 원했기에 세상에 나올 수 있었다.

이 책의 편집자인 데이비드 스톤스트리트David Stonestreet는 이 책을 열성적으로 지원했으며, 유능한 전문가 두 명을 선정해 이 책을 마무리할 수 있도록 도왔다. 문장을 검토해 준 마이클 플렉서Michael Flexer와 디자인을 담당한 안젤라 모렐리Angela Morelli에게 감사한다.

내가 50년 동안 이 분야에서 일하면서 최근 20년이 가장 즐거웠다. 참여하던 일을 조금씩 정리하고 수자원 문제에만 집중할 수 있었다. 수자원 부문에 종사하는 과학자들과 엔지니어들이 찾지 못한 새로운 개념들을 발견하는 일은 유익했다. 새로운 개념들이 거부되지 않으면서 널리 통용되는 모습을 지켜보는 일은 유쾌한 경험이었다. 한두 개념은 이전에 있던 것이었지만, 나머지들은 물 전문가 단체와의 협업으로 만들었다. 마이크 에드먼즈Mike Edmunds, 앨런 맥도널드Alan MacDonald, 리처드 테일러Richard Taylor, 라몬 라마스Ramon Llamas와 같은 탁월한 수문 지질학자들과 함께 일할 수 있어서 즐거웠다. 수문 지질학자인 말린 팔켄마크Malin Falkenmark, 물 엔지니어인 피터 로저스Peter Rogers, 존 브리스코John Briscoe에게 감사한다. 잭 켈러Jack Keller는 내 발표가 끝난 뒤에 찾아와 자신이 연구해온 물 관련 정책을 하나의 개념으로 정리했다고 말해주었다.

뛰어난 엔지니어인 디팍 가왈리Dipak Gywali는 세계 여러 지역을 여행하면서 국제 물 분야에 공헌했다. 문더 하다딘Munther Haddadin은 1990년대 초 물그림자shadow water 개념을 제안했다. 특히 문더는 물그림자와 깊이 관련된 중동에서 이 단어를 알리는 데 힘썼다.

나는 불친절하고 종종 잘난 체 하는 경제학자들에게서도 많은 도움을 받았다. 경제학자가 아닌 사람이 가상수 개념을 제안한 것에 불편해 했지만, 일부 경제학자들은 가상수 개념을 인정했다. 스티브 메렛Steve Merrett, 제레미 버코프Jeremy Berkoff, 데니스 위첼른스Dennis Wichelns, 알베르토 가리도Alberto Garrido, 크리스 페리Chris Perry에게 감사한다. 이들은 가상수 개념의 범위를 정하는 데 도움을 주었다. 농업의 중요성과 농부들에게 이 개념을 알려야겠다는 생각은 브라이언Brian과 린 채터튼Lynne Chatterton 덕분에 나왔다.

수자원 전문가들도 많은 도움을 주었다. 물 분야에서 가장 많이 도와준 사람은 아르옌 훅스트라Arjen Hoekstra였다. 10년 전 아르옌이 내게 가상수 관련 책을 어디에서 출간할 것인지 묻는 메일을 보냈을 때, 그가 가상수 개념을 진지하게 생각한다는 것을 알았다. 이후 10년 동안 그는 가상수 거래와 물발자국을 발전시키는 과정에 참여했다. 모델 제작에는 능력과 용기가 필요하다. 아르옌은 이런 자질을 효율적으로 활용했고 유네스코-IHE와 트웬테대학교에서 가르치고 있다. 아쇼크 샤페게인Ashok Chapagain과 마이테 알디야Maite Aldya에게도 감사한다. 물 문제 연구기관인 SIWI의 과학자들과 함께 여러 개념들을 공유하고 발전시켰던 것에 감사한다. 잰 룬드퀴스트Jan Lundquistsms, 앤더스 재커스코그Anders Jakerskog, 안톤 얼Anton Earle과 많은 시간을 함께 보낼 수 있어 즐거웠다. 말린 팔켄마크Malin Falkenmark가 만든 그린워터green water 개념은 매우 중요했고 가상수 개념과 양립될 수 있었다. 스톡홀름의 SIWI에 합류한 안나 카스카오Ana Cascao에게도 감사한다.

여러 사람들이 SIWI의 지적 에너지를 잃지 않도록 도와주었다. 스티브 브리치어리 콜롬비 Steve Brichieri-Colombi, 마크 자이툰Mark Zeitoun, 나호 미루마치Naho Mirumachi, 런던대학교 SOAS와 킹스칼리지런던의 연구원들에게 감사한다. 그들은 중동 정치경제학에 가상수 개념을 적용하고 발전시키는 데 중요한 역할을 했다. 크리스 핸들리Chris Handley, 게하르트 리센탈러Gerhard Lichtenthaler, 일리 일헤시Elie Elhadj, 마이클 탈하미Michael Talhami에게도 감사한다. 런던 물연구그룹의 동료인 데이비드 필립스David Phillips와 푸아드 베테Fuad Bateh도 중요한 도움을 주었다. 나는 물 분야를 연구하는 젊은 사람들과 이야기하는 것이 즐겁다. 그들은 선배들만큼이나 독창적이고 훌륭하다.

국제기구와 비정부기구에서 활동하면서 만난 사람들에게 고마운 마음을 전한다. 데이비드 그레이David Grey는 20년 이상 세계은행에서 핵심 여론을 수렴해왔다. 세계은행에서 일하는 줄리아 버크날Julia Bucknall은 최근에 가상수 산소 개념을 제시했다. 로마에 있는 식량농업기구에서 일하는 파스칼 스테두토Pasquale Steduto를 만나 의견을 교환했을 때도 기뻤다. 국제물관리기구의 샬롯 드 프레이처Charlotte de Fraiture와 데이비드 몰든David Molden은 가상수 개념에 대해 적절한 비평을 해주었다. 세계자연보호기금의 스튜어트 오르Stuart Orr와 데이비드 티크너David Tickner, 영국 비정부기관인 워터와이즈Waterwise의 조앤 지그문트Joanne Zygmunt와 함께 일할 수 있어서 즐거웠다. 세계자연보호기금은 농업 기업들이 가상수에 관심을 갖도록 하는데 큰 역할을 했다.

최근 민간 기업들은 물 안보에 관심을 보이고 있다. 다국적 기업들이 가상수와 물발자국 개념을 사용한다는 소식을 듣고서 기뻤다. 밀러Miller의 앤디 웨일스Andy Wales의 기여가 컸다. 네슬레의 CEO 피터 브라벡 레트마테Peter Brabeck Letmathe와 유니레버의 CEO 폴 폴만Paul Polman은 물 안보를 비중있게 다루었다. 민간 기업에서 중요한 역할을 한 두 사람이 있다. 국제민간 물기업연맹의 잭 모스Jack Moss와 세계 지속가능발전 기업위원회의 욥바 그램윈켈Joppe Cramwinckel이다. 그들은 세계경제포럼에서 물·식량·무역의 관계와 물·에너지 관계에 대해 활발하게 토론했다. 세계경제포럼 물자문위원회의 회원인 도미닉 오프리Dominic Waughray, 아준 타판Arjun Thapan, 매기 캐틀리 칼슨Maggie Catley-Carlsson에게 감사한다. 런던대학교와 킹스칼리지 당국에도 고마운 마음을 전한다. 대학에서 일하면서 40년 동안 하고 싶은 연구를 마음껏 할 수 있었다. 내가 퇴직한 뒤에도 두 대학 모두 계속 도와주었다.

이 분야에서 두드러진 행보를 보이는 두 명이 있다. 한 명은 1999년 런던물연구회에 가입한 토니 터턴Tony Turton이다. 그는 6개월간 그 개념을 발전시키고 통용되도록 도우면서 지적 에너지를 주었다. 그는 남아프리카공화국의 수도인 프리토리아에서 여러 분야의 전문가로 활동하면서 좋은 조언을 해주었다. 다른 한 명은 머레이 왓슨Murray Watson이다. 탁월한 사람들을 우연히 만날 기회는 평생에 몇 번밖에 없다. 머레이가 그런 경우다. 그는 특별한 에너지를 지닌 과학자·전문가·사업가다. 그는 많은 사람들의 아이디어를 판단하고 비평했다. 그가 어떤 사람의 아이디어가 좋다고 생각하면 제안한 사람은 안도했다. 머레이 왓슨은 2008년 4월 2일에 소말리아에서 납치되었고 그 뒤로 그의 소식을 들을 수 없다. 많은 사람들이 그의 공백을 안타깝게 생각한다. 다음 연구에서 그의 의견을 들을 수 있기를 간절히 기도한다.

가상수 갤러리

유용한 숫자들 : 단위환산표

미터법		영국식 단위
1L	→	2.113파인트(pt)
$1m^3$	→	244.172갤런(gal.)
1GL*($1,000,000m^3$)	→	810.71에이커풋(ac/ft)
$1km^3$**	→	810,713에이커풋(ac/ft)

* 1GL는 $1,000,000m^3$와 같다. $1km^3$의 1/10과 같아서 $0.1km^3$로 쓸 수도 있다.
** $1km^3$는 $1,000,000,000m^3$와 같다.

영국식 단위		미터법
1파인트	→	0.473L
1갤런	→	$0.003785m^3$
1에이커풋	→	$1233.5m^3$

커피콩 21,000L/kg

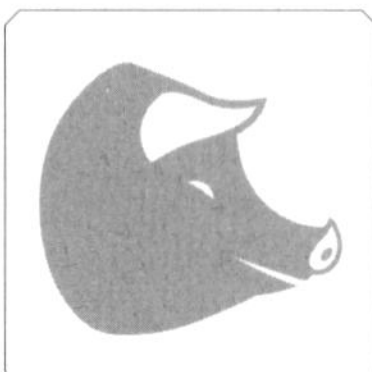

돼지고기 4,800L/kg

가죽 16,600L/kg

말고기 4,100L/kg

소고기 15,500L/kg

염소고기 4,000L/kg

면 11,000L/kg

닭고기 3,900L/kg

양고기 6,100L/kg

쌀 3,400L/kg

치즈 5,000L/kg

콩 1,800L/kg

수수 5,000L/kg

설탕 1,500L/kg

밀 1,300L/kg

보리 1,300L/kg

옥수수 900L/kg

티셔츠 2,700L/개

햄버거 2,400L/개

우유 1,000L/L

달걀 200L/개

커피 140L/컵

적포도주 120L/잔

맥주 75L/잔

사과 70L/개

빵 40L/조각

차 30L/컵

A4용지 10L/장

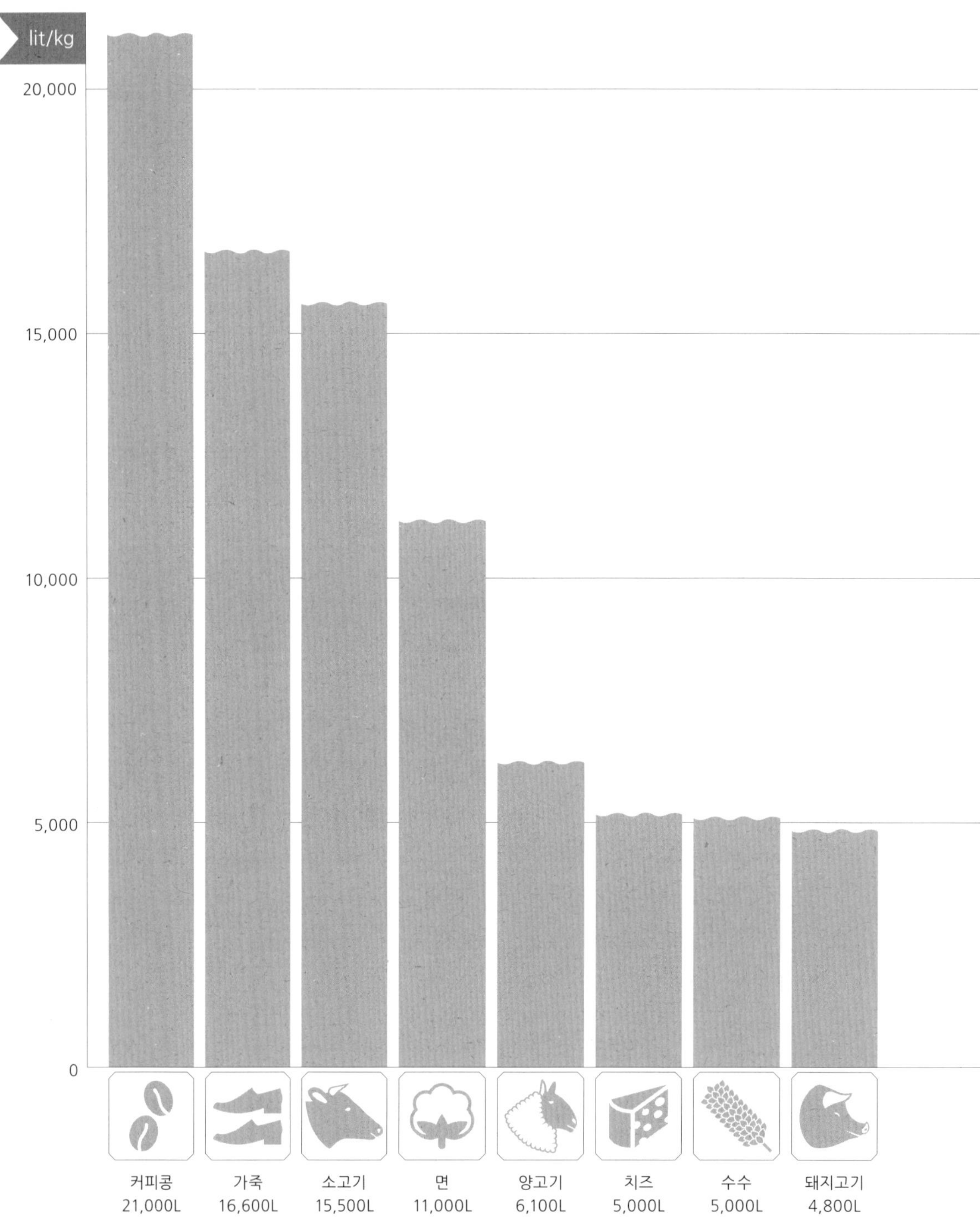
lit/kg
20,000
15,000
10,000
5,000
0
커피콩
21,000L
가죽
16,600L
소고기
15,500L
면
11,000L
양고기
6,100L
치즈
5,000L
수수
5,000L
돼지고기
4,800L

1kg을 생산하는 데 물이 얼마나 필요할까?
소고기의 가상수를 예로 들어보자.

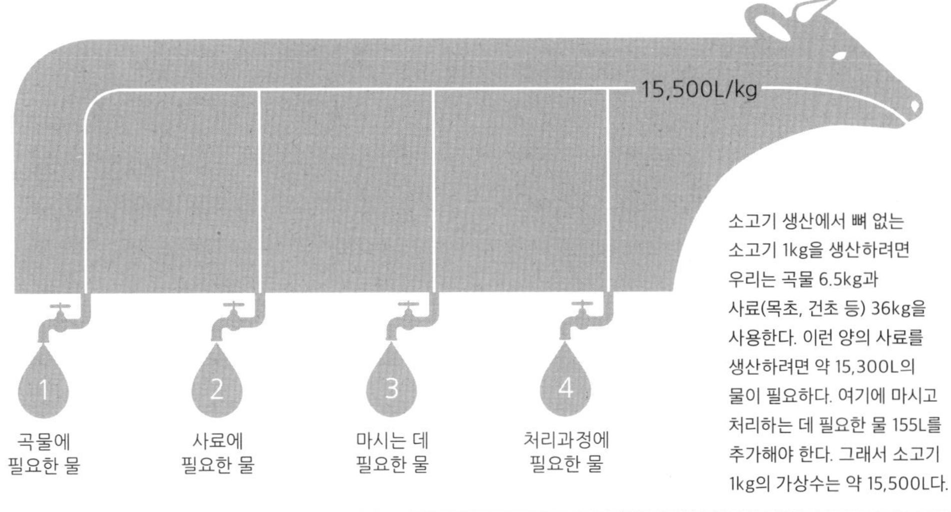

소고기 생산에서 뼈 없는 소고기 1kg을 생산하려면 우리는 곡물 6.5kg과 사료(목초, 건초 등) 36kg을 사용한다. 이런 양의 사료를 생산하려면 약 15,300L의 물이 필요하다. 여기에 마시고 처리하는 데 필요한 물 155L를 추가해야 한다. 그래서 소고기 1kg의 가상수는 약 15,500L다.

출처: www.waterfootprint.org

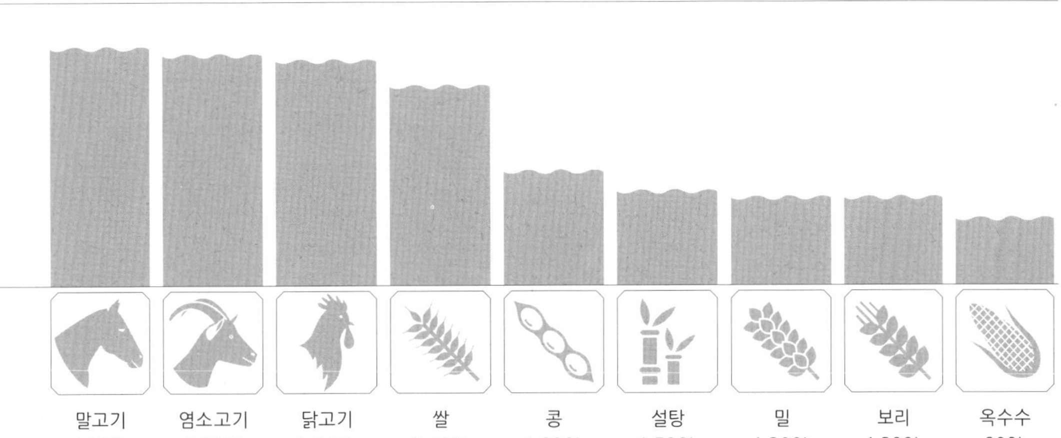

우리는 많은 물을 먹고 마신다.

제품의 가상수는 그 제품을 생산하는 데 소비되는 물을 말한다. 우리에게 친숙한 음식과 음료의 가상수를 비교해보자.

물방울의 면적은 각 제품에 포함된 가상수의 양과 비례한다.

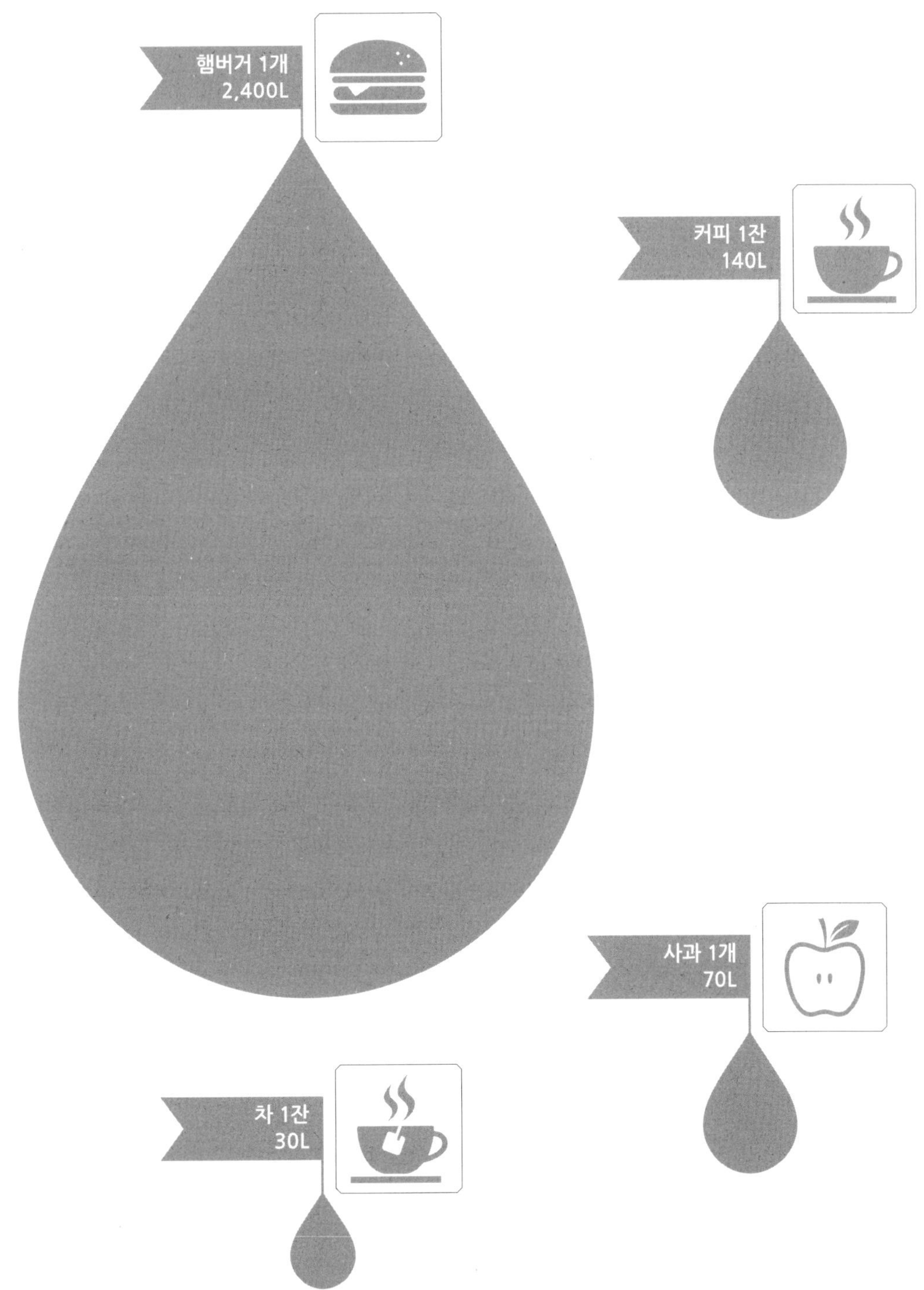
햄버거 1개
2,400L
커피 1잔
140L
사과 1개
70L
차 1잔
30L